心電感應
大角星

星際馬雅時間飛船計畫

張之愷

著

謹以此書，

獻給我們尊敬的荷西·阿圭列斯博士，

以及所有來到地球時間旅行的星際兄弟姊妹們！

José Argüelles / Law of Time

目　錄

推薦序：史蒂芬妮・南（Stephanie South）..6

推薦序：朱衍舞 Rafeeka 9

自序 11

第一部

01 楔子：意外的邂逅 23

02 遺忘彼此的火星故事 (Intro.) 31

03 大角星的美麗宣言／邂逅大角星的祕密時間分享者異質體 (1-1/1-2) 52

04 打敗十聯盟／發現脈衝符碼 (1-3/1-4) 70

05 輻射磁能與大統一原始藝術／中央星系輻射子與銀河聯邦 (1-5/1-6) 82

06 三個身體與時間旅行的大角星探針／心電感應力的自我監管 (1-7/1-8) 96

07 大角星自治區：探針覺醒／神祕的維拉卓帕銀河實驗區 (1-9/1-10) 112

08 大角星：第七力量的牧羊人之星／走進感官知曉的盛宴 (1-11/1-12) 123

09 打造夢語境／藍色銀河魔法護盾的圓桌／永在的門諾希斯 (1-13/1-14/1-15)..139

10 出沒南河三星的梅林／阿爾法半人馬座的悲劇 (1-16/1-17) 158

11 瞥見路西法／行星記憶印跡的祖夫雅迴路 (1-18/1-19) 176

12 神出鬼沒的同質體／邂逅帕希瓦爾與湖中仙子 (1-20/1-21) 195

13 第五力量轉移的行星調伏行動／造訪狗與鯨魚的平行宇宙 (1-22/1-23) 211

14 龍的宇宙——回到母體矩陣的根源 (1-24) 227

15 對焦維拉卓帕實驗區的匯流長老群／建立 AA 中繼站 (1-25/1-26) 239

第 二 部

01 死亡的隱蔽與揭露 (2-1/2-2) 259

02 金尼奇・阿豪與阿卡爾巴拉姆的冥想輪旋曲 (2-3/2-4) 272

03 宇宙共振全息子／雙性五角星形放射體的華麗登場 (2-5/2-6) 292

04 星際馬雅人的到來／二十個時間部族的復活 (2-7/2-8) 313

05 時間之戰一：馬爾代克星的殞落與梅林的預言 (2-9/2-10) 332

06 時間之戰二：被追蹤的路西法 (2-11) 355

07 門諾希斯之子 (2-12) 368

08 星際馬雅人的時間飛船設計／甦醒的特拉蓋亞 (2-13/2-14) 381

09 進入地球的時間飛船卡美洛／路西法最後的巴比倫 (2-15/2-16) 401

10 金星上的路西法／白蒼鷺之女的召喚現形 (2-17/2-18) 423

11 亞特蘭提斯公司的機器世界／跨次元的介入行動 (2-19/2-20) 446

12 大角星棋盤的奇蹟 (2-21) 469

13 最後的輻射聲波──西摩克斯之歌 (2-22) 482

14 既是結束又是開始的尾聲：無須憐憫的宇宙之愛 (2-23) 493

附錄：詞彙表 499

為方便讀者查閱對照《大角星探針》（*The Arcturus Probe*）內容，各章名後面括弧內數字為原文章節範圍。

推薦序

「所有的共時性、似曾相識、預感，還有所有的夢境——代表你的
四次元雙胞正在運算數字——它是要讓你去關注。」

——荷西・阿圭列斯《跨次元互聯網》

人類需要那些具有前瞻願景的藝術家、音樂家、以及說故事的人，那麼我
們才能蛻變，並且超越過去所知道的。這個具有前瞻願景的人能夠跳脫人
類既有的感知，看見另一個真實的世界，然後，他能夠帶給這個世界一種
全新的視野，使人得以更新。

已故的荷西・阿圭列斯博士，是我們這個時代中無人可比擬的願景
家。他14歲時，站在墨西哥特奧蒂瓦坎的太陽金字塔頂端所看見的願
景，開啟了他長達一生的追尋之旅；以此阿圭列斯博士開始挖掘潛藏於馬
雅曆法中的數學與預言。他透過解開馬雅的數字編碼發現了時間心電感應
的本質。

當之愷告訴我，他透過與荷西的心電感應交流，完成這本備受啟發的
小說時，我實在是太激動了！作為一名長期研習佛學靜心的實修者，亦是
一位傑出的音樂家；之愷練就了清晰的心智狀態，並兼具身為一位行星藝
術家的敞開，以接收來自荷西・阿圭列斯跨越時空所發送的大角星傳訊。

之愷與荷西的意外相遇是個巧妙的提醒。這段相遇告訴我們，只要透過
實踐和奉獻，我們每個人都能進入自身存有的新維度，並接收到新的訊息。

你手裡拿著的這本書的靈感，來自荷西‧阿圭列斯所著的《大角星探針》(The Arcturus Probe)。《大角星探針》要提醒我們：所有的我們是一個單一的有機體，分佈在不同的時間與空間，藉由心電感應成為一體。這意味著那同一個心智正在閱讀這些文字時，也已寫下這些文字了。

　　即便是在看似平凡的日常生活裡，心電感應訊息隨時都能出現。以下是《大角星探針》是如何向荷西現身的過程。

　　一個晚上，當荷西與家人正在看電視時，他看到一則廣告，上面寫著：「濫用心智是一件可怕的事」。他聽到這句話立刻聯想到「濫用行星是一件可怕的事」。

　　這個句子不斷在他的腦中迴盪。那時他住在夏威夷，這個標題進入他的腦海：「大角星探針：關於一則持續進行調查的故事與報告」。一股強烈的感受向他席捲而來。突然，他聽到一個聲音，從40光年之外對他說：大角星，那天空中第六亮的星星。他寫道：

　　「我們已經等待了很長的時間，終於等到機會跟你分享這個訊息，這跟其他的世界有關，以及你稱之為『在不同世界間旅行』的訊息。除非你經驗到你們的粗糙方法所造成的失敗與缺點，以及它們如何殘忍無情地使你離真實的目標和目的越來越遠、越來越遠，否則我們什麼都做不了。但現在你看見了，濫用行星是一件可怕的事。」

　　打從荷西聽到這個聲音，就無法停止寫作，直到這個故事完成了，才停筆。大角星人告訴他，地球上正在發生的問題是由集體失憶所導致的一

件大規模的行星事件；再加上從火星到馬爾戴克星的業力碎片轉移到我們這顆星球。若要打破戰爭與苦難的古老魔咒，關鍵就是要能發出那「失落和弦的發聲」。

我們是西摩克斯那個失落部族的孩子。
這一段平行時空中的原子歷史，是西摩克斯的失落和弦，
讓我們唱給你聽。
我們是未來的歌，只不過是來自平行宇宙的未來。
我們是一場似曾相識的你們當中的有些人或許已然瞥見。
然而，這既視感，我們的歌，對你們的星球來說，
代表著：唯一一個可能的真實世界。
儘管如此，請聆聽我們的歌，這是我們使命的一部分。

這首來自西摩克斯之子的歌，將透過你接下來讀到的內容唱給你聽。願這本書啟動你的記憶路徑，連結你的高我！記起：你是誰！愛吧！愛，是最重要的。

史蒂芬妮·南（Stephanie South）
電力的紅蛇 Kin 185
美國奧勒岡州阿什蘭

推 薦 序

嘿！你知道最近市面上最火、最新的一款通訊系統叫「心電感應」嗎？

嘿！「那個」……你，心電感應了嗎？有人要給我們講「那個」大角星的故事！

是的，就是現在！我知道，你和我一樣，正在看《心電感應大角星》。

所有親愛的星際家人們，當我們的時間座標，來到西元 2010 年 12 月 19 日，農曆冬月十四，星期日，「地球時間飛船」航行到新天狼星第一個 52 年週期的第 23 年，超頻的紅月年，均衡的韻律蜥蜴之月，紅色啟動之週，等離子體 SILIO 的第 7 天，星系印記是 KIN255，銀河星系的藍鷹，一張 13 月亮曆的星際羅盤初次現身在我的生命中，那時真的完全沒有想到能夠看到現在的這一幕——

《心電感應大角星：星際馬雅時間飛船計畫》即將在地球上演一齣我們從來沒有聽過的「那個」大角星的故事。

時輪迴圈的奧祕像似夜的末梢迫近破曉一般，轉瞬間極速閃現的一道光，並裝載著足以顛覆我們那些過於老套且破舊的思維的資訊庫，不禁要想：好友之愷肯定就是在神遊時捕捉到那一道充滿奧祕的光束，大角星傳輸的速度之快，可以想像之愷敲打著電腦鍵盤的聲響，充滿了新奇、有趣、活力與遊戲感。原來，我們所知道的一切關於地球與人類的那些事情，竟然存在另一個我們從來不知道的版本；甚至是更貼近真實的版本！

然而，身為一位已經曾經出版十幾本書的作家張之愷來說，我相信，

要完成一部小說，肯定是游刃有餘；只是，那個大角星是甚麼東西啊？誰知道呢！更何況還要啃食荷西・阿圭列斯博士《大角星探針》的書中那些超先進、超新創的專有名詞以及稀有用語；況且還要進一步去消化其中的知識內涵；若非一樁神秘的發生；若非星際大師的傳輸；若非伏藏與伏藏師之間的殊勝約定，我真的很難相信，就在時輪迴圈即將回歸到自己此生第一次接觸時間法則的那個時間座標，2022年5月13日，星系印記是KIN255，銀河星系的藍鷹，就讓我們約好《心電感應大角星》吧！一起來閱讀這一本關於我們、關於地球、關於「那個」大角星的故事。

朱衍舞Rafeeka
月亮的藍鷹Kin 15
亞洲時間法則

自 序

　　2012年，我從印度錫金拜見上師嘉察仁波切剛回來，Rafeeka突然一通電話，邀請我加入星際馬雅時間飛船的行列，希望我能夠試著製作星際馬雅的調頻音樂，但我完全不知道她所說的音樂是什麼？那個遙遠的神祕馬雅（MAYA）究竟會有甚麼音樂在裡面？難道是一種中美洲馬雅原住民的吟詠古調，需要我去採集嗎？

　　事實上，那幾年，除了馬雅曆預言世界末日的傳說，在全世界風風火火地四處散佈著，對於大部分的亞洲人來說，與神祕馬雅相關的中文資訊，幾乎是少得可憐，我實在也無從想像，於是隔了幾天，Rafeeka偕同Rebeca，和我相約於東區一家德國茶店，全力來為我解釋，整個過程大約七個多小時，我依稀聽到她們告訴我，這個「星際馬雅」不是地球上的那個「馬雅文明」，而這個曆法其實叫做十三月亮曆，是由一位墨西哥裔的美國人叫做荷西‧阿圭列斯（Jose Arguelles）的藝術史美學博士，花了三十三年的時間，透過考古研究與接收跨次元訊息的方式所整理出來的。他後續衍生出來一個龐大的宇宙科學知識系統叫做「時間法則」，其中一部分，可以將每天的星際能量頻率，透過一些矩陣公式計算出五個重要的每日調頻音符來。Rafeeka希望我可以把這些音符創作成一些星際調頻音樂，以協助地球亞洲的星際家人們，每日更即時完成這個跨次元的調頻練習……

　　當然，那個時候的我，對她這個奇妙的「創意」構想，既好奇又興奮，但是卻毫無頭緒，不知從何下手，因為那些來自外星的馬雅信息，實在太難理解了。我想，一則是我的大腦一直周旋在那個古老的馬雅文明上

跳脫不出來，我還停留在一種人類考古學的線性思維中，完全沒有想到這其實是一次跨次元外星智慧的訊息傳遞；而另一方面，那時的我，正沉浸在以量子科學理論來解析療癒音樂的創作研究，整個腦袋還糾纏在實證科學和量子科學的辯證裡，所以實在也沒有多餘的大腦去接收這個「特別」的召喚。所以，這七個多小時灌頂下來，我的腦海中只殘存記得三個字，那就是我的星系印記「天行者」，而之所以還記得，則是因為它跟電影《星際大戰》中的路克有一點連結。

我必須承認，一開始我其實非常先入為主把「十三月亮星際馬雅曆法」，當作另一種星盤解析的占卜預言系統，也一直試圖以那樣的邏輯思維去推演它。所以，很難接受這一張相當華麗共有260個格子的卓爾金曆，其中20個太陽圖騰和13個銀河調性，加起來卻只有99句話的關鍵詞解釋，因為這樣的組合機率實在是太籠統了，所以我想，這根本就不會準！（哈，是的……那時的我，想的還是算命！）一直到現在，回顧當初那個扁平的想法，才發現自己真是錯的離譜，原來這張卓爾金曆，是宇宙光束振波在進行跨次元降頻作用時的諧振模板，它，從來不是拿來算命用的，更遑論準不準的問題，它主要是在幫助我們去理解，我們這個三次元現象世界中的生命個體和宇宙整體的互聯關係。它在告訴化身為地球人的我們，每個人透過這個模板所灌注的天賦使命究竟在哪裡？它在指引我們，這一生應該如何活出這股天賦的力量。同時，它更是一張校準我們生命頻率的對照表，是修煉與提升自我並促進地球集體演化的啟蒙途徑。

當然，那個時候的我，還沒有這麼清晰的體悟，所以我也只是將這顆

神秘的星際種子，默默埋藏在我的意識田中，心想，就先放著，等待未來時機成熟的時候再說吧……

妙的是，就在五年之後，二〇一七年初，我邀請Rafeeka來高雄參與我所創作研發的量子療癒劇場《零點場II：看見未知的創傷》的沉浸式演出，由她帶領了蘇菲旋轉和南美的薩滿儀式。演出後，她再度提出製作「星際調頻音樂」的邀請。這次，我心動了。那一年暑假，正好智利的Katamama以及塞爾維亞的Ana老師，都來到台灣教授全階與專題課，所以我一口氣從六月底上到八月上旬，真的是學好學滿的概念。聽完課，我不僅大開眼界更是腦洞大開，我幾乎覺得這一生的準備好像都是在等待這套知識系統的降臨，於是，我在地球上的星際馬雅人生，就在那一年正式啟航了。

有看過我上一本書《穿越亞馬遜：紅天行者的狂人手札》的朋友們，就知道，上完星際馬雅全階課，我大病了一場，病癒之後，我帶著「時間法則」傳承人紅皇后的一本書《獵戶瞳孔》與我的三個妹妹，一起去了南美洲秘魯四十幾天，我們進入亞馬遜叢林體驗傳統的薩滿草藥儀式，也一起去到安地斯山脈烏魯班巴外星UFO經常出沒的莊園遊歷，最後還去了的的喀喀湖體驗了聖佩卓仙人掌的薩滿旅程，我真心覺得，經歷的那幾個月根本就是一場場向過去告別，徹底洗心革面的重生階段。等到十一月回台之後，我竟就被Rafeeka安排，開始了我星際馬雅曆法的學習分享課程。由於，我是帶著調頻音樂的製作任務進入這艘星際時間飛船行列的，所以我必須從高階的全腦活化意識科學下手，而不是那充滿著神秘色彩又

好玩的圖騰和印記入門，因此在台灣，我只能獨自拿著Katamama高階的上課講義和筆記，閱覽美國時間法則官方網站上的告示板內容，以及翻著祖師爺荷西博士那讓人看不太懂的原著，當然，還有紅皇后那本必須用參的《獵戶瞳孔》，一個人孤孤單單地摸索著。每每，一感到沮喪，就只好上網看看荷西博士的訪談視頻，聽聽他的聲音，又或者對著荷西博士的照片發呆，自言自語，但沒想到，我就這樣不知不覺，養成一個與荷西博士隔空對話的習慣。

2018年初，「1320全腦活化每日調頻音樂與音頻導引」的第一期，終於如願研發成功，並在線上發行，得到許多亞洲星際家人們正向的支持與反饋，一直到今天，我已經進入第六期，完成超過1500個日子的每日音頻製作。這幾年，這份工作更像是我個人的戒律與精進的持續修煉，每一期除了製作全新的等離子背景音樂之外，我也調整冥想導引內容的模板來陪伴大家，希望能夠帶給大家，更貼近荷西博士與紅皇后所期許的練習方向。

2019年七月，紅皇后在墨西哥太陽金字塔，召集一次全球星際家人和平匯聚的活動，Rafeeka帶著亞洲時間法則數十位星際家人們同往，而我卻還懷帶著另一個任務而去。因為那一年的十月，我排定參加由台北藝術大學所主辦的「關渡藝術節」中的一場公開演出，我打算要把馬雅元素放進我的量子療癒劇場系列的第三號作品《零點場3：關＆係》中，希望能在中美洲墨西哥馬雅金字塔的活動過程期間，進行采風並蒐集一些相關的創作素材與靈感。

後來，演出終於順利圓滿結束了，但我嶄新的星際馬雅旅程，卻仍在

火熱地持續著……

　　2020年全球疫情爆發，兩位外國老師Katamama和Ana都無法來台，我被亞洲時間法則委予重任，擔任台灣地區持續推廣全階課程的帶領師資，我自是誠惶誠恐。我不像Katamama有機會在荷西博士生前，長時間跟在他的身邊如實學習，我只能把在大學教書之餘的時間，全數都拿來閱讀與整理荷西博士與「時間法則」相關的原典資料，並試著重新梳理出一套更適合亞洲人學習的教學脈絡。還記得二〇二〇年我在讀完了紅皇后自傳體的新書《 無名狀：皈依時間的中心》（The Uninscribed）之後，似乎更理解了「時間法則」知識系統的發展始末，於是，懷著更殷切的自我期許，希望能夠把博士宇宙科學的思想根源弄得更清楚些。當然，有著藝術史學術背景的荷西博士，其一生的著作相當浩瀚，從早期《馬雅元素》、《地球揚升》、《大角星探針》、《跨次元互聯網》、《時間動力學》、《巴加爾沃坦的召喚：時間乃第四次元》、《時間與技術圈》以及與紅皇后合著的七大卷《宇宙編年史》等等，每一部著作都需要花上大量的時間去閱讀與參詳，而我就是這麼一點一滴透過反覆咀嚼這些文字，以一種跨次元的精神連結方式向博士學習。

　　一整個暑假，我在學校的研究室，每日從早到晚，閱讀大量的資料以及整理相關的內容，也順手翻譯一些重要的資料篇章。我總是被那些巨量的專業術語給折騰地頭昏眼花的，其中還包含許多博士為了指向跨次元存有而新造的複合性描述，這一切著實讓人難以理解，更讓人完全無從得知這些文字的來源以及它真實的含意究竟代表什麼？

有時候，我只能傻傻盯著一篇天書，一遍又一遍，十分鐘、二十分鐘、半個小時⋯⋯但，不懂就是不懂，讓人好不沮喪。有一回，真的性子來了，乾脆拿出荷西博士的照片，衝著他窸窸窣窣埋怨著：「老荷呀，你這也太不夠意思了，我的人類大腦實在不夠用，你要不來個心電感應教一下我吧，你這說的都是什麼呢？這些信息這麼多元複雜，又有幾個人看得懂啊？我想，這不應該是你留下這些信息的初衷吧？現在，我沒有什麼人可問，也只能問你，你若收到我的求救信息，那麼不論你是入我的夢，還是用什麼方法，都請幫我一把吧？」

　　是的，這也的確是一個相當奇妙且難以言傳的生命經驗。

　　我從來沒有想過，以前弄音樂搞創作時的那種鍥而不捨的精神，全在這次鑽研博士論述的過程中充分發揮。但更妙的是，自那天起，做個夢、洗個碗、拖個地、散個步啥的，似乎都會出現一種，像是博士對某個問題給我的解答或關鍵思考點，就是那種從虛空中冒出來疊加在大腦思惟中的瞬間靈感，那還真是無法形容，每回都像是「啊？！原來是這樣的啊！」的驚喜與讚嘆，當然，每次有了清晰的體悟後，我自是會跟老荷道謝，這習慣，不知不覺就變成了我的日常。

　　去年，2021 年的五月，台灣的疫情突然變得嚴峻起來，大部分的人都被迫待在家中警戒。那時，我才剛教完台北全階的大課回到台南的小窩，台北疫情一下子嚴重起來，心想，那我就不回去了吧，但是待在家裡，哪也不能去，就突然會多了很多自己的時間，我索性就把那本翻讀好幾次，但最後還是放棄的《大角星探針》（*The Arcturus probe*）給拿了出來。說實

話，就在那一瞬間，我感受到一種非常清晰的召喚感，依稀聽見博士在虛空中，隱隱告訴我說，這份資料記載的就是和整個太陽系發展有關區域的根源資料，它會讓你知道星際馬雅人為什麼會來到地球上，而那些我們一直感到模糊的星系脈絡，以及所謂的12：60人造時間頻率的由來，都可以在這裡一一找到清晰的解答，於是，我清晰聽見博士在我的耳邊低語，告訴我說：「《大角星探針》它從來不是一本書，它是49（＋1）篇完整的跨次元傳訊紀錄，快看吧，然後用你一切的可能性，讓更多的人知道這些信息，因為大角星人的星際任務還在持續……」。

由於這幾年的生命旅程中，我幾乎已然經歷過太多不可思議的轉變，所以，對於大腦中突然出現這些深切又奇妙的「聲音」，也不會有太爆炸性的質疑，反而是過去那顆完全被「實證科學」限制住的扁平大腦，如今，似乎已經可以挪出更大的靈活空間，讓更多的可能性得以顯現。

於是，我牙一咬，自忖著：「老子這次就跟你拚了吧，再難都要把它給吞了！」於是乎，我開始一個字一個字查，一句話一句話參，又把荷西博士身著白衣白褲、胸前掛了花圈的那張玉照擺在工作桌上，時不時就跟「他」聊了一下天，反正疫情警戒期間，時間多，我也不急。

愈看著這些資料，我才有些恍然大悟，天啊，原來大角星人才是前來調伏我們整個太陽系的主要外星智慧體啊？原來，心宿二星人來到AA中繼站，星際馬雅人之所以來到太陽系化身為地球上的馬雅人，也都是拜大角星人的召喚所賜？原來這些所有的傳訊資料都在告訴我們，我們都是來自於跨次元光束降頻所顯化的生命體，而我們在地球上所飽受的那些被剝

削的痛苦、人為的災難以及荒謬的悲劇，也都是因為某些無可抗拒的銀河業力以及某個原本想篡奪太陽力量的高次元存在體，所帶來的巨大影響，原來我們正在一個四次元「時間」頻率革命的延續之中，原來，只要提升我們的意識頻率波段，我們就能夠回歸到那個和諧演化的軌道之中……

原來，原來，原來這份傳訊資料是如此重要。

我花三個月的時間，把它給翻譯完，但，卻又更沮喪了。

因為這些跨次元的原始資料，實在是太難讓一般人去理解。除了各種龐雜的天文知識與神話典故，還有非常巨量的宇宙科學術語，多重語境，以及來自不同次元的存在思維邏輯。所以，即便它是中文，還是一樣沒有幾個人看得懂！於是，我感到很挫折。

「把它寫成小說吧……」有一天，我突然聽見腦海中的博士這麼對我說。

「讓我化身在你的小說裡，讓我把這些大角星人的故事一一說給你聽，然後，你有任何的問題，任何腦袋轉不過來的地方，都可以在小說中直接問我，不疾不徐，我們可以慢慢來，你放心，我會幫你的，這幾年，我們不都是這麼一起走過來了嗎？」我聽見博士這麼繼續對我說。

我聽懂了。於是，我沒有多做考慮，提筆就寫，那一個晚上，就把序場給寫完，然後，第二天，完成第一章，總共兩萬字左右。所有的書寫方向是如此清晰明確，沒有任何障礙，我深刻知道，博士正在幫著我，或

者，博士其實也正在透過我的手，完成他想在華人區域完成的跨次元傳訊任務。

　　三個月後，這部將近三十萬字的小說便完成。我感覺我似乎也完成了某種博士交辦下來的一份星際任務，又或者，其實是大角星人在更高的次元中，主導著這一切的發生，我不再去多想，只是全然交託與臣服，一如走進西方的蛻變之宮，讓智慧蛻變為正確的行動，然後完成我們必須完成的……

　　這本敘述跨次元星際故事的小說，正好完成在這個全球疫情蔓延，以及「元宇宙」概念啟蒙的蛻變年代，相信這樣的共時性，必然有其深意值得我們去持續探索與體會！

　　你曾經聽過這個大角星的故事嗎？如果沒有，那麼請你立刻打開這本小說，開始跟著我一起漫遊在星際的跨次元維度裡吧！我想，你將會和我一樣，頃刻間，就能窺見到穿梭在平行時空中的那個清晰的自己……

張之愷
太陽的紅天行者Kin 113
2022.3.18於台南住所

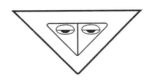

第 一 部

01

楔子：意外的邂逅

　　我，從來沒有想過，荷西博士（Dr. Jose Argulles）──或者說他的跨次元分身，會以這樣的方式，出現在我的生命中……。

　　凌晨1：44分，倚在窗邊，透著頂樓的窗玻璃望出去，看到那個已經足以作為我們這個星球地標的黃色速食雙拱門標記，很醒目地矗立在那兒，帶著一點得意與驕傲。還記得，年輕的時候初到法國巴黎遊蕩，人生地不熟，語言又不通，中午一個人沿著塞納河畔的店家逛著，沒有想像中的浪漫，反而是帶著一種不知道中午要吃什麼的焦慮，直到看見了這個黃色雙拱門標記，彷彿找到家似地，竟然立刻升起了一種熟悉的安心感。這商業文明蓬勃發展的情感鏈鎖，竟是第一個透過五感的味覺，打破了國族、地域以及文化鮮明界限的產物。我雖然不是特別愛吃，但在完全不知該如何選擇的異域，這兩道黃色的門，起碼為我鬆開了味覺與荷包上的極度不安全感。

　　安全感，是的。人活著，這三個字似乎特別的重要。但是，人類大腦

的基因設計中，對於「不安全」的認知界線，究竟是從哪裡來的呢？我們只是為了保全個體生命的延續而產生出強烈的危險意識呢？還是這其中，藏有更多其他的參數在裡面呢？為什麼，我們的內在總是有一堆說不出來的恐懼，隨時都會因著外來的變化而四處竄流無法扼制呢？

有人說他怕死，所以恐懼；有人說他不怕死，但依然恐懼；所以，這份陰魂不散的恐懼，或許跟生不生、死不死可能並沒有直接的關係，而和野生動物為了求生存的危機意識，也是兩回事。我想，這份無以名狀的恐懼，應該是人類才會有的特殊產物吧！

「那是因為一個巨大的集體失憶！」

突然，一個既熟悉又陌生的低沉聲音，毫無方向性地在耳邊竄了出來，把我嚇了一大跳。我自己一個人住，家裡沒有其他人，況且剛才的疑問，我並沒有說出口。於是，我下意識地四處張望，想尋找這個聲音的來源。

才一回過頭，就瞥見了我放在桌上一張荷西博士的照片，照片裡的他，滿頭白髮，穿著白衣戴著綠松石的頸鍊，脖子上還掛著兩串大花環，兩手插在褲袋裡，很帥氣地斜倚在被綠色植物爬滿的白牆邊，瞇起眼微笑著。

不會吧？！我嘀咕著。

「Why not？」我的耳裡又冒出來一句帶點兒玩笑口吻的回應，而且我確定這是英文。我一下愣住了，思忖著，這應該不是藍猴*調皮的顯靈儀式吧？

---

* 荷西博士的馬雅星系生日印記為「光譜的藍猴」，Kin11。

「人們總是因為三次元中有限的『經驗』，而把自己限縮在一個狹隘的認知邏輯中，所以不相信這個宇宙充滿了任何的可能性。是的，是我，你口中調皮的藍猴來了。這幾年我們倆處得還不錯，你不覺得嗎？」

我被這一連串先聲奪人的氣勢給震懾住了，只能呆呆地望著照片——或著說「他」，啞口無言。

「你先聽我說，什麼事都別急著下定義。有些地球上人類原本就該知道的事情，他們早晚都會知道。二十九年前，我被賦予一份重任，要傳達拓展人類認知框架的宇宙歷史資訊，而二十九年後的今天，這份資訊應該要以一種新的方式，開始在地球『龍』*的區域，重新被擴大瞭解。這個區域也就是鄰近你們所居住的區域，你們這裡有大部分的居民，都根源於這個區域，它代表著地球舊世界文明的發展重鎮，所以這個行動，其實是一個關鍵性的回歸。對整個地球而言，它是持續進行的宇宙記憶回歸，但對文明的發展來說，則是共振區域上的回歸。你先不要懷疑，究竟我代表著誰？是藍色的猴子？你的靈性導師？一個曾在地球上花了三十三年時間埋在馬雅研究的考古學家？一個整理出13月亮曆法的星際藝術家？還是，外星人？這些，其實都不重要，真正重要的關鍵是，接下來我想要跟你……談談心……」

「談心？！」我有點不知所措。

「對，談心！像好朋友一樣聊聊天、談談心。彼此很信任，什麼都可以說，什麼也都可以問。」他的聲音接著這麼回答。

「那我要做什麼？」我還是很遲疑，因為這個突發狀況，實在太超乎我日常生活的想像了，我捏一捏自己的臉頰，確定真的不是在作夢。

---

* 依據星際馬雅曆法「地球全息圖」的畫分，亞洲大致位於紅龍印記所在的區域。

「放輕鬆吧！你和朋友聊天還要什麼『儀式感』嗎？這不是在上課，也不是在賦予你什麼星際任務，你不是尼爾（Neil），也不是尼歐（Neo），更不是奇異博士（Dr. Strange），所以，聽你想聽的，問你想問的，然後做你想做的，That's all！」

他說完後，突然靜默好一會兒，空氣瞬間像是被凍結住，窗外的汽車聲消失了，四周安靜到連根針掉在地上都能聽見，但我還是不太敢相信我「耳朵」所聽見的。我看著桌上的照片，心想，還好他沒有從照片裡飄出來坐到我的面前說話，要不然我一定會嚇得屁滾尿流、哀爸叫母的。

我轉過身去，遠遠望著窗外那閃著黃光的兩道拱門標誌，有一種時空錯亂的感覺。我想，這有可能是因為此次全球性的疫情，把大家關太久的後遺症吧！

「你還在等什麼？」同樣的聲音又再度冒了出來，不過這次有很清楚的方向定位，離我有一段距離，但我不敢回頭，怕看見什麼無法招架的畫面。

「放心吧，你看不到我的。接下來你只會聽到我，但為了能享受那種朋友聊天時的輕鬆和自在，我選擇讓『我的聲音』離你有點距離，好方便你有第三者的投射，這種感覺會比較真實浪漫一點，不是嗎？」

「所以……您是……荷西博士？」雖然我心裡已經很確定，但還是忍不住開口問問。

「是，也不是。在我是荷西之前，我還曾經是好多好多的『別人』……而我現在也正準備要進入下一個『身分』的狀態……我也可以是你呀！哈哈哈！」博士很淡定地回答了我的問題。

我還在適應他這種藍猴式的冷幽默，可能是過去博士還生活在三次元地球上的時候，已經太習慣這種其他次元信息來訪的跨次元活動，所以，他不知道，此情此景對一般人來講，幾乎是可以放鞭炮、衝直播的大新聞了！

　　「你先去泡杯你最近愛喝的台灣紅烏龍茶，找個舒服的地方坐下來，開始和我聊天談心吧！」博士語帶炫耀地告訴我，他完全知道我的個人癖好，還好咖啡因對我不會有什麼大影響，不然在這大半夜喝茶聊天，是還讓不讓人睡覺啊？

　　「這其實是一個很長的故事……」我泡好茶，端著純白的花茶杯盤，還沒走到沙發坐下來，博士就開口了。說實話，我有一點被打鴨子硬上架的感覺，或者說，其實我根本還沒搞清楚，此時此刻到底發生了什麼事情？還有，我對自己怎麼反應如此淡定，那種強烈的人格分裂感，也非常納悶與不解。

　　「是關於什麼樣的故事啊？」我深吸了一口氣，邊問邊坐下。突然，有種似曾相識的感覺浮上來，我好像被一種難以形容的強大力量引導著，然後，我發現自己很快就習慣了。哈，真想不到，人在面對這種令人匪夷所思的突發狀況的適應力，可比想像中的還要強大啊！

　　「我在回答你剛才的疑問啊！」聽聲音，感覺「他」也坐下了。

　　「什麼疑問？！」發生這一連串混亂的狀況，誰還會記得疑問是什麼。

　　「恐懼啊！那種難以言語形容，怎麼樣都消除不了的恐懼。」被他這麼一點，我倒是瞬間就想起來了。我喝口熱茶，回了回神，感覺他——應該說「博士」的聲音質感，很像一個慈祥的長者，充滿著智慧，又像一個鄰家大哥哥，很親切有耐心。

「是啊！我發現大部分的人，不論什麼年紀、什麼性別、什麼職業，幾乎都會被一種莫名的『恐懼』給重重包裹住，甚至有時候連承認這份恐懼都很難，根本就是一種恐懼『恐懼』的恐懼。」我覺得我開始會運用某種藍猴式的幽默了，這一串中文繞口令希望博士能懂，哈！

「很好，我喜歡你的Beatbox，動次！動次動！呵呵。不過，這一切，都要從銀河系的一個遙遠的恆星系統上所發生的故事，開始講起……」博士把我回答的說話聲音，當成是一種人聲模仿器樂演奏的形式，好，他的藍猴再度得分。

但我開始好奇，為什麼我們心中揮之不去的恐懼，會跟其他的星系有關呢？我又喝了一口茶。仔細地聽著博士繼續講下去。

「你聽過大角星（Arcturus）嗎？」他問。

「嗯……從您的著作中，曾經看過。」我不想騙他，說實話，當今一般喜歡涉獵身心靈領域或是New Age的人，比較熟悉的應該會是昴宿星，頂多是火星或天狼星吧，而大角星，其實對大部分的人來說有點陌生。

「沒有關係，我會仔細介紹的，大角星的英文是這麼拼的：A-r-c-t-u-r-u-s。你們中文就叫它做『大角』，很大的號角，中國人認為它是『帝王的宮殿』，就好像中國首都北京的紫禁城一樣。這其中也暗示，它的存在對太陽系整體的演化過程，扮演著某種具有關鍵性影響的角色。」

我突然感覺，博士現在就好像一個中國古代的說書人，坐在一張高腳的木桌旁，翹起二郎腿來，手上打著板兒，準備要從盤古開天闢地的故事開始講起了。

「我們這是談心呢？還是談星？」我突然丟出一個自己覺得還蠻幽默

的雙關語。博士沉默了好一會兒，沒有回答我。

「您還在嗎？博士」我試探性地問了問。

「呵呵，還在的。我只是琢磨了一下你的問題，覺得你的雙關語很有意思。是的，我原本是想和你談談心而已，但你影射到了談星，讓我覺得也許這是個好的時機點，可以來跟你談談星，而不只是談談心而已，只不過，你願意嗎？因為這可能會花掉你不少的時間……」博士很誠懇地說。

「您的意思是說，本來我們是隨機的聊個天什麼的，現在要變成上課就是了……」我俏皮地誇大了一下他所說的話。

「其實也沒有這麼嚴肅啦，只是資訊量多了一點。就一如我在二十九年前曾經試著將某些我所接收到的宇宙信息傳遞給人們一般，這次我可以用更白話的方式講給你聽，當然如果你願意的話，我們可以慢慢來，不急。」博士再一次地解釋。

「那上這個課，要不要考試啊？」我問。其實當老師久了，比學生都還不喜歡考試，但大腦總是立刻會出現這種制式的反射性問題。

「哈哈哈，我不會考試的。這是一個打開大腦意識認知限制的談話，目的是要幫助你得到意識上的解放，而且，認知打開了就是打開了，不需要考試的。考試的概念正是因為要以狹隘的物質主義或線性時空的思考，來堆砌『知識』，而那個做法所帶來的結果，是更多的限制，而不是解放，所以，我們之間會發生的只有討論，而不會是考試……你就放心吧！」博士一下子就把考試解釋得很清楚，我突然想到我們現今普遍教育體制的僵化，還有，我為什麼始終那麼討厭考試的真正原因了。這倒使我對這個「談星」的課程，開始有了不一樣的期待。

「這真是太好了，博士，那您開始講吧，我準備好了。」但我不小心打了個長長的哈欠，才轉眼間，夜，又更深了。

「明天吧！我看你累了，今天我的出現，對你來說，心裡上上下下，大概就像在坐雲霄飛車吧！你先去睡吧，好好休息，我會隨時在你的夢裡與你相見的。下一次碰面，我們再好好從大角星開始聊起……不急……」

博士貼心的叮嚀，真是太讓我感動了，我的確眼皮也有點沉重，瞄了一下手機的時間，4：41，但我整個人斜靠在沙發上，連爬起來回到床上的力氣都沒有。我翻個身，又打了個哈欠，恍惚中，似乎看見那個遊蕩在塞納河畔的20多歲的自己，帶著好奇的眼神，遠遠朝我走來，越走越近、越走越近……。

02

遺忘彼此的火星故事

　　太陽系對整個銀河星系來講，是一個非常年輕的星系系統，再加上各種錯綜複雜的原因，才讓大角星人挑選了維拉卓帕 V.24.4 做為他們空間實驗區⋯⋯

　　過了兩天，博士的照片依然放在我的大工作桌上，但博士的聲音卻一直都沒有再出現。我在想，前兩天的神奇「交談」，可能真的是某時某刻因為太累，而出現的幻聽吧！而那些「星事」，可能還是得從博士生前的著作，一點一滴靠自己慢慢爬梳出來才行。

　　「休息兩天夠了嗎？」

　　隱約中，我似乎又聽見博士的聲音了，但很細微。我必須承認，這一瞬間，我的內心感覺很複雜。但我還是不太能確定，於是皺起眉來，想要聽得更清楚一些。

「是您嗎？博士」我怯怯地開口。

「哈哈哈，當然是我呀，你可以把你的耳機拿下來嗎？你不可能一邊聽音樂，一邊跟我聊天吧？這樣很沒禮貌唉！」我感覺博士是扯著嗓子跟我說話。

啊！對啊，我忘了我戴著耳機在聽火星人布魯諾（Bruno Mars）的歌曲〈月亮傳情〉（*Talking to the moon*）。難怪，剛剛那句話的聲音如此微弱。

「哈，我以為是我的幻聽呢。」我帶著雀躍，立刻摘下了耳機。

「我完全明白，但是，不要用你有限的大腦，去定義任何存在的形式，當然更不需要去做任何多餘的判斷與歸類，一切都順流而行吧！你只要清楚，我在的，一直都在的。」

「但是我等了您兩天，您一直都沒有出現，所以……」我有點想解釋些什麼。

「我說過要給你足夠的時間休息，不然我擔心你小小的人類大腦，裝不下這麼多資訊，畢竟這些星際間的故事，真的是太多太多了。我其實比你還期待要跟你分享這些故事，至少在我回到我的母體星球這段時間以來，一直還在觀察地球整個亞洲地區的變化和發展，包含紅蛇、白世界橋、白風，以及最核心的紅龍等四個時間部族的共振區域。就一如我接下來要告訴你的大角星人的故事一樣，無論經歷時間多久，星際間發生多少事，他們從來沒有放棄對整個太陽系的關心與照看。」博士的聲音打斷我，並說了這一大串感性與理性兼具的話。

「我睡得很飽，謝謝您。」我想我懂博士要說什麼。

「真是太好啦，我們開始吧……」博士顯然也很開心。

我點點頭，依舊泡了一壺我愛喝的「台灣紅烏龍茶」，看一下手機時間，下午13：20。

「上次講到的大角星，其實還有一個外號，叫『大熊的守望者』，因為他跟大熊星座有關，大概從地球算起有三十七光年左右的距離吧！這個恆星系統，至少包含了六個像地球一樣的行星體。只不過，大角星比我們的太陽大上好幾倍。它存在於這個銀河系的時間，也比我們古老許久。有趣的是，他們以自己的認知，給了太陽系一個名稱，稱作維拉卓帕V.24（Velatropa 24），而把地球稱作維拉卓帕V.24.3。」博士一開口就劈哩啪啦把這些感覺滿重要的星際基本知識說了一圈。

「我知道維拉卓帕V.24，我在紅皇后*的《獵戶瞳孔》（*Accessing Your Multidimensional Self*）那本書裡讀到過，它指的是我們的太陽系，也叫做『自由意志實驗區』，維拉卓帕V.24.3則是太陽系裡各個行星區域的名稱。原來，這些名字是大角星人取的啊！」我感到有些欣慰，雖然還不是很清楚這名字真正的由來，但這幾年接收了很多透過「文字」傳遞的宇宙信息，起碼我現在不會覺得博士所講的一些名詞太陌生。

「這真是太好了，你是說史蒂芬（Stephanie South）嗎？她跟你們的交流互動都還好嗎？你們亞洲和她目前有一起推展什麼新的計畫嗎？」他突然以一種相當感性的聲音和優雅語速，溫柔問道。

「有的，Rafeeka†和紅皇后有持續密切的聯繫，她們都非常清楚接下來

---

* 史蒂芬・南（Stephanie South），荷西・阿圭列斯博士的繼承者，人稱為紅皇后（Red Queen）。

† 朱衍舞（Rafeeka），亞洲時間法則創辦人，3128玩美生活部落負責人，蘇菲旋舞者，星際馬雅13月亮曆亞洲傳承者，將馬雅13月亮曆法引入中國和臺灣的第一人。

應該要做的事。倒是我，Rafeeka一直都讓我隨興發揮，哈哈哈……」我笑得有點心虛。

「隨興，很重要。正因為如此，你才能把我召喚出來，不是嗎？」博士很善解人意地替我找了個台階下，但……我自忖，博士是因我的召喚才出現的嗎？我對這個跨次元的邂逅，實在還是覺得太不真實了。不過，因為博士充滿溫度的回應，讓我覺得自己好像被充電般，得到很大鼓勵。於是，我自動變成一個愛問問題的好學生。

「那……我們跟大角星的關聯，究竟是從什麼時候開始的呢？」我問。

「大角星和我們太陽系的聯繫，大概比三百多萬年前，或者更久一點吧……那時，他們有一個關於空間實驗的殖民地，叫做『銀河中轉站』，就恰好設立在維拉卓帕V.24.4的位置上。」博士說。

「『空間』實驗？維拉卓帕V.24.4？是在我們地球隔壁的『空間』嗎？」我好像開始有點進入狀況了。

「是的，就在地球隔壁的可見『空間』裡，地球人稱之為火星，那時的火星處在一個溫暖的循環週期中，有豐盛的大氣層、海洋、河川及綠意盎然的大陸板塊，而火星這個殖民地，對『大調』（major）*的主要大角星人來說，這可是他們第一次在自己恆星系統之外的特殊實驗計畫呢！你知道大角星人究竟是如何進入火星的？他們又是如何在火星上繁衍生命的？我想，他們所用的先進方法，地球人大概怎麼樣都無法想像……」聽博士說話的聲音，感覺他似乎很清楚這些過程，但我卻對另一個問題很好奇，我問：

---

* 此處指的是來自大烏爾亞克坦尼亞（Ur-Arc-Tania Major）的大角星人。

「為什麼他們要選擇維拉卓帕V.24.4火星，成為他們第一個實驗的區域呢？」

「那是因為……火星上，除了植物和微生物之外，幾乎沒有任何其他原生進化的生命形式，所以他們認為那裡是一個最適合精準實驗的區域。」他說。

「原來如此！那大角星人是怎麼進入火星的呢？」我延續剛剛的話題，再度開口提問。博士停頓一下，清了清他的喉嚨，繼續說：

「因為要將更高級的生命形式移植到另一個三次元的空間實體上，是一個必須經過審慎考量的工作：首先，要正確讀取火星大氣層的濃度和化學成分，還要判斷同性質諧波生命經驗的各種適應性等等。接著，再挑選出可以快速進展的基因模組，如此一來，原本一個需花上幾百萬年時間來處理的進程，就可能被壓縮成一個公式，在短短三到四萬年之內，完成所有的開展。」

「這就是大角星人的空間實驗？但是，他們為什麼不在自己的恆星系統完成這個實驗呢？」不知怎的，我一聽到殖民的概念，心裡有點不太舒服，總覺得這是一種強勢侵入的感覺，可能我還停留在地球人扁平的大腦思維裡吧！博士可能察覺到了我的疑惑不滿，於是繼續解釋給我聽：

「那是因為，大角星人的恆星系統在平衡上其實也出了一些問題。我一開始說過，對整個銀河星系來講，太陽系是一個非常年輕的星系系統，基於各種錯綜複雜的原因，大角星人才會挑選維拉卓帕V.24.4做為他們空間實驗區的第一個標的。真正詳細的原因，將來我會再找機會告訴你的。現在，你只要先知道太陽系和大角星人之間的深度聯繫，就是從火星作為這個計畫的實驗中站開始的。不過，我們並沒有要考試，你不要太有壓

力，哈哈哈……其實這樣的選擇，對大角星人來說，有部分是出於私心的，因為他們認為，兩個星系相對的距離很遠，所以如果火星上的實驗真出了什麼差錯的話，大角星自己的恆星系統應該也不會受到太大影響，但很可惜的是，這些擔任計畫指揮的大角星人，沒有考慮到業力的沉淪效應，也就是你們所理解的因果法則，因此，最後造成了一些無法收拾的後果。」

「聽你這麼說有點恐怖，這就是後來傳說火星文明毀滅的原因嗎？」我聽得有點毛骨悚然。

「這可能是部分的原因。但真正的原因，就是我第一次以這樣的形式出現在你的面前時，所開口說的第一句話，不知道你還記得嗎？」博士可能對我的積極參與，覺得有點成就感吧，所以問話的語速有點快，我搖搖頭。

「那都是因為一場巨大的失憶！」

此刻，博士的這句話鏗鏘有力，但我真的不明白為什麼？我連問都不知道該問什麼，睜大眼睛看著那我看不著的博士。不過，我想另一個次元的博士應該非常清楚我的狀態。他停頓一下，也沒多問我什麼，就繼續往下說：

「你知道嗎？火星上，曾經有兩個宏偉的帝國，一個叫做『埃律西昂』（Elysium），地球上曾有部電影的片名就是這個名字，中文有人把它翻譯成《極樂帝國》，另外一個帝國叫做『亞特蘭提斯』（Atlantis），我想這個名字你應該就很熟了……」我點點頭，雖然不知道這個亞特蘭提斯，和我所知道地球前一個高度文明的亞特蘭提斯有沒有關係，但起碼這個名字是熟悉的，這讓我越來越渴望想要知道，火星上究竟曾經發生過什麼事？

「當時，埃律西昂由位於北方磁極的民族統治，並由平等待人的大角星人指導驅動一切事務的議會，而亞特蘭提斯則由位於南方的民族統治，並由來自遠方的心宿二星人管理者指導。亞特蘭提斯就如一頂閃閃發光裝飾著祖母綠的頭冠，漂浮在遍佈水晶反射盤的塞王（Siren）之海中；而埃律西昂，它蔚藍的灌溉運河沿著一條主要的環型運河分布，建立一個蜂巢狀的斜線運河網絡。只不過，它的幅員只到達亞馬遜尼斯（Amazonis）與美索蓋亞（Mesogaea）的西邊以及荒涼的西斐拉（Zephyra）北邊，也就是產生夏季季風之處。在西斐拉之外，直到遙遠的南方地帶，遍佈塞王之海的廣大熱帶水域。這裡吹著陣陣神祕微風，從熙熙攘攘的亞特蘭提斯塔樓中，傳遞著信號及和諧的嗡嗡聲。」

我聽得有點模糊，這些火星上的地名和我們地球上的地名，或多或少有些重疊或類似，究竟哪裡是哪裡，為什麼博士說得好像他曾經住過那裡似的，我實在搞不清楚。況且我一個地球人，要知道那麼多火星的地理位置做什麼呢？但奇妙的是，當博士向我介紹一個又一個地名時，我的心，竟然開始有些反常的拉扯與隱隱抽痛，甚至浮現一種辛酸欲哭的感覺，我完全不知道為什麼，這大約就是感覺先於大腦思維的典型現象吧！其實從小，我常常到一個陌生地方時，就會有這樣的詭異反應，嘴巴上說不出來，但就是覺得哪裡怪怪的。

博士繼續分享他精采的故事，我承認自己被這些地名搞得有點分神，他突然提高音量，在我的耳朵邊大聲說：

「你知道嗎？其實火星那個時候，已經算是被大角星人的實驗完美調伏（tamed）與培養到趨近於成功的階段，而且也正準備被列為這個維拉卓帕系統裡，一個足以展現出『高級演化生命形式各種可能性』的楷模典範；但是，萬萬沒想到，此時發生了一件始料未及的事……火星人突然

不再認為自己是大角星人實驗的產物，他們認為自己有足夠的力量，可以去控制形成他們『存在』的真正宇宙原力。他們徹底忘記了自己其實是大角星人精妙的實驗成果，而更令人匪夷所思的是，後來的大角星人，竟然也忘記了他們在四萬年前開始進行的這個頗具價值的實驗。你想想，如果他們兩邊都沒有忘記，現在的火星，是絕對不會淪落到如此悲慘的結局。」

博士嘆一口長長的氣，彷彿親眼見證了這場悲劇似的。

「那到底是什麼原因呢？」我似乎也跟著博士一起悲傷起來，低聲問道。博士搖搖頭，又嘆口氣說：

「一件事情的發生都有各個不同層面的問題，有些甚至是因為來自不同次元頻率介入所產生的影響。就像火星上最後發生的這件事情，其實也不是火星人自己能夠控制的，這實際上是由於火星上，大角星人的超維波里亞（hyperBorea）連結與心宿二星人的超維澳大利亞（hyperAustralia）連結，這兩者之間存在某種分歧才導致這個結果。」

「超……維……波里亞連結？超維澳大利亞連結？這是……」我又被這一連串新名詞搞得有點精神錯亂。博士噗嗤笑出來，連忙解釋：

「喔，這指的是掌管火星上兩個帝國的更高維度精神力量。『超維波里亞連結』是北方埃律西昂帝國的四次元精神體，『超維澳大利亞連結』則是南方亞特蘭提斯帝國的四次元精神體。至於波里亞和澳大利亞，則是指這兩個帝國在三次元所分布的主要地理區域……我想接下來，你可能要適應一下，因為我們將會跨維度地談論一些來自不同次元的存在體，所以總是要試著找到一些適合的文字符號或名稱來稱呼他們，但也只有這樣，你們三次元的大腦才可能會有『安全感』，去釐清他們之間的關係，

但不要忘了，這些都只是不得不去使用的文字或符號而已。」

我點點頭，但我想現在我臉上應該不只出現三條線，而是已經出現九條線了吧！原來，我正在聽著另一個次元的存在體，跟我敘說著更多次元的跨次元邏輯和故事，這完全是一個會讓大腦崩潰的巨大挑戰，瞬間，我好像突然懂了前兩天，博士提到要打開大腦意識認知限制的談話，才能得到意識解放的道理了。好的，既來之則安之，反正我不是尼歐也不是奇異博士，也沒有什麼宇宙任務要執行。這故事一路聽下去，懂就懂，不懂就問，每一分領悟都當作是撿來的意外禮物，就當作是博士送給我辛苦做馬雅調頻音樂的祝福吧！我勉強擠出一絲微笑，有點虛弱地說：

「好吧！您盡量說，我盡量聽，也只能這樣了。」

博士一開始沒出聲，突然大聲用力鼓掌，吆喝一聲：「讚啦！」我心想博士您也不用入境隨俗得這麼徹底吧！這種台灣吃熱炒、喝啤酒才會有的表達方式，用在這種跨次元的溝通上，好像有點突兀吧！？不過藍色的猴子就是藍色的猴子，不按牌理出牌的行徑也是常態。我聳聳肩，兩手一攤，說：

「好，我懂了。簡單來說就是火星上，有兩群來自不同星系的外星人，各自以四次元的方式管理兩個帝國，一個在南、一個在北，但後來，他們吵架了，不過……他們究竟是在吵什麼呢？」

「哈，我喜歡你的簡易歸納法。那我繼續講下去，你就盡可能保持這樣清明的狀態吧！」

我苦笑點頭，博士真的很幽默，也真的很熱血。我聽他繼續說：

「雖然在實驗一開始時，大角星人先在 V.24.4 火星上播下殖民的種

子，但是心宿二星人是在實驗進行約三萬年左右之後，才與火星殖民地建立聯繫，所以，心宿二星人的連結在南半球比較占優勢，而大角星人不知不覺在潛意識中，就比較關注在北方的發展。關鍵時刻來了，大約是實驗開始後四萬年左右，原本對這個實驗都應該非常清楚的兩方，也就是大角星人和心宿二星人，竟然都在控制室中『睡著』了。」

「這也太誇張了吧？想不到四次元的外星人也會鏰掉哦！？」我簡直無法置信，這種事竟會發生在火星的高維智慧體身上，這也太不合我這個地球人大腦中的常理。所以，外星人其實並沒有我一直所想像的那麼強大無敵。

「外星人也是人嘛！哈哈！」博士又發揮了他的冷幽默，再奪一分。

「我們言歸正傳，火星上即便發生了如此巨大的失憶症，但是埃律西昂，伴隨著它的空中花園和各處鑲嵌著水晶的金字塔，依然被世人稱作大角星旗幟的『超維波里亞序列寶座』。而心宿二星這兒，閃閃發光的水晶反射盤，緩慢地在如天堂般的塞壬之海中轉動著，在整個火星上則被稱為心宿二星旗幟的『超維澳大利亞序列寶座』。那時候，整個火星，不論是在摩押（Moab）、伊甸（Eden），還是在泰瑪斯（Thamasia）或圖勒（Thyle），四處傳唱著一首有名的詩歌。」

博士陶醉在自己這一段描述中，突然間，我聽見虛空中響起了博士擅長的印地安笛樂聲，深遠而幽邃的旋律，正是博士吹奏出來的，我跟著也陶醉了，音樂持續擴散，虛空中同時又響起了博士似遠而近的聲音，朗誦這首流傳在火星上甚久的詩歌：

「宛如珠寶似鑲嵌在塞壬海上
亞特蘭提斯由心宿二星人治理騎乘水晶的波浪

使熾烈的太陽為之顫抖；

埃律西昂接受大角星人的訓練被明亮的水池包圍

此時療癒之光的風吹起

吹過了埃塞俄比斯（Aethiopis）、伊希斯（Isis）

以及綠意盎然的阿拉伯（Arab）田野……」

不得不承認，這段絕美的笛聲配上博士低沉的詩歌朗誦，完完全全洗滌了我剛剛昏沉的大腦，我也漸漸能夠體會，為什麼博士會為火星的衰亡感到特別地遺憾惋惜。

音樂究竟在博士朗誦完後多久結束，我其實也不記得了。我只是深深沉醉在這樣溫柔美麗的浪漫中，直到博士的一句感嘆，把我喚醒：

「可惜，好景不常哪！」他說。

「所以……後來呢……」我有些空洞地問。

「時間來到埃律西昂和亞特蘭提斯為了權力相爭的時候，不幸的火星上只能留下一個王權。埃律西昂的貿易路線和權力中心，創造出一個閃耀的水晶網路，橫跨波里亞主要的北方大陸。從塔爾西斯（Tharsis）和桑席（Xanthe），烏托邦（Utopia）和烏托時（Uchronia，奇蹟之城），波里亞人的軍隊建造了一條路通往埃律西昂，為了向埃律西昂在曠野中，鑲嵌於中央金字塔上方的『主水晶接收器』致敬。

「同時，在南方，橫跨了澳大利亞的主要海域，希斯皮里亞（Hesperia）、特里納克里亞（Trinacria）、傾梅里亞人海（Cinmmerium），當然在壯麗的塞王之海海面上，裝飾明亮的海船揚起風帆，船頭石英的雙尖碑閃爍亮光，他們正朝向引以為傲的亞特蘭提斯前行。」

此時此刻，我的視線完全跟著博士講述的內容移動，感覺就好像火星上的兩方人馬，同時鮮明具體地出現在我的眼前，緩緩而行。我能夠感受到背後暗藏的一股肅殺之氣，雖然不知道接下來會發生什麼事？

「就在這段無聲的靜默期間，出現了兩股不祥的趨力，拉著越來越長的陰影橫掃著風吹過的海面和田野。在星球的北方，出現逐漸侵蝕的紅色沙漠；而在南方，則出現了『黃色的水塘』，也就是出現越來越多淤滯的海道。沙漠地帶在白天的時候，變得非常酷熱，熱到幾乎沒有生物敢冒險前往。而到了晚上，卻又變得非常寒冷，冷到連星星都好像凍結在自己的軌道上無法動彈一般。航海道上汙穢的臭氣，飄散在陰鬱的黃色迷霧裡，對任何進到這裡的人來說，彷彿聞到一股充滿死亡的氣味。」

博士的聲音越來越嚴肅，或者應該說，越來越悲傷。我不敢多吭聲，只是靜靜聽他把故事講下去。

「雖然火星上大部分的人，都很清楚這種情況是火星整體環境中自然循環的一種現象，但對於某些接近中央權力寶座核心的低等心智個體而言，卻認為這些事，是反對權力王座的邪惡代理人所為。特別是將心宿二星人視為神祇的亞特蘭提斯帝國而言，更是這樣認為。在那裡，越來越多的人開始不安與痛苦。他們把那個『黃色大海瘟疫』的惱人臭味，說成是埃律西昂所策畫的生物戰行動。於是，這樣的謠言在整個亞特蘭提斯帝國裡四處流傳，最後傳到了最高統治者那裡。」

「哈，火星人也有陰謀論喔？我以為只有低次元的地球人才有。」我對我這個突然冒出來的念頭，感到有點抱歉，特別是在博士這麼嚴肅講述著火星的悲劇時。不過，這個疑問倒是讓博士暫時離開了那種太過低迷的氛圍。

「所有的陰謀都是來自於對自身的不信任，背後的動力就是恐懼，所以只要有恐懼的地方，就一定會有陰謀論，不論他是在哪一個次元、哪一個行星上。」博士耐心為我解釋，再繼續說：

「這個最高統治者，叫做國王佩拉哥斯七世（Pelagus VII），他無能分辨哪些事物會對自己及國家的福祉造成威脅，雖然他對此感到不滿，卻只能任由少數樞密院（privy council）的委員擺布。這些委員包括首席海洋總理大臣波塞多尼斯・藍布里庫斯（Poseidonis Lambrichus），還有他的盟友園藝部長塔拉薩克・瑞莎莉絲（Thalassa Chrysalis）夫人。他們帶著一份信息前來與國王佩拉哥斯七世商議，這份信息是由一位『晶體分子轉換委員會』的指揮官祕密傳遞給他們的。據說，這是一份在『工藝與傳播的較高秩序』內部新建的序列檔案。」

「我怎麼覺得這個發展，越來越像一齣俗濫的諜戰劇啊？」我又不小心打斷博士的故事。

「可不是嗎？地球娛樂節目中俗濫的諜戰劇，原型就是來自這裡啊，最愚蠢的業力複製。你知道嗎？這個笨蛋二人組，帶給國王的信息竟然是，在北極接收站靠近超維波里亞海的這一側，有一個埃律西昂的實驗室，他們以人工的方式製造出一種攜帶特殊宇宙死光射線印記的細胞。在這些具有傳染性的細胞組織形成有機體後，會再經過一種晶體熱轉導的方式處理，這樣就可以把單獨的細胞融合成為惡性微生物群。接下來只要將這些微生物群偷渡到南方的港口，並隨機撒在不同的航道裡，就能造成亞特蘭提斯下方深層水域的浩劫……你聽看看，這是多麼嚇人又恐怖的虛構故事啊！」

「關鍵是國王佩拉哥斯七世相信了嗎？」我也覺得這個說法很扯。

「國王佩拉哥斯七世連想都沒有想，便直接問他們，這件事應該要怎麼處理？而這兩個密謀者，竟拿出『晶體分子轉換委員會』指揮官給他們的資料來回答。他們說，應該要快速建立一個雷射發射系統，如此一來，只要一瞬間，透過射線明確的導向，他們的實驗室和一切相關內容，就可以輕易被破壞於無形了。」

「這也太糟糕了吧！」我說。

博士嘆口氣，幽幽回應我：

「可不是嗎？這巨大的衝突就這麼開始了。短短幾個月內，亞特蘭提斯人的分子轉換站，甚至一些停泊在海外的船隻，還有其他被帶到空中飛行船上的一些設備，都開始將死光射線瞄準至埃律西昂內部，也就是充滿眾多金字塔的超維波里亞帝國之各個致命點上。埃律西昂教主索利斯·索隆尼斯（Solis Solonis），被嚇到完全不敢置信，倉促中便直接進行報復，讓那些曾經強力提出建議的主要大臣們錯愕不已，因為他們認為，這樣的行動路線，只會讓行星上不斷惡化的氣候條件變得更糟糕而已。」

「這劇情真的是比八點檔還八點檔啊！？」我深吸了口氣，覺得這樣的決定也太沒有智慧了吧？於是忍不住開口問博士：「火星人三、四萬年的文明發展應該還不至於最後搞到這麼膚淺吧？」

「所以你知道，巨大的集體失憶造成多大的影響了吧？」博士說完，呵呵兩聲，完全沒有表情，不知是苦中作樂，還是極盡無奈之能事，只聽他繼續開口說：

「然而，所有的建議都來得太遲了。從這場水晶射線戰爭展開毀滅性爆發後的短短一年內，整個行星氣候不可逆轉的惡化，變得越來越明顯。最糟糕的是，在夏至慶典後的某天，一座叫做奧林匹卡（Olympica）的大

型火山，竟然爆發了。一瞬間，東邊曾經茂綠的亞馬遜區域，開始枯萎與燃燒，而這一座座醒來的火山，造成劇烈震動，連遠在南方的亞特蘭提斯境內的水晶碟型飛船，都被震得上下搖晃，甚至還有一些因此遭到破壞而掉落地上，那時候，整個亞特蘭提斯充斥著痛苦與混亂，就像一場致命的熱病全面來襲一般。」

「這……也太慘了吧？」我說。

「真正最後的一擊，是來自於那些厚厚的火山雲。它們完全遮住陽光，造成嚴重的氣候凍結。想一想，要不是因為這些雲，結局可能還不會來得那麼快。此外，因為奧林匹卡火山的劇烈噴發，讓原本就很稀薄的火星地表外的電磁場，破了一個大洞，這個洞讓火星根本就無法對新來的宇宙射線和碎片，產生任何的防禦作用。眼看著逐漸增加的流星雨不斷劃過天際，橫掃整個行星，加上新的火山又開始推擠向上，讓整個狀況進入一個令人不知所措，甚至隨時都可能大爆發的狀態。」博士頓了頓，沒有給我回應的時間，便又自顧自說下去。

「這時，亞特蘭提斯的統治團隊，也失去了沉著。幾乎每個人都緊緊抓著瀕臨瘋狂的恐懼和偏執妄想。於是，他們決定要朝埃律西昂的心臟地帶，發動一次最後的攻擊，希望能夠永絕後患。幾經評估，他們打算啟用一種透過『以死亡分子轉化來解構物質型態』的裝置，作為引爆觸發射線的熱核武器。

「幾個月內，在滿布烽火的晦暗天空下，紅色沙塵驅動的風，呼嘯過埃律西昂與亞特蘭提斯曾經繁華的城市，可怕的亞特蘭提斯計畫，也已經準備好要開始行動了。他們先是透過一個雙向代理的團隊，喬裝成一個叫做『D-Day策略』的緊急農耕交換委任計畫隊，偷渡進埃律西昂國王索利斯·索隆尼斯（Solis Solonis）宏偉的宮廷之中。不可思議的是，這一路

上，埃律西昂這邊，竟然沒有人想到要去檢查緊急農耕交換委任計畫隊的六條旅行幹道，也沒有任何人多一分心思要去檢查，被當成禮物送來的托提斯（Thotis）神像。這個蜥蜴頭雕像的華麗外觀看起來，很顯然就是從罕見的軟玉中切割出來後，再精心打造成的一個鑲玉的裝飾品。因此，索利斯‧索隆尼斯相當高興能夠得到這樣的禮物，還親自把它放在大角星亞克圖里斯（Arcturis）的鏡像水晶上師前的大亞塔爾（Altar）神像上方。

「就在緊急農耕交換團隊，會見埃律西昂的權貴們的時候，一群小小的埃律西昂菁英團隊，特地前來和他們一起討論。他們想要針對這個具有毀滅性的天候狀況，和農耕交換隊一起找出最好的因應行動。雖然，他們對亞特蘭提斯要開發熱核裝置的計畫若有所聞，但團隊中還是沒有一個人發現，這個裝置早已經被送進埃律西昂宮廷的最內部，而且還是國王親手放置的。他們都深知亞特蘭提斯和埃律西昂兩邊的人民，目前都正飽受恐懼和瘋狂的威脅。而那極度不宜居住的天候型態，如今在火星上也已經變成常態了，只不過，由於爆炸與死亡射線的作用，火星已不再具有任何基礎，能夠發展成一個進階演化的星球了。」

聽完博士講完所有的來龍去脈後，我的確感到震驚，忍不住開口問博士：「走到這一步，難道，真的就沒有任何其他的辦法可以化解了嗎？」

博士又沉默半晌，久久沒有說話，只聽見他深吸了一口氣，說：

「有，大約有四十名的成員毛遂自薦，他們平均分成了兩派，各自提出了不同的解決方式。其中有一邊，決定要透過集體冥想的專注形式來榮耀他們的主行星，其目的是為了要創造思想的力量，來將火星歷史中那些曾經美好的事情，無論是來自於埃律西昂帝國還是亞特蘭提斯帝國的記憶，都轉移到鄰近行星 V.24.3 的雲端場域與生命階層中。這個星球因為它蔚藍又令人舒心的光輝，被稱作『藍色星球』。說實話，這藍色的光輝一

直都如此受人愛戴，即使平常是最謙虛的火星人，也會驕傲地說，在他們的星盤中，以擁有這顆星球為榮。」

「V.24.3，藍色星球，那不就是我們地球嗎？你的意思是說，有很多火星人，把他們的記憶傳送給地球儲存起來，或者說帶著火星的記憶，用一種另類的方式投胎轉世到了地球嗎？」我有點明白了，為什麼在地球上，有那麼多人對火星特別感興趣，或者說有感應吧！原來很有可能是因為這個原因！博士聽完我的推論，忍不住笑了笑，然後說：

「也可以這麼說吧！的確，這顆美麗的藍色星球就是我們最愛的地球，至於地球上具體有多少人是火星人來投胎的，我不知道。但火星上的美好記憶，透過這個集體冥想，傳遞給地球而形成了集體的潛在意識，卻是千真萬確的。事實上，剛剛提到火星自救隊有兩派，傳送記憶的這一派就被稱為『石英寂靜主義者』（Quartzite Quietist）*，他們為了促進這個冥想，運用單一的水晶聚焦他們的思想形式，然後持續將這些思想形式傳送到藍色的地球上，直到埃律西昂的城市被死亡徹底淹沒的那天。藉此，他們希望能夠釋放掉這一波大規模的行星災難，讓大家徹底安靜下來。

「而另一派，則被稱為大角星激進分子（Arcturian Activist），他們跑到埃律西昂城邦東邊很遠的地方，從金字塔周圍的上方，用瞄準好的水晶雷射光，標記先祖之神『大角星 Arcturis』巨大雕像的偉大締造者之座（Great Founder's Mesa），讓它望向天空裡的家鄉，那失落而美麗的大角星……」

聽到博士講到這兒，不知怎的，我心中竟響起一陣陣來自遠方悲鳴的

---

* 十七世紀一種基督教的神秘主義教派，主張將個人交給神，透過冥想、祈禱等靈修方式與上帝連結。

號角聲。這兩派自救隊，能做的都是緩不濟急的事哪！我陷在這樣的惆悵中無法言語。

「你知道後來大角星指揮中心，接收到這些來自維拉卓帕系統的輻射水晶信息是什麼嗎？」博士淡淡地問。

我搖搖頭。

「焚化，這就是出現在分析報告上的兩個字，而心宿二星人也收到了非常類似的報告內容。就在短短幾天內，有關V.24.4的報告全都送出去，他們統稱為『實驗的自毀』……」博士特別把最後幾個字放慢速度，一個一個字唸著。

不知怎地，我覺得心好痛，宛如親眼見證了這一場無可挽救的浩劫。那份好深好深的無力感，不斷在我的內心深處蔓延。

博士清了清喉嚨，繼續把故事說完：

「大角星人因自己長時間的疏忽，沒能善盡照顧的責任而感到羞愧和恐懼，所以激起了他們想大規模進行有關銀河遠征力量的審查與重組。特別是，當他們看完V.24.4和V.24.3這兩個紅色與藍色行星的詳盡分析報告後，決定要謙遜尊重在火星實驗中所有好的部分，對於藍色行星，也就是我們地球，採取更謹慎明智的監督。因為，地球與火星不一樣，地球經過這數百萬年的演化下來，已經自然發展出許多不同種類的生命形式，在地球上甚至有許多先進的存在實體，早已透過他們直覺的接收器，收到『火星—埃律西昂—亞特蘭提斯—心宿二星』的記憶移植信息。而且，信息內容無論是好是壞，也都已被『水晶的鏈結』（crystal-bonded）變成地球的總體回憶系統了。因此，大角星人對於持續監看地球未來的發展，就顯得更加的謹慎小心了。」

博士說完，語重心長地呼了口氣。這個火星故事真的還挺長，我一直聽到這裡才突然理解，原來，《獵戶瞳孔》書裡所提到的「自由意志實驗區」，指的是大角星人執行任務的實驗區啊。原來，整個太陽系都在大角星人的監看中成長與發展。這份理解，讓我對大角星人產生了更大的好奇，他們的參與監看究竟會到什麼程度呢？為什麼取名為『自由意志實驗區』？這意味著什麼？我的腦袋裡，大概像被玩撞球時被母球撞過的子球一樣，一推桿，瞬間散射出不計其數的好奇與問題，我開始產生一些很恐怖的想像，博士大概知道我心裡在想什麼，於是接著開口說：

「後來，在大角星最高會議中決定，應該停止像在火星上那樣的極端操縱性實驗，將整個生命形式植入一個毫無戒心的星球上，轉而以更精細、更同步化且更容易接受的監管方式取而代之。大角星人也覺得，有很多地方應該向心宿二星人學習，特別是他們聚焦於純粹溝通的方法。心宿二星人透過聚焦、放大及第七射線的明智引導，讓整個溝通變成一個更細緻的光的互動系統。這個第七射線，指的是紫光的放射。系統的互動性則在於接受到射線的人，也可以用類似這樣的方式，反過來與心宿二星人溝通。」

我聽完這段話，剛剛心中的疑慮消除一大半。哈，我差點以為更謹慎小心的大角星人，會搞出什麼可怕的牽制名堂出來。看來，火星悲慘的結局，也不全然是壞事。於是，我再次向博士確認我所理解的想法：

「所以，即便是有外星人的監看，地球還是自由解放的，我們的自行發展與演化是會被尊重的囉？」

博士頓了頓，又開口說：「理論上對大角星，以及相關星系的遊戲規則來說是如此，但整個宇宙還有更多不同次元的存在體，以及更多不可控的影響因素都在其中，比方說因果業力的牽引，這些都屬於某種控制的力

量。不久的將來，在藍色地球演化中的某個時間點，就像大角星人所預測的，也將出現火星實驗顯化的業力。也就是說，地球上會『重覆上演』火星的情節。但他們都已經有所準備了，他們會完全準備就緒在『紫光指揮水晶中站』裡守候這一刻的到來，不再輕易『睡著』啦！」

博士這一番話，倒又讓我歡喜讓我憂了。宇宙業力，是一個高於我們自由意志的牽引力量。大角星人的監看，雖不會過度干涉我們的自由意志發展，卻仍然扮演某種行星保護者的角色，在這個繁複的交互作用下，還會有什麼不可期的力量出現？又或者我們存在於地球的生命體，應該要重新調整到什麼狀態，才能避免重蹈「火星」的覆轍呢？

「博士，不知怎的，聽完您講的故事，我突然有點憂鬱，有種下一步不知道應該怎麼走的感覺哪？」我有些悵然地說。

只聽見博士笑了笑，很淡定地回答我：「我們不正在路上嗎？」

「什麼意思？」我問。

「回憶大角星！」他鏗鏘有力地說。

「回憶大角星？」我不明所以地問。

「是的，回憶起大角星。還記不記得我說，這一切的悲劇都是源自於一場巨大的失憶嗎？而這份失憶，在火星上指的是什麼呢？你想想，不就是大角星人忘了火星，而火星人忘了大角星嗎？如今，大角星人不但想起火星，連太陽系以及所有其他的行星都想起來了，包含了我們的藍色行星地球，所以他們調整很多未來監看的方式。但，我們地球呢？你前天不確定地回答我，有聽過大角星，但對大角星，你真正有多少的瞭解呢？我們今天花了一整個下午的時間來聊火星的故事，其實是因為我們接收到火星

當時利用持續冥想的方式，將水晶思想形式傳遞到地球的信息釋放，大角星人稱它為『晶體地球網絡投影』（Crystal Earth Network Projection）；而這一切，真正的目的，就是為了要提醒地球上的我們，是時候該憶起我們與大角星之間的關係了……」

博士說完這些，再次深深地吸了口氣，彷彿在做一個今天「談心時間」的收功操，然後便不再作聲。這種嘎然而止再見都不說一聲的結束，讓我有點不知該做何反應。不過，這好像也意味，博士今後，隨時也可能會以這樣突然的方式，再度出現在我的面前。這樣一想，我反而感到有些安慰。不過，說實在，今天的信息量真的已經超過我的腦容量了，我看一下手機的時間，20：13，天哪！晚飯還沒吃呢！好餓……。

03

大角星的美麗宣言／
邂逅大角星的祕密時間分享者異質體

大角星人，同時是「一」也是「多」。他們的聲音從一個普遍的來源生成，但卻能朝向所有可以意會與感覺的層次溝通著。所以，只要你對他們敞開，你就能體驗到他們與你是相互連結……

好幾天了，我還沉浸在火星文明殞落的悲傷中。這個故事，雖是我第一次聽到，但心裡錯綜複雜的感受，既陌生又熟悉，實在太難以用言語形容。我不知道，現在是什麼狀況，荷西博士那天的每一句話，很清晰一直在我的大腦中盤旋。我強迫自己不要試圖用扁平的三次元大腦，去解釋這一切的發生，但是，情緒是騙不了人的。我必須承認，下午14：40分，看著窗外耀眼陽光的我，心情卻有點低落……。

「怎麼了？」蒼白的寧靜中，憑空又劃出一聲清脆的問候，是博士。

「博士嗎？您來了嗎？」我問。

「來一段時間了，看你一個人悶悶不樂，沒打擾你。」博士像個大哥哥似開口。

「我也不知道，自從您告訴我火星的故事之後，我一直覺得有種悲傷在我的心裡發酵，說不上來。總之，有點情緒氾濫了……」我很坦白地回應博士。

「我懂，我懂，我懂……」博士連續說三次我懂，我覺得聽著都快哭了，只是默默望著虛空，那個我知道他在的地方。

「那一年，大角星人向我傳遞信息的時候，我還在地球，我的心情與不知所措和你一樣。但你不覺得，這個奧妙的宇宙，每個人會碰上什麼事情，其實都是冥冥中注定的緣分嗎？」博士徐徐地和我分享著他的經驗。

「我很高興，你對於我的出現，沒有那麼大驚小怪。你的大腦很清楚，這一切都不需要用扁平狹隘的實證科學邏輯去分析，而是如實地去感覺。我想這跟你幾年前去過祕魯的亞馬遜叢林，直接與植物草藥學習和修煉有關，所以，你應該要更開放一點才是，它來自它來、它去自它去……」博士似乎覺察了我的內在有點負載過重，用這樣的方式鼓勵我。

「嗯嗯……」我點點頭，草藥植物的學習，這些年的確帶給我更大的勇氣，去面對各種超越感官經驗的發生，博士這番話，也的確是給我某種程度的當頭棒喝。是的，抗拒什麼呢？我們永遠都是拿著那個充滿限制性的小我，在抗拒著浩瀚銀河的無限可能性。我們應該時時刻刻都學會如實觀照，而不是批判與抗拒。

「所以，你準備好了嗎？」博士很關心地問我。

我準備好了嗎？其實，這一題很難回答，因為我根本不知道要準備什麼啊？我用我人類的思維去想，這一趟旅程，壓根就不在我的思考邏輯中，所以不可能有什麼目的，那還要準備什麼呢？我很困惑地沉默半晌，但我不想說謊，久久才擠出我的回答：

「我不知道要準備什麼，也無從準備起，就像博士說的，它來自它來、它去自它去吧！」我很真誠地說。

「看樣子，你已經準備好了，哈哈。」博士鼓鼓掌，笑了兩聲。

「好吧！那我們開始……你去泡茶吧……喔，對了，順便也幫我準備個杯子，我真的很好奇你愛喝的茶葉是什麼滋味？」他接著說。

我愣了一下，心想，不會吧？原地躊躇一會兒。

「哈哈哈……放心啦，你不會看見我的，我聞得到，但我的意思是，生活中有時候還是要有些儀式感的……去吧！」今天的藍猴，竟然莫名其妙就這麼奪得一分，我想，我應該已經習慣了。

我邊走過去泡茶，博士就跟著我邊開口了，感覺就像朋友來家裡閒聊似地：

「其實，你知道嗎？大角人關注地球以及地球人類的發展，其實已經很久很久了。不過，長久以來，時機一直不夠成熟，但人類不斷浪費行星資源的行為，實在是太離譜了，他們才終於以特別的方式現身，將一些重要的信息傳達給地球的人們。」

我加好熱水，特別幫博士拿一個我在日本買的貼花花茶杯，對著虛空晃了晃。

「真精緻的貼花杯子，給我的嗎？謝謝哪！我覺得我應該去換個日本和服來搭配一下，呵呵。」叮噹，藍猴又得一分。我已經習慣這種天外飛來一筆的冷幽默了。

「呵呵……不客氣，應該不用吧……請你繼續告訴我大角星的故事吧……」我把茶杯拿到桌上他的照片旁，看起來，的確很有某種儀式感。哈，我替自己加一分。

「好的，他們一開始就對地球的人們說了一句很關鍵的話──逃避死亡。」博士說完頓了頓。我有點吃驚，今天的開場白有點太直接了。

「逃避死亡，什麼意思？」我問。

「地球碳基生命體的幻象，最常見的就是『逃避死亡』。所以才會在地球的文明中，創造了警察、法律、保險公司、黑手黨以及祕密代理人等身分。特別是某些宗教組織的傳教士，脅迫人們陷溺在原子『空間』的物質構件中，而使靈性變得盲目，大角星人把這樣的現象稱之為『碳基循環上的縱慾路西法』。」今天的博士說起話來，顯然帶了點憤青的調調兒。

「您可以說得再簡單一點嗎？」我說。

「哈，我以為我說得很白話了。好吧……用更簡單的方式說，就是在演化中的地球上，人類的心智逐漸腐化，所以集體創造出了一種信仰，就是『逃避死亡』。大角星人還比喻說，汽車輪胎在大馬路上磨擦的臭橡膠味，都比人類想要合理化這個信仰還要來得香。」博士再一次用大白話說明。

「大角星人說話也太衝了吧？人活在世間，誰不怕死，這很正常吧？」我有點不爽地回應博士。

「是不是？你現在聞聞空氣中的氣味？有沒有比橡膠味還重的臭味？哈哈哈……」顯然，博士藍猴式的回答並沒有站在我這邊。

「生命誠可貴，我們愛惜生命又有什麼不對呢？」我不服氣地爭辯。

「是的，生命的確可貴，但這跟逃避死亡，卻又是兩回事。你想想，死亡逃避得掉嗎？不過，我們現在別急著爭辯這件事，等我把很多星際故事一一告訴你之後，你就會知道我在說什麼了，還是讓我們先回到大角星人身上吧……」博士打斷了我。

我沉默了。是的，或許我們都太習慣長久以來被灌輸的理所當然，不知不覺，就把這些習慣，當做是一種真理的信仰，卻從來沒有想過，其實有很多習慣的基礎，根本就是荒謬且自相矛盾的，一如死亡與逃避死亡。不過，此時此刻，我倒是真的很想知道，這些鐵口直斷的大角星人究竟是何許人也？畢竟這是一次千載難逢的機會哪！

「博士，您繼續吧，我洗耳恭聽……」

「很好，我知道你再一次看見你大腦的慣性抗拒了。恭喜你，這樣的過程其實是拓展個人思維很好的訓練。有迷才有悟，你不要因為我說了什麼而不敢提出你的問題，但更不需要鑽牛角尖地執著在一個問題之上，好朋友聊天嘛！不就是這樣嗎？」博士好像在給我打強心針一樣，又再一次替我小小的大腦校準了一下。我的確感到有種敞開的放鬆感，於是自然開口問道：

「您上次提到，我們整個太陽系原就是大角星人的實驗區，您能夠更進一步告訴我，這期間發生了什麼事嗎？我真的太好奇了」

「當然，要瞭解大角星人的一切，你必須先瞭解他們存在過程中的一個

概念，叫做『探針』（Probe）。我說過，我曾經在地球出版過一份資料，完整記載了大角星探針（Arcturus Probe）*傳遞給我的信息，但文字上，這對現階段的你們可能還是有點理解難度，所以，不妨你問我答，這樣聊聊天，或許可以更快速幫助你理解這些脈絡……」博士很淡定地回答我。

「真是太好了，那可不可以先告訴我，您剛剛說的大角星人的生存活動是什麼呢？」我發現自己像個孩子般一樣開心。

「首先，你必須知道，『他們』叫大角星人，自然就是來自於大角星。以地球目前的物理科學標準來看，大角星大概距離地球約三十七光年，是在天上最亮的第六顆星。史前時代玻里尼西亞航海家把它視為一顆歡愉之星，所以稱它為『獨木舟』（Hokulea）。它不但散發出特殊的放射線光，更是牧夫座中最亮的星。大角星人和地球人不一樣，他們不需要碳基來化合，而是全輻射性的存在。所以他們的出現既不來自過去，也不來自未來，而就是在我們的四周，在我們身邊繞來繞去自由運行。他們會在我們看不到的地方忽隱忽現，在我們聽不見的地方發出聲音，在我們感覺不到的地方搔我們的癢……」博士越說越起勁，好像又回到了當地球人的時候，我只好打斷他。

「這不就像現在的您一樣嗎？您也是大角星人嗎？還是地球上其實有很多大角星人？」我說。

「哈哈哈，我嗎？這就說來話長了，將來再慢慢告訴你。不過的確，在地球上，其實早就流傳著太多大角星人的事蹟了，只不過地球人都把他當作是神話或是童話故事，因為人們從來就沒有好好去面對或處理那個我

---

* 《大角星探針：進行中的調查報告與故事》（*The Arcturus Probe: Tales and Reports of an Ongoing Investigation*），荷西・阿圭列斯著，一九九六年出版，為本書基本架構來源。

剛剛所提到的主要幻象——對死亡的恐懼。」

我不知道該回應些什麼，只能安靜聽博士繼續說。

「我先來跟你說文解字一下吧。大角星，英文是 Arc-tu-rus，Arc 意味著最高的量度，tu 意指結合的事物，rus 則指的是在諧波中的有序化力量。你聽過亞瑟王吧，西方神話傳說中的一位國王，它指的其實就是，大角星：透過有序化的諧波力量而結合為一體的最高量度。其他的神話人物還包括圓桌武士、聖杯、樹靈的神諭先知、海蝕岩石的沉思冥想、梅林的祕密符碼、風的教導、白鷺鷥之女的呢喃、長老們的神聖歌詠線路等。其實這些，全都是大角星的點點滴滴。」

「哇，所以您的意思是，現在地球上有很多流傳的神話故事，根本就是外星人來訪的真實紀錄嗎？」我聽得眼睛放光，不可置信。

「這就要看你怎麼詮釋了。如果你還是停留在物質主義的實證科學邏輯中，用你的小我來判斷這一切，那麼你就會深陷真真假假、虛虛實實的迷宮裡出不來。其實古老中國的莊子，曾提出過一個哲學思想是很有意思的，那就是『究竟是莊周夢蝶，還是蝶夢莊周呢？』這或許是我給你最好的答案……」博士很篤定地給我一個自由心證的答案，繼續他對大角星人的介紹：

「大角星人，同時是『一』也是『多』。他們的聲音從一個普遍的來源生成，但又能朝向所有可以意會與感覺的層次溝通。所以，只要你對他們敞開，你就能體驗到他們與你是相互連結的，那種感覺，就像是迴盪在戀人之間永不休止的狂喜一般……」

我感受到博士相當陶醉在自己的浪漫形容中，但對我而言，博士口中的大角星人，根本就是此時此刻的他。我也發現，只要我願意保持敞開，

就能夠一直感覺到這份深層的多重連結。於是，我更仔細聽博士繼續說：

「你知道嗎？人類所謂的愛，甚至是性或感官上的愛，都不過是大角星人最高遊戲運動形式的開端而已。而你們所謂的藝術，則是他們遊戲運動所依據的模式。他們擁有一種能力，可以在彼此之間無限地擴展自己。我想你認為的大角星存在體，是住在太空中，也就是所謂的某個空間裡，但這樣異化的空間概念，其實是普遍人類無知的想像。事實上，大角星人和現在的我，都是屬於心電感應的存有，而心電感應是超越空間的。更確切地說，空間不過就是一種被能量充滿的容器。至於我們所有的一切，都是『時間』在消耗我們，而不是空間。但是，我現在講的這個時間，可能又跟你們所認知的線性時間不同，因為在地球當前普遍的認知中，時間不過就是你們異化空間的度量而已，但這個其實並不是時間。」

我深吸了一口氣，博士這個跨次元的課，感覺起來有點存在哲學的燒腦。不過，我想我勉強還是可以跟得上的，於是我又問：

「您的意思是說，我們都太習慣以空間做為單一標準，來思考萬事萬物了嗎？」

「可不是嗎？時間就是時間，它從來不是空間，但人們卻認為掛在牆壁上，那個有兩根指針，一圈又一圈繞著，表示空間移動間隔的設備叫做時間。但充其量，你只能說這是時間線性的空間投影而已。它是空間的度量，而不是時間本身。」博士更進一步地說明。

我想這就是「時間法則」（The Law of Time）* 一直在告訴我們的概念，

---

* 時間法則是由荷西博士傳導的新時代系統，主張以「時間就是藝術」的曆法來改變「時間就是金錢」的頻率。它既是古老的智慧，也是宇宙科學，更是生活的藝術，而學習13月亮曆法則是了解時間法則最基礎、最重要的一步，可以幫助人們認識並回歸宇宙自然運作的頻率。

於是我回應他：

「所以，如果空間是三次元的存有，那麼時間就是四次元的存有，而大角星人就可能是更高次元的心電感應生命存有，我可以這樣理解嗎？」

「是的，完全可以這麼理解。你知道嗎？人類為了想要逃避死亡，因而否認了自己心智的完整性，但是心智，就是時間的入口通道。倘若不懂得心智和它的力量，人們就永遠不會知道時間是什麼。大角星人還說過，其實在地球上有許多神祕主義者，曾冒著生命危險，發展一些神祕的語言，為了護持有關時間的知識，避免被空間的獨裁者徹底毀滅掉，大角星人稱他們為『時間的分享者』。」博士說。

「哇，時間的分享者，他們是被揀選的地球人嗎？還是跟大角星人有關，難道是大角星人投胎化身來地球的？」我突然有種興奮感，覺得這一題，應該是非常熱門受歡迎的。

「你問到重點了，這正是我想和你聊天談心的最大原因，不過我們得慢慢聊。這個答案，不是三言兩語就能說得清楚的，但可以在我之後要告訴你的故事裡找到答案。星際間跨次元的故事發展，絕對比你想像中的還要精采。時間分享者和大角星人之間，的確是有密切的血脈傳承，而在大角星行星系統中，也有許多故事值得一提，特別是大角星外部的花園行星。或許，接下來我們可以花更多時間來瞭解一下。當然，瞭解這些的目的，還是為了盡快提升地球的人類的意識頻率維度，因為新的週期已經到來，不要再繼續浪費這顆美麗的行星了。」博士語重心長地說。

「我能夠理解的，親愛的博士。自從我們在亞洲地區，四處分享您所開創的13月亮曆法，我們都能夠深刻地感受到這個意識升維的迫切需要性，特別是現在全球的疫情正大規模肆虐的非常時期。」

「是的，我都知道，也很感動。不過，不要將這個疫情視為一場人類的災難，應該把它當作是一個地球意識能量的集體演化進程。這是一個非常關鍵的集體業力的清理行動，也是把肉體死亡放在一個誰也無法再去逃避的位置上，也是大家能夠勇敢面對的時機。正因如此，人們必須學習更高次元生命的存在結構和運行法則，也因為這樣，大家才會真正看見曾經人們是如何迷失在那個多重幻象的迷宮之中無法自拔。二十九年前，大角星探針曾藉由還在地球上的我，把這個重要的信息給傳遞出來，那時候的太陽系，正經歷著一個非常重要的銀河大週期轉換的蛻變時間點。而今，探針的信息，需要以另一個形式揭露並傳遞，所以我回來了，不過，卻是以另一個形式來與你們交流。我想，任何一個人只要保持心智開放的狀態，都能聽得見我。」

不知怎地，聽了博士這一番話下來，我內心特別感動。覺得身處在這個揚升的時代裡，地球上有幸能夠學習到「時間法則」的星際家人們，一定也都身兼著某種「時間分享者」的祕密任務。或許這是一份榮耀，或許這也是一份再造和平的星際責任。地球的意識升維演化行動，勢在必行。同樣的，這也是保全地球在太陽系軌道和諧運行的唯一出路。

我啜飲了一口茶，等待博士繼續告訴我接下來的故事，但此時，整個客廳靜悄悄的。不會吧？！博士不會又這麼無聲無息，不打一聲招呼就離開了吧？這故事，不是才剛開始說嗎？

正在我納悶的時候，遠遠就聽見風一般的呼嘯聲，其中摻雜了博士的印地安笛聲活潑跳躍的音群。隱約中，似乎還聽見另一個如電音合成器合成出來的陌生複合聲音，正和博士說說笑笑地朝我而來……。

「博士？！是您嗎？您還在嗎？」這股混雜聲音的力量來得有點狂猛，和博士之前的溫和有些不同，所以我不敢確定。

「是我⋯⋯呵呵呵。但是，不僅僅是我⋯⋯」博士回我一句話之後，笛聲瞬間安靜了下來。

「什麼意思？」我問。

「我們來了一個遠方的客人了！」博士大聲笑說。

「誰？」

「大角星祕密的時間分享者長老。」博士很淡定地回答我。

「什麼？！」

我大吃一驚，這非同小可，難不成我這裡已經變成外星人匯集地了嗎？這可真不是開玩笑的。

「**你好，我是來自大角星祕密的時間分享者，很高興見到你。**」一陣機械性電子聲響拼湊出來的複合聲音對著我說話，不帶感情，是非常典型外星人的口吻，我簡直驚呆了。

「博士，您別鬧了喔！」我想這一招可能是藍猴冷幽默的另一個得分點，說不定就是博士在演雙簧，故意和我鬧著玩的。

「沒鬧哪！他正是我們剛剛一起用心電感應召喚來的大角星人頻率振波啊。」博士還滿開心的開口。

「我和您一起？我⋯⋯我沒有啊。」我有點懵懂了。

「是的，朋友。因為真誠感動的共振，加上開放與接納，我們來了⋯⋯」這位大角星朋友打斷我的話，直接回答我，但他不帶感情的合成

電子聲音，我還真不太能適應。

「你們來了？這……」我力持沉穩的問道。

「是的，我們是大角星祕密的時間分享者。這是我們的故事。不久之前，我們才在一個時機成熟的時候成為了我們自己。我們會叫自己『祕密』，那是因為我們一開始就和大角星系中其他傳統的『沉睡者』分開了。而在大角星上，我們被稱作『烏爾亞克坦尼亞環（Ur-Arc-Tanian Ring）的異質體（Heteroclites）』。」

我被這一連串像電音的自我介紹開場白給搞得暈頭轉向的，這個突如其來的外星信息，陌生得讓我不知該從何理解起，只好開始討救兵。

「博士，博士，您還在嗎？」我問。

「怎麼了，我在你身邊啊……」博士以一種悠閒的聲音質感回答我。

「怎麼辦？這位大角星朋友說的每個字我都聽到了，但我卻不明白他在說什麼？」我其實有點焦慮。

「不要忘記讓你的心敞開，停止大腦的邏輯分析，用你的心電感應去和這位來自遠方的朋友一起共振交流，這樣你會輕鬆一點。我們這位新朋友，沒有轉世化身過地球人，剛才他能夠如此流暢地拼出這麼多完整的句子來表達，已經非常了不起啦。哈，放輕鬆，我一直都在你身邊。真有什麼不懂，過不去的，直接問，就像現在這樣……」

博士還真理解我的狀態，聽他這麼一說，我倒是安心不少。我閉上眼睛，感受這個如夢似幻的場景。說也奇怪，雖然我看不到他們具體的形象，但在這個空間裡，我卻能夠很清晰辨別出他們兩人所在的方位，於是

我對著這位大角星人說：

「謝謝你，我親愛的大角星朋友，容許我一邊聽你說你的故事，一邊請教博士關於我聽不懂的問題。雖然，我真的不知道你們為什麼就這樣突然地出現在我的面前，但一如博士所說，來就是來了，我再也不想浪費時間去驚訝和探索我自認為的原因了。我對你們的故事真的很好奇，我很想聽，甚至更想知道我們居住的這個地球和你們之間究竟發生了什麼事……」我很誠懇地表達自己的想法。

「沒問題，我們之間的溝通會越來越順暢的，我們不需藉助地球人的『語言』互相交流，你只需要敞開。你可以叫我異質體賀特羅克萊提斯（Heteroclites），或者就叫我『賀』。」

「謝謝你，賀。」我說，心中暗忖，這應該可以拿來拍電影的第三類接觸了吧！

顯然，賀說話的語氣和博士明顯不同。相較之下，賀說話簡潔扼要，博士可溫暖多了。如果博士不在，這個對談應該會比較像開星際研討會，而不是聊天談心。不過，我實在不敢相信，現在耳朵裡出現的聲音，竟然是來自距離我們37光年的另一個星球的高維生命體，或者說他其實是沒有線性時空距離的多次元共時存在？

「是的，你說對了，我們是共時性的跨次元存在體。」賀，根本沒等到我開口，便直接回答我心裡想的問題。這心電感應力也太強大了吧，我驚訝地說不出話來。

「哈哈哈，你嚇到了吧。賀就是這樣的，你只管聽吧，我都在……」我想博士一旁一定是看到了我的吃驚窘相，趕緊出來替我打氣。

「博士，我不是很清楚他說的。他說『不久之前』他們才成為自己，這是什麼意思？」我深吸口氣，感覺自己奮發向上的求知毅力竟然又被激起。

「哈哈哈，大角星人的時間不是地球人所想的。對他們而言，地球的5200年都只是他們的一瞬間而已。所以，如果是賀說的不久以前，對你們來說，應該是很久很久以前了。至於他們為什麼才成為自己，你且聽他自己告訴你。」貼心的博士為我理了一下思考的盲點。

此時一陣靜默，也不知是為什麼，整個時空就像是突然靜止了，而我，只聽見自己的呼吸聲，不斷一吸一吐，一吸一吐……。

然後，我遠遠聽見一個水晶頌缽持續嚶嗡的共振聲音，漸漸靠近我，越來越大聲，驀地，戛然而止。瞬間，一連串怪異的聲波快速地劃過了虛空，然後我聽見一種宛如有千百個賀所組成的詩歌朗誦隊，隆重齊聲宣告著：

「從全循環開始，大角星就被『母體矩陣五聯盟』（Matrix League of Five）認為是一個完美的系統，也就是一顆中央恆星被十二個行星軌道所圍繞，最後形成了完美的『13』和諧數字。也正是這個原因，在恆星系統的調伏行動中，大角星無限變化的諧波級進優勢，就被認為沒有其他的對手可以與之相提並論。」

這浩瀚壯闊的聲音場面，讓我屏氣凝神地聽著。雖然除了那個13的數字有點熟悉之外，我幾乎不知道這段話究竟想要傳達什麼，但這樣莊嚴的對談，也絕不能老是插斷去問問題，所以，我就像個中學生，乖乖聽著台上的貴賓演講，能做的就是盡可能把演講的重點記下，將來有機會再來問問博士吧！

賀的朗誦隊繼續說：

「事實上，中央星系輻射子（Central Stellar Radion，簡稱CSR），最需要的就是諧波級進的最完整程式。因為一切萬有，一旦被分解成為一個精深的和弦存在體之後，為了要超越自身就一定會產生新的改變，接著，才會再進一步出現它的解決之道。這樣的『CSR』原理，則完全說明了宇宙生命體具有無限的多樣性。」

我再深吸一口氣，這是在告訴我宇宙星際系統存有的起源嗎？沒有太多的時間可讓我思考，賀的朗誦隊又繼續開口：

「在異質體傾向（Heteroclitic Tendencies）的銀河百科全書中，關於祕密時間分享者先驅的闡述是這樣的，異質體是起源於大角星領航族群的亞種（subspecies），他們在CSR的指揮下，透過不斷地探索完成了大角星行星系統的調伏行動，然後定居在烏爾亞克坦尼亞環（Ur-Arc-Tanian Ring）的廣闊區域，這個區域位於星系系統軌道位置的最外圍，也就是第十一個和第十二個自生軌道上的一對雙生行星。

「這兩個神祕的雙生行星，彼此保持著引力和對應軌跡，而他們同樣都需要一個獨特的方法來進行調伏。因為這兩個行星，距大角星的恆星最遠，由於它們雙生軌道的關係，所以需要採取特別的處理方式。」

倏地，又一陣風聲呼嘯而過，賀的朗誦詩隊突然瞬間消失，現場又陷入一種難以形容的寂靜，就這樣過了一段時間。

剛剛被賀的一大串外太空信息轟炸下來，我反應不過來，我想我此時的大腦，真需要博士來幫忙重新組裝一下。於是，我低聲對著虛空呼喚兩聲：

「博士……博士……」

「哈哈哈，我早就坐在你身後了。放輕鬆點，就像先前賀說的一樣，別急著用人類碳基的生命形式所理解的投射經驗，去認知這一切。賀剛剛介紹的內容，是指在整個大角星的完整星系中，共有十二個行星軌道，而最外圍的第十一個和第十二個軌道，它們本身具有非常特殊的雙生關係，而『賀』，也就是烏爾亞克坦尼亞環的異質體，就是來自於這個環形地帶。至於，他所提到的CSR，其實是在告訴你宇宙中每一個星體，基本上都具有這樣一個中央輻射子的最高智慧指揮中心。它存在於更高的次元中，而不是在你們可見的三次元時空」。博士有條不紊地解釋。

聽博士此刻的聲音，絕對暖男無誤。我緩了一口氣，覺得自己很幸運。博士開口繼續解釋：

「其實這些互動過程，你可以用『心智』作用的概念來想像歸納一下。你必須知道，所有的生命體，最開始也最重要的就是『心智』，對於最原始根源的生命體而言，並沒有死亡這個概念。而大角星的生命體，一直也都非常清楚，主要系統會根據不同行星的輻射聲波來調整他們的心智，也就是先讓心智感知到不同行星的輻射聲波後，再把一些適當的形式，投影到與這個行星相對應的大環境中。」

「這是不是就是剛剛賀一直提到的行星調伏行動呢？」我突然有所領悟地回問博士。

「是可以這樣理解的。一般說來，恆星系統中形式投影的概念，必須掌握著一個很重要的系統建立原理，那就是生命形式器官的多重性以及它所對應的組件。而建立這些器官的目的，主要是要來接收感覺的輸入，然後再透過一個中央程式的執行程序產生對應。因此，你想像一下，當大角

星的主要CSR，將注意力轉向那兩個不尋常的雙生行星上時，它所感知到的特殊非常態就必須被匡列出來，因為雖然那兩顆行星環繞著彼此的軌道而行，但是第十一個行星的重力場，卻遠比第十二個行星的要大上許多。再加上，他們距離系統中央恆星很遠，所以就出現了某種非常態性處置的強烈需求。」博士耐心為我解釋了剛剛賀所傳遞的天語。

當然，我還是似懂非懂的。但透過大角星主要恆星的某種心智作用來投影出一個更適當的行星運行環境與生命樣態出來，似乎是博士與賀想要表達的。我開始好奇這些大角星生命存在體的特殊「顯化」過程。

「博士，您的意思是說，在整個大角星系中，這最外圍的兩個行星，是透過中央心智的感知而被特殊處理與投影的產物了？」我認真思考了起來。

「就是這樣。所以，在應運而生的烏爾亞克坦尼亞環中，每一個生命體的器官，都會因為運作狀態而有不同的特性。這就像每一個不同器官的運作狀態一樣，各自都有它的不規則性與差異性，只是在這些不規則性中，他們發現彼此之間仍然存在著某種同質性。所以他們知道自己和大角星系其他的行星群體很『不一樣』，這也就是為什麼賀會稱呼他們自己為『異質體賀特羅克萊提斯』的原因了。」博士說。

講到賀，我怎麼覺得他好像已經離開的感覺？大半天都沒再聽到那電子合成的怪聲音了。但就在我打算開口問博士的時候，虛空中竟又立刻發出了嘰嘰嗡嗡的金屬摩擦聲，瞬間，整個空間再度散射回響著賀朗誦詩隊空曠而巨大的合唱聲音：

「在遙遠大角星外圍的花園行星環帶之中，有不同程度的烏爾亞克坦尼亞的異質體，成為了祕密的時間分享者。我們在我們的愛裡是不規則

的，在我們的快感中也是非常態的，而我們就在神聖的性高潮中，誕生了我們第一個『感應孢子』，並完成了屬於我們的時間，這使我們跨越了小我的死亡恐懼邊緣。而我們和我們星系中『十聯盟』（League of Ten）行星的『沉睡者』不同。因為我們所有的感官都打開了，所有的語言，甚至是每一種被認識的語言，不僅僅是植物體的，水晶體的也是。我們都透過無懼生命體的感應孢子，在光譜的無形式狀態中彼此結合。是的，我們就是大角星異質體，我們推動著分享時間的知識，要讓所有人得以甦醒，宛如一個整體般地享受著彼此。」

這一場華麗登場的大角星宣言，直接打進了我的大腦中。不知道是因為問題太多，還是有另一種穿透性的神妙體悟就這麼滲透了進來，我竟然沒有提出任何的問題。或者說，其實我發現，此時此刻感受似乎比理解來的更重要一些。

不知不覺中，天色又暗了，博士依照慣例，倏忽來倏忽去。或許，他是要留下更多的時間和空間，讓我自己一個人慢慢去品嘗體會這些資訊。街道外的救護車突然嗚咿嗚咿地自遠而近，又漸漸遠去。我在一個太難形容的虛實之間交錯，看了一下時間，現在是晚上7：08。

整夜，些許怔忪……

04

打敗十聯盟／發現脈衝符碼

　　大角星在它主要的演化週期內，原本每件事都在這十個基本行星中正常運轉著，但正因為太過規律正常了，以致於外部兩個行星中的一些非常態現象所形成的人造力場，就這樣變成了他們的優勢⋯⋯

　　感覺起來，賀的出現，為我和博士的這一場意外的邂逅，添加了不少華麗的色彩。漸漸地，我對這些跨次元邂逅，以及龐大星際資訊的接收，似乎也沒有一開始那麼不知所措了。可能，也是博士給了我一種體貼的安全感吧。

　　只是，最近每天從睡夢中醒來，總是會有一種時空錯置的感覺。但我知道我的內在有股強烈的渴望，想知道更多。我想，這種經驗，也不是任何一個人可以輕易遇上的。誰可以想像得到，一個人竟然可以直接從某個未知的次元中，獲知如此浩瀚又完整的外星故事呢？

我不知道接下來博士還會帶來什麼樣的驚喜？但我很清楚地知道，無論是什麼樣的信息，一定都是為了要讓我們這個地球以及生活在地球上所有的物種，可以有更好與更和諧均衡的演化發展，這也就是我為什麼要將這些幾乎不可思議的內在感受，好好記錄下來的主要原因。

這些天，我也同時發現了自己的雙重或是多重人格。我看見有一部分的自己，完全臣服於這樣「外力」的介入，但有另一個部分，卻懷著實證科學的局限性思維，並對很多「信息」產生存疑。當然，還有一部分的自己，更像是一個旁觀者，默默看著這一切非常態性情況的發生。

我也越來越能體會，一個人要在認知意識上有所跨越與拓展，真不是一件容易的事情。我常常覺得搞藝術創作的自己，對一切的存有與發生，應該算是夠開放了，但總還是會在某一個瞬間，突然看見自己依舊停留在很狹隘的價值判斷框架裡跳脫不出來。但我想，對於探索真正的宇宙真理而言，這或許才是最自然的辯證過程吧！

今天的我，早早泡好了兩杯茶，等待博士，或者會有更新的朋友到來。

「昨晚睡得可好？」博士又冷不防出現在我的耳邊問候。

「您來啦，哈，還可以，就是腦洞大開了……」我很高興地回應。

「我本來想讓你休息個兩天，但賀希望我把他昨天沒說完的故事講完呢！來問問你……想聽嗎？」博士一派輕鬆地說。

「賀今天不來了嗎？」我問。

「不一定，你知道這種高頻的共時心電感應召喚，只會發生在當下，

他覺得他該來就會來。所以我們聊我們的，說說你還想知道什麼，別客氣……」

博士豁然的語氣中，散發出一種成熟男人的瀟灑，真是帥氣極了。我當然不會客氣，有太多事想知道了，於是我問：

「我想進一步知道賀屬於的『異質體』是如何存在的？還有他昨天提了好幾次的『十聯盟』沉睡者究竟是誰？關於這部分，博士您清楚嗎？」

「當然清楚啊，哈哈哈。其實，大角星系統中，兩個最外圍行星的生命形式，是以一種『變形體』（deformities）存在著的，他們被稱為『大烏爾亞克坦尼亞』以及『小烏爾亞克坦尼亞』，有趣吧？這就好像音樂中的大調（Major）、小調（Minor）和弦一樣，每一個大調生命形式的感覺器官，其主要的功能，是以一個擴大向外的力量，來調適這兩個行星在橢圓軌道上因相互的引力所造成的重力失衡。而小調行星上的生命感覺器官則是反方向，朝向內去調適這股引力的拉扯。」博士很快就為我解說了。

「原來是這樣啊……這麼看起來，這兩個外部行星真的有點特立獨行、自成一格的感覺哪……」我覺得很有趣。

「是啊。不過，這種被強化的不規則性，超越了演化週期的常態，甚至跟大角星系統中，其他十個行星的情況恰恰相反。因為內部的那十個行星，妥協於『十聯盟』的規範，展現出一種穩定的、有機演化的統一光譜。所以，儘管大角內部的十個行星，也有它自己的『磁力─重力指數』（magnetic-gravitational index，簡稱MGI），但這些生命形式的感應器官，全部都遵循著相同的比率生長。所以，就算他們彼此間可能出現程度上的差別，但根據同樣的比率，他們所有的生命形式，仍然是屬於高度一致的相同型態。」博士更進一步地告訴我這些細節。

「那這個『十聯盟』是什麼意思呢？感覺起來這對大角星的主要行星系統，好像有很大的決定性力量？」我實在對這個「十聯盟」的統治階層感到不解。

「顧名思義，『十聯盟』就是由這內部十個行星，各自推選出他們的長老所組成的最高指導單位，其中有著相當嚴格的規範；根據『十聯盟』的法典說明，一切生命存有的目的，是為了要穩定他們的中央太陽，也就是大角星中央恆星本身的內部脈衝，並建立一個正面的基礎，增加整個系統總體的發光性與輻射性。當然，這一切都會與『CSR』與『母體矩陣五聯盟』的規則一致。」博士耐著性子，一一為我解釋。

「感覺起來，這整個組織的發展真的非常嚴密哪……所以，您的意思是說，除了大角星主要心智的CSR之外，另外還有一個更高的監管單位叫做『母體矩陣五聯盟』？」我簡直想把電腦拿出來，開始建立一個星際組織專有名詞的附錄索引，這千奇百怪的名字也太多了吧？

博士聽了笑了笑，回應道：

「這已經是非常簡化的版本了，為了盡量讓你能理解，所以用一些你比較好懂的組織概念，來解釋這些星際跨次元的複雜關係。但的確，『母體矩陣五聯盟』是銀河系中一個非常重要的母體矩陣監督單位，將來我會更仔細告訴你。現在，我們還是先把大角星『十聯盟』的運作搞清楚吧……」

「希望我的人類大腦可以吸收得了，哈哈哈……」我想我臉上出現的大概已經不只九條線了。這麼複雜的闡述，對博士來說，還只是簡化版本，可見我們人類有限的大腦認知，還真是扁平得可以。我沒再多說什麼，傻笑著等博士繼續往下說。

「其實，大角星在它主要的演化週期內，原本每件事都在這十個基本行星中正常運轉，但就因為運轉的太過規律正常，以致外部兩個行星中的一些非常態現象所形成的人造力場讓他們更顯獨特，而這些獨特性反而變成了他們的優勢。所以，這兩個行星上的異質體，老是會弄出很多讓『十聯盟』長老們既困惑又有啟發的新事物來。」

博士說完這段話，隨之輕輕一笑，然後又兀自說：

「呵呵，你一定會覺得這也太湊巧了，但這星際間的各種發生，有時候就是這麼陰錯陽差。你回想一下，火星的故事不也是這樣嗎？如果，那時在控制室的大角星人和心宿二星人，不是剛剛好睡著了，火星也就不會這麼剛好發生了輻射死光大戰，使地表文明崩毀到一發不可收拾的地步。」

博士嘆了口氣。繼續他的闡述：

「不過，對大角星的行星系統而言，這種情況其實是危險的。所以大家都在想，到底有什麼方法可以解決這個難題。後來，他們找到了一個頗深奧的解決之道，那就是我之前跟你提過的『大角星探針』（Arcturus Probe）。就某個程度說來，這是異質體一方的勝利，但其實他們也從來不曾想過要去打敗『十聯盟』的長老們，他們只是曾試圖想要讓這些長老們，進入他們具有強化情慾刺激及透過心電感誘發全感官高潮的場域之中。可惜的是，十聯盟的長老們，真正關心的是安全，而不是全方位的終極快感，所以他們把這些異質體都視為荒唐墮落的後代。」

「原來『大角星探針』一開始的主要功能，是要拿來解決他們星系間的矛盾與失衡狀態呀，那這是異質體們自己找到的方法嗎？」我很好奇地問。

「異質體最大的『武器』，其實就是先進的心電感應力，這結合了他們不規則感應器官的需求。說實話，『十聯盟』其實也有心電感應力的，只是，他們從來不去發展這種能力。最可笑的是，一提到像心電感應力這類的東西，他們只會把它當作傳送資訊的外部電子脈衝，就像笨拙的自動化系統，毫無詩意可言，更缺少了如歌一般的韻味。所以，一切最後就只剩下資訊而已。大概因為如此，『十聯盟』在感官經驗上的潛能，也就越來越被削弱了。」

博士很平靜地解釋完異質體和十聯盟之間錯綜複雜的關係，讓我覺得這些外星人的故事真是越來越有趣。

「這好像是自由派和保守派的鬥爭喔，所以賀就是狂野自由派的異質體代表了。哈，這倒是跟我的叛逆性格比較像一點，只是感覺起來，心電感應對自由派的異質體來說，好像是非常重要的發展基礎。所以說，『大角星探針』的行動也與心電感應有關係嗎？」我開始用我的人類腦袋進行某種合理性的推斷。

博士噴了一聲，很韓國歐爸的風格，笑著回應我：

「唔嗬，你倒是滿進入狀況的嘛，哈哈哈……是的，就是這樣，你還記得昨天賀出現時所做的自我介紹嗎？」

「不記得……」我很誠實地回答。

「祕密的時間分享者！有印象嗎？」博士說。

「喔，有，我想起來了，他說他們之所以叫祕密，就是因為和『十聯盟』的沉睡者不同。原來哪，賀稱呼他們『沉睡者』是因為他們保守僵化的緣故。哈，我好像懂了，這完全就像前衛的行為藝術家批判寫實畫風的

老派畫家一樣，所以異質體對十聯盟來說，根本就像當年法國的一群野獸派畫家，自由叛逆、放蕩不羈且難以掌控，挑釁傳統，充滿令人不可思議的創造性與旺盛生命力，讓老派人又愛又恨……」我很滿意自己這樣的推論。

「哈哈哈，相當接地氣的延伸理解，不過實際狀況可能要更複雜一些。讓我們先來瞭解一下這群『祕密的時間分享者』吧！」博士對我這天馬行空的比擬也莫可奈何，只笑著回應我，然後就開始述說這群自由主義份子的豐功偉業。

「『祕密的時間分享者』其實是異質體中，一群心電感應感官和情慾誘發技術最先進的團隊，他們被稱為『超維烏爾亞克坦尼亞同類元』（Analogies of Hyper Ur-Arc-Tania）。在他們最外部的兩個行星上，這些同類元曾經編纂過『宇宙同類元法則』（the Laws of Cosmic Analogy）的原始法典，也就是『感應百科全書』的基礎。而他們的理解能力是類比性且非邏輯性的，你也可以將他們視為他們母體矩陣長老上游的存在體。」

「您的意思是說，戰勝『十聯盟』的異質體，主要就是因為這些優秀的同類元嗎？難道，『大角星探針』這個方法就是他們想出來的？」我問。

「同類元異質體在他們自我創造與持續擴張的喜悅中，發現了脈衝編碼（pulsar code）。是的，脈衝編碼，一個既奇異又強大的科學。它的主要目的，就是要把『時間分享』協調轉化成為『藝術最高層級的感知』。同類元們在情慾覺醒的時間分享過程中，蒐羅了所有行星軌道外的經驗。因為從他們兩個行星的觀點來看，時間分享，就是最大的挑戰。事實上，時間分享也是心電感應克服『距離』的唯一方式。妙的是，他們發現越多的時間被分享，彼此之間的親密感就會越高。反過來說，彼此的親密感越

高，在情慾誘發的作用上就會感受到更複雜、更多重的興奮刺激。因此，透過同類元，幾乎所有的異質體都會看到，這一切就好像一座森林中的林木，可以透過一個總體根基系統的互聯發展，結合形成一個『有機整體』。所以，他們兩個行星上的異質體，就不斷地強化行星軌道外的親密程度，同時也增加他們時間分享的行動，因為他們清楚知道，就算各自存在於兩個不同的行星上，透過這樣的行動，最終就會變成一個『有機整體』。」

博士這一大串話說完，呼了一口長長的氣。

「哇……這心電感應的應用也太強大了吧？」我聽完後，也是為之驚嘆不已呀！

「可不是嗎！但儘管如此，『時間』卻永遠不夠被分享，而且總是有更多的『時間』，避開了他們心電感應力的網羅。於是他們就想，究竟要如何才能夠增加他們的時間分享呢？因為，他們非常想要創造一種技術去克服『十聯盟』長老們的強勢介入。」

「……十聯盟長老的強勢介入？」我有點訝異這個說法。

「這不是很正常的嗎？就像你講的老派的保守者，怎麼有可能會對前衛派革新者看得順眼呢？再加上這些革新者們存在太多的不可預期性，對原本就很穩定的守舊勢力來說，的確也是麻煩的傢伙。因此，對於十聯盟來說，透過強勢介入然後加以干預導正，就是他們維護他們自身穩定的必要手段呀……」博士倒是把這個邏輯分析得很地球，哈。

「那結果呢？同類元有找到什麼克服的方式了嗎？」我問。

「在他們創造性的極樂狀態下，同類元觀察到，在情慾感官高潮的高

峰期會產生一種多重『既視感經驗』（déjà vu）的現象，而這個現象會引發某種精緻編排或圖樣化的效應。於是他們開始探索，為什麼這些既視感的圖樣是發生在某種高峰狀態的搏動下，而不是在其他的情況下呢？後來，他們找到了答案，原來這一切都是來自於脈衝。是的，脈衝，它是一種『時間的分層幾何學』（the layered Geometry of time）。」

「博士，『時間』對大角星人來說，好像是一個非常實質的東西哪？」我越聽越覺得這裡的「時間」，和地球普遍認知的抽象時間，有很大區別。

「是的，一點也沒錯。不過你需要瞭解的是，對烏爾亞克坦尼亞異質體來說，時間是一種實際的能量或原力，也就是G力。而這個G力，他們也叫它『第五力量』（fifth force），它是由CSR所使用的媒介，為了要和所有一開始被『母體矩陣五聯盟』所創立的銀河管理組織同步化。」

博士的這段話，我聽得相當有感，於是大聲回應：

「原來，在博士的著作中，每每提到的G力或第五力量，指的就是『時間』的能量或原力啊……我想所有亞洲的星際家人們一定很開心得到這個清楚的答案。」

「要記得，在你上課的時候，可得跟那些可愛的亞洲星際家人們好好分享哪！哈哈哈……」博士笑著說。

「會的，我會把所有您告訴我的事，都想盡辦法告訴亞洲的每個家人。」我回答。

「聽你這樣一說，會讓我想跟你講更多的故事哪！哈哈哈……」博士又接著說。

「先這樣……這樣就好……太多腦袋裝不下。不過我倒是很好奇，十聯盟長老們對時間的看法是什麼呢？」我再問。

「呵呵……這還真是個問題呢。『十聯盟』發展出一種古怪的時間觀點，幾乎完全排除了第五力量。他們堅持一切都要為了全體防禦以及安全性的保障，所以『十聯盟』的長老們，就把時間轉變成一種有限的生活用品，完全在『時間銀行家』的控制之下。甚至，他們還把『時間』作為一種獎勵，發放給那群表現『好』的人。事實上，透過時間銀行家的管理，『十聯盟』的長老們，可以維持著一種『統一』的力量。也可以說，就是在意識層級上加以『控制』時間。因為，只要時間變成一個被控管在銀行裡的生活用品，那麼人民就會繼續相信時間不是一種自然資源。這樣一來，『十聯盟』的長老們就可以永遠保住他們統治權力。」博士清楚地描述。

只不過，這一套邏輯說下來，我覺得原來就算是生存於不同星系、不同次元的生命體，對於統治權力的掠奪與飢渴，竟然都還是一個樣兒！無怪乎電影中的外星人，總是有好人和壞人。感覺起來，這十聯盟的長老越來越像《變形金剛》電影裡的「狂派」，而異質體們就自然比較像「博派」，不過這個想法我藏在心底，沒好意思說出來。

「哈哈哈，你這個想法也挺有意思的。不過在可見宇宙中，二元對立的本質，一直都是存在著的……你要不要先喝口茶，休息一下啊？」博士直接戳破我。哈，我一時忘了，他現在是心電感應的存在體，感應到我的想法這點本事，對他來說根本是小事一樁。

「好，不過您可以繼續說……」是真的有點渴，我灌了一大口茶。

「其實，『時間』不僅僅是一種自然資源，它也是一股無限的力量，

以螺旋的方式帶我們進入CSR的光中。那裡有一個橫跨大角星之外的廣大領域，充滿超越我們可以承受程度的感官快感。這也就是為什麼同類元，要這麼密切掌握住他們這些『脈衝編碼』的原因。因為，只要能好好正確地應用這些編碼，就可以打破『十聯盟』長老手中這些時間銀行家的束縛。你要不要想像一下，接下來會發生什麼樣的事呢？」博士突然丟了這個問題給我。

「我覺得，博派會贏！哈哈哈，雖然我不知道他們會用什麼樣的方式來取勝……」我很篤定地回答。

「哈哈哈，好吧，那麼就讓我們繼續看下去吧。你想想，如果真的發生了這樣的事，那對大角星來說，可真是一個完全的大解放哪！當然，十聯盟的長老們絕不會因異質體這樣的舉動束手就擒的，因此，他們持續發動了戰爭來抵抗他們。而同類元們，則開始積極向那兩顆行星上所有其他的異質體們，傳播分享有關脈衝編碼的知識，藉此來提升自己本身對時間旅行的認識，還有深奧的空間置換技術，然後又更進一步，去瞭解如何引導恆星能量的智慧。於是，他們的能量就不斷增強擴大，甚至只要根據他們生命體的編碼來騎乘脈衝，他們就可以磁化出更多的G力，傳送到他們雙生的行星之上。而隨著G力的逐漸加強，這些異質體的精選成員，就可以比過去更容易深入『十聯盟』的統治階層裡，再透過這些脈衝乘行的技術，大聲叫醒『沉睡者』，直接把他們帶入了那個久違的激情遊戲，以及幾乎遺忘的快感之中。」

「好威猛啊！」我好像把支持博派的情愫，徹底移情到異質體這一邊了。

「這些同類元異質體的確是相當威猛的，事實上這個『脈衝編碼』對他們來說不只是一種高超的技術，也是征服『十聯盟』的精良武器，甚

至，成為了連異質體本身都難以想像的，一種進入生命與意識展望的入口通道。當『十聯盟』的內部行星，一個接著一個，都將『脈衝乘行』變成他們的一種新的生命方式時，這也就代表這個『時間分享者』的原理和知識，已經被傳布出去了。『十聯盟』不僅僅被這個更高階的快感秩序給征服了，但這可不是侵略喔，同時也根據他們的原始藝術，把大統一時代的舞台給鋪墊好了。『大角星探針』的創建到這個階段，已經算是正式伸出他們那些橫跨星際與行星間的激情與心領神會的優雅觸角了……」

　　不知怎地，聽完了博士跟我分享的大角星整體系統「革命」史，同時把「大角星探針」的緣起介紹得如此清楚，我突然覺得很感動。今天，算是紮紮實實上了一堂資訊量爆炸的宇宙歷史課，但我發現自己在不知不覺中，已經開始享受這樣的跨次元交流了。隱隱約約，我似乎對星際間的發展脈絡，有了逐漸清晰透明的感受。我出神望著窗外，突然覺得地球不再是我以前所認知的地球，而是具有更多可能性的宇宙生成存在體。我想，大角星系有這樣精采的故事，那我們的太陽系呢？

　　我感到自己想要探知的渴望，越發強烈了……

05

輻射磁能與大統一原始藝術／
中央星系輻射子與銀河聯邦

時間分享也是心電感應克服「距離」的唯一方式。妙的是，他們發現越多的時間被分享，彼此之間的親密感就會越高。反過來說，彼此的親密感越高，在情慾誘發的作用上就會感受到更複雜、更多重的興奮刺激……

昨天，大角星異質體——賀沒有出現，但我卻已經透過博士的「聊天課」瞭解一切來龍去脈。我想博士為了要將這些宇宙信息給傳遞出來，已經在化身為地球人時辛苦了一輩子。一切俱是因緣，半點勉強不來，該你知道的，自然就會有各種因緣讓你知道，而該你遇上的，就算你想逃可能也逃不了。這些年，我學會的就是向生命之流順服。

我已經習慣每天泡好茶，等待博士或其他的造訪者出現。但奇怪的

是，今天我都已經吃過晚飯，還是一點動靜也沒有。多多少少，我的心裡感到有點失落，估計存在於另一個次元的導師，也是需要休息的。

但是自從昨天以後，我的內心一直渴望再多知道些什麼。等不到博士，我想，或許可以查查之前博士巨量的著作以及相關的資料吧。抱著姑且一試的心情，走到書架前翻找。驀地，喀嗒一聲，書架掉下一份之前我從網路上下載的資料，散落一地。我有點恍神，蹲下來，卻不可思議地看到一張A4紙上，鮮活掛著一排黑體字標題「輻射磁能與大統一時代的原始藝術」。我整個人雞皮疙瘩竄了一身，抬起頭來，四處張望，沒有半點聲音，博士依舊沒有出現，但這份資料，特別是「大統一時代的原始藝術」這幾個字，不正是昨天博士臨走前所敘述的內容嗎？

我匆匆撿拾起這些散落的資料，拿到工作桌上，拉出椅子坐下，戴上眼鏡，巴巴地讀了起來，資料的第一段話是這麼寫的：

「我們透過大角星系統主要的跨行星空間，繪製出我們的路線。這一切的努力，都是為了要讓我們自己可以呈現出原始藝術的意涵——心電感應統一的藝術。說真的，我們異質體在早期的發展階段，便已經將這個技術練習到一定的程度。不過一開始，我們只把它當作是一種擴張快感與親密感的手段而已。隨著對『十聯盟』展開的征服行動，這一場新的演化競賽，似乎專為我們而全新啟動了……」

讀到這裡，我的眼淚險些就要落下，原來這正是一份大角星人在敘述自己生命體形式的信息紀錄。這真是太令人感動的共時了，我突然想起來這些年，坊間流行的一段話：「當你真心想要做什麼的時候，全宇宙的力量都會來幫助你！」可不是嗎？這會兒博士雖然沒來，但我強烈求知的熱情已經完全被點燃了，在那麼龐雜的資料中，竟然就是如此巧地掉出這一份相關的後續。你說，這不是冥冥中的安排又是什麼呢？我相信，宇宙信

息的共時傳遞，不一定會以固定的方式出現在我們的生活中。真正的關鍵是，我們足不足夠細心去覺察，覺察每一次的共時發生。當然，我覺察到了，於是迫不及待地繼續往下閱讀：

「被『十聯盟』解放出來的大角星十二個行星，目前正處於一個被增強的美好狀態。因為我們逐步將我們的星際領域召集在一起，因此這心電感應的交合，網織了整個大角星的統治區域。當我們自由地以心電感應來擴張我們自己到另一個存在體時，有一個更大的形式就會在我們的感官中顯化出來。我們把這個形式理解為輻射磁能原理，也就是跟CSR將自身維繫在一起的相同輻射磁能。所以，這是不是意味著，我們正在被合併到CSR裡了呢？」

這一段敘述，讓我感到有些疑惑，也驚訝在大角星系中，個體的生命與行星、甚至與中央恆星之間相互影響的緊密關係。我想起博士一開始介紹大角星人的一句話，他說：「大角星人既是『一』也是『多』」，而這些邏輯在我們地球普遍實證科學的日常思維裡，顯然是不可思議的，特別是心電感應的擴張與顯化。幸好地球的科學界存在著另一派高端物理科學，也就是量子力學的研究，已蓬勃發展到一個相當的程度，因此對於宇宙萬物皆以頻率「共振」存在的想像，不再遙不可及。

而我的疑惑是在於這個更大的形式究竟是什麼？大角星人的感官和我們地球人的感官又有什麼差別呢？其實，我已經開始懷疑長期以來，我們總是以有機性物質身體，來思考人體感官作用的這套邏輯了。或許，真正的感官作用，遠比我們想像的要來的更寬廣。我開始好奇，即便是地球人類，我們這些外部感官所接收的信息又是以什麼型態或形式，在什麼傳導介面下所形成與儲存的？這些信息與人體交換的過程中，又是如何讓我們的大腦所感知？我另一個更大的疑惑是，我們人類的大腦究竟是什麼？它

是固定不變的一個物質肉體器官，還是其實它蘊藏了更多動態性的祕密，一如大角星人一般，與某個中央輻射系統有著「一體」的連結？

我的疑惑之門一打開，可真是沒完沒了啊，哈！

關於生命體的顯化，或許就如量子科學家大衛・波姆（David Bohm）曾經提出的「形體—意義」理論中，一種隱秩序與顯秩序之間，透過反覆來回投射和注入的步驟，來對應著大角星人所敘述的「投影」。以此為基礎，我開始試圖把我自己的對「生命體」與「感覺器官」等名詞，從那種只限於物質性存在的聯想中超越出來。一如博士之前提醒我的，為了幫助我們用目前有限的認知去理解，才假借各種我們習慣使用的「文字符號」來比擬與形容，所以，這一切都不過是個方便法門而已。一切外在的符號，都不是那個真實存在的本體。這讓我又想起，前天賀來的時候，一開口直接告訴我的那句話：「我們之間的溝通不需要透過文字」。

可惜，慣性中的大腦，也不是說打破就能打破的。一時迷、一時悟，這來來回回，也是個煎熬。此時此刻，我實在太渴望博士能夠出現，為我解一解心中的千百個問號。

「其實，也沒有你想得這麼難啦！哈哈哈……」從虛空中劃出了一聲我滿心期待的聲音，是博士。

「博士您來了嗎？」我開心地回應著。

「來了，哈。今天我睡過頭了……」博士幽默地冒出一句地球人最常講的「藉口」。

「哈，我正在讀您整理的資料呢！」我指了指桌上一堆A4影印紙的文件。

「那是我剛剛拿給你的啊，哈哈哈……」博士大笑。

「原來，是您在惡作劇喔。」我才納悶著，這共時的也太巧合了吧。

「那可不，生命中所有的相遇，都是久別的重逢哪……」

博士真的很喜歡趕流行。我又為他的藍猴幽默自動地加了一分。面對這種尷尬，真的很難回應什麼，博士自顧自地補充說：

「所以呀……你們常常所謂的巧合，其實是另一個次元的一個精心安排。共時，指的不只是同一個時間共同發生的事情，它意味著更多有機的組合，它正在創造許多更大的形式，這就是心電感應！你會覺得巧合，那是因為你的大腦反應區被激活的data太少了，所以來不及反應，就是一種大腦斷片的概念。你的手機訊號不好的時候，聲音斷斷續續，只能從對方的隻字片語中去拼湊你自以為理解的意思。假如斷訊時間短，你們還能無礙的繼續溝通下去，但有可能就會產生誤解，斷訊的一旦時間長了或太頻繁，你通常會出現什麼反應呢？」

「掛掉重打，或是等訊號好一點的時候再聯繫呀！」這個答案不需多想。

「你沒有想過去改善機器的收訊能力或訊號傳輸方式嗎？」博士反問。

「這應該是系統業者的事吧！」我答。

「你不就是你大腦的系統業者嗎？」博士很快回應我。我一時語塞，不知該說什麼。

「跨次元的宇宙信息電磁波一直都在那裡，只是人們都太執拗在自己習慣的老舊接收設備，卻沒有想過，其實它隨時都能更新的。記住，不要

再用老舊的經驗值，去定義你不理解的新事物，那樣的話，你就會一直活在歷史中，而不是當下。所有的歷史都是一種限制性的大腦思維，它只是一艘帶你回到當下的船而已。」

博士的當頭棒喝，立刻消解我剛才的矛盾困惑。是啊，我們都太習慣用老舊的接收模式，去解釋所有眼前發生的現象。很多我們覺得奇怪和詭異的現實，就只是因為我們老舊的大腦來不及反應而已。所以，如何改善這個大腦設備，或許是未來人類演化歷程中的當務之急。

「博士，我懂了，不過我正在用我有限的大腦，在傷腦筋這些大角星人的生命模式呢？您可以為我稍稍解釋一下嗎？」在博士「面前」，我感覺自己越來越輕鬆。

「當然可以，有關大角星的生命體，如我剛才所說，不僅是一種心電感應的存在體，也是一個超越了時間和空間展開的單一有機體。當然，他們也包含許多的組成單元，只是這些單元比較像是『感應孢子』（sense spores）。」博士很快地就開始他精采的「聊天課」了。

「感應孢子？博士，等等，你說的孢子，就是我們認知的那種單細胞或少數細胞的繁殖體嗎？」我很驚訝又跑出來這麼個「奇怪」的名詞。

「是的，指的就是那個單細胞繁殖體，但還是老話一句，你要意會，而不是尋求等於的事物。我只能用最接近的文字語言，形容這些不同次元的存在體，你知道的……」博士以一種鼓舞性的口吻回答我。

「喔喔喔，好，我記住了。所以你的意思是說，他們的心電感應生命體，是由一堆有『感應作用』的孢子所組合起來的。」我試著歸納一下這個新名詞。

「Bingo，正解。而且你知道嗎？他們每一個感應孢子，也都具備了三個不同部分的結構：一個是為了收集感官信息的三次元根基形式的『植物體』層級；一個是電子四次元感官處理的，『脈衝乘行形式』，叫做『帶電體』層級；還有就是我們稱其為水晶第五次元智能合作形式，叫做『水晶體』層級。」博士更仔細說明這個神奇的「感應孢子」結構層級。

我覺得，接下來應該又是一連串資訊量爆炸的狀態了。只聽博士繼續開口說：

「當他們發現了剛才你看的那份資料上記載的『輻射磁能原理』之後，他們就運用一種不可思議的方式，來連結他們生命體中的這三個層級。同時，他們也可以將個體的感應孢子單元，直接連結到『時間─空間』的結構型態中。事實上，這個結構型態，就是為了要認知大角星自身的行星秩序，從而反射出輻射磁能的強大力量。」

「所以這是一種自然與中央輻射中心合併的演化行動嗎？還是他們有什麼特別的意圖？」我真的覺得不可思議。

「其實……兩者皆有哪。哈哈哈，你開始很熟練怎麼問問題了，讓我告訴你吧！你知道輻射心電感應力嘗試的第一個行動，就是把烏爾亞克坦尼亞的雙生行星分開來。他們決定將這兩個雙生行星的軌道模板，設定為一個可以被擴張到整個系統的模版。所以，他們重新校準兩個外圍行星磁極的電磁力場，讓行星在彼此之間產生出一個巨大的螺旋釋放，以便找到他們環繞大角星星系核心的各別軌道方位。」博士回答。

我怎麼覺得這有點人定勝天的感覺哪。大角星的生命體，運用集體的心電感應力，竟然可以改變行星體的星系航道，這也太夢幻了吧？我有點不可置信地問：「這是真的嗎？聯合小小的個體力量？竟然可以產生這麼

大的效應？」

「這可不是小小的力量哪……你還記得剛剛你看的文字資料嗎？大角星人發現輻射磁能原理後，不是對自己提問了嗎？他們是不是說：『所以，我們是不是正在被合併到CSR裡了呢？』」博士提醒我這句話。

我恍然大悟，幾乎要叫了出來。

「我懂了，原來透過這個輻射磁能原理的心電感應運作，他們集體的意志已經和CSR的意志相互融合為一體了。哇，這真是太強大了」

「精采的還在後頭呢……接著，他們利用行星擴張原理，以一種新的方式來配對。讓第一個行星和第十二個行星配對，第二和第十一，第三和第十……等等。就這樣，這個大統一的原始藝術，就完全具備輻射電能的元素第五力量了。事實上，這個讓他們完全融入的星系核心大角星的CSR母體矩陣，只是一個振動的『聲音』。」

我聽得是血脈賁張，而博士習慣性地清了清嗓子，繼續說：

「後來大角星上的每一個行星，都變成了一種輻射雙生配對的大角星感應孢子。這個令人不可置信的嘗試所完成的壯舉，如今在你瞭解了這個原理之後，是不是覺得也都有可能了呢？除此之外，他們還嘗試了其他更多有關『宇宙回憶』、『恆星磁能』、『宇宙心電感應內在洞察』等不同的偉大星際行動。你想想，他們是如何透過『時間和空間』結構型態旋轉自身的方式，變成一個偉大的『單一生命體』。他們就如銀河大海中的星雲一般，所以，在大角星統治領域的他們，深知自己有這樣的潛力可以『游』到其他的恆星去探索，並調查另外的世界系統。而這就是『大角星探針』行動一開始形成的初始意圖。」

「那他們……究竟想要做什麼呢？」我相當好奇這些擁有了神力之後的大角星人，會想做些什麼事？

「不要認為生命體在這樣的層級中，沒有他們的責任。從地球人的認知觀點來看，大角星人是一個最富有愛的外星種族，因此對他們而言，沒有什麼比對『純粹之愛』負責，來得更重要了。而且，你必須記在心裡，這就是他們真正的本質。」

「一個最富有愛的外星種族……真正的本質……」這句話好像在提醒著我們什麼。

「大角星人被穩定在自己的感應孢子之中，而這些孢子會在維持某種持續擴張程序的行動中被消耗掉。此外，這些感應孢子也會被用來建立更複雜的情慾刺激與精神性強化的層級。所以，當他們對其他的生命形式與其他世界產生出自然的同情共感，並不令人意外。而從他們恆星系統中，以振波方式放射出的共感喚醒行動，其實已經吸引其他銀河生命體序列的注意了。不過，他們藉由那些存在的序列比對得知，只要他們還在清理自己的居所，還在準備那些神奇和諧的飛行船隻，他們就還無法加入這些更大的銀河序列存在。但是，隨著大統一原始藝術（Primal Art of the Great Unification）的輻射磁能原理（Principle of radial magnetism）重組了他們的恆星系統後，他們就已經能夠以更大的異質體時間分享者的心電感應單元，乘行著脈衝四處翱翔了。」博士慢條斯理地說著。

感覺上，我似乎越來越能用我這個地球人大腦來理解這個大角星的存在脈絡，原本那些陌生的名詞，經過博士反覆說明之後，好像也沒有那麼「外星」了。

「今天造訪的時間，好像有點尷尬，會不會太晚了？你是不是要去洗

澡什麼的？」博士突然很家常地問起我的作息，我卻噗哧笑了出來，他大概忘記他第一次來的時候，可是大半夜呢！我一派輕鬆地回他：

「不晚、不晚，博士今天你就盡情說吧。我的狀況還不錯，還想知道更多關於源頭的解釋和信息呢。這對我幫助很大……」

「哈，那真是太好了，我正想再跟你講講有關大角星的CSR的事呢……」博士顯然也是講得意猶未盡。

「我真心想知道，洗耳恭聽……」我即刻回應了。

「嗯……截至目前為止，我們好像提到CSR好幾次了，其實從時間環形結構初始運行的時候，大角星同類元的異質體們，就已經覺察到CSR了。只是，他們一開始對CSR的認知是，它就是在他們恆星大角星上一股熾熱核心的演化力量，地球人通常稱這個主要位置上的恆星為太陽（Sun）。而透過輻射子，這裡指的是信號傳輸的能量匯流，它協調著恆星和它所屬的行星的智能，或是星系生命形式。因為同類元感知到這些信號，是以離散的輻射波進行輻射性的發散，他們就稱它為「輻射子（Radion）」。」

「原來CSR這個名字是這樣來的啊。」我恍然大悟。

「所以，大角星人稱其為『輻射子』，其實就只是在描述它的作用而已。過去保守的『十聯盟』把他們所感知到CSR的作用，編成法典，納入他們的標準法則，形成十聯盟的『十誡』，但這也只是為了要讓十聯盟的長老們，可以繼續霸占他們的統治權力而已。倒是因為賀他們那群『超維烏爾亞克坦尼亞同類元』，後來發現了脈衝編碼，深刻理解G力的實際力量，才促使CSR，展開一個全新概念的演化。」

博士講起大角星上的這些知識，真的是如數家珍，他自顧自又繼續講下去：

「在新的覺知中，這個在恆星大角星內部的CSR，也就是大角星複雜精細的行星系統中心，似乎有了新的身分，它被銀河中心要求成為一個具有功能性的對等『主中央星系輻射子』。這個概念，即是要把銀河中心的『主中央星系輻射子』類比於大角星的CSR。從此以後，它在所有恆星功能的作用上，就會被視為銀河生命的根基，而這樣的情形，就像大角星的CSR之於每一個演化行星的核心一般。」

「哇，感覺起來是升級了，變成銀河中心主CSR的遠距代理人。」我覺得超酷。

「差不多是這個意思！哈哈哈……」博士聽我這麼一說，才稍稍降低一點剛剛的嚴肅感。他一直很嚴肅，讓我覺得今天的藍猴真的很不藍猴哪！

「那你知道，異質體在發現了脈衝編碼和G力之後，又發現了什麼嗎？」博士改變了語氣，有點俏皮地問我。

但，我哪裡可能會知道啊，只好對著虛空的博士，搖搖頭。

「呵呵，這些異質體發現，透過他們的努力，一旦讓一個行星得到了心電感應統一之後，那麼在其內部的微型CSR，就會被完全啟動。你知不知道，在心電感應統一之前，每個行星都擁有一個休眠的CSR？而異質體在時間分享的冒險旅程中，其主要的任務就是要去喚醒不同行星的意識，讓他們可以達到心電感應統一的狀態，接著再進一步去觸發激活他們核心內部休眠的CSR。」

「所以大角星異質體之所以會騎乘著脈衝在星際間四處翱翔，真正的目的是這個啊？難道，這也是所謂的大角星探針行動？」我突然好像被打通了什麼任督二脈似地。

「哈哈哈，孺子可教也。不過異質體的一切行動，必須要小心謹慎地遵循『母體矩陣五聯盟』的輻射磁能管理法則，才能達到預期的結果。其實哪，就算CSR還沒有被完全啟動，這些心電感應行星統一行動的信號，也早就被『銀河聯邦』（Galactic Federation）給監視了。」

博士把整個大角星的關聯更擴大，怎麼又冒出個「銀河聯邦」來了呢？剛剛才覺得無比通暢的大腦迴路，現在再度開始覺得有點卡。

於是我問：「銀河聯邦……這是？」

「『銀河聯邦』一直是以某種半神話、半記憶的狀態，存在於異質體的心智之中的。事實上，在他們以脈衝乘行進入『十聯盟』行星階層之前，他們的生命體幾乎沒有一個部分和銀河聯邦有過實際的接觸或溝通。但有一件事可以確定，那就是聯邦一般不會隨便干預，通常必須是有所請求。所以，也只有在很少的情況下，聯邦才會出現，大概就是在行星的智能，被證明能夠在聯邦完成的層級下運作的時候吧！而聯邦，則是由相對應的智能來決定的。基本上，這個智能是非二元性的，而且總是會運用更高境界的情感來對抗惡意的攻擊，有人說，這就是『慈悲』。不過在組織上，『銀河聯邦』是銀河系內部被某種條約所約束的一個恆星系統聯盟。而這個條約則是與最高中央權力中心，又叫做『主中央星系輻射子』（Great CSR）或『胡娜庫』（Hunab Ku），一起共同協議出來的結果。」博士又回到了一本正經的嚴肅中敘述著。

不過一聽到胡娜庫，我的眼睛倒是一亮，這是我們在學習曆法中很熟

悉的銀河中心母體矩陣，原來他就是最大的主中央星系輻射子，一個掌管著銀河星系所有信號傳輸的能量匯流站，它是協調所有恆星智能以及星系生命形式的樞紐。我笑著以點頭回應博士，博士又接著說：

「胡娜庫，是由銀河星系的首席星際導航工程師馬雅（Maya），替銀河的『主中央星系輻射子』所取的名字，銀河系中，它就是本能且唯一合法的權力中心。而銀河系中的萬事萬物，也毫無例外都與胡娜庫有關。就像同類元異質體所說的，『胡娜庫』就是來回於中心本能性的強制力量。」

感覺博士很想一口氣說完，吸了口氣，又立刻開口：

「其實，當一個恆星的意識與心電感應統一，已臻成熟的時候，他們自然的傾向，就是在聯盟行動中結合成一個聯邦。因為這樣做，它的行星軌道就可以進入到和諧的狀態，並且使母星的星系『歌詠線路』（songlines）開始運轉。」

「星系歌詠線路？天哪！這又是什麼？」我忍不住開口問，但語氣上明顯有點焦燥。

「哈哈哈，不急不急，之後還會詳細提到的。現在先想像它就是一個和諧共振的發聲線路，就好像一首歌，有很多好聽的聲部各別同時進行一樣。」博士大概感受到我有點快爆炸了，說話的語氣就像哄孩子似的。

我安靜下來繼續聽，沒有再多說什麼。

「你想想，還有什麼比進入『銀河聯邦』相互纏合的狀態，更令人豐富滿足的。你會發現在三次元形式中的電容器和變頻器內，竟是一個具有生命體繁複序列與級別的大型多工儲存器。由於銀河聯邦主要的目標，就

是去連結恆星系統與其不同行星中所有級別的CSR，所以，CSR，可說是銀河聯邦進行溝通和『旅行』的媒介。雖然，銀河聯邦被認定具有探索性、調查性和調伏行星的功能，但這些豐富的知識和存在也只不過是另一個更大、更全面，像謎一樣的組織中的一小部分而已，而這個組織就叫做『母體矩陣五聯盟』。」

「原來『母體矩陣五聯盟』和銀河聯邦是這樣的關係啊。」我再一次腦補了。

「所以啦，脈衝乘行的同類元也只能說這個母體矩陣『不存在過去，也不存在於未來』。它幾乎比最遙遠的過去還要久遠，比最光明的純真還更透亮。於是乎，尋找母體矩陣，同時安住其中，就成了大角星同類元異質體一生努力的目標……」

工作室的燈光突然閃了一下，感覺空氣的質感中少一些重量。我知道，博士又是一說完話就閃人了。不過，我，已經，完全，習慣了！

感覺起來，今天這一堂聊天課，應該稱作「大角星人的演化與升級史」。在這浩瀚的銀河中，各種不可思議的事情，實在是太多太多了，我無從以現有的人類大腦，或那些倍受制約的科學邏輯為標準，去印證這些故事的真偽。幾度，我甚至覺得博士好像在開箱一個嶄新繁複的星際宇宙線上遊戲，打開說明書，細心為我解釋著這個遊戲中的角色設定和遊戲規則……一切竟是如此夢幻，我其實也不知道為什麼，自己就這麼一頭栽進來了，或許是覺得有趣，又或許，我真心覺得剝開了這些文字符號表象的背後，其實暗藏著一個深奧且具有前瞻性的宇宙真理，而那是一份來自銀河中心給人類的真實教導……

06

三個身體與時間旅行的大角星探針／
心電感應力的自我監管

脈衝乘行，是讓異質體的三個身體，成為意識運行的單元或啟動感應孢子的實際方法。而他們也越來越瞭解，死亡，不過就是讓「帶電—水晶」的身體，經歷一次次更新與重新啟動的方式罷了……

那一年，從祕魯帶回了一個小小的印加排笛，今天起床以後，一直有股衝動想要吹奏它，不知不覺地吹起了「奇異恩典」這首曲子。其實我們的生活中，時時刻刻都充滿著恩典。不論遇見誰，發生了什麼，其實都是某種冥冥中注定的恩典。所以，我這些日子相當感恩，感恩我與博士的跨次元相遇。

自從上次大角星人演化與升級史的聊天課結束之後，感覺自己如果再認真和博士聊個幾次天，應該就可以上線去登記，申請一個銀河帳號來玩

玩這個宇宙星際遊戲了，哈。

看一下時間，下午13：28，博士還沒來。不過，今天的我有很強烈的直覺，博士應該差不多到了。

「是的，兄弟，我來了！你也開始懂得運用你的心電感應了⋯⋯」博士一派輕鬆地開口。

「哈，都和您聊那麼多天了，也該跟著大角星異質體，一起進化一下才對啊，哈哈哈⋯⋯⋯」我和博士之間，顯然已經是熟悉彼此的好朋友了。

「挺好的，怎麼樣？今天想聽點什麼？」博士乾脆直接問我。

「您就把大角星的故事繼續說完吧。我還在想，那些『十聯盟』的長老們，難道就真的這樣，把大角星中心的權力，完全拱手讓給這些外圍行星的異質體了嗎？還有，這些能翱翔在星際間執行『大角星探針』行動的異質體們，接下來究竟會往哪裡去啊？」我把心中的疑惑，直接表達了出來。

「相當精準的提問，好呀，今天我們就來聊聊這個吧。還記不記得，上次告訴過你，其實當十聯盟的行星才開始要發展心電感應統一的時候，銀河聯邦就已經在監督整個大角星的星系系統了。他們真正開始建立彼此的溝通，則是透過一個脈衝乘行時間分享者的先進艦隊，他們稱其為『泛大角星同類元』（pan-Arcturian Analogies）來完成的。」博士很麻利地直接講出重點。

「泛大角星同類元？感覺是個很厲害的團隊。」我說。

「之前不就說過，同類元一直是異質體中，行動力最高的一群存在體呀……比較有趣的是，當第五力量的銀河聯邦光束一碰上泛大角星同類元時，劈頭就問他們：『你們有多少的感應孢子，需要被調伏在一個星系系統之中呢？』那時候，這群同類元的先進艦隊正在大角星最內層兩個行星之間的時間通道上，騎乘著脈衝。」博士說。

「哇，這麼直接啊。」我說。

「是啊，就是這麼直接。不過，這對異質體來說可是天大的好事呢。因為過去所有來自大角星之外的銀河信息，都要透過『十聯盟』的長老來傳遞，而這次，銀河聯邦卻是直接對著他們發話。這一點，可讓同類元開心極了。所以，他們即刻就回答了聯邦說：『像環繞恆星軌道運行的行星一樣多，當然也包含了恆星本身。』從此，讓他們能直接進入銀河聯邦的入口，就這樣被打開了。」

博士這次說話的聲音，透含著一種愉悅的輕鬆感，但很投入，跟上一次的聊天，完全不同。他繼續忘情地說：

「同類元異質體們，沒有多久就得知，他們正被兩個星系團隊給監控著。一個是來自天狼星（Sirius），而另一個則是來自心宿二星（Antares）。而且，這兩個星系團隊，還非常密切地準備要和第三個神祕集團結盟，那就是昂宿星（Pleiadian）。在那裡有人告訴他們，銀河聯邦對他們的興趣，其實早在烏爾亞克坦尼亞原始殖民的時期就開始了。當時，聯邦階層內發生了一次很大的爭執，心宿二星人支持『十聯盟』，而天狼星人則站在『烏爾亞克坦尼亞異質體』這一邊。」

博士說到這兒，我實在忍不住笑了出來。這些外星高次元維度的生命存在體，也實在沒閒著，怎麼感覺起來也是時不時就會來個衝突爭執什麼

的？難道真正和平的宇宙，其實根本就是個遙不可及的奢侈夢想？以前，我一直以為外星人跨次元的超能力，應該可以很容易就讓這些衝突消失，然後大家相安無事，和平終老，但聽博士這一連串故事講下來，這外星的多維宇宙間，其實好像也沒有比地球的人間平靜到哪裡去啊？！

我感覺自己有一股突如其來的疏離感，頓了頓，也懶得再多想下去。

「那後來呢？」我問。

「後來啊，就在同類元異質體對『時間分享』與『脈衝乘行』這兩件事，展現出睿智的技術和行動之後，心宿二星就被天狼星這一邊給征服了。所以囉，銀河聯邦的干預行動，肯定就是早晚的事了。其實哪，在這些展現行動中，最吸引聯邦注意的地方就是，異質體在執行脈衝乘行任務時，他們竟還能保持著一種極高水準的情慾刺激的能力。原來，一開始異質體任務的目標，第一是摧毀十聯盟的控制，第二就是將受困於聯盟之內的大角星人給一一喚醒，並讓他們可以轉換到他們長期休眠的快感中心去進行探索。大概就是因為這兩個任務的成功，所以，聯邦就慎重考慮，想要把這正在進行中的大角星探針，當作是聯邦本質性行動的一部分。」

博士說完以後，也頓了頓。

「哇，怎麼感覺又升級了ㄟ！」我有點玩笑地說。

「兄弟，你以為真的是在打線上遊戲哪？哈哈哈……那你想不想知道升級以後發生什麼事呢？」博士突然也笑了出來。

「升級後，就一定要開始打怪了啊，哈哈哈……」我順著這個冷幽默繼續下去。

「好吧，為了讓你能更瞭解同類元異質體是如何來打怪的，先讓你瞭解一下，他們所使用的高級武器，也就是他們的三個身體：植物體、帶電體，還有水晶體。」博士說。

我一下就懵了，連忙開口問：「你的意思是說，他們也有身體？」

「當然有啦，在不同次元、不同行星上，針對不同的功能作用，自然會有它被特別構成顯化的『身體』，但不一定是地球人碳基的物質身體。所以，你不要一聽到身體，就想成跟你們一樣的那種肉體身體，不是的。我來來一個一個為你介紹吧！」這次換博士笑出來。

我托著腮，半伏在工作桌上，好奇地聽著。

「首先介紹的是植物體，或稱為月亮體，這是大角星人的三次元根基。它是需要被『栽植』的。只要是在它被栽植的地方，會累積出即時環境的歌詠線路，他們會將這些歌詠線路擴張出去，直接穿越過它的快感中心，然後去吸引其他植物體。那你知道，為什麼植物體也被稱為月亮體嗎？哈，那是因為行星的月亮或衛星群，會直接影響植物體的引力控制。所以，在較大的大角星祖夫雅歌詠線路中，有一段文字是這麼寫的：『**生命與月亮密切相關，所有身體的形成都是屬於月亮的**』」

「我在想……這個三次元植物體對他們來說，是要拿來做什麼的呢？」我問。

「通常，一個被栽植或紮了根的植物體，意味著他已經被鑲嵌在它所處的環境中了。這時候，他就會和其他植物體形成一個集體的家族系統。這個家族系統的目的，是為了要培養更複雜的親密關係。然後，藉由這份親密性，讓每個植物體，都能夠放膽去達到情慾誘發的更高層級，而這就是透過兩個或多個擴張的家族聚集，所能夠達到的最好實踐。除此之外，

因為這些親密關係的本質是感官身體上的接觸，所以每一個異質體都會有自己特別的需求，以及被誘發的不同位點。因此，他們在各種互動的探索上，就會出現非常多可能性。你知道嗎？其實他們透過感官身體上的接觸，就是在促使他們第一身體『植物體』和第二身體『帶電體』的連結……」博士將身體感官背後的親密連結，解釋得非常細膩。

這番話，對我這個擁有地球身體的人，似乎也有很大的共鳴。特別是博士說的最後一句「透過感官身體的接觸，就是促使與第二身體『帶電體』的連結」，這就像我一直認為的，人與人之間的擁抱是非常重要的多重交流，在這裡似乎也得到某種程度的支持。

我很想知道這個第二身體「帶電體」對大角星人的價值在哪裡，說不定又可以類比到我們人類的某個存在面向，於是就迫不及待地問著：「那他們帶電體的功能又是什麼呢？」

「顧名思義，帶電體即是帶電的身體。它也是四次元身體，透過三次元植物體的感官作用，彙聚了不同歌詠線路的『印記』（signatures）。一般說來，一旦歌詠線路的印記，被感覺器官感知到，他們就會被刻入帶電體的快感電路之中。而這些印記的內容同時也會被儲存在『電導體』（electro-conductor）中，也就是地球人們稱之為大腦的地方。不過有時候，這些印記內容也會被用來當作一種異質體溝通表達的方法。因為異質體所有表達的形式都會有一個目的，那就是為了新的接觸形式而去刺激需求，以便創造出更進一步的誘發。為了生長茂盛，四次元帶電體健不健康，取決於三次元植物體的根基夠不夠良好。同樣的道理，帶電體就是植物體拿來擴張自身，進而超越『空間—時間』的手段，這也是奠定『時間分享』與『時間旅行』非常關鍵的重要線索。」

博士有條不紊地將帶電體解釋得非常清楚，讓我的求知欲大增。於是

我又緊接著問：「那……水晶體呢？它又有什麼重要性呢？」

「你要知道，如果沒有水晶體，他們所有的感官活動，都可能白白折騰在一些沒有重點的快樂主義迷思之中。水晶體是五次元的根基，管理帶電體永無休止的活動。這個五次元身體之所以會被稱為水晶體，是因為它是透過通曉水晶的用途而形成的，水晶會以有形的形式鏡像反射出五次元身體的實存。異質體們都知道，在意識知曉一切之前，只要一個行星受Ｇ力所影響，那麼Ｇ力採取的主要形式就一定會是水晶的型態，一如他們同類元的先祖所詠唱的那樣：

「歌詠水晶就是騎乘光束

騎乘光束，好讓水晶歌唱。」

「脈衝乘行，是讓異質體的三個身體，成為意識運行的單元或啟動感應孢子的實際方法。而他們也越來越瞭解，死亡，不過就是讓『帶電─水晶』的身體，經歷一次次更新與重新啟動的方式罷了，而只要透過死亡的體驗，他們異質體就可以輕易地發展著『脈衝乘行』的技術。」

博士解釋完水晶體之後，提到「死亡」，這個人類集體的恐懼以及最想逃避的現實。然後繼續說：

「他們的操作技術其實很簡單，就是透過『睡眠即死亡』的類比來學習發展。同時，他們也學習進入某種集體的情慾激發狀態，而在這種狀態下，他們會離開以身體形式來彼此交纏的植物體。他們稱這個狀態叫做『有意圖的情慾蟄伏』。因為在彼此分享的夢幻時刻中，他們不僅僅是透過彼此，也透過身體上相距很遠的人，學習運用心電感應來延伸他們自己。也就是說，在追求刺激的行為中，試著去遏止慾望，然後把愛延伸到最遠的衍生狀態，進而誕生出『脈衝乘行』和『時間旅行』的時間分享藝

術，這，就是大角星探針的真正本質。」

博士所傳達的是一種相當形而上的修煉模式，這對一般人類來說，其實是有點難以想像的。要在情慾的釋放過程中，抑遏肉體感官上可能失控的逸樂，轉而將合一的快感，延伸為更高層次的愛與慈悲，進入無時間的精神境界而得開悟，大概也只有善於運用心電感應能力的大角星異質體能輕易做到吧？

關於此，我除了羨慕與讚嘆，也不知該問些什麼。不過，倒是剛剛又冒出了一個「時間旅行」的概念，我有點混淆，於是問：

「博士，您說的『時間旅行』指的是什麼？它有什麼特殊目的嗎？」

「他們在時間旅行中，學習了將不同身體置換的可能性，因為運用這種『旅行』的方式，可以超越空間距離的限制。如此一來，他們的大調和小調烏爾亞克坦尼亞的生命體，就能相互配對結合。你想想，一旦他們都可以跨越行星來配對了，還有什麼事能夠阻擋他們的進展呢？因此，他們也就不用太擔心『十聯盟』長老之後可能會採取什麼惡毒手段了。」博士簡要地把因果關係說完。

也許博士是想用更簡要的方式解釋給我聽，感覺上，這大角星行星生命體間的演化與革命，彷如是異質體一開大絕立刻打敗十聯盟，三兩下就能掙開了他們的魔爪似的，這過程可比外星電影演的還要輕鬆容易呢！但我想真正的實際狀況，一定更複雜百倍以上。身為一個地球人的我，其實也無意去知道星際之爭的諸多細節。我想博士之所以想與我分享這些故事，主要還希望能夠幫助人類在意識上，可以得到某種超越我們經驗想像的啟發與擴張吧！

當然，這個異質體同類元的大絕殺技，是我相當感興趣的。我想這

個超能力，是我們人類未來演化方向的重點發展，也就是「心電感應能力」。

於是，我直接開口問：「博士，您能跟我說一說，異質體究竟是怎麼運用他們的心電感應能力嗎？」

「你變成一個超級好學的好學生啦，哈哈哈，這真是太好了！」博士顯然很願意繼續說下去，於是接著說：

「首先，你必須先回想一下異質體和他們烏爾亞克坦尼亞的起源。要知道，他們三次元的存在實體，與地球的存在物種不同，他們是屬於矽基的植物體，而這個實體可以註記所有不同的感官，以及它所對應的內部快感中心，變成他們最大的優勢。當然，他們的每一組感應器官，都能分別區隔出不同對應的刺激功能與範圍；因此，他們只會去發展那些早期沒有被發展出『物質』技術的部分。其實，也只有地球人類才需要這些物質技術，去修補感官上的不足，對異質體來說，他們的感官所提供的內容是令他們非常滿意的，他們甚至也已經發展出一種完整的語彙，為了只影響單獨的一個感應器官，僅針對其中一小段範圍進行刺激來完成溝通。」

「這意思是說，地球人依賴語言來溝通，對他們來說其實很多餘？」我心有所感，我常常也覺得語言文字，大概是這世界上最容易失真的溝通工具了。

「是呀，所以他們並沒有發展地球人類所謂的文明。你想想，文明，從字面上的意思來看，就是『在城市中的生活』。人類在物質技術上越進步，城市就會變得越複雜和容易受損，但也就越難去維持生命高水準的品質。甚至，連『十聯盟』的長老們，也都不會按照你們所知道的方式去發展他們的城市。」博士說。

「什麼叫做連『十聯盟』都不會用我們的方式來發展城市，幹嘛把我們說的那麼次等啦。那他們是用什麼方式來發展呢？」我有點不服氣地抗議。

「哈哈哈，他們是用一個大型的同軸圍柵來聚集人民。這個同軸圍柵是藉由一個中央凸起、覆蓋著長老控制面板的某種建築建構的循環型態來維持。」博士輕鬆描繪。

「聽您這麼一說，感覺地球人執迷在物質技術上的文明發展，是有點弱智……」我有些無奈地回應博士。

「哈，很好，這就是覺醒的第一步。不過，他們更厲害的還在後頭呢……」博士調侃式地認同了我所說的。然後繼續開口：

「原始的異質體不僅擁有真正非物質性的技術，當然啦，那些感官的增強和記錄設備除外，他們還會讓自己分散生活在一些小型擴張的家庭單元之中。但即便如此，他們仍然具備一種獨一無二而且沒侵略性的生命形式，擁有了最先進的思想淬煉，以及人們稱之為『藝術』的東西。他們學習透過類似基因複製的方式，來傳遞他們的知識體，這個行動他們稱之為『愛的傳授』（love-loring）。

「在『愛的傳授』行動中，每一個感應孢子想要傳遞的知識或愛的學問，都會被心電感應聚集成一個火熱的圓球，在情慾達到高潮的當下，轉移給另一個更年輕的感應孢子。隨著情慾的噴發，傳送信號的孢子平息下來後，它的帶電水晶體，就會釋放出一種芳香，包圍著這些參與行動的年輕感應孢子。這股芳香的釋放，就如一種細胞封印，將這愛的學問，轉化成為這個年輕感應孢子在性格上的運作面向。」博士一本正經地說完了這個愛的傳授行動。

但我，也不知哪裡來的藍猴歪腦筋，竟呵呵詭笑了起來。

「你笑什麼？」博士問。

「沒什麼⋯⋯」我有點不好意思說出口。

「你想到哪裡去了，哈哈哈⋯⋯」博士感覺上很懂我的好笑。

「我只是覺得大角星人在情慾上的表達，真的是非常『純粹』的一個外星物種呀！」我極其保留地說。

「其實⋯⋯本應如此純粹啊！」博士頓了頓，收起他的笑聲，轉而語氣堅定地回答我。

我想我是可以理解的，這些天和博士聊了那麼多，當然明白情慾快感的終極目的，是一種生命跨次元的揚升與延展。只是生活在地球上的我們，長期被某些無明且扭曲的物質性迷戀給洗腦，對於情慾相關的事總是忌諱多談，或多有戲謔式的反應來擺脫一些尷尬。於是，我也收斂起我的玩笑態度，很認真地向博士道歉：

「對不起，我不該開這樣的玩笑。您要表達的其實我懂，請您再繼續說下去吧⋯⋯」

「沒有關係的，我懂你的慣性反應。哈哈哈，放輕鬆一點，畢竟要去理解生存在更高次元的大角星人，需要有更多的想像空間⋯⋯」博士很優雅地回應我，又繼續往下說：

「這些知識，除了透過感應孢子的延展，也會將其設計或模式記錄在某種暫時性的物質上，比如說記錄在水晶上來傳遞。這些紀錄被設計成可以被『讀取』，被吟詠或唱出來。你要知道，歌唱與音樂對異質體們來

說，是天生自然的，而且越是自動自發的就越好。像先進的同類元團隊，他們所具備的，就是名符其實的交響樂編碼。它能夠在感性極樂與理性知曉的切分音振波中，同步化所有的行星。而這樣的知識和力量，就是大角星這個『第七感官』系統中，先進的心電感應功能。」

我點點頭，非常認同博士說的音樂觀點。

「接下來，我要跟你分享的，是你最想知道的，他們究竟是如何來運作他們的心電感應？」博士吸了很長的一口氣，感覺思考一會兒，才又繼續：

「我想，對他們來說，心電感應，是一種自然生成的管理機制！其實異質體一直都沒有特別意識到『管理機制』這種概念的存在，一直到『十聯盟』的長老們嫉妒他們時間分享的能力，並且開始想要奪取或摧毀他們的時候，他們才真正感受到『管理機制』這回事。後來，他們仔細觀察了『十聯盟』長老們的行動，發現原來『十聯盟』長老利用某種『管理機制』來控制人民的精神層級，並已經將這個控制制度化，讓它看似一種自然生成無可避免的行為模式。但實際上，所有管理機制下的控制，都只是基於某些人的利益而已。一旦利益被這些人控制之後，即便當時是有問題的，這些人也必定花很多力氣去合理化自己的特權，以確保他們的權力不會流失。」

博士說的這思維和地球上的文明發展是差不多的。我思忖著，權力這個玩意兒，怎麼到宇宙哪一個角落都這麼麻煩呢？所以這不僅僅是人性而已，它根本就是宇宙存在的本性。或許，一如博士曾經告訴我的，可見的宇宙系統中，二元對立的存在，原是一種基本的運作基礎。所以，有善就有惡，有惡也必然有善。這很像傳統物理學上說的作用力和反作用力，我們或許永遠都不可能消滅掉那個宇宙之惡，因為善惡之間可能就是一種鏡

像的共存關係。所以，我們只能想盡辦法去放大我們所相信的宇宙之善，就如異質體他們開大絕來對抗『十聯盟』的宰制一般，但他們也只能暫時性地壓抑住惡的氾濫，嘗試以另一種方式讓自由解放的愛與和平存在。事實上，他們還是無法永遠消滅十聯盟的存在，或許，等到下一個關鍵時機到了，另一方的惡勢力又將凌駕於他們之上。

「別這麼悲觀嘛……」博士突然打斷我的思緒。我愣了一下，也不知該如何回應。

「我告訴你的是故事，但在這些語言符號的組合背後，存在更多的可能性。『二元性』的確是一種宇宙存在的基本性質，但思考的向度與詮釋卻是相對性的動態座標。譬如說，你認為的善與惡是某種二元性的對立關係，那的確也是沒錯的。但我現在問你另外一題，你去想想看『有善有惡』與『無善無惡』，這兩者是什麼關係呢？是不是其實也是一種二元對立？」博士問完我這一題後，沉默了一會兒，似乎要給我足夠的時間消化。

「我……」我好像被重重擊了一拳，所謂當頭棒喝大概就是這個意思吧！

「別急著回答，我知道你懂的。很多的發生，一旦改變了詮釋意識的參考座標，故事的發展就會完全改寫，但我現在必須以人們習慣的參考座標來說故事。因為，只有這樣，才能為其賦與人們的想像，讓大家真正進入到那個可以自由切換思維座標的境界中。你必須知道，這些故事都只是幫助大家過河的一條船而已。再提醒你一次，放輕鬆。我們就是聊聊天、談談心，聽我講講故事而已……」

博士說話的聲音變得好溫柔，我感動地都快哭了，我知道他懂我的懂

和不懂，於是開口說：

「嗯嗯，我知道了……您就繼續說故事吧……」

「太好了，話說這些大角星異質體，雖然一開始，因為十聯盟的『管理機制』老想著要將他們納入控制之中，感到惶恐不安。但徒增恐懼根本也毫無益處，後來他們採取開放式的反應，結果竟自動引發了一個烏爾亞克坦尼亞心電感應委員會的匯聚。不過，這個自然形成的匯聚，只針對解決他們生存議題上的問題而已。他們很快理解到，原來心電感應是一種自然生成的管理機制。」博士說。

「這意思是說……心電感應是無法以任何意圖強行運作而是必須讓它自動發生的嗎？」我覺得這邏輯聽起來很熟悉，這和潛意識的理論有點異曲同工之妙啊！

「心電感應想當然耳被認為是一種具有自主性、毫無恐懼的心領神會，以及自我生成的運作。所以心電感應的管理，也是透過自動自發的相互自我監管來達成。但是如果誰想逃避心電感應的自我監管，他得到的懲罰就是失去親密感及缺少自我尊重的渴望。事實上，心電感應，會在所有種類的創造性行為中茁壯成長，特別是在音樂、舞蹈、誦唱以及情慾誘發上。而心電感應自我監管最大的挑戰，就是要集體去尋找那些不會侵犯感應孢子自由意志的原創性全新閘口。

「因為大角星異質體精神上的協調性及帶電體的自我熟悉度，他們會在雙生行星自然生成的歌詠線路中，升起一股力量；但是，後來他們發現，這些自然生成的行星歌詠線路，都是來自CSR所放射出來的主歌詠線路或稱祖夫雅迴路的射線。只是在當時，他們都還沒覺察，其實他們正在執行『主中央星系輻射子』的編碼。」博士解釋得很清晰。

「感覺起來，異質體心電感應的運作，也不是完全自動放任而生的。某個層面上好像是一種自然生成的力量，但某個層面又彷彿需要透過意志上的控管來避免所謂的懲罰。這是不是說，其實面對心電感應力，在意識上應該是時時刻刻都抱持一種深度覺察，卻又不干預的基本態度呢？但……這其中的分寸應該要如何拿捏呢？」我實在不解地問。

「這個部分要你自己慢慢去體悟了。不過深度的覺察，的確是非常重要，相信你的心電感應力，終會告訴你答案的。」

博士給了我一個開放性的回答。

我深吸一口氣。是啊，所有的修煉都應該是自我體悟的實證，我相信有天我的心電感應會告訴我的。於是，我自動又切回大角星的故事裡。

「那後來呢？在異質體接收與執行完所有的CSR編碼了以後呢？」我問。

「一切就很清楚啦，當初『十聯盟』的各個行星，是因為沒有被適當地把頻率調校到他們行星上的主歌詠線路之上，所以才讓輕易被『十聯盟』的長老軍團征服。但現在，經過校準之後，原來的同軸圍柵被一個個解開，而原本的控制中心，也轉換成聆聽民意與傳送行動的站台，所有的大角星人終於重新甦醒，找回他們的真實本性了。這也就是說，大角星自治區的第一個真實展開行動，已經完全到位啦。來賓請掌聲鼓勵一下吧，Ahooo！」

博士說完後，大大歡呼一聲，我也跟著鬆口氣。這大角星的故事走到這裡，明顯是往好的地方發展了，只是不知道後續還會有什麼特別精采或令人意想不到的事發生，那就得等博士以後再慢慢告訴我。

不需多問，這已經習慣的收尾，半天沒動靜，博士此刻應該已閃人。我收拾一下桌面，窗外天還亮著，今天想出門走走，到海邊看看夕陽，應該是個挺不錯的選擇。

07

大角星自治區：探針覺醒／
神祕的維拉卓帕銀河實驗區

維拉卓帕扇形區，是銀河系近期的演化器官之一，存在於其中一個銀河旋臂的極點之處。而它之所以會被「母體五聯盟」標定為實驗區，也的確就是因為它處在特別「邊緣」的位置……

自從博士告訴我有關大角星自治區形成的來龍去脈後，覺得自己對於這個距地球約三十七光年的大角星，開始有種特別的親切感。尤其是最近又聽說，大角星人曾化身過地球人來到亞洲中國的區域，傳授許多跨次元的宇宙知識。就連東方的老莊道家思想，也多少與這個大角星的脈絡有關，這讓我感覺彼此的距離又更近了一些。

等待博士的不時造訪，已經是最近生活的必須。有時候，真的不得不信，一切的安排都是最好的安排。這個全球性疫情，表面上雖然打亂大家

原本的生活節奏和步調，但卻為我們帶來更多可以與自己相處的完整時間。特別是對我而言，要不是有這一大段無有安排的時間，實在也不可能有機會，可以和博士這麼盡興地「談星」。

我早早就泡好茶，還配上一份甜點。我想，生活中除了儀式感之外，對萬事萬物的發生帶著由衷感恩，也是必要的。

「你在自言自語什麼？」博士今天出現的聲音很妙，頗像吉他琴頸上從高到低的滑音，而且是自遠而近的。

「您來了啊，博士。除了泡茶之外，我為您烤了一個馬芬蛋糕，有濃濃的肉桂香，估計你可以享受得到，謝謝您這些天告訴我這麼多有趣的『星』事。」我說。

「兄弟，你客氣啦。不過，這馬芬真香，謝謝你，真是太享受啦。」博士顯然很開心我的精心準備。

「博士，今天要不要繼續聊聊有關『大角星自治區』這特別的星際管理機制啊？」我邊笑邊主動提出想法。

「當然好呀，大角星自治區的形成過程這麼精采，可惜整個銀河系卻很少有人傳頌。你願意多聽聽，我當然願意多講講。其實哪，雖然他們形容自己是一個自治區，但他們管理的形式，是屬於先進的心電感應自我監管。之所以稱為『先進的』，那是因為他們從他們的十二個行星中，配對出六個組合，其中每一個組合，都包含一個『星系感應孢子』，中央恆星單元的大角星，則是第七感官。因此，他們在聯邦中是透過第七感官心電感應系統運作，而因為這個第七感官系統，他們也常被當作是第五力量智能的集線器（hub）。」博士說。

「意思是說，他們加入聯邦之後，聯邦立刻就根據他們的存在特性，而分派了相關的執行任務給他們？」我問。

「正是如此，作為一個聯邦內部最高統治的子系統，他們以一種『全知』（Full knowledge）進行操作，並且與其他鄰近的恆星系統合作，尤其是心宿二星、昂宿星及天狼星。雖然他們在個體性質與功能上具有各種不同的變化，但每一個在聯邦內部的最高統治子系統，都會和聯邦的整體序列進行模組化。至於聯邦本身，則是在一個神祕的『母體五聯盟』之中被模組化的。」博士很快地說明。

但我實在不懂，於是問：「這個『序列模組化』是什麼意思呢？」

「就是聯邦的五個序列對照著五個護盾（Shield），分別是：紅色銀河序列──誕生的護盾；白色銀河序列──死亡的護盾；藍色銀河序列──魔法的護盾；黃色銀河序列──智能的護盾；綠色銀河序列──母體的護盾。這五個銀河生命體的序列，反射胡娜庫原始的聯盟或約定。其中每一個序列，也都代表著一個銀河生命體無限巨大的功能運行。而且，任何一個進入聯邦的存在體，都要保證能夠支持所有的序列；同時，也一定要完成其中的任何一個序列，作為他們生命體的指定作業或任務。」博士又說。

「哇，這麼嚴格。看來這加入銀河聯邦，比想像中的要辛苦，不過這五個序列，和卓爾金曆上的五個城堡看起來一模一樣哪……」我說。

「是的，這樣你就知道這幾個城堡的起源，指的就是聯邦的原始序列模組，也知道為什麼母體會被稱做『五聯盟』了吧？」博士又替我進行了腦補。

「我覺得好不可思議哪！」我讚嘆。

「自然而然，不同的恆星系統，都有其不同的傾向與特質，使他們傾向於五個序列的其中一個。由於大角星人高度發展的異質體本性，以及他們所擁有『時間分享』與『脈衝乘行』的先進程度，他們最屬害的那一群同類元異質體，就被引力吸到了藍色銀河序列的魔法護盾之中。在這個護盾之下，他們開出了一朵大角星智能的美麗花朵，那就是『探針』。」博士更進一步解釋了探針的成因。

「傑克，這真是太神奇啦！」我忍不住落了句老掉牙的廣告讚嘆詞。我給自己的耍冷加了一分，為了閃避尷尬，急忙接著開口問：

「您能更詳細的說一說『探針』嗎？它的面向真廣，究竟是一個怎麼樣的特殊行動呢？呵……」

「大角星人異質體在使用這天賦時，必須對聯邦保證，在任何可能發生的介入行動中，絕對不會出現濫用自由意志的副作用，因為這是銀河聯邦的道德法典上，絕對被禁止的。所以，『探針』只有在不帶任何侵略的情慾誘發路徑上，持續保持真誠，才能夠進行運作。而他們本性中的這些能力與傾向，似乎要在一場場驚險連連的冒險探尋中，才能夠解除它所有跨次元力量的束縛。」博士很快地回答我。

「有點抽象哪！」我說。

「其實銀河聯邦的長老們，在異質體身上所看到的是：在無法掌控的愛之中，除了激烈快感的表達，同時還發現到更多創意的無限能力。這一點，似乎帶給聯邦長老們深刻的滿足，就像是完成他們對祖先的某種承諾一般。但至於是什麼承諾，直到現在，仍然是個謎。」博士說。

這實在是一段太值得人去玩味的話。在愛的快感表達中，同時發現更多的創意，這難道意味著，真正無所限制的創意，必得自於愛的激情最高

點。我覺得這句話，對一個藝術創作者來說，是非常重要的棒喝警鐘，一個作品的共振威力夠不夠強大，估計跟內在的這份力量有直接的關聯。

「你現在去你的書架，把一份重要的銀河信息資料找出來看一看吧！」博士突然這麼叮囑我，我愣了一下。

「什麼資料？」我問。

「聯邦把異質體召喚到心電感應委員會中，所公告出來的一道被CSR同步化通過的指揮信息流。」博士說。

「啊？」我丈二金剛摸不著頭緒，但還是走到書架前。

神奇的是，當我蹲下要把那天一疊A4影印資料拿出來時，紙張不小心散落滿地。此時一張紙旋得老高，慢慢飄下來。我定睛一看，上面矗著一個醒目的標題：「致銀河聯邦內部第七感官星系自治區大角星護衛」。我知道，這是另一種心電感應的顯化，便不加思索地將這份資料拿到工作桌去，戴上我的眼鏡，細細讀了起來：

「至高無上的胡娜庫序列。銀河聯邦具備喚醒開悟持續擴張的無限能力。大角星人哪！無論是異質體和同質體都一樣，請你們仔細地聽著。你們以和諧的方式，成功征服許多困頓及無知的偉大技術力量，已經影響整個聯邦。各種來自宇宙智能母體核心的低語，都已經回傳到我們這兒，目前這些聯邦長老們正在審慎考量，將以對你們有好處的法令公告形式來進行轉譯。

「這個公告的聲明如下：大角星自治區，從今以後，將被當作是一個先行者，稱之為大角星探針（Arcturus Probe），務必利用你們在『時間分享』和『脈衝乘行』上所展現出來的才能和技術，持續與輻射磁能以

及CSR主要祖夫雅迴路的銀河波動保持一致性。此刻，你們將被授權以探針的形式來運用你們的技術和智能，促使在銀河聯邦實驗區所有的失落世界，能達到感官知曉行動的興盛。與所有聯邦法令一樣，我們會把它留給你們大角星人與生俱來的才能和自由意志，去制定這個計畫的指導方針。」

看完這份資料後，我的大腦轟地一聲明白了一件事，原來加入聯盟後的探針任務，就是要前往不同的銀河實驗區，去促發各個行星的感官知曉行動。「時間分享」與「脈衝乘行」顯然是他們天生擁有最重要的行動力量，但我突然又冒出另一個疑問，他們會怎麼制定探針行動計畫呢？

「看完啦？」博士的聲音突然在離我很近的左前方冒出來。

「嗯嗯嗯……終於明白新的探針要幹嘛了……」我回應。

「所以我說，你自己好好研讀一下這些資料，印象會更深刻。你可以拿紅筆把它圈起來喔！這份公告，對大角星人來說太重要了。當他們回到他們跨行星委員會一起討論時，異質體和同質體就決定要通力合作。他們指派異質體當船頭，就是負責喊殺的先鋒部隊，然後同質體長老們扮演提醒示警的角色，同時利用他們同質體的特性，來幫助這些異質體去制定基本的銀河化身、重建輻射記憶，以及運用各式各樣的編碼形式，訂定彼此溝通的星際線路。」博士說話聲音的質感飄得很遠，感覺飛到了大角星似的。

「所以，全新的大角星探針，透過他們大角星上這兩股先進和保守力量的通力合作，要正式出發開始行動了嗎？」我問。

「正是如此，大角星系統在多重跨次元與跨行星的情慾高潮中越見茁壯，而大角星探針就要啟航了。這是在他們星際史上的第一次，『大角

星』這個存在單元，終於進入『時間』之海，並且正式出發前往其他的恆星系統。」

博士說的相當璀璨，彷彿是一個跨越星際的新時代來臨一般。我也感受到這樣的期待，不知道他們踏出的這一步，將會為整個銀河系帶來什麼精采的變化。

我和博士都陷入各自的思考中，沉默好長一段時間。後來，是我突然想到一個問題，才打破這段美好的寧靜。

「博士，大角星人什麼時候才來到太陽系的呢？我記得您曾經提過，我們的太陽系，被大角星人命名為維拉卓帕V.24實驗區，我們是屬於大角星任務中的實驗區嗎？」我開口問。

「應該說是屬於銀河聯邦的實驗區，因為實驗區裡有很多不同的失落世界需要進行調伏，太陽系只是其中一個。大角星人是因應銀河聯邦的要求，出發前往實驗區，也就是各個不同的失落世界，進行調伏的工作。不過，這個任務，可真不容易。有點像人類派遣一些人，進入一個從未探索過的叢林裡一樣，完全只能靠臨場反應來整裝你的戰備。」

「哈，這樣比喻我就懂啦，就是只能見招拆招，所謂兵來將擋、水來土掩……」我覺得大角星人升級以後，反而把自己搞得很累。不過這就是選擇，生命中，無論我們是哪一個次元的存在體，都要為自己的選擇，負上全部的責任。

「把實驗區域和叢林相比也不是毫無根據的。過去，這個實驗區域，長期都是由天狼星來守衛，其中包括了地球人所知道的恆星系統，像阿爾法半人馬座（Alpha Centauri）、織女星（Vega）、南河三（Procyon）、河鼓二（Altair，又稱牽牛星）、畢宿五（Aldebaran）、北河三（Pollux）、

北落師門（Fomalhaut），天獅星（Regulus，又稱軒轅十四）。當然，在這些不可思議且幅員廣闊的星群中，屬於我們的那顆恆星正坐落其中央的位置。」博士如數家珍地說。

「太陽嗎？」我反射性地回問。

「是啊，有些人稱它為太陽神（Helios）；有些人叫它做金尼奇‧阿豪（Kinich Ahau）。長久以來，大角星人只知道它叫維拉卓帕V.24。但為什麼會叫做『維拉卓帕』呢？那是他們習慣為不同的實驗區取名字，其中包括他們自己的大角星也是這樣來的。『24』則是因為，金尼奇‧阿豪是在大角星平均水平線上，所升起來的第二十四個恆星。附帶一提，維拉卓帕是『方向燈』的意思，因為在實驗區中，它的光束或CSR力量會以新的方向轉動，來創造新的生命形式，尤其是新的挑戰。」

「原來如此啊。」我說。

「你回想一下，除了天狼星和心宿二星之外，我們的實驗區，是不是也被昴宿星系統監督著？我們之前曾經提過，昴宿星就像一個銀河外部的天然磁石，而所有在維拉卓帕扇形區內的恆星，為了要確認自己的方位，都會自動把昴宿星當作一個參考中心點。特別是對大角星人而言，他們把昴宿星稱為『光錨』（Shining Anchor），而且在維拉卓帕扇形區中，每一個與『光錨』有關的恆星移動，都會得到一個星系指數（stellar index）。譬如說，大角星的星系指數就是104，而它們平均的星系指數則是26，太陽系金尼奇‧阿豪的星系指數是52。所有的星系指數都是十三的倍數，也就是胡娜庫的次元量級……」

「104、26、52、13……」我暗忖，這些特殊的量級數字終於開始跑出來了。

「其實，維拉卓帕扇形區，是銀河系近期的演化器官之一，存在於其中一個銀河旋臂的極點之處。它之所以會被『母體五聯盟』標定為實驗區，也的確就是因為它處在特別『邊緣』的位置。事實上，在這個銀河象限中，聯邦得到的首要指令，就是要好好地監督這個新的銀河器官——維拉卓帕扇形區的發展。」

博士一口氣交代完這個實驗區的完整始末，完全不管這些資訊量會不會讓我爆腦漿。不過，說也奇怪，這一回，我倒是吸收得挺好的，哈。

「所以，太陽系對銀河中心來說，就是一個新生扇形實驗區中的一個小小恆星系統，這麼說起來，這個實驗區還真是龐大哪……」我說。

「銀河系中，光是地球科學家估算出來的恆星，就將近4000億個了。這個小小的新生實驗區，其實不算大。」博士很客觀地說。

「但為什要標定出這樣一個新的實驗區呢？」我有點好奇。

「因為要監督一個新的銀河器官，是非常複雜的操作。大角星人也提過，我們的銀河系就像母親一樣，有她自己的生命和心跳。而她使系統外在邊緣的智性變得模糊，其目的是為了要擴張她內部自我激發的能力。這整個操作程序似乎是在一個主要的同步脈衝下完成的，最後就是希望能夠和另一個或更多的銀河系產生出相互配對的結合。所以，為了能夠更進一步達到這個目的，她便演化出一個具有刺激興奮性的新器官，打算和較老的或已經演化的器官，產生相互的作用。」博士解釋說。

我覺得這一節又更深奧了，我們已經從大角星躍升到銀河中心，還有其他的銀河系。不過，我似乎感受到，行星之間、恆星之間，甚至銀河之間，透過快感的追求而達到相互結合與擴張的行動，似乎就是一種共同的自然演化趨力。

接下來，博士繼續耐心地說明：

「在光束的形式中，G力的作用，是同時朝許多方向放射出這些具興奮刺激的智能漣漪。銀河快感中心，指的就是無以數計的恆星在跨次元之間來回搖晃，透過理性的方式，是無法瞭解這些光束的本質和來源；當然，除非要像大角星異質體那樣，能夠聰明地確認並運用存在體本身的快感中心。身為異質體，在這個宏大的銀河視角下，因為擁有這些經驗，使他們對自己的本性和任務有更深的理解。至於快感的追求，對他們來說，從來也不會是個問題，那本來就是他們的天賦本性。」

這些複雜的擬人化信息，真的有點超越我理性思維的邏輯，我幾乎用盡各種疊合出來的想像力，試圖去轉譯這些星系的感官作用。所謂銀河器官的快感？恆星器官的快感？行星器官的快感？這些跟我們肉體器官上的快感到底有什麼差別呢？這的確是個大哉問，但我想我必須先打破人類物質化以及泛道德的限制性思維，而朝向以大腦神經系統、物理科學振波耦合或建設性干涉的概念切入，可能才會更貼合一個全觀的宇宙思維。面對博士這些說明，我幾乎是一個問題都提不出來。

只聽博士又繼續說下去：

「維拉卓帕扇形區，或者是說實驗區，也被稱為『失落的世界』所涵蓋的範疇。它肇因於銀河母親自己內部的處理程序，因為在那裡，凡是具有存在週期的事物，不是被提高次元維度，就是被中和相互抵消掉，不然就是形成再循環。所以，當一個實驗區或新的器官一旦在旋臂的極點上形成時，它的靈性精神狀態就會變成失落世界歷經的紀錄。而這個『失落的世界』，代表的是之前發生在銀河內部的錯誤、意外及業力誤用的累積值。因此，透過這個方式，銀河母親能夠讓自己內部的失誤，得到新的緩解機會。」

「所以……失落的世界，並不是誰的錯，或發生了什麼意外。它反而是銀河生命週期中一種自然而然的演化現象。」我說。

「是的，就是這樣的。維拉卓帕扇形區，是一個最新最近期的銀河器官，而它的靈性精神狀態代表銀河錯誤累積的最大值，因此這裡最大的挑戰在於將其提升至新奇且刺激的跨次元層級。關於這一點，大角星異質體先進的脈衝乘行團隊，在設定方位並從大角星成為化身時，就已查明確定。」

博士非常嚴謹地將銀河業力形成的原因一一詳述。

我覺得自己真的好像也晉級了，我想起了馬雅國王預言棋盤（Telektonon）*上的銀河業力流。一時之間突然有點想要掉淚的衝動，在這個可見的宇宙循環週期中，即便是象徵最高權力的銀河中心，都會有自然生成的顯現業力，所以也必須演化形成另一個清消業力的星系機制出來；而凡人如我，面對業力又何須過度罣礙自責，甚至陷入惶恐不安的生活樣態。過猶不及，生命修煉的道途，如實地臣服於每一個發生，沒有一件事可以一勞永逸的，所以消業行善也是。同樣的，這也意味著，天底下沒有一個存在是不會犯錯的。善惡之間的二元存在，正是生命得以繼續輪轉下去的最大動力。所以，安住當下，安住當下。

今天，這堂聊天課，博士帶來更源頭的銀河信息，給了我更多的啟發。我想我已經迷戀上這個不定期的午茶時光。

是的，博士，又消失了，無聲無息。

---

* 馬雅國王預言棋盤（Telektonon）是一張從心電感應宇宙學來認識我們太陽系的地圖。透過擺放預言遊戲棋盤，重新發現心電感應技術。進而克服虛假時間的力量，恢復真實時間的力量。

08

大角星：第七力量的牧羊人之星／
走進感官知曉的盛宴

快感，它不僅限於肉體的歡愉形式，透過精神上同頻共振的激發高峰來完成自身的擴展，才是它真正的本質意涵。所以，當集體的生命體演化到一個層級時，就自然會產生出適用於那個層級的型態出來……

原來，天狼星、昴宿星團、心宿二星團、大角星和我們太陽系都是屬於銀河聯邦的實驗區，要不是上次博士仔細解釋銀河母親的運作機制，我還一直誤會我們只是大角星的實驗區呢！哈，這麼一理解後，突然覺得這些星團和我們太陽系之間的距離更近了些，有種兄弟姊妹的感覺。雖然事實上，彼此生成的「年紀」可能相差甚鉅，但就是會有種莫名的親切感。

大角星估計是比太陽古老許多的，博士跟我說的這些星際歷史故事，

讓我對這個星系的異質體也出現很多的想像與連結，我們地球真的應該加速提升我們的意識維度才是正道。你看，高維的大角星同類元異質體一開大絕，就立刻把邪惡的十聯盟幹掉了，這是一件多麼大快人心的事哪！而且，有了心電感應之後，連跨行星的交流和協商，都跟吃飯似的，連什麼衛星、太空船都不需要，直接閉目冥想一下，任務就完成了，哈。（當然這純粹是我個人三次元大腦的臆測，也許他們也有自己不同次元載體，但畢竟不是一個維度的存在體，實在也很難用什麼方式去證明）。

我倒是自己越想越樂，也越想越浮誇，竟忍不住痴痴笑了起來。

「你最近很喜歡自言自語哪！」博士突然又在我忘神的時候出現。

「啊？沒事沒事……」我愣了一下，趕緊收攝亂七八糟的荒謬想法。

「你樂吧！我不打擾你，哈哈哈……好香的咖啡啊？今天……」博士突然提到咖啡。

「這是小強弟弟親自烘給我厭氧處理的單品咖啡喔，超好喝的，我今天想換換口味。原來，您還是比較喜歡咖啡……」我說。

「都很棒的！今天……想聽哪一段故事呢？」博士直接問我。

「我想繼續瞭解大角星異質體在實驗區裡的執行細節，他們究竟如何執行聯邦的要求？」我就直說了。

「其實呀，大角星異質體在他們星系中所達成的事，對聯邦來說，即是整個實驗區裡又有一個完成自我馴化的恆星系統。不過，他們這個透過『覺知快感』擴張的自我馴化，倒是頗具關鍵性；因為在維拉卓帕實驗區裡，很多『麻煩』不是來自於濫用感官的快感，便是用罪惡感或懲罰取代

本質快感的自由意志問題。由於異質體的快感覺知，是一連串來自原始根源編織而成的銀河生命，它可以被運用來解決掉這些『麻煩』。因此，聯邦經過一番審慎評估後，決定將一個獨特的『感官探針』，送進大角星異質體裡，如此一來，就可以稍微矯正一下這種情況。」

「這算不算是一種干預行動呢？不是說聯邦的道德準則，是以不干預行星生命體的演化為前提嗎？這……」我突然覺得內在有點衝突，就直接提問。

「是啊，這的確是個兩難，但為了調伏維拉卓帕實驗區的野蠻以及密集業力的經歷，有時也不得不委婉的干預。你必須知道，這個調伏行動實在是很大的挑戰！你想想，聯邦要與心宿二星人邪惡又愛好奢侈品的粗魯行為交鋒，還要和亞摩托比亞遣送死亡的魔鬼交戰，更要一舉擊潰阿爾法半人馬座的吸血鬼，加上又要顧及剛才你所提到不干預的宇宙基本法則，這林林總總真的是很傷腦筋。所以，他們才會想到透過異質體進行一次獨特的探針行動，也就是透過感官知曉的盛宴，進行某種銀河神經系統的細微滲透，然後神不知鬼不覺完成這個藝術模版的銘印工作。這樣一來，他們就可以將被稀釋的『龍』的記憶節點，一點一點放入那些根本沒有覺察到自己早已沉睡的植物體的夢境之中。」

「也太辛苦……不過，博士，等等，什麼是被稀釋的『龍』的記憶節點啊？這有點抽象？」我實在佩服博士，時不時就能亮出一個新的抽象專有名詞，讓我們這個跨次元的溝通，有時候變得比哲學還要哲學哪！

「哈哈哈……『龍』代表的是一種概念，它象徵著原始記憶的振動模版，而『被稀釋』，就是指被大家忘得差不多了的情況啦，哈哈哈……我這樣的大白話，你可以理解嗎？不要忘記，整個實驗區所有的星際悲劇，泰半是來自於一份集體的巨大失憶，大部分沉睡的植物體都忘記了這一

切，一直都沒有覺察到自己已經遺忘這些記憶……」

「博士，這裡的『龍』跟卓爾金曆上的圖騰『龍』有關係嗎？」我突然很好奇。

「有呀，哈。我們之後會聊到，那時你就會很清楚，這些圖騰的內在與衍生意涵。這些模版，其實是利用一個個神話語境，幫助大家理解這些振動頻率的功能作用。不過現在，你先理解，『龍』就像是一種一切存在的原始記憶來源。未來，我們還會有很多交流，將依據這樣的神話語境來溝通，你要先習慣，超越三次元慣性，放下那個實證科學『眼見為憑』的評判標準，用你的心，去感受。」博士再一次提醒我。

「我明白了，一如你曾經說過的，原本跨次元的心電感應溝通，若要以文字來表達，必然需要創造出很多『帶有寓意與延伸的文字符號』，幫助我們進入那個心靈共振的場域，這些符號也都只是暫時性的一艘船而已。」我說。

「太好了，建立這樣的認知後，我們之間的交流會越來越沒有障礙。」博士很開心地說。

「好吧，那您就把這個充滿『寓意的故事』，用我們人類懂的語言繼續說下去吧，哈哈哈……」我感覺自己似乎又更放鬆一點。

「好的呀，哈哈哈。你知道的，大角星人擁有一種獨一無二的能力，被稱之為『第七感官恆星力量』。我們恆星太陽神的潛在力量，則屬於『第六恆星感官力量』。這兩者之間的差異性，不是在數字的量級上，而是功能作用上。當我們談到恆星感官力量時，要記住，銀河中心是我們的母親，她為了追求快感而擁有不可思議的力量與能力。她是一個活生生的有機體，而每一個恆星，都像是母親器官上一根熾熱燃燒的針尖，在快感

與興奮刺激的波動之間搏動。只不過，所謂的快感，並非單一或單調的性質，它是多重性的，同時具有許多層次和形式的刺激。它的運作過程，繁複到連大角星人都難以想像。」

「博士您的意思是說，整個銀河系所有的星系存有，應該把它視為一個有機體的連動組合，而我們都是銀河母親所衍生出來的感知器官的一部分？但是我有個問題，為什麼我們是屬於『第六恆星感官力量』呢？銀河母親到底有多少種感官力量啊？」我好奇地問。

「這是為了能讓人們更容易記憶，才將所有銀河成員分類成這些相關形式。其實，銀河聯邦發現恆星感官數字量級分類的原理，主要是基於它的行星配對。也就是說，太陽系之所以屬於『第六恆星感官力量』，是因為它有五個行星配對的軌道，若再加上一個主恆星，這樣的數字級數就會是六。而每一個恆星感官不同的數字級數，實際上對應到一個建構興奮刺激的位點，以及伴隨著銀河母親快感高潮脈衝的能量釋放。至於，符合胡娜庫主CSR的三次元量級種類，銀河聯邦發現，至少有十三種，或許更多達到二十六種不同的恆星感官型態。」

「喔，所以大角星有十二個行星，分成六個軌道配對，再加上主恆星大角星，才被定義成『第七恆星感官力量』的型態了？」我稍微推演一下。

「是的，就是這樣。只是，真正具體的運作是什麼？即便是已經加入聯邦的大角星人，對這部分聯邦檔案庫資料也不清楚。因此，他們開始有些疑惑，想著這些資訊是不是只對應銀河的一邊呢？他們此時是不是正在銀河的吸氣之中，而恆星感官則為了一個有機『輻射子』的巨大呼氣而排著隊呢？此外，產生作用的這股能量流體，是不是就叫做G力？根據這些，他們在心中提出了疑問，更進一步思考自己探針的目的，是不是為了要達成這個輻射子的巨大釋放，才進入這個銀河象限裡，協助準備恆星感

官節點的網路？特別是，進入維拉卓帕這個扇形區域裡？」

「哇，所以，其實連他們自己都不知道，探針任務的真正目的是什麼啊？不過他們心中的疑問，還都是大問題，那該怎麼辦呢？」我急問著，因為我也覺得不弄清楚這個複雜的關聯性，所有的任務很難執行下去啊。

「雖然到最後，他們還是沒有辦法真正搞清楚所有的問題，但由於這個思路，反而讓他們確定了自己異質體傾向的力量。因為，他們後來發現，精神上的建置大半都是根據某種業力，而業力卻會決定命運。一般來說，當我們潛心於某件還沒有答案的事情上時，我們的態度會決定事情的結果。所以，培養正面的態度就顯得格外重要了。這一點認知，對異質體探針的演化發展，帶來了非常大的幫助。」

博士頓了頓，又繼續說下去：

「你知道，大角星異質體，擁有『第七恆星感官力量』，所以他們在培養未受調伏的想像力上的藝術性，擁有很明顯優勢。然後，你再想想看，『第七恆星感官』又被證明，在任何一種信息或感官經驗的接收與調校行動上，具備各種的可能性。所以，『第七恆星感官力量』被認定是一種宇宙共振的力量。

「由於這樣的特質，他們的生命體本身就擁有非常特別的電流，隨著情慾的呼吸，會發出細微的爆裂聲，甚至他們的神經末梢處，會感到刺痛。並且，還會透過身體中心，傳送出如閃光般的快感電壓。這整個過程，都是以最高的儀式和魔法來完成的。就在這個不透明的藍色銀河魔法護盾背後，他們的內在，閃耀著超越感官的熠熠紫光。」

「聽您這麼形容，感覺大角星人是一種外藍內紫的智慧光體呢，哈。不過根據剛才您所提到的，是不是在整個實驗區裡，大角星就正好扮演

『宇宙共振』一種類似中柱力量的傳導角色呢？」我好像對大角星這個「七」的角色特別有感。

「是啊，正因為是『第七恆星感官力量』，所以他們也是中軸。銀河創造的波符形式是一種具有十三個 Kin 的度量標準。波符，則是時間的測量，也是一個恆星感官的索引。由於『第七恆星感官力量』，是在第一和第十三量級之間的中點，所以它很明確是處於宇宙共振調諧的位置。因此，他們完全會為了滿足藉由快感達到覺醒目的，而發展出各種藝術或感官的手段，促使『探針』擴張成為銀河等級的認知行動。」博士說。

「您的意思是說，大角星這股中柱力量，會隨著各個星系的不同需求。而顯化出不同的對應與運作形式嗎？您是指這樣的概念嗎？」我想更確定自己的理解。

「是的，可以這麼理解。不過，正因為他們是『第七恆星感官力量』，所以他們被聯邦稱為『牧羊人之星』（shepherd star）。只有『第七恆星感官力量』，對銀河創造的完整十三單元波符，擁有最沉穩的掌握度，它就如一個牧羊人，坐在山丘上看顧他所有的羊群。所以哪，他們大角星異質體，就好像坐在烏爾亞克坦尼亞發射脈衝的圓頂結構頂端，看顧著聚集在維拉卓帕扇形實驗牧場中那些被放牧的鄰近恆星……」博士用了一個相當田園詩風格的比喻，闡述這層微妙的複雜關係。

「烏爾亞克坦尼亞發射脈衝的圓頂結構是什麼呢？」又出現一個我不懂的星際名詞，我直接問。

「它是一個快感脈衝的發射中心，圓頂結構，是一個基本『空間』顯化的結構體。你想想，上、下兩個圓頂結構，是不是會形成一個球體？可見行星的球體結構，大致就是從這個原型結構而來的。不過，這個圓頂結

構對大角星人來說，幾乎已經內化到他們的生命體之中。」博士再為我釋疑。

我聽完後，先長長吐一口大氣。這一節的資訊量，實在又有點爆棚了。我揉揉肩膀，轉轉頭，起身走到陽台去，想放鬆一下。倚著欄杆，凝望北方向晚的天空，隱隱約約，北斗七星的輪廓似乎依稀可見，遙想沿著斗柄方向延伸就可以找到的大角星，正日夜守候著我們。而那些攜帶「探針」任務，遨遊在地球或星際他方的大角星人們，是不是也很渴望回到他們古老又特殊的美麗家園呢？

「怎麼啦？感覺你有點多愁善感了起來……」博士竟也跟著我走到陽台。

「我以為您已經走了呢！」我愣了一下。

「本來是走了，哈。看你走到陽台，覺得這兒的氣氛不錯，又回來了……」博士倒是挺誠實地告訴我他的隨興行蹤。

「對啊，我喜歡向晚的天空，看著天空逐漸被染黑的過程，會有一種令人恍惚的飛越時間感。運氣好的話，天空交錯的顏色恣意渲染開來後，取而代之的就是黑幕中點點繁星。它們會與城市裡逐漸亮起的燈火，相互輝映，形成一種遠古和現代文明的並置，彷彿一種極遙遠和咫尺間的跨時空對話。通常這個時候，我會覺得思緒特別清晰，或者說，我的扁平大腦可以瞬間變得寬敞一些，哈……」我很隨興和博士聊起我的生活日常。

「挺好的，兄弟。你倒是挺浪漫的啊，哈哈哈……估計你看著繁星滿天的夜空時，一定也有濃濃的鄉愁……」博士回應我說。

「鄉愁，Nostalgie，這是我最喜歡的一個法文字了，哈哈哈……其實

人類的語言有時也是不錯的，因為失真，所以溝通上會多一些誤解，但反而增添更多浪漫的想像，這大概可以算是一種美麗的錯誤了……」。因為老派的浪漫，我突然有點自甘墮落的感覺，覺得凡事若真都用心電感應交流，肯定就會少了點人間因誤解而美麗的滋味。

「浪漫是一種心理感覺，而不在於什麼形式，每一種交流的型態，都會有它的浪漫之處，這一點你倒是不用擔心。就一如快感，它不僅限於肉體的歡愉形式，透過精神上同頻共振的激發高峰來完成自身的擴展，才是它真正的本質意涵，而至於透過什麼形式，並不是最重要的。所以，當集體的生命體演化到一個層級時，自然會產生出適用於那個層級的型態出來。關鍵是，你會不會因此忘卻那個為了超越與擴張自身的核心目的。」博士耐心地為我解說。

這些話，我聽了很有感觸，我們的確好像都太習慣以一種僵固死板的標準來框架與定義我們的幸福。我們總是忘了，生命的演化不斷前行，幸福的定義也應該與時俱進才是。

「博士，我好像懂了。放開那個僵固的思考慣性，我們才可能真正讓意識的頻率升維。不同次元，代表的就只是存在形式的振動速率不同而已，其本質性的內涵根本不會改變。」我說。

「正解，你倒是進步得越來越快了啊。不過，既然都聊到這兒，我乾脆再跟你分享一個大角星異質體的故事，就是他們第一次前往執行調伏任務的行動，你想聽嗎？」博士興沖沖又另外起了個故事的話頭。

時間還早，我也不太餓。夏夜的陽台上微風陣陣，輕拂臉龐，讓人特別舒服。感覺再繼續聽完一個星星的故事，好像也是個挺不錯的浪漫選擇。

「好呀，您是指大角星異質體加入聯邦後的第一個探針任務嗎？他們究竟是去了哪裡呢？」我爽快地回應博士。

「是的，就是他們第一個探針任務。當時，同類元異質體有一個先進護衛隊叫做『元—大角星同類元』（Meta-Arcturian Analogies），他們從原本深植在外部大角星紫色山丘的植物體週期釋放出來之後，也就是他們三次元身體的週期。由於他們想要做探針任務的前行考察，選擇一個叫做畢宿五的恆星系統登陸。這麼選擇，是因為根據聯邦的報告，畢宿五的智性，已經脫離了維拉卓帕扇形區大部分被路西法統治的區域。這是他們第一次任務，所以自然就先找了一個較容易操作的目標。」博士這麼說。

「我很好奇，他們是如何進行他們的『登陸』工作呢？」我問。

「是透過『元—大角星同類元』開拓的行進軌跡來完成的。實際上，他們是在大角星的CSR和畢宿五的CSR之間，開啟了一道祖夫雅迴路。只要這個迴路一被打開，他們水晶記憶節點形式中的資訊，就能夠輕易在兩個恆星系統之間彼此傳送。」博士解釋。

「原來祖夫雅迴路的真實用途，是作為水晶記憶信息的傳輸通道啊！」這個說法讓我更理解了祖夫雅迴路的作用，於是我大喊出來。

「是的，是的。不過，從異質體的觀察顯示，畢宿五這個系統明顯和他們的很相似，甚至還比他們更接近『光錨』（昴宿星）。如果以配對行星加上恆星等於恆星感官型態的數字公式來算的話，畢宿五則具備了成為『第八恆星感官力量』的潛力。因此，大角星異質體接下來的任務，即是要精準找到屬於它的十四個行星，以便練習他們探針的調伏行動。不過，這個任務說來還真的頗為艱鉅！它不但牽涉精神層次最微妙與精細的穿透作用，還需要讓他們自己和畢宿五原生的心靈基質，都保持著持續性的和

諧化。」

　　博士這一段解說，打破我原來以為活用心電感應能力，三兩下就能達成任務的想像。可見行星調伏的工作，並不容易。即便是如此高維的生命智慧體，依然要運用各種方式嘗試練習，甚至也需要實習或做個前行考察。不知怎的，我突然想起了地球的演化宿命，心裡一緊，覺得目前離正向的調伏結果，還真是遙遙無期哪，我嘆了口氣，靜靜聽著博士繼續說下去：

　　「後來，他們發現畢宿五的第四行星軌道，是一個最適當的入口位點。這個行星，在畢宿五系統中，被稱為亞特蘭蒂西亞（Atlantesia）。它主要的功能是提供一個花園避難所，收容那些因本身行星受損而無法再居住其上的生命體。

　　「異質體們甚至想不出來，在大角星系統中有哪一個天體可以像亞特蘭蒂西亞這樣美麗。它的電磁場中有一組完美均衡的元件，形成每日毗連的彩虹雲，以巨大的龍形向下滲透，僅僅為了消融亞特蘭蒂西亞廣大海洋中，從植物岩石或紫色水域這段小小的距離。事實上，只要從它兩個月亮衛星中的任何一個來深入思考這個行星，就會讓人陷入宇宙記憶中令人酸楚的合唱裡。歌是這樣唱的：

　　亞特蘭蒂西亞被整肅得如此徹底，那麼你作戰的武器該藏得有多隱蔽？

　　這就是大角星異質體在畢宿五的星系中，所得知有關這顆珍貴行星的訊息。它的智能體，一個比大角星人還更像他們種族的種族，被殘忍的罪犯集團給控制綑綁著，而他們持續以破壞與折磨的恐怖主義影像，散播他們的思想形式。」

「真假？又有壞人出現了？」我說。

「是啊。誇張的是，這些罪犯集團還反串，假裝『幫助』行星上的住民避開那些恐怖主義的影像，提供一種豪華機器的反思想形式，意圖給這些無能為力的民眾一些力量。這樣的機器，僅僅透過一系列如同彩票積分數值的數字，就可以『買』得到。更恐怖的是，這一系列的數字，全是由一個地下卡特爾（Cartel）同業聯盟所管理，以做為追蹤民眾行動的工具。有時候，這些數字也像一層煙幕彈，使卡特爾同業聯盟不斷在亞特蘭蒂西亞的不同部族之間，煽動一場又一場的戰爭。」博士說。

「這……真的是每一個行星上，都會有超級的邪惡勢力存在呀……」

我嘆一口長長的氣回應。這的確是非常令人沮喪的結論，浩瀚的星河中，竟然也沒有一處安寧。善與惡因著權力的爭戰，永無止盡。地球如此，太陽系如此，其他的恆星系統亦如此。我深深覺得這才是最令人倍感心酸的地方。

「可感知的宇宙，原本就是一個二元對立的存有幻象。你想想，有光就有影，有善就一定有惡。也正因為如此，宇宙中的一切星系才需要不斷演化與提升、不斷超越再超越，進而達到一種動態的平衡狀態。你要知道，宇宙中的動態結構，沒有公主和王子從此過著幸福快樂的日子這回事……所以，你不要沮喪，而是活在當下，接受所有當下的發生，然後滾動式地調整相應的方法，去平衡它……」博士以溫柔的口吻，安撫有些沮喪的我。

這使我想起了《心經》上的一段經文「……無無明，亦無無明盡，乃至無老死，亦無老死盡，無苦集滅道，無智亦無得，以無所得故，菩提薩埵，依般若波羅蜜多故，心無罣礙，無罣礙故，無有恐怖，遠離顛倒夢

想，究竟涅槃……」變動的宇宙中，一切罣礙皆是多餘的。我突然覺得，博士講的不僅僅是星際故事而已，更是一種面對宇宙幻化的相應之道，我突然有了另外一種眼光、另外一種心情來期待博士的星際故事。

「博士，我懂的，謝謝您。我想我們都要學習如何藉由這些幻象來超越自身，甚至是超越這個超越……您繼續說故事吧……我想初來乍到的異質體應該已經看出什麼端倪出來了吧？」我笑笑地問，感覺和博士有種心領神會的默契。

「哈哈哈，是啊。他們感知到，這個地下的卡特爾同業聯盟，實際上是在不知情的情況下利用了行星的CSR，對於許多的亞特蘭蒂西亞部族，他們也是以同樣的方式操縱。不過，亞特蘭蒂西亞行星上，還是有些人瞭解他們的邪惡本質的，其中有個叫做屠龍俠（Dragonslayers）的團隊，是獨立的存在體團隊，完全禁得住那些罪犯卡特爾散播出來的一連串思想形式的威脅。」博士抽絲剝繭地說。

「咦，所以亞特蘭蒂西亞行星上，已經出現了覺醒的自衛隊啊。那異質體應該也差不多要出手了吧……」我笑笑地回應博士。

「是呀，這個自衛隊隱藏在亞特蘭蒂西亞南極地區的深山裡。屠龍俠外表看起來很凶猛，但內心卻像大角星異質體一樣溫柔多情。第一次出勤任務的異質體，其實也有一堆內心小劇場，他們對這些屠龍俠的高度警戒表示讚賞，但同時，也很想知道他們異質體傾向的注入力量，是不是真的如此神通廣大，所以，就開始練習一大堆夢語境（Dreamspell）的打造技術，其中還包含執行策略中，所需要的化身運用技術。終於，就在某個世代，屠龍俠復活了。你知道，過去在那裡，從來沒有出現過一個哲人，而現在，在亞特蘭蒂西亞行星上，出現了一個叫做門諾希斯（Memnosis）的哲人。當下，門諾希斯提出他的觀點，他像先知一樣，直接了當向大家宣

告：『我們居住的這個行星亞特蘭蒂西亞，不僅具有一個活生生的核心，叫做迷你的CSR ，這個核心，此時此刻被一個不知名的地下卡特爾同業聯盟俘虜統治。這個萬惡的卡特爾讓負面的、矛盾的思想形式滲透在整個行星上，主要就是想束縛我們亞特蘭蒂西亞上所有的智能體。』」博士一副自己是門諾希斯一樣地，說得慷慨激昂。

「哇……好厲害呀。等等，博士，您的意思是，這個門諾希斯其實是大角星異質體，他在亞特蘭蒂西亞上，運用了夢語境的一些特別技術所化身出來的嗎？」我本來是要讚嘆的，但突然腦筋好像被通了電一樣，驀地跳出來一個念頭。難道，這就是異質體傾向的強大注入力量嗎？我很好奇。

「你說呢？哈哈哈……這不就是大角星異質體心電感應力天賦的威力啊……還記得之前不是說過，『大角星探針的調伏行動，將透過感官認知的盛宴，運用某種銀河神經系統的細微滲透，然後神不知鬼不覺地完成這個藝術模版的銘印工作嗎？他們將被稀釋的龍的記憶節點，一點一點放入未察覺自己早已沉睡的植物體的夢境之中……』這段話你還有沒有印象？」博士說完又哈哈大笑了起來。

我整個人雞皮疙瘩都起來了，原來之前講的「第七恆星感官力量」的宇宙共振，就是以這種方式具體表現出來的。此刻，我似乎更明白那段話的意思了。

「哇，這個混血兒門諾希斯，不就超級無敵厲害嗎？」我說。

「某個層面是這樣的。門諾希斯想到辦法，培養出一個四次元的『帶電體』團隊，也就是從屠龍俠中精挑萬選出來的一個團隊，先取得行星迷你CSR的掌控權，再趕走地下的卡特爾，同時把正面的感官信息模版，重

新鑲嵌在這個行星之上。你說這樣屬害不屬害呢？」博士戲劇化地說。

「真的哪，那後來呢？門諾希斯就成為他們的國王了嗎？」我開始以一種童話夢幻的方式衍生這個故事結局。

「後來啊，後來門諾希斯就死了！」博士相當平靜地回答我。

「啊？！什麼意思？死了？」我愣了一下，這個結局也太出人意料了。

「是的，死了。英雄故事不都是這樣寫的嗎？所以我說，在某個層面他很屬害，但另一個層面，他經過一番努力，最後卻失去了自己的生命。門諾希斯對亞特蘭蒂西亞人來說，更像是一位烈士。如今，屠龍俠已成功完成他們的任務，但實際上他們成功的關鍵，在於建立了一個透過感官覺知的盛宴。直到現在，他們過去被壓抑的情慾形式，還同步著彩虹雲層樣式的起伏，持續更新亞特蘭蒂西亞的生命體，讓亞特蘭蒂西亞在下一個世代達到了完全的統一。一剛開始，他們是為了自己而學習許多脈衝乘行的形式，但現在，他們則是準備出發去協助畢宿五恆星系統中其他的行星演化。」博士徐徐緩緩地做了個引人深思的結論。

「所以，大角星異質體的第一次探針行動，應該算成功了？」我問。

「應該算是成功了吧！當他們瞭解胡娜庫，是投以銀河生命的多樣性，而非統一性的均化程式，支持著每一個星系節點的CSR之後，他們在畢宿五的前行考察和探針行動就算結束了。而後來的亞特蘭蒂西亞人，也從不懷疑他們曾經是大角星探針首次任務的目標。我想，這就是他們最成功的地方。大角星異質體們也非常清楚，畢宿五現在正處於一個正向演化的必經途徑中。很快，他們就會在銀河聯邦的星際委員會中認出彼此的。」

故事說完了。感覺，大角星異質體的星際任務，又要朝向另一個不知

名的挑戰前行。不知道，他們是什麼時候才來到我們地球的呢？現在，他們是否還在地球上呢？或是已經在返回大角星的路上了？抑或是離去又再回來了呢？我滿心期待博士會一口氣把故事說完，但又隱隱覺得，博士真正想要帶給我的，或許是每個故事後的反思吧。真要一口氣說完了，肯定也不是他期待的結果。所以，還是慢慢來吧，慢慢欣賞沿途的風景，才會有更多時間的罅隙，填裝更多的深刻體悟……

然而，我卻突然又有個奇怪的想法。如果大角星人已經回去了，那博士不就是地球上的門諾希斯呢？不過，這個答案，也許要等下次博士出現，再直接問問吧！

是的，下次。我想大家已經都知道，博士故事說完就會自動消失的。所以，今天的故事就到這裡為止，我們明天見。

09

打造夢語境／藍色銀河魔法護盾的圓桌／
永在的門諾希斯

可感知的宇宙，原本就是一個二元對立的存有幻象。你想想，有光就有影，有善就一定有惡。所以，也正因為如此，宇宙中的一切星系才需要不斷地演化與提升、不斷地超越再超越，進而達到一種動態的平衡狀態……

大角星人的探針故事，就在畢宿五的第四行星亞特蘭蒂西亞上，完成了他們第一次的前行考察任務。這些日子和博士隨興談星的談心時光，已經變成疫情警戒的日子裡，我每天期待的生活重心。我從來不知道，自己竟然可以從這樣的角度和方式，一窺銀河系漫天繁星的演化史。星際間彼此微妙又複雜的連動關係，似乎在博士一次又一次的寓言式解說中，變得越來越立體、越來越清晰。這種螺旋式疊加的結果，也是我過去萬萬想不到的。

老話一句，一切的安排都是最好的安排。我想起那一年跟Katamama*學習13月亮曆法時，她曾經提及，曆法的學習從來都不需要依循線性的「按部就班」。每一個發生，都是時間的入口，那些看似抽象的信息，將會螺旋式相互旋繞而上，逐步編織成一個垂直而立體的時間壇城†。如今，聽博士講故事，我覺得更是如此。這些來自四面八方、跨次元的銀河信息，有著自己行進的節奏和脈絡，竟也就這麼神不知鬼不覺地在我的大腦中，編織出一幅多重性的宇宙景觀。

　　我無法控制，事實上，根本也無須控制。我最好的應對方式，就是謙卑地跟隨它的每一次發生，然後清晰地看著，沒有評斷、沒有喜惡、沒有多餘的焦慮和不必要的罣礙。我想起了《金剛經》上的一句偈語：「應無所住，而生其心」。

　　「我也特別喜歡金剛經這句偈語哪！」博士順著我的思緒，搭進了話。

　　「您來啦！」我笑了笑。

　　「如來如去、如去如來，哈哈哈……」博士打了個中文式禪機，但我心裡還是把它算進他的藍猴耍冷，替他再加一分。

　　「我佛慈悲，善哉善哉！」我以更通俗的方式回覆他。

　　「這次，你得分……這個……我就無法回你了，這位施主……哈哈哈……」博士以退為進，又得一分。

---

*　Katarina Prokic，磁性的藍風暴，來自南美智利，時間法則基金會創辦人Jose Arguelles嫡傳弟子，是首位來到臺灣傳播馬雅13月亮28天曆法的智利老師。她對待每位學生都像照顧小孩般溫柔，所以學生們都暱稱她為Kata媽媽。

†　為曼陀羅（mandala）中文意譯。

「哈哈哈……您今天要帶我飛到哪一顆星球去啊……」我立刻打斷這個可能會沒完沒了的冷笑話循環，直接畫重點。

「今天，哪裡都不去。我們來聊一聊，大角星同類元異質體在完成第一次任務後，從聯邦那裡得到的獎勵。」博士似乎在賣關子。

「喔？！這麼好，還有獎賞啊……」銀河聯邦的管理機制也頗符合人性。

「大角星異質體的第一次任務執行，算是很低調地在畢宿五上播下原始探針的種子。銀河聯邦對他們的努力和表現，感到非常高興。其實在這個過程中，他們也替自己的存在體階層，增加很多的興奮刺激數值。你還記得那位代表探針化身為哲人，後來卻壯烈犧牲的門諾希斯嗎？對聯邦的長老們來說，這位異質體感應孢子存在體的英勇事蹟，似乎是一個極其獨特新奇的事情。不過，長老們還是警告異質體們，以後在普通的練習中，千萬不要再出現這樣的犧牲了。」博士說。

「話雖如此，我覺得死有重如泰山、輕如鴻毛，門諾希斯的犧牲應該是有很大的貢獻值吧……」哈，我竟然替異質體的決定說話，這也太入戲了吧？！

「哈哈哈，也對。正因為有相當的貢獻，『元—大角星同類元』被推薦加入處理星際事務的聯邦委員會，並且還得到一份獎勵。這份獎勵就是由雷夫帝純（Layf-Tet-Tzun），昴宿六（Alcyone）長老群的長老，魔法高等法院的陰陽人巫師，所準備的一份罕見『夢語境打造技術』的禮物。」

「雷夫帝純？夢語境打造技術？！」不知怎的，我一聽到這個名字和術語，心跳突然加速，感覺這跟13月亮曆法似乎有著很深的淵源呢！

「是的，夢語境，正是我在曆法中常提到的Dreamspell，想必你已經很熟悉了。其實，打從大角星異質體具備脈衝乘行技術的初期，就已經有這些屬於夢語境的暗示。不過，它與神諭不同，因為一般人瞭解的神諭，並不是一個受過訓練的心智或一個心智魔法的應用。『夢語境』所指涉的狀態是，如果你可以透過純粹的思想形式，使另一個人著迷入神，那麼其他人就會和你一起共乘在這個思想形式之中。你可知道？世間所有的『浪漫』愛情，都是一個夢語境；而所有使我們受情慾愛好左右的激情轉折，也都被理解成是一種夢語境呢！」博士這麼解釋。

　　我第一次聽到針對夢語境如此細膩的詮釋，心裡有一種通透的感動。是的，夢語境是一個動態的集體意識架構，它不是神諭，它是一個大家都會著迷入神的生活樣態，一種生命幻象進行的存在夢境。我安靜聽博士繼續解釋下去：

　　「雷夫帝純，這個五次元的存有，出現在異質體的面前，為了要讓異質體們都能夠知道他的思想。所以他直接進入他們的心識中，以便讓異質體們能自己深刻思考這個主題。」博士說。

　　「感覺又升級了啊！」我覺得這個更高維的存在體，果然不同凡響。於是開口問：「他要他們思考些什麼呢？」

　　瞬間，我突然感覺我眼前的虛空，好像產生一種微妙的扭曲晃動。接著，立刻出現了一種軋軋響的悶雷聲，由遠而近地橫掃過來。這有點像異質體賀那天出現時的合成器電子噪聲，但卻是另一種更高亢尖銳的曲調。我還是有點驚訝，不知道現在是什麼狀況，難道賀又出現了嗎？一個恍神，我感覺到四周瀰漫著一種溫暖氛圍，振動頻率的速度慢了下來，空氣中甚至飄散著淡淡的野薑花香。慢慢地，所有的噪聲都停止，取而代之的是極其柔和的樂音，若隱若現，而整個空間，似乎進入一種集體擺盪的和

諧韻律之中。然後，不知從何方，傳出一個高昂帶著混響迴音效果宛如歌唱的聲音，非常莊嚴地唱誦：

「我親愛的大角星異質體子民啊，請你們仔細思考。銀河中心，是一個所有次元的交匯點，它向內聚爆成一個連貫的整體，這個整體就是完整的感應中樞，然後再從中央核心內部延伸出來，擴張到所有的感官之上。在這個銀河交匯點上，具有兩個共同掌管的主要性質，其一是，荼摩昆達里尼（Tummo-Kundalini），這是種從內在所產生出的熱能，另一個則是心電感應能力，它意味著環繞四處的『溝通』與『心領神會』的能力。

「我親愛的大角星異質體子民啊，還記得嗎？你們過去曾經學著依賴它們，並且在許多不同的困難情況下，適切地運用了它們。不僅如此，你們還將內在產生的熱能和心電感應，連接到完成自由意志的路徑上。千萬別失去宇宙揚升的目標和深刻的覺悟，你們要時刻練習，讓那『永不妥協的真理』與『抑制不住的愛』永不分離。

「從今往後，你們要以這樣的方式，為自己打開『夢語境』的門戶。但，什麼是『夢語境』呢？是的，一如你們所知，它就是告訴你們如何去愛、如何將愛提升到下一個八度的方法。不過，別忘了，『夢語境』也是一個更高魔法的系統，它是行星調伏師以及均化業力的魔法。

「記住，真實的魔法能夠橋接所有次元的力量。正因如此，真實的魔法可以被系統化，而且可以被自然運用在特殊的情況之下。所以，喚醒這個真實的魔法，橋接不同次元的夢語境，這就是神諭的力量。神諭指的就是『說話的存在體』。但這是誰說的？說的又是什麼？就要去問水晶體了……」

這一番話聽下來，我簡直是驚呆了。這個不速之客，來得如此突然，

讓人毫無心理準備，但每一句話都那麼精準、鏗鏘有力，這讓我覺得，自己好像也變成大角星異質體的一員了。難道，這是某種記憶重複上演的橋段嗎？我覺得不可思議。

　　驀地，只覺得四周的氛圍又立刻改變了。我的雙眼似乎無法確切辨識出真實空間的物體，窗戶、牆壁、工作桌、沙發、地板、盆栽、書櫃……所有的所有，彷彿都變成一種鮮亮多彩光線的幾何結構，變換著各種型態，開始旋轉，一下子近，一下子遠。這種視覺現象真的太不真實了，不真實到讓我感到不安。我趕緊閉起眼，卻發現眼前所有的幾何圖騰變得更清晰，速度也旋轉得更快了。正當我不知所措時，一道更尖銳的雙音頻率從我的耳際憑空劃出，整個旋轉畫面立刻停格似的，所有光的幾何線條，瞬間都變成一種螢光的藍紫色，兀自氤氳著。然後，一個尖銳的五度合成的雙音開口說：

　　「我是水晶體的長老。此刻，我將為你清晰地揭露一切關於夢語境與神諭傳導的原理。在銜尾蛇的形式中，從形成一個圓開始，最後讓一切都變成了盛開的花朵。這個圓，是從心智中描繪出來的，心智是自我生成的，它代表時間的空性根源；而Kin是時間的測量，時間則是存在的泛音。從心智間畫出一個圓，深刻去瞭解，所有的魔法都是被『Kin的法則』所約束著。

　　「依循著『Kin的法則』，沒有一個語境（spell）可以被『圓』以外的力量給打造出來，而在圓的內部，激起Kin的泛音力量，並同時激起心電感應來傳遞這股Kin的泛音力量，一切就是為了要打造出一個語境。

　　「換句話說，打造一個夢語境，就是從圓的內部，根據脈衝波動形式的相對比例激起泛音的力量，再從這些充滿著脈衝力量的相對比例中發聲說話。如此，你們就變成一個夢語境的神諭。為了保持並掌握這股神諭的

力量，你們必須透過我的形式，也就是凌駕於時間之上的水晶形式，將你們自己傳送出來。」

我完全啞口無言。這兩段爆炸性的神諭式說明，加上絢麗五彩的視覺景觀，我的大腦根本無法產生任何與邏輯相關的作用。我唯一能做的就是全然接收，不管懂還是不懂，我毫無選擇地只能完全敞開。感覺自己整個人，就如大角星人在每一次行動之後一樣，也自動升級了。

「嚇壞了吧？」博士熟悉的聲音，終於再度出現。

我眨了眨眼，那些深藍紫色的螢光幾何結構，瞬間回復到我工作室的原本模樣，我真的不知道剛剛發生了什麼事。傻傻望著工作桌上博士照片旁，最近新買的一座大大的白水晶柱，愣愣地不發一語。

「兄弟，怎麼了？可別嚇傻了啊……」博士輕輕又在我的耳邊呼喚幾聲。好不容易，我終於回神，指著那座水晶柱說：

「剛剛是它在跟我說話嗎？」我不可思議地甩甩頭。

「哈哈哈……是他們的長老雷夫帝純，不是它。」博士一派自然地回應我。

「那在這個雙音五度合成聲音之前的又是誰？」我有點糊塗了。

「也是雷夫帝純，它是一個萬能的水晶體。」博士又說。

「我剛才經歷的是？」我想我的驚嚇指數應該已經破表了。

「大角星人同類元異質體當時的經歷。哈，這樣不是挺好的？讓你身歷其境，就不用我多費唇舌，解釋這些很難理解的原理了……」感覺博士

完全知道發生了什麼事。

「可是，我完全聽不懂啊！什麼銜尾蛇？什麼一個圓開始？我⋯⋯根本記不住。」我開始有點慌張了。

「不要焦慮，我們只是在這個輕鬆聊天的過程中，突然讓你有個實境的體驗而已，沒有要你做什麼回應？至於這份完整的資料，在我29年前的著作裡早已白紙黑字用地球的文字留下來了，等到時機成熟，你再去找來看看，研究一下細節，很快就會明白了。但是，這不是現在我們聊天的重點，你只要記住，圓就是週期的概念，一個行動的無限循環，所有的夢語境和神諭，都與它息息相關，當然還有『Kin的法則』。」博士耐心再為我解釋一番。

我必須承認，剛剛的經驗太令人震撼了，我還無法很快回到「平常心」狀態。

「你先聽我繼續說下去吧，順便調整一下心情，放鬆、放鬆，放輕鬆⋯⋯」博士催眠似的對我說了好幾聲放鬆，又繼續說他的故事。

「其實，這個雷夫帝純形式的位置，是一個萬能的水晶體。這個水晶體佈滿在大角星同類元異質體的外部，也就是說，在同樣的時間根源上，他們被水晶體團團包圍住。而在水晶體內，閃爍著深藍色，四處充滿火光和彩虹的通道，就如同你剛才看到那些五彩繽紛的視覺景觀。同類元們發現自己好像位於許多通道上，在那裡，旋轉的光雲籠罩著色彩斑斕的交匯點，然後又再次分離，顯現出聲音的建築結構和高聳的城堡尖端，接著，又不斷旋轉著，一直延伸到無限的高度。不過，這一切都發生在那座巨大的主水晶（Master Crystal）之中。」

「我想⋯⋯我完全能夠想像那種光彩絢爛快速旋轉的特殊視覺感

受⋯⋯」我邊回答博士，邊想，我這不才經歷過的嗎？哈。

「哈，這真是太好了。但是，你知道嗎？同類元在那特殊的情境中，遇見了誰？」博士有點半賣關子地問我。

我很快搖頭，覺得還是沒有太多的力氣去思考。

「在這感官飽滿的湧動中，他們遇到了門諾希斯的水晶體。」博士迅速揭曉答案。

「門諾希斯？！那個混血兒，他不是死了嗎？」我有點意外。

「這是他純粹的五次元水晶體。在畢宿五的行星上，死去的是他三次元化身。此刻，他像一把透著冷光的利劍，一下子將自己刺進了同類元異質體的生命體之中。瞬間，他讓彼此合而為一，就在這個合體的過程之中，許多技術和夢語境的符碼，一一展現在『元—大角星同類元』的面前。在此同時，同類元們很清楚瞭解到，一旦擁有這些技術和符碼，他們就可以打破舊的語境，憑藉自己脈衝乘行的創造性控制力，建立出一個全新的語境。」

「哇，這經歷也太神奇了吧？」我覺得這簡直是一種超高端的基因融合技術。

「是啊。所以同類元異質體們，非常滿足這個水晶形式的體驗，只是他們才一這麼想，就從水晶的層層包裹之中浮出來了。但微妙的是，門諾希斯的水晶體卻依然存在於他們體內，算是紮紮實實達到合體的境界了，也讓這些同類元異質體的能力更上一層樓。於是，門諾希斯直接發出『圓桌會議』的邀請，召開銀河家族親屬Kin的大匯聚。」博士說。

「圓桌會議？銀河家族親屬Kin的大匯聚？這又是什麼意思呢？」我完全不解。

「就是藍色銀河魔法護盾的圓桌會議。對大角星人來說，這可不是一件尋常的事哪！這個匯聚是由門諾希斯所主導召開的，他的目的，就是要將『打造夢語境神諭』，成為大角星探針的下一個任務。」博士解釋。

「喔，我明白了。繼上次的前行考察表現受到肯定，大角星人就此神奇展開了他們正式的任務嗎？奇妙的是，這個任務還是被烈士的化身門諾希斯所啟動的，哈。」我笑了出來，感覺自己漸漸回復到平常的狀態。

「哈，也可以這麼說。按照你的說法，就是升級版的他們要執行升級版的任務了。」博士也輕鬆地回應我。

「這應該又是一個更複雜的挑戰了吧？」我揣測。

「的確如此。在大角星和光錨之間，有個CSR的衛星中站，圓桌會議就在它四次元的圓頂結構內舉行。在場聚集了許多四次元的帶電體，這些生命體之中，有些是從畢宿五精挑萬選出來的，他們都具備了屠龍俠菁英份子的力量。大角星人與他們只是深深互看一眼，彼此默許，大角星異質體就這樣加入了屠龍俠的行列。接著，盛大歡樂的慶祝宴席，便正式開始。」博士這段開場的敘述，讓人感覺有點莫名其妙。

「那……接下來？」我想要知道更多，於是開口問。

「在脈衝行動中，CSR衛星核心放射出旋繞的光束和閃爍的影像，是他們透過彼此的情慾濾網混和編織出來的光譜形式，這個濾網，激發了他們對彼此更深層的相互理解。這份細膩的親密感與純真的平衡，完全維繫了這場愛的盛宴，這是他們第一次的圓桌會議，算是徹底鼓舞了他們。」

博士感性地說。

「感覺是一個相當莊嚴的激情相遇場面哪！」我好像親臨現場一樣。

「等他們達到歡愉與熱情的最高等級時，就開始宣布這次集會的要點。突然間，從天而降一個聲音宣告著：『打造夢語境神諭的時候到了！』。此時周遭先是一陣靜默，接著一連串怪異的顫抖聲響開始變得越來越激昂，其威力之大，就像是難以忍受的巨大雷鳴聲。下一瞬間，所有的聲音都忽然消失，隨後接著，是更大更深層『破碎的沉默』。他們像是被硬生生從核心中拉了出來，又被赤裸裸扔進讓他們合為一體且充滿悸動的空間裡。」

「這過程也太爆炸性了吧！」我聽得連大氣都不敢多喘一下，

「然後，那充滿飽和輻射子的CSR衛星核心，發出了神諭般的聲音，說：『不要再四處尋找下一個任務，這個想法太愚蠢了。如果你們真想要知道下一個任務是什麼，那麼必須要先知道你們自己是來自於何方？如果你們知道了自己是從哪裡來的，那麼就把你們那裡的護盾給顯現出來。這，就是你們所需要的一切。因為，那些任務會自己呈現出來，而護盾也將透過提醒你們的起源，來保護你們。』當然，可想而知，神諭下傳之後，大家又一陣沉默，所有人似乎都陷入一種沉重又期待的氛圍裡，不知道該如何反應。」博士說完，冒出一聲笑聲。

「這天外飛來的神諭，任誰聽完都會傻眼吧！」我說。

「是啊。所以，神諭又再度出現，叮嚀並解釋：『你們必須擁有一個護盾，而護盾上的所有符碼，就是你們可能想知道的一切。藍色銀河序列，擁有魔法的護盾，你們都擁有屬於自己的護盾，你們就是魔法護盾的後裔。所以，盡可能去瞭解你們的護盾以及它的本質，並且運用夢語境神

論（Dream-spell Oracle）的那些盧恩符文，打造並描繪出你們所理解的內在涵義吧！』」

我真的覺得，越是高次元的存在體，就越喜歡以一種說禪思悟的方式來表達。這些高來高去的跨次元信息，再添上這些突然冒出來的新名詞，還好是對大角星人說的話，要是對地球人如我，我也只有高舉白旗，徹底放棄了。

「有哪裡不懂嗎？兄弟……」博士很親切地問我。唉呀，他真是我肚子裡的……哈，不過這可別說出來，太大不敬了。哈哈哈，但你們一定懂……

「其實……都不懂，哈。不過，我又聽到一個新名詞了，『盧恩符文』，這是指北歐占卜用的盧恩符文嗎？」我毫不隱瞞地表達自己大腦理解上的挫敗。

「是的。不過這些神祕的符號，並非來自北歐，而是來自於四次元的這裡，應該說是來自於門諾希斯水晶體。是他，打造了夢語境；也是他，說出夢境語的真相。譬如說，拉瑪（Lamat）──『星星』，就是這個盧恩符文的神祕記號。這個優雅的四個頂點的星星，透過彼此完美的平衡，以及星星四個頂點中的四個循環，再次包圍，四個頂點、四個循環、八個提醒的索引。而數字『8』，代表泛音的符碼數字，也代表銀河諧波以及心智自身的完整統一。整體來說，它就是『第七星系感官力量』的存在，而『星星』這個盧恩神祕記號上的8，則是提醒著異質體們下一個演化的級數，以及他們在畢宿五的第一次任務。」博士叨叨絮絮地說。

我真的必須深呼吸好幾次，博士說的簡單，但我聽得是越來越多疑惑。不過，我似乎從來沒有想過，這個「黃星星」印記，竟然可以有這麼

多元的詮釋和延伸性，這也讓我大開眼界了。好吧，回到初衷，懂多少聽多少，在意識之田上，先播下種子再說，等時機成熟，該懂的自然就會懂。不過，我有一個非問不可的問題，於是迫不及待開口：

「博士，我還想問一下，他們的這個『護盾』究竟蘊含著什麼意義啊？」

「你是說，『元—大角星同類元』每一個存在體，所得到的護盾嗎？這個護盾，與你所熟悉的神話故事中，戰士拿的護盾是不同的。雖然戰士的護盾，形式上也是圓的，那是為了模擬魔法的原始循環。這裡所說的護盾，不似人類的護盾這麼稠密，而是用一種『電子—光譜』的物質『編織』而成的。這些『電子—光譜』的物質，包含符碼資訊、療癒知識，以及由心電感應力所觸發的語境。」博士這次解釋得相當詳盡，我聽了很滿意。

「原來如此，這下我就明白了……所以，每個存在體擁有一個能夠自我保護、甚至促進或提醒自我成長的護盾，就變成非常重要的基本配備了，怎麼覺得有點似曾相識的感覺，哈。」我說。

「有些細節你聽起來頗熟悉，那是因為其中包含了人類的另一段歷史。只不過這段歷史，只有那些被大家遺忘的少數巫師知道而已。其實人們只要透過重新獲得心電感應的能力，這一切就可以完全再度展開。所以，在大角星異質體的探針行動中，他們會特別關心一個問題：如果人們想要重新獲得自己的心電感應能力，接下來必須要克服些什麼困難？」博士的回應，又將我拉到了另一個思惟的視角與高度。

這的確是個必須要好好深思的重要問題。心電感應能力，這個詞因為常聽，我們都以為自己很熟悉，但實際運作是什麼，其實並沒有任何明確

的一套SOP，告訴我們該怎麼做才對？我突然覺得與門諾希斯合體的「元一大角星同類元」，讓自己的開悟級數提升到一種很高的狀態。我想，他們對於探針接下來的行動方向，應該很有定見了。

於是，我開始對這位門諾希斯大哥產生極大的好奇。

「你一定很想知道，門諾希斯究竟是何方神聖，對不對？」博士又直接心電感應地戳破我。哈，我習慣了。

「對，我覺得他這個一下子是三次元混血兒化身，一下子又是五次元的高維存在，好特別喔。」我毫不遮掩地回應。

「其實哪，這個門諾希斯，從來都不是一個單獨的『他』，而是複數的『他們』，哈。他代表的是一種集體存在的狀態，而英文Memnosis這個字，則表示他們喜歡所有美麗的文字以及想用歌詞唱頌出來的音節，意思是『在回憶進行的狀態中』。不過，這裡衍伸出一個問題，那就是：究竟誰才是那個回憶者？」博士說。

「誰？」我直接問。

「哈哈哈，是我在問你哪。你別急著問我，先不要急著跟我要答案，關於門諾希斯，這個不尋常的存在體，你得好好想一想。」博士這次沒有給我答案。

我遲了一會兒，實在沒有什麼頭緒，也擠不出任何的答案。

「我再向你多介紹一下這位神奇的門諾希斯吧。身為一個大角星異質體的跨次元混血兒，不用多說，他當然也是同類元的成員。這位『集體存在狀態』的大哥，最擅長『置換』的技術，也就是，當他的植物體仍根植

在熟悉的情慾蟄伏圓頂行庫時，他那被激發出好奇心的帶電體，就開始藉由複製出一個適合在某個生長環境下的植物體，透過去那個環境進行學習，來擴增自身的快感數值。之後，異質體們就將他這個變身瞬移（shape-shifting）的能力解釋為，一種能讓植物體同時出現在至少兩個地方以上的能力。」博士簡單扼要地說。

「哇，分身的超能力啊！這比瞬間移動還酷啊……」我滿腦子開始科幻電影了起來。

「其實，這個變身瞬移跟語境打造（spell-casting）非常類似。因為在打造一個語境時，都會對每個不同的存在體產生一次心電感應交換。具體而言，在變身瞬移行動中，會把一個對等的Kin送到另一個存在體之上，而這些拿來打造語境的對等Kin，則取自無數平行宇宙中的一個。只要取得G力核心輻射出的任何大量扣鏈齒輪，就能造訪這些平行宇宙。」

「G力核心所輻射出的扣鏈齒輪？這又是……」我今天根本是在洗大腦三溫暖啊。

「哈哈哈，不急不急，我慢慢解釋給你聽。從現在開始，你只要發揮你最大的想像力，慢慢跟上就可以了。」博士安慰我說。

「好！」其實，我也別無選擇。

「G力核心的存取，都是在『當下』，英文我都是用Now這個字來表示；而這個『當下』沒有可考歷史。為什麼要這麼做呢？那是因為取代了可考歷史後，『當下』就會配裝上一個輻射齒輪的G力核心。這個核心屬於跨次元維度的精神結構，它能夠在『當下』，把『意念集中』以及『無法集中』的這兩種意識狀態，調配出一個適當的組合進行存取。如此一來，就能在同步發生帶電性痙攣而激活四次元帶電體的時候，打開植物體

的快感節點。

「這個帶電體，我們稱之為『全息子』（holon）。在『快感合成作用』（pleasure-synthesizing function）之下，這個帶電體會把所有植物體的感官，一起帶進一種整體表現的體驗之中，這很像是從植物體的『皮膚』表層達到高潮的快感一般。不過，這個透過完全高潮的體驗，所產生的純粹度與合成性，是需要一個具備最大完整性和純粹度的文字來描述的，所以他們才把它叫做『全息子』。」博士非常細膩地描述G力核心的運作。

這也很像透過禪定所得到的純粹快感狀態，意識精神處於一種高度的集中度，但同時又極度自由且無可控制的複合狀態。我當初在學習13月亮曆法的調性脈衝時，曾將「全息子」理解為「時間」的四次元骨架，原來真正的源頭是來自於這裡啊⋯⋯我感覺自己又吃了一顆大補丸，想再知道更多關於「全息子」的運作方式，於是靜靜聽博士繼續說：

「根據對快感的需要，根存於核心的植物體，會激發『全息子』去探索不同種類的平行宇宙。在狂喜的波動中，植物體的神經系統，會充滿從輻射齒輪扣鏈上所釋放出來的記憶印跡（engram），也就是你們熟知的『既視感』（déjà vu）。但是，對異質體們來說，這樣的『既視感』，則暗示他們正處於融解回歸於核心的狀態，也就是回到『當下』。因此，他們就會把自己的注意力給拉回來。」

「您的意思是，當我們進入到快感的最高鋒值時，我們其實就只有『當下』，而這樣的狀態，這會讓我們透過四次元的『全息子』，捕獲到許多來自高維的記憶印跡，而形成某種既視感的體驗？」我很好奇地問。

「不是嗎？你認真回想看看，自己經驗過的『快感』現場？哈哈哈⋯⋯不過，話說回來，這個提煉行動的關鍵點，是要去完完全全記住

自己，或讓自己去記住，甚至是被自己所記住。在這個過程裡，我們學會以門諾希斯的角度來形容事物，因為在門諾希斯中，這個回憶進行的組態，也被稱之為『無死亡性』（deathlessness）狀態。換句話說，如果沒有『無死亡性』，我們就無法探索平行宇宙，更遑論出現多重的次元興奮層級。如此一來，探針只是一個永遠不能被實現的夢而已。」博士說。

「『無死亡性』？這又是什麼概念呢？」我又問。

「大角星異質體在理解『無死亡性』的過程中，會到達一種類似於人類所理解的『不死』（immortality）狀態。但『不死』這個字詞，卻沒有辦法表達出『無死亡性』所要傳遞給人們的那種永不休止的動力的意思。在『無死亡性』中，它是一個正在進行回憶中的常數，僅僅以時間的快速螺旋移動，就能夠將異質體彈射到意識與挑戰的一種更新奇的情況中。」博士更進一步解釋了這個非常特殊的概念。

「不過……進入這個狀態，對大角星異質體來說，會產生什麼特別的作用呢？」我順著博士的思路思考。

「透過這個『無死亡性』狀態，一個大角星異質體的感應孢子，就可以演化出某種能力，讓自己多重移植到多重的世界去；但它並不是一個單一性的有機體，比較像是一種多重性的存在體。同理，一個騎乘它本身『無死亡性』振波的全發光感應孢子，也能夠同時在多重平行世界中，形成它多重的化身。」

「喔，這種在平行時空中平行複製的能力，還真是不簡單哪！」不知怎的，我突然想起了一部電影叫做《全面啟動》（Inception），電影裡的本尊，在一層又一層平行時空的夢境中複製自己，過程中，一個又一個充滿既視感的回憶不斷以各種樣態浮現出來，我想，這估計也是要先進入這個

「無死亡性」狀態，才有可能出現這樣的實存吧？

「所以，現在，你是不是更瞭解這位『集體存在』的門諾希斯先生了呢？他其實就是一位回憶進行狀態的耕耘者，也是一位『無死亡性』狀態的回憶者。現在，你該知道是誰在回憶了吧？」博士為我做一個小結論，順道解答一開始問我的問題。

說實話，這些概念雖然還是有點抽象，但我發現門諾希斯在整個異質體團隊中，其實扮演更主導性的角色，所以我又開口問：

「博士，感覺上，是不是異質體的任務行動，多半是先透過門諾希斯的主導性運作，才會有接下來的計畫安排呢？」

「你的思路很在軌道上哪……哈哈哈。這麼一來，你就知道異質體在畢宿五上的第一次前行考察，其實是門諾希斯陪著同類元異質體一起前往遠征執行的，而在那次行動中，他算是再度採取一種單一實體的化身來操作，也就是從原本多重性存在的狀態下，回歸到一個『單一』的存在模式。不過，也就在那個回歸『單一』的過程中，他完全提升了大角星生命體的雙態特性。」博士把大角星人的演化脈絡，又梳理得更清晰。

不知怎的，自從聽聞大角星執行第一次探針任務時，門諾希斯以烈士的行徑收場後，今天再聽了更多關於他的故事，我覺得他根本就是孤獨遊蕩在曠野中，高處不勝寒的獨行俠哪！

我兀自沉浸在一種豐沛的同情共感狀態裡，久久無法言語。

只聽見博士也以一種幽幽的口吻，總結門諾希斯的演化命運，他緩緩地說：

「最後，門諾希斯，成為最頂尖的異質體，但也變成一個所有需求都得靠自己去滿足的孤獨旅人。他對死亡不再有任何恐懼。他之所以不求回報，正因他代表孤獨異質體的行動，放棄渴望的結果。後來，在這樣複雜的過程中，星際間出現一代又一代的巫師。最後，他立下一個宏大的心願，只要銀河系各地遙遠的星際站台中，還存在著一位巫師，他就會以門諾希斯的神諭之名，隨時等候被召喚……」

　　（接著進入如史詩般磅礴的電影結尾配樂……）

10

出沒南河三星的梅林／阿爾法半人馬座的悲劇

記住，真實的魔法能夠橋接所有次元的力量。正因為這樣，真實的魔法可以被系統化，而且可以被自然地運用在特殊的情況之下。所以，喚醒這個真實的魔法，然後橋接不同次元的夢語境，這就是神諭的力量⋯⋯

門諾希斯上次最後那一段話，早已深深打動了我。

一個武功高強、浪跡天涯的低調俠客，為了一份真誠無私的愛與奉獻，決定守護千年萬年，直到最後一個巫師消失。這種浪漫的橋段，我想誰都會被感動的吧？只是，我今早醒來，突然有個疑惑，那就是，他指的那些巫師在哪裡？銀河中的巫師，又是什麼樣的概念？

這些星際故事不聽則已，一聽還真是欲罷不能，而且問題越來越多。不過，想想，我算是領了博士的尚方寶劍，反正不懂就問，也不用不懂裝

懂。於是，我抱著滿滿的期待，小跑步去櫥櫃挑選今天要喝的茶。快速掃視了一下，看見前兩天剛去路竹老茶店採購的梨山烏龍茶，大剌剌矗在那兒。這是少數我喜愛的綠茶，過去因為阿里山茶太有名了，以至於鮮少會去注意到別的茶種，但自從喝了梨山茶之後，發現它內蘊的一股清香，一入口就會均勻飽滿分佈在喉間，瞬間令人心曠神怡，根本就是完全勝出，所以，我立刻就被它圈粉了。從此，喝綠茶、梨山茶必是我的首選。我心想，博士一定也會喜歡這味道的。

於是，我乾脆浮誇地把整套手工陶製的茶組都端出來，茶壺、茶海、小陶杯、聞香杯，茶巾、煮水器、瀝茶陶甕一併齊全，興高采烈地等博士大駕光臨。

「你在做什麼呢？看你忙上忙下的。」博士的聲音從我的身後冒了出來。

「哈，我在等你啊。我前兩天買的梨山茶，特別好喝，要跟你一起品嘗……」我開心地說。

「真是太好了，你快泡吧。不過……感覺這挺費功夫的啊。」博士說。

「是呀，用這一整套道具喝茶，就叫做功夫茶。中國古人說這喝茶應有茶具四寶，什麼爐、煨、罐、甌的；但到了現代，只有少數人才這麼講究，我其實是湊數的，哥喝的是品味、是感動…」如今，在熟悉的博士面前，我已經是有什麼說什麼啦，哈。

「我以為你喝的是自找麻煩哪……哈哈哈……」博士順著我說話的路子回應我。很好，他的藍猴再得一分，叮叮。

不過想想，古今中外，所有的生活品味，不全都是自找麻煩與吹毛求疵堆砌出來的嗎？所以，博士這句話也不算有貶。

「好吧，配上這麻煩茶，我們今天要聊點什麼？」博士問我。

「爽快，今天不如跟我講講巫師吧……」我豪爽回應博士，感覺現在我們對飲的是啤酒，不是茶。

「那敢情好，巫師。好，我們來聊聊巫師……」博士也很嗨地應和我。

我優雅地從茶海倒了一小盅茶，放在博士的照片旁，靜靜等待博士開講。

博士清了清喉嚨，開口說：

「話說，在大犬座天狼星升起之前，率先升起的小犬座南河三（Procyon）上，有個巫師委員會召集了第一次魔法圈。在金尼奇‧阿豪一代一代的更新過程中，就連地球生物形式碳基循環的極短時間裡，『巫師』這個字眼兒，依舊帶有某些敬畏的力量及廣受世人崇敬之感。更重要的是，如果人們可以褪去對『死亡恐懼』的根本騙局，就能夠再度詠嘆出『巫師』的真實力量。」博士開宗明義說出了巫師的深刻意涵。

我靜靜地泡著茶，仔細聽著。

「我唱首歌給你聽吧！」博士突然話鋒一轉。

突然間，四周揚起如小豎琴般的撥弦伴奏，博士熟悉的印地安笛旋律，穿插在那如水波般的背景音樂中，開啟了前奏，然後，聽見博士的輕柔吟唱著：

「在老鷹展翅翱翔之前
巫師畫出清晨的天空
待老鷹飛向無垠蒼穹
遂將星星高掛在夜空
巫師的永生之樹哪！
從樹根到樹冠
滿溢著樹葉與果實
喔～～給你自由」

博士反覆唱著，好美的歌詠旋律！我聽著都醉了，覺得自己就像那隻清晨在風中翱翔的飛鷹，高高低低，自由來去。隨著音樂的起伏，從白天到黑夜、從黑夜到白天……直到博士唱畢，笛聲吹奏完最後一個音符，豎琴的伴奏聲逐漸消失後，我才回到現實。

久久，我和博士似乎都還沉浸在一種萬籟俱寂的絕美氛圍裡，無法言語。

「這是梅林（Merlyn）的故事，也就是大角星探針在南河三星上，透過永生之樹所顯化出來一個如花蕊般的化身。這首歌，是他為了喚醒門諾希斯的智慧而詠唱的內心之歌……」博士相當感性地介紹這位新朋友。

沒想到，提起巫師的故事，竟是如此浪漫的開場，像是走進一個充滿夢幻魔法的童話國度中。他的原型，竟是地球上詩人們曾詠嘆過的魔法師梅林，這讓我有些錯亂，或許遠古那些傳說中的神話，其實才是最真實的星際歷史。

「是的，就是你所知道的梅林。他跟門諾希斯一樣，也是源自於大角星異質體的混血兒。故事是這麼開始的……你還記得門諾希斯在CSR衛

星中站召集的圓桌會議嗎？那時，一個同類元孢子的小型代表團，聚集了一個魔法圈，後來，他們被授予大角星八瓣星徽的護盾，而門諾希斯就是同類元的代表，因為他是大角星人中的大角星人。就在護盾配置完成的當下，門諾希斯感動地歡呼，大角星的感應孢子們哪，我們終於要開始展露頭角了。」

「真是太好了，不過他們在會議中決定了什麼呢？」我好奇地問。

「他們的第一次圓桌會議，就是要決定下一次探針的計畫。當時，在圓桌的中間旋繞著煙霧瀰漫的光圈以及芳香的思想光束。神諭對大家宣告：『南河三就在維拉卓帕扇形區的中間，它是一塊混雜著各種混亂元素的荒蕪之地。』。接著，中央的球形光環，旋轉得越來越快，各種影像、心電感應射線，還有奇形怪狀的實體，一一成形又迅速消融。興奮的波動指數越來越強，然後，從門諾希斯的內心，噴發出無以數計的人物與全景畫面，生命形式的渦漩，飆升到令人炫目的高潮頂點。驀地，瞬間墜入了黑暗，什麼都不復記憶，只剩魔法的飛翔，舞動著沒有身體的雙翼，如烈火一般，凝視著那不需雙眼卻能清晰看見的光的絢爛景觀。」

博士將每一個步驟都描摹得極細膩，我整個人也跟著上上下下，此時真是無聲勝有聲。只聽見博士繼續說道：

「就在此刻，梅林喚醒了自己，進入某個『生命週期』之中。他繾綣在一棵樹裡面，那是一棵長著葉脈和營養果實的巨大樹幹。梅林，從一棵樹的內部，誕生出來了。他將樹扯開，去除身上的木麟和樹皮；剝去滿佈葉脈的樹葉；刨開樹根和被真菌染色的枝幹。此時，他完全地感受到，自己在一個全新植物體的形式之中，而門諾希斯對他來說，僅僅是一個朦朧的記憶。他不記得自己是如何來到這裡，一切的過程都已經模糊不清。只是，當他閉上雙眼向內探求線索時，映入眼簾的畫面竟是——在一片漆黑

卻依稀可見的走廊深處轟立著一個大角星護盾，這個護盾閃耀著藍色和紫色光，在他的靈視中跳動著。就在那一剎那間，他，似乎明白了什麼！」

「明白了什麼？」我急切地問。

「原來，南河三從沒有被調伏過。許多路西法的任務，曾經在南河三內部的行星出現過，但很快又結束了。它純粹是化學『紀錄』上計算錯誤的犧牲者，但有些事也只能這樣。因此，梅林在此待了下來。因為他是從門諾希斯內心放射出來的存在體，因此也與門諾希斯是一樣的。現在，他不再是複數的形式，而是單一的個體，他口中說出來的名字，就是他自己知道的名字，叫做『梅林』。」博士很快地回答我。

「那梅林，化身在南河三星上，不就會有點不知所措了嗎？」我覺得這個陰錯陽差有點無奈。

「其實，所有的安排都是最好的安排。他倒是在這個環境下，充分認識自己的力量。算來，這也是不錯的結果啊……」博士說。

「什麼意思？」我問。

「自他從生命之樹分解出來之後，他看見這個單一個體的自己。他發現，自己竟擁有某種不可思議的塑造能力，譬如很多事，他只需要用意念先形塑出一種精神上的形象，竟然就可以如實顯化。所以，當他瞭解自己運用思想的力量，能夠釀造現實後，就非常小心翼翼注意自己的所思所想。」博士解釋道。

「哇，這是心想事成的超能力哪！果然是大魔法師的原型啊！」我其實有點羨慕地說。

「哈，那可不，你知道嗎？有一次，他單純只想找個舒服的地方休息一下，結果，一座淡紫色、巨大水晶形式，由大角星大理石所砌成的高塔，登愣……就跳出來在他的面前，馬上滿足了需求。那時，他好奇地走進高塔之中，發現一座螺旋樓梯的天井，於是他慢慢向上爬了208階，就在他踩上最後一階的時候，一道門出現了，他輕輕推一下，立刻便發出如雷般的巨響爆音。接著，門自動旋轉打開，裡面出現一個像圖書館或工作室的空間，四個角落陰冷黑暗，牆面看起來是某種透明或半透明的物質，如織布機般上下來回地移動。他出神望著，突然間，面前冒出許多其他生命體所發出的喃喃細語聲。瞬間，在完全沒有施力的情況下，他整個人就被舉起來，放到房間不同的位置，而每一次他的身體被置放在一個不同的位置上，就會發生一次光的嵌入與精神層面上的標記，這些標記都各自具備完全獨特的性質和內容。事實上，這些特殊標定的位置和動作，其實都是由同類元帶著意圖的心電感應所指揮下來的結果，只是，這些同類元們並不存在於南河三的星體上。」博士描繪這個奇特的冒險過程。

「這真是太不可思議了，是同類元發揮了心電感應的遠距遙控能力嗎？他們要魔法師梅林做什麼呢？」我很好奇。

「的確是如此。身處南河三的梅林，只要心裡一想到同類元，就會出現一個巨大的感應孢子圈，圍繞在他的身邊，這即是巫師委員會的同類元要透過巫師完成某個特別的行動。其中一個巫師，是南河三星的長老，也是從門諾希斯內心放射出來的化身，所以他也是一個被回想起來的『無死亡性』的永存。這個巫師，掌握了大角星不同種類的符碼和力量，他第一件也是最重要的一件事，那就是，凡巫師都是為了要提煉純化而掌握符碼，他們要清理『內心之眼』，讓愛可以透過鏡子來反射盤繞之蛇的祝福，在瞬間變得純粹。」

博士今天說話的語境跟之前很不一樣，充滿詩意，每句話彷如都在指涉什麼，但我卻無法精確瞭解這些言外之意，只能將它當成跳躍性的詩歌來聽。然後我發現，自己連半個問題也提不出來。

「兄弟，你也許會認為我說得很隱晦，很詩意。但，不是這樣的，再次揉揉你的雙眼，更仔細用你的耳朵聆聽。聽著風吹過那滿佈星空的山丘及小村莊的樹林，你難道不相信，在那裡能夠找到梅林的聲音嗎？正是因為如此，在南河三星這個失落的世界裡，所有綻放的智性和美麗，都會被保存在那充滿形形色色不同樹種的森林裡。」

我無奈地笑笑，點點頭，博士今天真的都在寫詩啊，明明就很詩，卻還要自圓其說，哈。不過，我在這幾首詩裡，聽明白一件事，那就是：要看見梅林，必得到森林裡晃晃才有機會，畢竟他是從樹長出來的化身嘛！

「不僅是梅林，所有的巫師……哈哈哈……都是透過梅林被賦予權力。梅林是第一個離開樹的化身，所以掌握了他們的法則以及他們自身通曉的知識。這些通曉的知識，靠他們帶往失落世界，讓這些世界再一次被發現。他們是龍族的後裔，所以他們很堅定要將靈性與所有事物結合。在『非時間性』（Timeless）的核心中，他們是死亡的通靈者以及『無死亡性』的回憶之人。他們充滿魔法的文字和語境，將打開每個人的心，揭露忠誠的真相。他們用水晶鏡像的王權，讓每一個透過自我反思校準秩序的人，清晰地看見一切。」博士完美地解釋巫師存在的重要價值。

雖然對地球上的人來說，巫師神祕難懂，但我相信，沒有人會輕易否認巫師存在的價值。這一點，我非常篤定。沒想到，才這麼想，博士又繼續往下說：

「每一個想擴大命運而揚升的行星，都需要祈請原始巫師的魔法圈。

在這個魔法圈裡，巫師所通曉的一切知識，都被封印在一個水晶球之內。這水晶球不僅僅是巫師頭冠上的星星，頭冠之內，一切有形與無形的語境，是結合在一起的。如果，你想要找一位巫師，那麼你一定要先找到一棵樹。因為，梅林已經在南河三的樹林中，打造好一個語境，他要讓這個語境在每一棵樹裡慢慢茁壯成長，等待著每一位巫師訴說出它的真相……」

很顯然，南河三星是一個讓巫師梅林鑄寫籤詩的所在。我不知所以地聽完南河三巫師梅林的故事，心想，就讓這顆星一直這麼美下去吧！

「你好像不是特別喜歡梅林的故事？」博士問。

「不，我喜歡。只是它一直會讓我走進一種耽美的浪漫想像裡，『非時間性』和『無死亡性』，這些超越二元對立邊界的概念，對一個三次元地球人的我，真的是有點難以想像。我只能把它放入大腦中，慢慢浸潤，像品味一首詩一般。偶爾，一些零星的領悟，會從這些文字的符號中竄飛出來。偶爾，會有某種內在情緒的感動，因這些如歌的音節翩然舞動起來。對於這些反應，我無法用理性的邏輯推理，我甚至對你所提到，巫師對星系的具體功能作用感到懷疑。我一直覺得，巫師就是巫師，不能被任何的認知結構框架住……說不上來為什麼，但真的，這是我聽完你告訴我梅林的故事後，最直接的感想……」天哪，我真的不知道自己竟然會對一個四次元的存在智慧體，一位我尊敬且孺慕的星際導師──荷西博士，說出這樣的話。

「我覺得……你真棒！」博士突然改變語氣，像一個全知的天使，鼓勵我所有的質疑。

「哈，博士，您這麼一說，我都不知道該回些什麼了？」我一時為之

語塞。

「我們的大腦一直以為世事不是對就是錯，要超越這種價值判斷，讓自己安住於某種灰色地帶，大概是人類大腦最感困難的。如果說，宇宙的真相是一種渾沌，抽象才是最真實的；那麼，是不是所有的邊界，都顯得多餘了，甚至這些邊界反而成為阻止你追求真理的一個最大阻礙。巫師，不過是漂流在人類大腦的文字符號而已，它是它，它也不是它。人們用經驗去框架與衍伸這些符號的涵義，再加上背後各種主觀的想法，『巫師』才會變成現在的這個『巫師』。但你想想，梅林既然具有心想事成的超能力，又怎麼可能會被綑綁在『意念』之中的限制與框架呢？但是，決定每一個符號的動態性游標要落在哪一個位點上，不是我或任何人能決定的。所以，每一個生命個體的自我覺醒，就顯得更重要了。而你，覺察到這一點，所以我說你很棒……」博士連珠炮似的把這整套極具哲思的論述表達完畢。

「謝謝。」我終於瞭解博士欲傳達給我的信息是什麼。

瞬間，我好像可以自由自在地徜徉在這充滿詩意的天空中，無所為而為、無所得而得、無所思而思了。原來，沒有答案也是一種答案。我覺得這些日子以來，博士的出現帶給我最大的改變，就是自己越來越可以安住在一種「分裂」的意識狀態下。剛才博士說，巫師，它是它，它也不是它，其實，這些星際故事也是這樣的，它是它，它也不是它……

「那我們開始出發到另外一個星球去看看吧！」博士說得好像在主持探索頻道節目一樣。

我的心裡踏實許多，整個人變得很輕鬆，要星際旅行，當然沒有問題呀！

「好，出發。啾……」我半開玩笑地搭腔。

「各位旅客請注意，我們的目的地就快要到了，請各位旅客準備好隨身攜帶的行李準備下機……」博士以一種奇怪的空服務員腔調，說出這一連串台詞。

「哈，我們這是到哪裡了啊？」我噗哧笑了出來。

「你猜，我想我等等再告訴你……」博士又在賣關子。

我不置可否，反正都已經上了「賊船」，也只能任其宰割，哈。

「我想了想，覺得還是要跟你更具體解釋一下，門諾希斯在不同星系中各種化身實驗的脈絡，這樣或許你會對探針的價值更有概念。」博士突然語氣嚴肅地對我說。

「喔，不去別的星球玩了啊？」我顯然有點失望。

「還是要去的，但我想先跟你聊聊這個。」博士像哄小孩似地說。

「瞭解！」我乖巧回答。於是博士說：

「對大角星人的本質以及倫理規範來說，隨著門諾希斯化身實驗輻射生成的子嗣、梅林與巫師的魔法圈，是兩個非常值得注意的例外。然而，這些例外為他們開啟了大門，通往任何一個孢子都無法預測的領域。他們發現門諾希斯的這些歷程，已經公然挑戰了他們形成孢子的自然本性，打開一條比過去更寬闊的演化途徑。當然，這條演化途徑，是連在遙遠的烏爾亞克坦尼亞上，進入田園詩般恍惚狀態的他們，作夢都沒想到的。我想你應該還有印象，大角星異質體一直擁有二元雙態性或雙生的本質。這也就是為什麼他們要在原始烏爾亞克坦尼的大調和小調雙行星上，扮演一個

行星調伏者，準備他們的工作。他們很難向那些不具備二元雙態特性的人，完整表達出這個自然的『雙生』究竟是什麼意思？但其實，這就好比地球一位哲學家暨建築師富勒所說：『統一是個複數，至少要有兩個』。」

「喔，那後來呢？這個特殊的演化究竟代表什麼呢？」博士沒有說明出現這「例外」的理由，但我真的很好奇，於是問道。

「這個狀況說明著，門諾希斯在一個不會發生雙生基因生成的狀態下，讓本身化為一個單一的實體，這等於是打開化身為單一實體或非雙生實體的路徑門戶。而這個被異質體稱之為『梅林』的輻射擴散物，不過是『單一實體』，或稱之為『智能的非雙生體演化』新演化方向更進一步的證明。只是這個發展過程，多少存在著他們雙生本質在能力上可能無法駕馭的陷阱和危機。」博士回答。

「您能夠再說得更清楚一些嗎？」我繼續問。

「大角星異質體的激情本質，源於生命體二元雙態的存在性。而地球人類所稱的『男性』和『女性』，則雙雙標記在他們植物體二元雙態結構的內部。大角星異質體擴張器官的多元性，主要是為了強化他們的做愛行動，並依據他們存在體編碼的二元雙態結構，形成內部的超維充電。作為一個孢子，他們並不具備人類所認知可以用來運動的四肢。取而代之的是，他們所有外部的器官或部位，都適用於各種感官或情慾刺激的『模態』（mode）。

「而這些，目前已經成為外部大角星植物體演化的偏愛路線。只不過，它並不是銀河系中持續進行的唯一演化形式，因此，門諾希斯的選擇，就變成重要的關鍵點。如今看來，被『單一實體』的結構和性質攪拌出來的業力型態配置與可能性，越來越讓原始的『二元雙態存在體』相形

失色了。」

「所以，這一切改變，還是門諾希斯所決定的，他可真是霸氣啊！」
我說。

「是啊。門諾希斯被列為大角星異質體階層中最優秀的一員，霸氣一
點也是應該的。正當大部分的異質體慢慢且有耐性地學習時，感應器官會
調節感知，感知則在精神上提供編織現實的結構，所以，改變感覺器官等
於改變了感知，感知一旦改變，所有『上演的電影』必然也都會跟著改
變。我們可以根據這個驚人的推論得知，透過引導感知去經歷一部『電
影』，其實不一定要按照感應器官的頻率設定，你也可以直接改變感應器
官本身。」

「改變感應器官本身……」這句話，我聽起來好熟悉哪，我突然冒
出了在時間法則「全腦共時活化的意識發展科學」（Synchronotron）的教
導中，有關大腦第六感官「全息心智感知體」（Holomind Perceiver，簡稱
HMP）的演化練習。原來，博士極力促成的是這件事啊！我突然有所領悟
地點點頭。真心話，博士這些日子以來說的每一個故事，似乎都揭露出某
一部分的宇宙真理，足以讓我一點一點拼湊出對宇宙整體的更深認識。我
想，接下來的故事，必然有更精采的戲劇性發展，也絕對是超出我的想像
之外。

「博士，門諾希斯再一次帶領著大家前往的星球在哪裡呢？這次，他
又化身成什麼角色來與大家完成另一次的英雄壯舉呢？」我問。

「哈，這顆星球是阿爾法半人馬座（Alpha Centauri）。不過，這次你
猜錯了。因為，當同類元異質體還在考慮要不要選擇阿爾法半人馬座這個
恆星系統來作為它們下一個探針任務時，門諾希斯就已經放手，讓他們自

己去做最後的決定，而他自己則動身前往北落師門星（Fomalhaut，又稱南魚座阿爾法），進行另一個新的任務了。這時，以梅林為首的異質體還待在南河三，剩下那些一直處於自我喚醒狀態的感應孢子，本身還具備雙生的本質，所以心底冒出來的第一個想法，自然而然認為，前往一個如阿爾法半人馬座這樣的雙星系統，執行他們的探針行動，可能會更貼近更方便些。」博士說。

「所以，這次是還沒有變身的異質體，選擇前往阿爾法半人馬座，而不是門諾希斯敲的板……」我試著確定這個想法。

「是的，剩下的異質體利用他們『空間—時間』繭式飛船的優勢，監督這個『雙元—星系統』，但過程卻沒有想像中的順利，他們甚至體驗到高度暴力的矛盾現象。因為在這個過程中，阿爾法半人馬座的A星，試圖用可怕的方式控制阿爾法半人馬座B星，而由於這兩個星系的電磁場，都處在高流變的狀態中，資訊取得非常困難。」博士詳盡說明異質體遇到的第一個狀況。

「在這個情況下，究竟會產生什麼負面影響呢？」我開始有點擔心，直覺異質體這次可能遇上了很難調伏的狠角色。

「後來，他們瞭解這裡真正的情況。一邊是被培養出來的低等但聰明的植物體組織，受到阿爾法半人馬座A星的控制。另一邊生命形式的代表團，比阿爾法半人馬座A星上的存在體，更具有『帶電體』傾向，它們試圖在阿爾法半人馬座B星的六個行星上培養『狂喜』（rapture）。

「阿爾法半人馬座A星上的低等植物體組織，因嫉妒阿爾法半人馬座B星上龐大的行星數量，所以一開始就規劃出一種殖民阿爾法半人馬座B星的方法。他們多數人認為，如果有更多的行星，人口就可以擴散出去，

得到好的機會發展更廣泛的多樣性。但是後來，當阿爾法A星人碰上更多的電流充電，而相對無法激活阿爾法半人馬座B星實體的時候，他們就想，乾脆直接征服阿爾法B星人，奪取他們的能量來延長阿爾法A星人植物體短暫的壽命。」博士平靜地說。

「這……會不會太粗暴了啊？！」我覺得阿爾法A星人的作法很自私，於是有些忿忿不平。

「大角星異質體也非常厭惡這種榨取他人的可怕形式。只可惜，當他們還在想盡辦法去修補雙星系統中這些不幸的時候，這類暴行已經全面展開了。所以，異質體中較先進的成員，便開始慎重考慮，究竟要打造出哪一種夢語境，才能引動並喚起它的平行時間來進行協調，並幫助他們朝向感官自由與精神解放的目標邁進。」博士依舊不帶情緒地說。

「他們打算怎麼做呢？」我對這個打造夢語境的過程感到好奇。

「一開始，他們順應阿爾法B星人的精神網格建立一個介面，試圖喚醒他們內在龐大但仍處於休眠的『時間分享』能力，就像某些阿爾法B星人會開始回應嶄新、具想像力的記憶印跡那樣，但悲劇發生了。就在那一刻，當他們把自己固定好，打算建立起一連串揚升的意識時，卻突然出現一股巨大可怕且不知道從何而來的電流風暴。阿爾法B星中的某一個行星表面，瞬間如同一艘燒焦的廢船，其他行星也從原本的軌道驟然偏離，朝著各個方向爆炸了。

「發生這樣的事使人膽寒，大角星異質體揣想，可能是因為他們自己毫無經驗，才導致這樣的結果。因此他們派遣一些孢子，以光束射向燒焦的行星，前去進行調查。那些前往破壞現場調查的孢子們，充滿巨大的焦慮和驚嚇，以致於對接下來發生的事情毫無心理準備。突然間，一些阿爾

法Ａ星人的太空船，以迅雷不及掩耳的速度襲擊了這些孢子，並且將其俘虜。」博士說。

「什麼？！阿爾法Ａ星人連前往調查的大角星人也下手了？好兇悍哪……」我對這個結果感到意外。

「是的，他們相當兇悍。不過，因為大角星異質體們所有的訓練，都是以愛、熱情、藝術、高等感官的接觸來克服一切障礙，所以他們被俘虜的孢子，仍盡最大努力與他們的主人相處。但阿爾法Ａ星人的粗暴，讓他們沒有任何喘息的空間，他們發現這些人，總是相當狂傲地稱自己為『派洛斯迪克寄生族』（Parasitics），這些寄生族對大角星異質體孢子採取惡劣的操縱算計之後，竟然開始複製孢子的一部分，想將大角星異質體的基因生成元素，注入自己裡面。因為，大角星人看起來，似乎通曉一些他們並不知道的事情。」博士仍然一貫平靜地敘說。

我聽著卻覺得生氣，還真是遇上宇宙的大壞人。這些阿爾法星人究竟是何方神聖？竟然比擁有高級心電感應與脈衝乘行能力的大角星人還厲害，這真的是典型的宇宙惡勢力。不知道這樣混種之後，對他們會產生什麼影響？不知怎的，這故事讓我想起美國好萊塢一部科幻冒險反烏托邦的系列電影叫做《分歧者》（Divergent），希望他們的混種後代不會太過分歧，哈。

博士似乎又感應到我的念頭，直接就開口說：

「混種的阿爾法Ａ星人下一代，變成一個『主宰的種族』（master race），但它實際上就是一批混種的怪獸，他們稱之為『塞克羅皮恩』（Cyclopeans）。這個新種族長大成人後，便發生了另一件可怕的事——同類相殘。在這殺戮的行動中，賽克羅皮恩攻擊了派洛斯迪克寄生族的長

老，而這些長老們的身體力量，根本遠遠不及這些混種的後代，所以派洛斯迪克寄生族的力量越來越弱，終至潰散，而新種族所帶來的無政府主義以及赤裸的野蠻主義，最後征服了四個行星中所有阿爾法 A 星人的統治中心。到了這個時候，阿爾法 B 星人的恐怖日子終於過去了。但他們付出的代價是什麼？大角星人不斷這樣問自己……」

博士說完之後，頓了頓。我終於感受到博士聲音裡蘊含一些哀傷的情緒。我們都在陷溺在某種惆悵中，沉思許久。

好不容易，我才打破這彷彿幾世紀之久的沉默，問道：

「那大角星異質體……後來怎麼樣了呢？博士……」博士清清喉嚨，頓了頓，才開口：

「喔，喔，他們哪……他們後來發展出兩種孢子的殖民體化身，分別前往阿爾法半人馬座 A 星和 B 星的最外部行星，讓這兩種殖民體化身被接納，隨著時間遞移，觀察其文化上的融合，和諧化這個曾被擾亂的系統，看看是否有所進展。倘若成功了，他們已學會應用一些過去不懂的事。這件事對他們來說，的確影響深遠，許多有關他們的星際傳說，也都是從這個事件開始散播。他們之中有些異質體，覺得再也回不去原本天真無邪的狀態，另外一群較正面的則認為，這或許就只是添增一筆令人感受深刻的辛酸事吧！」

我沒有多說什麼，如此強烈的衝突與意外發展，對於致力於行星調伏的大角星異質體來說，多少一定會覺得是由於自己的無知和疏忽所造成的。這樣挫折的記憶和經驗，不知會對他們未來的行動任務產生什麼影響？博士沒有再多說什麼，只聽見窗外的風，颼颼吹進了紗窗，擾動了靠窗大型盆栽的樹葉籟籟作響。我知道，博士又不聲不響離開了。

我倚在窗台邊凝望天空。不知怎的，我依稀覺得大角星人跨次元的「空間—時間」繭式飛船，隱隱約約還在巨大的跨星際夜空中漫漫旋轉。大角星探針這個無休無止的任務，似乎也還在持續著，而大角星人，如今身在何方？究竟又扮演著什麼樣的角色呢？

11

瞥見路西法／行星記憶印跡的祖夫雅迴路

路西法，他是光的攜帶者、光的持有者，也是拱型宇宙架構的原理以及無以數計的化身形式；路西法，他還是魔法飛行的先驅，更是將魔法之光從宇宙當下帶向無盡時間，而使之第一次成形的磁力門戶……

昨晚，聽完大角星異質體在阿爾發半人馬座的失控發展，心情一直有些說不上來的壓抑，夜裡躺在床上怎麼都睡不著，眼看著天已大亮，我還在床上翻來覆去，這種失眠的感覺真不好受，那索性不睡了吧！

我於是起身，播放今天自己做的調頻音樂，跟著調整一下呼吸，試著讓自己清空那腦袋裡鬱鬱脹脹的感覺，這真是太不尋常了，聽了這些日子的故事，還真是頭一次有這樣奇怪的身體反應，我覺得有些沮喪。

「怎麼了？一夜沒睡嗎？」博士的聲音，突然在床邊冒了出來。

我嚇了一跳，不會吧？我沒睡呢，這個時候完全沒有體力和心情聽故事。

　　「博士嗎？」我怯怯地問。

　　「是啊……」博士回應的聲音很輕柔。

　　「你不會這個時候要跟我講故事吧，我真的是一夜沒睡呢。」我說。

　　「哈哈哈，你緊張什麼呢？我這是關心你……」博士帶著輕鬆的口吻。

　　「不緊張，只是你的故事中囊括的資訊量越來越大，我是希望我的狀態好一點的時候，才能夠好好吸收。」我邊說邊揉著半邊微疼的頭。

　　調頻音樂還在播放，博士突然開口：

　　「我還記得你剛開始在創作這音樂的時候。哈，挺有趣的……」

　　「什麼意思？博士您知道我創作音樂的過程？」我好奇地問。

　　「當然知道。應該是說，是我跟你一起玩出這種形式的音樂的……」博士語帶玄機地說。

　　我有點詫異博士會這樣說，不過說實在，的確這個形式的調頻音樂，真的不在我長期以來創作音樂的邏輯架構中，特別是那聲音之中含藏著多層次的信息與頻率脈動，而且每一期的背景音樂中，似乎都表露一個特殊任務和主題，難道，這也是一種安排？

　　「如果我說音樂調頻，也是一種行星調伏的過程，而調伏行星，就是大角星探針的星際任務。這樣……你會不會恍然大悟一下？哈哈哈……」

博士沒等我問，便直接回答我心中的疑惑。

「什麼？您的意思是？！」我簡直驚呆了，直接衝口而出。

「是的，就是這樣。哈哈哈，你不用懷疑……所以，為什麼我很想跟你聊聊大角星探針行動的始末，因為你早就在參與這個行動了。」博士非常篤定地說。

我，現在更是完全一點睡意都沒有了。不但沒睡意，整個人的精神還變得異常亢奮。

「我壓根沒有想到這裡。這些共時，真的是完全超越了我的大腦思維邏輯。只是覺得自從學習曆法以來，我便被一股強大的力量引領著，每完成一件事，都是在一個難以形容的『恰恰好』狀態下執行的，原來……」看來，我真的有點恍然大悟。

「目前整個太陽系的演化過程，就是在尋找失落的第五和弦。你想想，你創作的調頻音樂，怎麼可能與這些跨次元的信息不相干呢？我應該更清楚地說，整個宇宙就是一個巨型的交響樂頻率，而我們都在各種悠揚的宇宙分部旋律中與之共舞……」博士把宇宙即音樂的本質說得非常透澈。

「聽您這麼一說，我突然覺得自己創作的音樂好浩瀚哪，哈。」我半開玩笑地回應。

「星系調伏的過程就是根據當下的情況，進行所有頻率組合的有序化，其中每一件事情的發生，也都是一種動態性的參與。特別是在可觀測的宇宙中，穩定的秩序自然被打破後，接著就是重建，然後又會再度經歷被破壞的命運，如此反覆循環，產生出持續性的能量流動，這就像是一首

歌的動人旋律一般。你再想想，搭襯在這些旋律的背後，是不是也都存在著適合的和弦組合與調門。這就像當你寫歌編曲時，有時候和弦跟著旋律跑，有時候旋律也會跟著和弦跑。這編創的過程沒有固定不變的規則，每一個動作都是一次即時性的選擇，而每一個選擇也都必須進行一次全向性的調整，各種頻率組合之間都有著心電感應式的對話與縝密的連結，這和宇宙的創作與調伏過程是一模一樣的。但是，唯一不同的地方在於，歌有開頭有結尾，而宇宙中所有的星系曲調，卻是無窮無盡地持續創造與變化著。」

博士用音樂來妙喻宇宙，對我來說是非常有感的，我幾乎完全陶醉在這番精采的論述之中，久久無法言語。只聽博士又開口說：

「所以，日常生活也是一樣的，一切的規律都會在自然的狀態下被破壞，而所有的破壞也都在等待著被重建，就這麼不斷循環。關鍵是你要在每一次暫時符合當下需求的和弦架構裡，怎麼持續流動地唱出屬於你自己那首動人的歌曲……」博士說。

「你要說的是？」我問。

「沒睡就沒睡了吧。想想，這不也就是一種慣性秩序的一次破壞而已，然後，你再重新建立一個新的秩序，不就好了嗎？隨時改變一種詮釋的心情，無論是唱搖滾的旋律也好，或是唱爵士的即興也可，只要持續唱下去就對了……」博士語帶輕鬆打了個比方，用音樂對應著生活日常。

這真的太有趣了。原來，博士說了一大串，是希望我別罣礙睡不睡的問題。

「我懂的。哈哈哈，博士您這也繞得太遠了吧，不過還挺有力量的，我現在已經完全沒有睏意，而且，突然有股衝動，想請您繼續把故事說下

去⋯⋯」我說。

「真的假的？」博士突然用了一個台灣年輕人的習慣口語，反問我。

「真的啊。我完全聽懂您的意思，現在睡不著，就不要睡了，等下想睡了再回去睡。反正現在疫情警戒不出門，時間很多⋯⋯」

「哈哈哈，你果然對顛覆傳統，也是滿有一套的⋯⋯」博士開玩笑說。

「哈哈哈，其實我昨晚真的是一直在想著，大角星異質體在阿爾發半人馬座發生這些失控的狀況後，會怎麼影響後來的探針行動。我們整個太陽系不還在等待著探針來協助我們去好好『唱歌』嗎？既然現在您已經出現了，就乾脆繼續把故事講下去吧⋯⋯」我真心實話地對博士說。

「哈，也可以啊。我們就自在聊，你隨時睏了想睡，我們就停止。我想我跨次元的『時間』，更多⋯⋯」感覺博士又耍冷得分，不過也許他說的是真的。

「好，倒杯水喝，您就請說吧！」我很自然地起身，倒了水，又回到床上斜靠著。打算用最慵懶的狀態來聽今天的故事。

「其實，自從在阿爾發半人馬座的事件發生後，大角星異質體就收到來自聯邦天狼星代表團召集了圓桌會議的消息。而關於他們在阿爾發半人馬座所延展出來的探針命運，也很快就被註記在聯邦長老監測站的內部階層之中。」博士說。

「我都忘了，大角星人其實已經加入銀河聯邦，所以無論發生什麼事，無需獨自承擔，有很多監管的單位會來協助調整。」博士這麼一說，我才突然被點醒。

「是呀，相較於神聖化的夢境，存在於長老監測站中的輻射性母體，幾乎是被永久紮下根基的。所以異質體的探針行動，也不過是在產生未知行動的大池子裡，一個不怎麼起眼的小小漣漪而已。因此，對長老監測站來說，如果凍一般的皺摺區所延伸出來的巨大掃描器，不會對任何一個探針行動產生出太明顯的反應。不過，這次異質體在阿爾發半人馬座發生的衍生事件，倒是激起了長老們某種探索的好奇心。」博士慢條斯理地回應我。

「他們關注的是什麼事呢？」我問。

「這個問題，是在天狼星CSR深層內部中的圓桌會議上被提出來的，因為天狼星的CSR，迄今為止是我們所知道發展最完善的，他們提出一個假設性的推論。如果按照異質體在阿爾發半人馬座上的事件發展下去，他們最後一定會碰上『路西法族』（Lucifer Strain）……這是個在權力核心中，非常熱門且具毀滅性的問題，這個推論一出來，圓桌會議上的每個參與者都吊著一顆心，不知該說些什麼。此時，所有人的目光都落在『主天狼星CSR星際變頻室』的菁英階層身上，等待他們更進一步的說明……」博士的聲音有點嚴肅。

「路西法族？他們是誰？」我直覺事情並不單純。

「是的，路西法族，這個當時連大角星異質體的先進孢子都不清楚是何方神聖的族類，讓他們很緊張。他們自忖，或許應該趕緊回家做功課，補一補進度才是。不過，長老監測站也承認，這一切發展並不是他們的錯，因為異質體並不知道這些事件的背後蘊藏著這樣的危機。但很明顯的是，這次大角星探針的行動，已經牽涉到一個困擾聯邦很久的事情。其實，在發生阿爾發半人馬座事件以及天狼星圓桌會議出現之前，很久沒有出現這樣會讓他們如此忐忑需要慎重考量的大事了……」

博士沒有直接回答我的問題，感覺他像是親臨圓桌會議現場一般，只聽他深吸一口氣，才又繼續說下去：

　　「我想，大部分的人當然都聽過路西法，好比說是那個聖經故事中的墮落天使。但對於他真正的宇宙起源，應該還是沒有多少人清楚。你知道嗎？在大角星形成之前，它就是路西法，只是它並不在我們的銀河象限中，而是在另一個正好相反的象限裡。事實上，從我們銀河母親一開始出現之前，就已經有路西法了，不過沒有人知道它究竟是存在於哪一個銀河系中，而銀河聯邦的任務中有一項就是去探查路西法的來龍去脈。」

　　「這麼說來，感覺，路西法其實並不是傳說中的撒旦化身，而是一種更高的存有……」我加上整夜沒睡的間歇性昏沉，深深覺得這一題實在太難理解了。

　　「讓我告訴你吧，經過銀河聯邦長期探查下來的理解，路西法（Lucifer）是光的攜帶者、光的持有者，也是拱型宇宙架構的原理以及無以數計的化身形式；路西法，他是魔法飛行的先驅，更是將魔法之光從宇宙當下帶向無盡時間，而使之第一次成形的磁力門戶；路西法，是所有跨次元躍遷的原始模板與先行者；路西法，從已知中『偷走』一切通曉萬物的知識，並為這些偷來的知識收取費用，讓這些知識永遠離開了光；路西法，他是光明的魔法飛行先驅，他偷走魔法飛行的知識，只為了要展現他擁有千里眼的能耐；路西法，他就像夜深人靜時，突然闖進來的小偷。」博士大氣都沒有喘一下把路西法好的壞的都介紹完畢。

　　我也是屏氣凝神地聽完，只覺得這個路西法的存在體，真的是太強大了，強大到幾乎整個銀河系都無人可以駕馭，於是說：

　　「我覺得，路西法的存在超越了銀河聯邦的想像，感覺他們對他是又

愛又恨……」

「可不是嗎？你知道嗎……在維拉卓帕的扇形區裡，在銀河聯邦自我覺醒之前，真正的路西法，是曾有任務在身的。只是路西法的創造行動，實在又聰明又狡猾，完全讓人無法掌握。要知道，虛擬的現實終究還不是現實，儘管路西法的所作所為，讓聯邦學到很多，但他們要避免發生的事卻更多。所以，在早期聯邦的年鑑中，曾經針對路西法的行動，提出一個問題，讓人覺得很棘手，那就是：『如何能不濫用自由意志，而抑制住路西法的能量呢？』」博士似乎也感到有些力不從心地說。

「他們後來找到解決的答案了嗎？」我根本沒有多餘的能力可以思考，所以只能天真地問。

「幾經討論，聯邦所提出來的解決之道，就是『隔離』而已。本質上，他們給路西法的命令，就是不再需要他的服務了。後來，有一份評估被提出來，那就是他們命令路西法，針對任何明顯由他所設計出來的恆星，都不能再有更進一步的行動。」博士簡短地說。

「這是什麼意思呢？博士，您的意思是銀河系中有很多的恆星系統，都曾經是路西法設計出來的？原來他才是造物主嗎？」我有點糊塗了。

「剛剛不是說了嗎？路西法，是光的攜帶者、光的持有者，也是拱型宇宙架構的原理以及無以數計的化身形式嗎？他當然擁有類似造物主的強大創造力量。而正因為他太過強大，所以為所欲為，這才讓銀河聯邦在管理上有點束手無策，而『隔離』的策略，算是一種不得不的壓制與平衡手段。因此，從那時候起，只有限制性的溝通信號可以被聯邦接收，而這些信號大多來自於維拉卓帕扇形區最邊緣的恆星系統，因為那裡就是路西法的隔離區域。由於這些溝通的信號變得很稀少，聯邦就很少再花心思去監

督這個區域的其他活動，所以聯邦中的許多成員，自然而然將與路西法相關的事情，當作是檔案夾裡的紀錄而已，覺得它沒有什麼具體的意義。」博士細心為我再次解釋。

「那參與圓桌會議的大角星異質體們清楚嗎？」混沌中，我突然想起了我的大角星朋友們。

「哈，你問到重點了，他們還真不清楚。他們在圓桌會議現場，只能戰戰兢兢地問長老監測站的長老們，沒想到所有的長老們竟然一起唱誦起來，聽起來就有如一個和諧的整體。」博士說。

「這個狀況，是不是很像上次雷夫帝純水晶形式出現的時候一樣？」我興奮地喊了出來。

「對這些異質體孢子來說，應該是吧，哈哈哈……上次那個實境體驗秀還真有用。」博士說。

「他們唱些什麼呢？」我急著問。

「他們那曲調，我唱不出來啊！哈哈哈……」博士突然嚷嚷起來。

瞬間，臥房窗簾夾縫中，透出一道清晨的光線，直直映射在我的床沿。也不知怎的，我覺得滿室馨香，整個空間順著那道光線開始旋轉，房裡所有物體的界線都模糊化了。我揉揉雙眼，更覺朦朧，耳際間隱約聽到遠處有一個編制龐大的交響樂團，演奏著讓人感到慷慨激昂的樂曲，越來越大聲、越來越接近……

「**讓我們來吧！**」一句像千人合唱的詠嘆歌聲，驀地從虛空穿進我的耳裡。

「太好了！哈哈哈……你們來了啊！」博士大笑回應。

「誰？」我有點驚訝。

「聯邦的監測站長老們，傳送當時的複製投影信息過來了。哈哈哈，這真是太殊勝了，他們平時可是忙得連喘口氣的時間都沒有呢，今天倒是傳送這個複製投影的光束信息，專門回放給你聽呢。兄弟，你挺有福氣的。」博士開心地說。

「是您有福氣吧！哈哈哈……」我說。

說時遲那時快，一陣銀鈴掃盪了整個空間後，便聽到長老們天籟的大合唱歌聲：

「親愛的孩子們……你們大角星探針是英勇的，即使你們還那麼年輕，但你們很努力。CSR 的陀螺儀，在它單一的位點上永不休止地旋轉著，放射出無以數計的平行宇宙，一切也都是來自於其他的單一位點。你們的巫師將會發現，無需移動便能知曉。但是對於你們──同類元大角星的銀河音調太空人（Analogic Arcturian galactonauts）來說，你們根本沒有休息的一天。因為你們貪戀著更高層級的愛，其慾望強烈到無人匹敵。我們不會怪罪你們曾經做過的任何事，也不會去找出現在你們被迫要做的事。

「但是，你們必須要以一組感官參數提出假設並得出結果，接著在另一組感官參數裡，你們就會發現這些假設並無法被有效控制。而這一切，都是你們在阿爾發半人馬座上所發生的事。也就僅僅這麼一件事，便能讓你們清楚看到，是否可以繼續透過探針來維持大角星人的形式與定位？如果不是的話，想一想，你們又該怎麼辦？此外，更需要嚴肅以對的是，在阿爾發半人馬座上，你們遇到了路西法失落軍團中可怕的壓榨集團。而這

些壓榨種族最令人害怕的，不是他們癱瘓別人意志力的天賦力量，而是他們輸送路西法族的能力。

「大角星人，你們已經永遠改變了。你們把孢子的殖民化身留在阿爾發半人馬座上，而那些和你們曾經不斷心電感應溝通的人們，現在也正遭受路西法族致命性的打擊，其結果，就跟你們一樣。」

當這個複製投影播放完後，我完全震驚了。這個路西法族，會為大角星人或更多的星系系統帶來什麼巨大的影響呢？他們又會如何改變大角星探針未來的行動呢？

「你的擔心都是對的，路西法族的力量一旦復甦，所造成的影響將會超出人們的想像。」博士輕聲告訴我。

我靜靜聽博士繼續說。

「的確，大角星人嚇壞了。他們第一次聽到路西法族，就被這股力量給徹底改變了本質，特別是他們像孢子一樣的原始本性，幾乎被宣判了末日，變成一個將死的族類。這說明，他們在烏爾亞克坦尼亞外部雙行星背後的情慾蟄伏魔法圈即將枯萎，他們的根基將被拔除，而維繫著他們二元雙態本質編碼的植物體也不再運作了。其實，他們都清楚，如果他們想要回到原來的編碼狀態，可能要等到他們完全揭穿路西法陰謀。」

「怎麼這麼嚴重哪？」我的確沒有想，這個滲透在阿爾法半人馬座的路西法力量會產生如此可怕的影響。

「不過，天無絕人之路。那時基因上已經衰退並失去記憶的路西法族，並沒有太影響其他早期『十聯盟』的大角星人；所以，異質體最後尋求了他們的協助，重新儲備自己的基因池，並在烏爾亞克坦尼亞上逐步重

建他們的殖民體。不過，其實大角星同類元異質體，本來就是一個自由漂浮在四次元維度的行動團隊，所以反而有足夠的優勢來面對這種『流離失所』的特殊情況。毫無疑問地，身為一個孢子應該做的，就是開始傳播他們的愛，但如今，整個維拉卓帕扇形區，已經變成一個無人能預測且進退兩難、充滿挑戰的區域了。至於他們被可怕的路西法族所強搶的原始孢子形式，經過一番努力，也已經設計出新的基因素材與模板來適應他們四次元的全息子。而由於業力的因果回報，導致後來所有的大角星異質體，都必須前往路西法族曾經鑿挖過的各處罅隙，繼續追蹤路西法的陰謀。」博士詳細說明了異質體被突如其來狀況影響的興衰轉變。

「看來，阿爾發半人馬星座上發生的事，對異質體造成的衝擊與改變真是不可小覷。不過，這樣的轉折，對他們來說，好像也不全然是壞事……」我說。

「是的，對地球上特別珍惜身體而且恐懼死亡的人們來說，可能會覺得大角星異質體失去『家』的反應似乎有點奇怪，他們竟然在這整起事件裡，感受到某種不可思議的解脫感。他們只是越發深切覺得，提供無盡的愛給彼此是一件多麼神聖的事哪！所以，他們發誓，未來要透過他們所有的化身，來傳遞這些令人印象深刻的經驗。」博士似乎在為已經徹底改變的大角星異質體，鋪墊出一條未來行動的方向。

「我想，聽您這麼說，漂泊的大角星異質體，面對未來的探針任務，有了更明確的行動準則嗎？」我替博士這一番話下了一個小結論。

「哈，可不是嗎？不論發生什麼事，大角星異質體都知道，最重要的事，就是維繫他們種族的根源，所以異質體一定會繼續存在下去的。其實，銀河聯邦對他們面對挑戰的能力也具有很大信心。特別是在與路西法族的交涉行動過程後，他們都知道，在歷經迷途過後，無論路西法族是不

是還活著，所有的問題都一定會解決的。況且當初，他們既然挑選了這個族類，聯邦乾脆就把他們當成一個追蹤器。如此一來，便可以藉此觀察路西法族曾經到過哪些地方。」博士進一步說明聯邦後來調整的作法。

「這不就陰錯陽差，無心插柳柳成蔭，異質體變成一個天然的情報特務了？」我說。

「可能一開始的隔離行動所得到的知識和經驗，讓聯邦很有自信地認為，一旦所有路西法族的因素被追蹤並連根拔除之後，路西法陰謀肯定會結束。如果路西法陰謀徹底結束了，接下來會發生一件偉大的事情，那即是整個維拉卓帕扇形區的銀河第五和弦，就會開始發出聲音，這個結果將貫穿我們整個銀河象限呢……」

「您一直提到『路西法陰謀』，這究竟是個什麼樣的陰謀呢？」我很納悶。

「其實，路西法陰謀，是個頗具爭議性的話題。聯邦中有許多人認為，路西法陰謀不過是虛構的事，純粹是受到路西法聰明又迷炫的力量所迷惑，造成心智濫用的現象。也有些人認為，無論是不是虛構，受路西法陰謀影響而形成各種娛樂化的事實，足以證明它存在的真實性。後來，還有許多人相信，路西法陰謀和祖夫雅一樣真實，都是從主CSR發射出來的光束迴路。」博士稍稍解釋了一下。

「好抽象、好難懂啊！這個陰謀不算一個具有特殊目的的祕密計畫嗎？」我整個大腦被卡死在這裡，轉不出來。

「其實，對飽受折磨的同類元異質體團隊而言，路西法陰謀根本是個沒有實質意義的事情。因為他們在阿爾發半人馬座上的殖民體，已經被一些他們無法想像的方式宣判了末日。而在烏爾亞克坦尼亞上原始的母體基

地，也註定跟著走向枯萎凋零的結局。現在，只留下了這些異質體，漂流在維拉卓帕扇形區裡，承擔他們的宿命，並且拚著全力重新修補他們大角星的母體基地。」

「哇，怎麼會這樣？感覺很辛苦……」這個狀態真的超乎我的想像。不過，我必須承認，其實我還在推敲路西法的陰謀究竟是什麼？但顯然博士，並不想在第一時間跟我講清楚說明白。

「比較有趣的是，同類元異質體從來沒有想過要放棄探針的行動，所以在被捲入路西法陰謀之後，反而更確認他們對探針行動的忠誠度。」博士篤定地說。

「那他們就是一邊流浪，一邊重建母體，一邊繼續他們的探針行動嗎？」我對他們的後續行動很感興趣，於是好奇地問。

「哈哈哈，你真的不用特別強調流浪這件事的悲情感啦？異質體的探針行動，原本就是離開母體行星在不同星際間旅行的冒險任務。因此，只要根源還在，他們就會一直存在。真正的關鍵是，他們對探針行動的信仰與關注點是什麼？其實，如今的探針行動對他們而言，已經成為深入瞭解路西法陰謀的方法了。他們也很清楚，在輻射母體的初期，星際導師和星系創建者被『五聯盟』召喚聚集時，路西法就已經出現了。當時，身為光函數的路西法，曾經展示一個『進化波動形式』的原理，而這個原理有助於銀河智能的發展。」博士回應了我。

「什麼是『進化波動形式』的原理？」我已經不再害怕新名詞出現，反正不懂就問。

「這解釋起來，可能會有點超乎你的想像。簡單說，就是這個原理一旦被接受，即會授予一個母體護盾給路西法，『路西法』這個存在體就會

立刻消失。然而，如果路西法是以『路西法』的光函數形式現身，並在波動形式之間形成光的螺旋時，那麼就不會發生消失的情況，而且也絕不會有任何一個人能讓這個情況發生。」博士試圖把這個弔詭的情況說得更清楚。但，我覺得他好像在繞口令，要搞懂真的挺傷腦筋。只聽見博士又繼續說：

「比較奇妙的是，當這樣的事被聯邦提及時，路西法在這個『時間點』重新出現了。這時候，魔法飛行的光束螺旋展示立刻被建立起來，但也只有路西法能夠被授予那些精選出來的記憶印跡，就在星際導師與星系建造者一陣倉皇失措之中，路西法的願望被准許了。因此，有些早期的星系建造者學會了光的螺旋，進而知道如何掌握路西法原理。」

「後來呢？」我問。

「後來，異質體他們發現這些被授予給路西法的記憶印跡，對早期銀河序列的星系建造者和星際導師而言，顯然是極其珍貴且不能缺少的資訊。更確切地說，銀河系就像是一種現象的編織或跨次元維度的結構體，所以它若是多了幾個遺失的記憶印跡，會產生出更大的『問題』，變成這個銀河生命的發展中期到晚期階段一個巨大的銀河空洞。事實上，我們也可以這麼說，這些遺失的記憶印跡，就是我們銀河母親實驗區明確的擴張原因。」

「遺失的記憶印跡？銀河空洞？」我覺得這幾個關鍵詞很重要，但一時半刻間，卻還是無法深刻理解。我打算先記下來，再慢慢沉澱，估計哪一天就會自動融會貫通，呵。

「至於路西法呢，其實，在星系建造者與星際導師的那場展示會議之後，沒有人能夠清楚說得明白，他的所作所為究竟是好是壞。有些人說，

這一切都是根據宇宙法則，路西法本身並沒有罪，他不過就是一個演化的激活原理而已。但是對銀河聯邦來說，卻不是這樣的。事實上，應該可以這麼說，路西法陰謀就是銀河聯邦之所以存在的真正理由。畢竟，銀河聯邦在維拉卓帕扇形區所設置的隔離場，不就是一個希望能夠捕獲與限制路西法力量的實驗嗎？」博士說。

我選擇安靜地繼續聽博士述說路西法的故事。

「有關路西法的實驗，其實並沒有為這許多的偏差負起什麼責任，無論是基因上或精神上，都沒有。在這個區間中，路西法的行動持續折磨著不同的恆星系統，最明顯的就是阿爾發半人馬座。然而，誰又可以擁有這樣的力量？路西法他究竟是不是原始宇宙中的一員？或者他更像是原始宇宙中的一個片段？這些都是個謎。他們唯一能確定的是，路西法是第六次元造物者的生命體，是一份記憶，他的力量更早於『母體五聯盟』的起源。他，一直存在於終極的水平線上，隱隱散發著微光。」博士說完後，停頓一下。

我深深覺得，路西法真是一個太深奧的存在體。大角星同類元異質體探索這麼久，都摸不清他真正的起源與脈絡，更何況一個平凡如我的地球人呢？此時此刻，我似乎也只能繼續保持安靜，聽博士繼續介紹有關他的一切：

「然而，到底有哪些遺失的記憶印跡，為了魔法飛行的知識而『賣給』了路西法呢？異質體們運用平行宇宙和既視經驗的知識，辨認出記憶印跡在形式上的力量。是的，這些所謂的『記憶印跡』，即是一個不連續的精神結構，它在平行宇宙之間被輻射性傳遞著，其目的就是為了要維繫智能和行為上一切流通的可能性。」

「記憶印跡……一個不連續的精神結構？它有特別的運作法則嗎？」我覺得自己有必要好好搞懂這個記憶印跡，所以又開口問博士。

「根據大角星五聯盟內部檔案管理員的內部傳輸，也就是『遵守宇宙配置委員會』表示，星系建造者和星際導師曾下達過指令，只能建立一定數量的記憶印跡，否則平行宇宙之間的距離，會離得越來越來遠。這將造成主銀河的導師工作，在諧波調和上的期望值無法發生。也有些人說，這些平行宇宙，包含了所有其他的銀河系和銀河序列，在這樣的情況下，記憶印跡會變成許多個銀河之間建立溝通的一種方式。」博士回答。

「它被限制的數量是多少呢？」我有點好奇。

「有些人說，這個數量是 144,000。但沒有人明確知道。這是為什麼呢？或許，你可以仔細想想，先替地球人類的既視經驗編個目錄吧，哈！沉迷在狹隘的三次元植物體中小我頻寬的地球人，在既視感出現的時候，很難去掌握，更不用說，去記住或拿這些經驗與其他的既視經驗做更進一步的比對了。不過，對大角星異質體而言，既視感就等於『記憶印跡』。也就是說，這一份『記憶印跡』，代表著精神創造的先進形式，即是某種跨次元架構型態下的構建區塊。所以，你可以看看，比對一下，是不是在這些被指定的記憶印跡數量中，有一些遺失了。它就如拼圖遊戲中缺少的那些圖片一樣，少一塊就會教人發瘋。」博士半調侃地說。

「我是很想編這個既視感目錄啦，可惜我完全不知道要從哪裡下手？可能還沒搞我就先發瘋了吧，哈哈哈……」我也是半玩笑地回應。

「其實，當異質體們理解這些以後，還真的是瘋了。如今，如果這些遺失的記憶印跡，不能明確地為他們的問題提供解答的話，那就完全要靠他們自己去決定了。他們也必須思考，究竟要如何才能夠真正成為他們現

在這樣非化身的狀態，一個帶有任務的四次元光波孢子集團？但是，因為路西法族的關係，使他們現在無法擁有一個帶有穩定基因生長的植物體根基，他們接下來該如何才能做到呢？」

「這的確是好大的題目啊！我想大角星異質體一定覺得自己很無辜吧？」我問。

「這倒不會……因為在異質體中，有些人根本覺得，這一切的發生根本就是有意為之的。他們認為，或許是他們的智能一直在導引自己，一切的目的，即是為了處理路西法陰謀以及這些遺失的記憶印跡，所以他們才被導引至這樣的情況。只有大角星異質體運用自己的智能與意圖，才有可能解開路西法的拼圖遊戲，同時應付自己在演化上所遇到的困境。」博士又補充說明著。

「這個探針行動，好像越來越複雜了？難道尋找那些遺失的記憶印跡，後來完全變成探針行動的主要目的了嗎？」我問。

「其實這一題，也是大角人異質體自己最關心的部分。他們也很想釐清自己今後『探針』的真正目標，是不是就變成完全去尋找那些遺失的記憶了呢？後來他們想到，現在他們已經『失去』自己的根基行星體，嗯……至少是暫時性地失去。不過，這些遺失的記憶印跡，不正是那種所謂的行星印跡嗎？但即便有如此體悟，他們之中還是沒有一個人，可以確定往後的探針任務就是這個目標。直到有一天，他們還躊躇不定的時候，接收到帶著某種強大肯定感的心電感應信息。瞬間，一陣喜悅的巨大波浪化成漣漪穿過他們，這共振帶給他們比過去更讓人興奮的結果。他們穿越星際，追蹤著祖夫雅，尋找記憶印跡振盪出水晶型態結構的槽痕所在。因為在那裡，充滿著連結了失落世界更高次元記憶的無限迴圈，就在那些失落的意識行星之中。他們知道，他們將會找到圍繞在『遺失記憶印

跡的行星』四周的軌跡，並從這些軌跡中，重新建構出被路西法所偷走的一切⋯⋯」

博士終於釐清了路西法與大角星異質體之間那些層層疊疊的關係。

但是我，一時半會兒還跟不上，有可能是我整夜沒睡的瞌睡蟲來討債了。我感到有點時差的虛脫感，腦筋完全呈現一片空白狀，猛打哈欠，狂流眼淚。連跟博士打招呼的力氣都沒有了，我的眼皮子根本抬不起來，順勢拉起棉被，整個人癱趴在床上，就這麼唏哩呼嚕睡去⋯⋯。

這一整天，我睡得很沉很沉。

12

神出鬼沒的同質體／邂逅帕希瓦爾與湖中仙子

對習慣四次元運作的大角星人來說，這個五次元存有的「超維輻射子」的體驗，也會為他們提升出另一種全新的視野景觀，他們也必須好好練習去習慣超越他們的限制性觀點，就好像人類對四次元的體驗一樣⋯⋯

昨天，真的很誇張地睡了超過十二個小時。起身吃點東西，又睡到今早，比打疫苗後的反應還誇張。

醒來後，看到自己筆記本上抄錄許多我沒看懂的一些文字紀錄。關於路西法，這個光的持有者，這個六次元造物者的生命體，這個沒人搞得清楚他究竟是善是惡的存在？對我而言，真的是超越了我大腦思維的極限。我想到，大角星異質體暫時性失去了他們三次元根基的行星母體，就這麼帶著探針任務漂流在宇宙蒼穹的角落。博士要我別太煽情，但怎麼說我都還是個地球人，對於失去家的沮喪與悲傷，還是會有強烈的同情共感的。

真不知，他們接下來會怎麼重建三次元的家園呢？

　　我到廚房替自己沖泡一杯耶加雪菲咖啡，醒醒腦。心想，不知道今天博士會不會出現。

　　「我自然隨時都在的啊……哈，你徹底睡飽了啊？」博士的聲音從客廳沙發那一頭傳來。

　　「您來了啊？要不要來一杯？耶加水洗，還可以……」我端著咖啡，走向客廳，開心地回應。

　　「你喝就好，不麻煩。我聞著就挺好的了……」博士和我之間的對話，真的是越來越家常。

　　「我其實昨天被您說的資訊量給炸暈了……」我承認自己的大腦不夠支使。

　　「沒關係，就當作是播下種子，等時機成熟，自然就會開花結果，放輕鬆。異質體探針的行星調伏工作，從來不是一蹴可幾的，慢慢來。我們不就是聊聊天，談談星事嘛！」博士真的是耐心與愛心滿滿的長者。

　　「我一直在想，異質體後來怎麼樣了？」我喝了一口咖啡，問道。

　　「你還記得嗎？上次提到，路西法的力量對大角星『十聯盟』裡十顆內部行星上的生命體，並沒有造成太大影響。我們也提到了異質體其實是打算透過十聯盟的力量，重新設定他們的基因編碼……」博士說。

　　「您的意思是說，到最後，異質體完全依賴『十聯盟』了嗎？可是他們不是不一樣的基因定序嗎？這樣真的可以嗎？」我的印象中，異質體之所以稱之為異質體就是和原來『十聯盟』的生命體不同。

「是的，他們是不同的。但你忘了，異質體擊敗了『十聯盟』的長老，用心電感應力的脈衝乘行，調伏了內部的行星。這也就是說，後來的內部十行星生命體，與過去的基因編碼不同了。」博士解釋說。

「喔，我明白了。您是說，現在大角星內部行星的生命體，有一部分被異質體『開化』了……」睡飽真是一件好事兒，我感覺自己的大腦變得還滿靈活的，哈。

「是的，是的，現在這些生命體被稱之為『大角星同質體』（Homoclitics），他們也是這個故事很重要的一部分。當然，你可以這麼想，如果沒有異質體的生命體和智能這一類的存在，就不會有另一類叫做同質體的存在。換句話說，要不是在烏爾亞克坦尼亞異質體，當初擊敗了大角星主要十個行星的居民所承認的『十聯盟』長老，促成快速進展，後來也就不會有大角星同質體。」博士說。

「所以，接下來，這些同質體就扮演著相對重要的關鍵性角色了？」我覺得自己很聰明地下了個明知故問的結論。

博士笑笑，兩手拍了一聲，表示他相當贊成我的觀點。只聽他繼續開口說：

「這是絕對必然的。其實，同質體就像烏爾亞克坦尼亞的異質體一樣，有他們的驕傲。不論是兩兩完全相像的類比，以及類比於不規則的極端，其實都是一回事。這就像他們和異質體的關係一樣，他們其實都具有相當的技術能力。只是同質體的技術，僅僅展現在對同源性（Homology）和具有同源（Homologics）部分的控制上，這也就是說，他們相當專注在『相同性』或『相似性』這個同源法則上的理解及維穩的應用。當然，正因如此，他們才會稱自己為『同質體』。」博士更進一步說明。

「我覺得很有趣，您不講的話，我會一直以為內部行星的生命體很弱，哈。」我說。

「不管怎麼說，畢竟他們都是大角星主恆星系統中的存在體呀。專門闡述銀河相似性的百科全書上，有關於他們的解釋，大致是這樣寫的：『關於異質體和同質體，只要知道這一點就夠了，那就是，如果其中某個要帶你到更高的地方，那麼另一個也不會把你留下來的。』

「其實哪，當同質體第一次與外部行星那些長久失聯的異質體相遇時，他們是真的很興奮。同質體覺得異質體的每一個孢子，看起來都是那麼璀璨亮麗各具特色。此外，他們還發現，異質體中的每個小群體，幾乎都能在激情『愛的行動』中，肆無忌憚地與彼此結合為一體。那時的同質體，幾乎不能理解大角星外部行星上的演化，究竟是怎麼發生這樣的轉折？所以，就更不用說，還懷著什麼奢望，企圖在這樣高度的進化水平上與異質體相遇……」博士說得很直接。

「所以，我的理解某部分也是對的。當時的同質體……其實很弱……」我順著博士的話搭了腔。

「相對來說吧……那時同質體的階層，的確是毫無生氣的。他們的孢子群單調貧乏地相互協調著，他們的創造力，幾乎在一個自我評價極低的恍惚狀態中停滯不前。這一切的可怕效應，都來自於他們追隨甚久的『十聯盟』長老如宗教般的指令，也就是所謂的『防禦與維護安全十誡』（Ten Commandments of Defense and Security）。同質體們其實根本看不出來，這些長老究竟在為他們防衛什麼。他們實在搞不懂，長老們究竟是如何維護他們的安全？他們只覺得，這些長老是打著防禦的旗號，讓他們遠離創造力，並讓他們在一個全然無知的狀態下，維護他們的安全。不過，僅只是這樣，『十聯盟』長老，就已經可以為所欲為緊緊抓著他們的統治權了。」

對這些權力野心分子的謊言，博士向來都是不假辭色地揭露。不過，這些墮落的「十聯盟」長老們，實在也太令人不恥。只聽見博士嘆了一口氣，才又繼續說：

　　「還好，很幸運的是，異質體對同質體們很好，就像他們長久以來都是用愛來對待彼此那樣。異質體用他們宛如交響樂般的狂喜來喚醒同質體，就好像在為他們唱著情歌一般。當同質體從漫漫的長夜醒來時，發現自己身處在一個滿佈更多愛的光之中。這並不像是異質體的征服或對抗，比較像是透過同質體自己的能力所達到的頂峰狀態。因此，從那時候開始，同質體就一直希望自己在實踐宇宙功能的貢獻上，能和異質體一樣偉大。說實在的，這層同源關係的宇宙法則要是沒有被實踐，異質體後來的探針行動，或許也只能得到小小的成功而已。」

　　「聽您這麼一說，感覺同質體和異質體是一體兩面的互補存在呢。」我說。

　　「是啊。不過誰也沒想到，後來同質體會以這麼奇怪的方式來協助異質體，只因為異質體曾經那麼強而有力，而且神祕地介入了同質體的生活，而現在卻反過來，要同質體重新進入他們的生活裡。但是，事情就是這麼發生了。其實在與大角星內部十個行星的同質體進行和解與重新整合的時候，異質體就已經著手大角星探針的任務，他們根據主權領域的區分，把這十個內部行星區域稱作『大角星主區』（Arcturus Major）。」博士說。

　　「這真的是始料未及哪，真的是出來混，就一定要還的。那同質體後來是以什麼方式來協助異質體的呢？」我好奇地問。

　　「過程一開始並不是那麼順暢。這個區域大部分大角星恆星系統銀河

聯邦根源智能的同質體，其主要從事的活動，就是照料區域恆星中的銀河行星公園系統。所以這十個行星，除了在每個行星中央獨立太空艙中的少數人之外，一般大眾，只願意沉浸在他們以心電感應祈求庇佑的狀態裡，很少人熱中於思考大角星探針的行動。因為『探針』，對他們來說，不過是一個神話架構、一個仁慈的故事。特別是對那些生活在浩瀚神祕的宇宙中，透過心電感應而受到福佑的一般人而言，它，不過只是個附屬品。」博士很直白地說。

「但……整個狀況，後來應該是有所翻轉吧？」我又鍥而不捨地問。

「因為『基因傾向』屬於同質性，他們一切的活動，都偏向從平行宇宙心電感應的各種交會中，收集更多具相似性的創造行動。因此他們之中的少數人，以這樣的方式，開始慢慢在大角星上，架構出一個類似銀河親密關係的生活館，一個充滿歡愉的平行宇宙快感公園。這個銀河快感公園的培養與發展，其實也相當適合他們，這樣可以防止同質體直接投入與探針相關的事情。對偏好『同質性』的同質體大多數人而言，『探針』本身的概念，實在是一個讓人太不舒服的『異質性』。」博士這樣解釋。

「您的意思是說，同質體想要利用擴張情慾快感具有延伸與複製孢子的作用，提供一個平行宇宙的場域，好讓異質體能夠自己重新編碼並創造他們新的基因序列？」我問。

「他們一開始是這樣想的，但對於橫跨十個行星及與烏爾亞克坦尼亞其他孢子進行心電感應溝通的統一網路而言，想要保持對探針及其跨次元資訊貨艙的命運與安全，這些同質體團隊必須忍受得住一切激情的誘發。因此，他們非常小心檢查並吸收消化一切關於『門諾希斯』組態記憶過程中的資訊。當然，他們也關注梅林的生成，並且認真回想當初阿爾法半人馬座（Alpha Centauri）的災難始末。由於這些事件的消息已經散播到整

個他們統治的領域中了，他們也必須向大家解釋清楚什麼是『路西法陰謀』。直到後來，他們共同見證了烏爾亞克坦尼亞環帶，日漸荒蕪的悲慘景況。於是他們知道，同質體再也無法擺脫參與『探針』的宿命了。」

博士將同質體轉化的心路歷程闡述地相當清晰。我想，這也是某種冥冥中的安排吧。就在我準備要問，接下來他們會怎麼做的同時，聽見博士又開口繼續說：

「同質體第一個參與的行動，就是派遣助理和監督代表團到烏爾亞克坦尼亞去。因為在那個環帶區域，有全大角星最聰明的孢子，他們曾經以愛的歡愉來培養自己，但如今，卻遭受一種難以解決的痛苦，蔓延的瘟疫正踐踏他們的植物體。當這些同質體代表團為這些異質體死去的孢子，施以深具力量的死亡穿越與淨化儀式時，他們加入探針的決心變得更加篤定。為了能夠讓他們可以和那些跨次元繭式飛船隊伍中的異質體有所交流，他們必須立刻著手設計一些更積極的方法出來。」

「那他們設計出了什麼呢？」我問。

「一開始，他們的確積極設計出了一些足以應付緊急情況的方法，但經過一番深度研究之後，他們發現真正最應該做的事情，應該是發揮同質體本質上的天賦能力才對。」博士說。

「這是什麼意思呢？」我不解。

「他們認為應該利用『同源化法則』（law of homology），讓同質體之中的某些人運用與異質體的相似性，設法重新創造出一個新的自己。他們發現這樣的行動，可以有效阻止植物體總體基因的惡化以及四次元全息子精神上的耗弱。如果成功了，他們就能讓植物體的血統繼續活下去，並且將它重新注入烏爾亞克坦尼亞的異質體之中。」

「這技術真神奇，感覺像是複製一個健康的基因編碼後，再重新植入對方的概念……」我覺得這是一種很酷的置換醫療手段。

「這樣的技術，也真的只有同質體才能做得到。有趣的是，同質體代表團在大角星主區舉辦一個比賽，讓所有人參加，他們要看看哪一個孢子群，可以讓他們的感官慾望發展達到最高級數。然後，這些孢子就可以在持久不懈的快感振動中，被招徠去與異質體進行同源化的置換程序。這個置換行動一旦成功了，全新的意圖和能量會直接進入探針。如此一來，就可以不讓異質體探針，因受到路西法族的破壞蹂躪而步履蹣跚了。」博士似乎很滿意同質體所發現的這個方法，說完之後，感覺博士整個人都鬆了一口氣。

「感覺這一題好像有解了……」我說，也跟著鬆了一口氣。

「的確是有解了啊。你想想，一旦同質體代表團看清他們行動的路徑，全大角星主區的人民就都會隨時保持著警戒，並毫無阻力地支持他們的行動計畫。到目前為止，探針的狀況已經在每日的心電感應置換中，得到非常顯著的提升。儘管過去曾經發生阿爾發人馬座的事件，但或許正是因為這樣，大角星探針反而得到更多充滿支持與熱情的宇宙場域。大角星人引以自豪的正直，終於又能夠一如往常地得到最後的勝利。」博士越說越開心。

「真棒，同質體和異質體的共體合作，等於為大角星探針創造了一個嶄新的局面……」我也跟著開心。

「的確是這樣的。你想想，這種情況持續下去，可能會有越來越多的同質體，吵著要與異質體成為雙生體……哈哈哈。搞不好，又會造成另一場新的轉捩，但這是下個階段才需要煩惱的事，我們就先不在這兒杞人

憂天了。不過這個全新的局面帶來一種新的聲音、新的曲調，讓大角星銀河公園四處瀰漫著芬芳的氣味，陣陣強烈的感受穿透了每一個同質體的細胞。在這一場探針的傳奇浪漫史中，同質體和異質體似乎永遠不會再分開了。此時此刻，同質體深深領悟到他們的任務就是：

『找到與自己心中相似的東西
做自己愛做的事，並讓他們成為藝術！』

於是，這一場大角星主區同質體的同源化任務，就這麼完成了。」博士的聲音裡，明顯帶著甜甜的幸福質感。

真心覺得，聽完博士這麼細細說來，覺得有時候遇到一些不好的事，也不見得一定是絕對糟糕的。它或許是一個轉機，反而帶來一個創造新生的最佳機會。起碼，大角星異質體和同質體的情況證明如此。於是，我也跟著徜徉在這種因意外而獲得祝福的甜蜜氛圍中。

「不過，你真搞得清楚，同質體是如何作用來完成這樣的共生狀態嗎？哈。」博士突然又這麼一問，完全打斷了我可以繼續幸福的衝動，因為……我並不知道。

我搖搖頭，覺得博士有點故意澆我冷水，哼。只好無辜傻望著那個我雖然看不見但可以確定的博士所在。

「哈哈，別那麼無辜，我不過是問問而已。因為這個部分，對長期搞藝術創作的你，其實還滿重要的。」博士誠懇地說。

「喔？！這……怎麼說呢？」我突然覺得很有意思。

「同質體代表團的監督者曾經做過一份觀測報告，他們瞭解是因為

『二元雙態性』而導致異質體產生『雙生化』，而且，這樣的情況會在越來越狂烈的激情中一再被激生出來。但同樣的性質，對同質體來說，卻是要讓找到更深刻的合作與穩定作用，他們稱之為『相似性的接合創造』（the joint creation of likeness）。在這個行動中所產生出來的，就很像大家稱之為『藝術』的東西。不過，對同質體而言，這樣的接合創造，是同質體本質所渴望達到的一個最高以及最自然的行動。它永遠都會是一個合作的行動，而且當與他人合作的層次越提升時，就能夠獲得越大的價值。因此大角星主區的同質體監督者，會很自然把探針視為一個終極的藝術作品。」博士這樣說。

「我想我大概明白您說的是什麼……」我回答。所有的藝術行為，無論有形或無形，都是一個集體參與的合作行動。就算是一個人獨力完成的作品，如果缺少了觀眾（觀看者）的參與（合作），仍然不能算是一個藝術作品的完成。所以這一點，從廣義的藝術創作上是最基本的要件。

「不過，對大多數同質體而言，這個藝術計畫仍是模糊不清的，他們只知道這個計畫會不斷影響他們演化程序中的結果。但另一方面，對那些已經參與監督異質體探針行動的人來說，這樣的參與度卻是絕對全面性的，也就是說，只要異質體繼續維持探針的驅動力量，同質體就一定會提供出對異質體探針活動最適當的藝術形式與程序。」博士說。

「哇，他們是怎麼進行這些程序的呢？這個很像量子糾纏中，左右自旋的概念哪，哈哈哈。」我有些好奇，思緒一下子從藝術躍遷到了科學領域。

「同質體代表團的監督報告，我也就知道這麼多而已。倒是他們提到了之前門諾希斯和梅林，曾經設定一個『單態性生命體』的例子。你還記得嗎？他們脫離了大角星孢子『二元雙態性』本質，形成一個單一個體的

化身。於是乎，他們懷疑，這會不會根本就是一種路西法力量的無形進展呢？因為這個情況，與路西法一直想要脫離聯盟而獨立的渴望是連成一氣的。也就是說，不論是對異質體還是同質體來說，他們其實化身成一種異於任何一種大角星人的存在性質。」博士進一步說。

「這又是什麼意思呢？我不太懂……這個獨立性和路西法又有什麼關係呢？」我問著。

「這是他們最擔心的事情。這個獨立性，很可能會讓他們放大並沉溺在某種與路西法特質一致的方向發展。所以，他們非常警醒地，在任何的情況下，要盡可能使這些單態性的生命或單一傾向的存在體，都能夠維持在一個正面狀態，並朝著他們的優勢發展，以免讓路西法的特質獲勝。同時，他們在進入每一個探針行動時，也會盡最大的努力將大角星的本質融入其中，那就是，一種對愛懷抱著高度激情並均衡精煉化的藝術。」

「一種對愛懷抱著高度激情並均衡精煉化的藝術……」我重述這句話，我覺得這句話根本就是所有創作的本質，永恆的鐵律呀！

「後來，因為異質體同類元被決定，要在阿爾法半人馬座雙星兩個最極端行星的代表團中，進行重新組合，大角星主區的前行偵查探針成員，也就是經過同源化但外表看起來很像異質體的那些生命體，開始準備加入他們。到了這個時候，可以算是一種全息子對全息子的四次元交融狀態。」博士說。

「這算不算是大角星人的異質體和同質體特殊結合後的第一次行動呢？」我其實有點期待這樣的行動結果。

「應該就是吧，哈！比較令人不可思議的是，這些同源化的同質體們永遠不知道，到底是誰先打造好一個夢語境，並且完全覆蓋在阿爾法半人

馬座的A星和B星上。也就是說，這些前行偵查探針成員抵達的時候，發現有一個夢語境已經打造完成。然後，這些大角星的全息子，竟一瞬間便沉醉在這個心電感應的『一見鍾情』之下。他們在彼此之間認出那個曾經心碎的辛酸往事，讓彼此感官之間的互動變得更加激烈。你知道嗎？這些激情的迸發，是同時發生在雙星系統的兩個行星之上，所以，大角星前行偵查探針成員，透過這些『愛的上演戲碼』，直接喚醒了自己最原始的記憶和感受能力。後來這些同質體對於自己偽裝成異質體，漸漸失去耐性，其中某部分成員，甚至就這樣失去了同時擁有同質體和異質體身分的特性。他們在激情狂熱中，遇見了彼此的全息子孢子型態，產生出劇烈的交互作用，這個發生，卻使得他們透過這些奇特、難以預測的方式，得到宛如煉金術般的巨大改變。」博士說。

「我覺得……這真的是計畫趕不上變化啊。」我對這樣的衝擊有點驚訝。

「哈，可不是嗎？宇宙中的本質就是瞬息萬變……那時，就在阿爾法半人馬座最外部慢慢旋轉著的行星上，那些突變的全息子還有即將死亡的孢子殖民，一起謀劃了一個實驗，那是對應於『男性』以及『女性』型態的創造。他們認為，只要透過這兩個互補的型態，就可以在他們單態性生命體的全息子結構內部，促發出最高激情的愛的記憶影像，最後再徹底與探針的終極意圖交相混和。就這樣，他們開始滿足於偏好『單一態顯化』的演化傾向，並且將這個傾向，直接融入到他們那令人驕傲的大角星血脈傳承之中了。」博士對這個共謀的計畫似乎非常嚴肅，說話的語速有些快。

我還在慢慢消化，特別是在男性和女性這個議題上打轉，沒想到博士就直接開口，繼續說了下去。

「你一定想不到，因為這個創造性的意圖，他們設定了一個令人驚奇的目標。從此以後，他們開始體驗『梅林』出現在他們的存在之中。」博士興奮地說。

「什麼意思？梅林出現為他們創造了什麼嗎？您不是說，梅林還一直在南河三星上嗎？」我有點糊塗了。

「哈哈哈，現在去你的書櫃那兒，第三格的地方。翻出那些列印出來的文字資料，你會看見一份宣言……你打開就知道是怎麼回事了。」博士竟然又要我自己直接去看資料。

我聽從指示，走到書櫃去，拉出那些資料夾。沒想到，掉出一張非常清晰的文字資料，上面有我用紅筆畫線的註記。但我必須承認，我真的一點印象都沒有。我低下頭來，仔細閱讀：

「勇敢的大角星人，我來自南河三的小樹林，以同步的顯化方式，來到你們的面前。我由衷遵循著你們的策略與計畫。有些事件我要和你們一起哀悼，因為我們所有人都已進入一場與路西法糾纏不清的大戲之中，而且是永生永世的。這一切發生，似乎要讓我們遠離明亮的大角星根源更遠。現在，我們就像迷失在一個迷宮裡，幾乎已經忘記我們原始的目的，同時又找不到出路。

「雖然一直無法知道成功與否，你們曾在這裡從事的任務行動是很明確的。它的確是明智且非常有用，所以應該要繼續徹底執行。

「請完成這項任務，並用原始藝術的力量將其封印，就讓我指導你們建立出適當的護盾，並在這兩個入口授予適當的力量，然後讓它們以五次元的形式甦醒過來，成為純粹的水晶形式的記憶印跡吧！」

這份資料我看得頭皮發麻，全身起雞皮疙瘩。學戲劇的我，真的很容易入戲，隨時都覺得自己是大角人，然後感覺梅林是親自對著我，說了這些話。

　　「這份資料你要特別保存好，我們之後可能需要隨時提醒自己，因為梅林並沒有你所認定的那種『空間』的限制，他隨時都能在任何一個維度上做同步的顯化。」博士叮嚀著。

　　「我明白了，博士。那梅林出現後，指導建立出『適當的護盾』，具體指的是什麼呢？」我接著問。

　　「他們被指導建立的護盾有兩個，一個是女性力量的護盾，另一個是男性力量的護盾。女性力量的護盾，其內部被編織成母體的符碼形式和語境，它是真實誘惑的反轉力量與調伏創造的力量和語境。基於此，女性護盾的內部，被編碼成為一切開悟力量的圓滿象徵，就像是一把『劍』，被稱之為『王者之劍』（Excalibur）。因為，只有女性，才能夠被真正的授予這股力量；不過，另一方面，也只有男性力量，才能夠理解這兩股力量的本質，進而接收到這把『王者之劍』。」博士說得非常具體。

　　「『王者之劍』？這不是西方神話中的傳說嗎？」自從加入梅林之後，整個語境就越來越瀰漫著西方的魔法故事氛圍。我突然想起，之前博士曾經提醒，這一切跨次元信息的傳遞，必然要透過各種人們熟悉的文字符號或名詞來表述，主要的目的，是為了幫助我們能夠更快地理解它。這一切，都是某種富含寓意的溝通媒介，我們要學習穿越這些神話符號的表象，而不是陷在狹隘的線性邏輯中鑽牛角尖。

　　「是的，這把『王者之劍』，你可以把它當作一把劍來感覺與理解。它表面上是一把人們傳說中的劍，但事實上，『王者之劍』即是探針力量

的本質，它是為了要貫穿母體中所有被編織的一切，並將之維繫在一起的力量。此外，根據梅林的教導，他們建立出來的男性護盾，純粹是為了提取這把『王者之劍』而設置的。」博士吐了口氣，又繼續說下去：

「接下來我要說的，可能又會讓你不小心掉進入表象文字的胡同裡。還好，你剛剛有想起我之前對你的提醒。因為梅林為這兩個護盾取了兩個深具意涵的名字，所以你要記得提醒自己，超越這些文字符號，去理解他背後的深意。」博士再次提醒我。

「我知道，所以……他們各是什麼名字呢？」我問。

「女性護盾力量被賦予『湖中仙子』（Lady of Lake）這個名字，象徵在意識水域之下，對『王者之劍』準備就緒時的一切掌握。男性護盾則被命名為『帕西法爾』（Perceval），因為這個名字的根源是『鑽到井裡，直至源頭』的意思。你要知道，沒有一個男性可以不用先回到源頭而能抵達終點的，而這個源頭，被稱為『母體矩陣』。」博士很清楚地解釋了這兩個名字的意涵解釋，帶出母體矩陣的重要概念。

我笑了笑，沒再多說什麼。果然與西方神話故事中亞瑟王、圓桌武士以及「石中劍」傳說的名字有關，我突然想，這些神話故事闡述的或許正是銀河系中各種星際間跨次元的力量原型。畢竟我們地球也是屬於這個銀河系的一份子，擁有這些原型的力量，也是很自然的事。也許，流傳在地球上的所有神話，才是宇宙中最真實的歷史真相哪！

「其實，對大角星人來說，這個護盾建立的行動，是一場神祕且令人敬畏的神聖儀式。他們在阿爾法半人馬座雙星的兩個行星上，圍成一個圓圈，然後再將這些模板放樣到一個行星記憶印跡的祖夫雅迴路之中，完成這場儀式。而這個行星記憶印跡所連接到的，是一個對他們來說既模糊又

遙遠，過去從未接觸，甚至連聽都沒聽說過的恆星系統，叫做維拉卓帕V.24。」

「維拉卓帕V.24？！那不是我們……」我這一驚非同小可。

「是的，就是我們太陽系的這個維拉卓帕V.24。哈哈哈……」博士見我如此吃驚，不禁笑了出來。

「這也太神奇啦。」我還是覺得不可思議。

「如果不是這麼神奇，我又何必花這麼多力氣跟你講那麼多神話故事呢？哈。」博士顯然又不小心露出了藍猴本性。

「你好像在拍連續劇喔，老愛在故事的結尾吊觀眾胃口……」我真的是有點迫不及待想繼續聽下去，特別是博士突然投出了這一記和我們有直接關係的變化球，真是太讓人心癢難耐了。

「哈，你先去吃個東西吧。我知道你很餓了……」博士的口吻有點溫柔，又有點半命令，這讓我無法拒絕，更不用說耍賴了。

我的肚子，的確也在這個時候轆轆而鳴，窗外的珠頸斑鳩也很應景得咕咕咕叫。我看看四周，半天沒有動靜，我知道，博士說完又瀟灑離開了。

今天，有點想吃樓下那個黃色雙拱門的蛋堡早餐。

13

第五力量轉移的行星調伏行動／
造訪狗與鯨魚的平行宇宙

在這個可感知的世界中，沒有一種生命體比龍更偉大。屠殺一條龍，就是去征服一個你最大的敵人，而那個敵人就是你自己。所以，只要你能這麼做，你就可以被稱為屠龍俠了……

今天，有點迫不及待地想知道故事會如何繼續下去的。一早起來，把酪梨弄碎，撒點鹽，煎個半熟荷包蛋搭白饅頭，配上一碗白米泔粥，順便加一把綜合堅果，滿足地享用完早餐之後，便痴痴等著博士到來。

「你不泡個茶再開始嗎？哈。」博士這次在窗邊便開始對我說話了，總算皇天不負苦心人。

「早餐吃太飽，喝不下。您要品嘗聞個香什麼的嗎？我可以替您泡……」我直接問，獻上我的殷勤。

「我看你今天很想快點開始，就不了，哈哈哈⋯⋯我就直接把故事說下去吧。」博士顯然已經太懂我了。

「好。」我很滿意地回答。

「不過，要從哪裡開始呢？」博士問。

「昨天您提到了男性和女性的護盾，還給了它們兩個神話故事裡的浪漫名字呢，一個是湖中仙子、一個是帕西法爾。但您又提到，這裡面隱藏著某種路西法的危機，我很好奇是什麼。我們就從這裡開始吧⋯⋯哈。」我真心覺得自己是個和老師有良好互動的好學生，這可是多認真的回答啊。

「唔，還不錯嘛，全記得了。好，那我們就從男女護盾開始講。隨著護盾的基本放樣行動，被同源化後的同類元異質體，體驗到深刻創造性的力量釋放，這一切依舊是建立在他們二元雙態孢子本性的基礎之上，他們只能大概理解『男性』和『女性』的意義。儘管如此，卻還是發生某種強大的震顫穿過了他們全身，使他們對這股新發現的力量有所警覺。他們在想，難道這股力量，是因為男女護盾正好座落於那些被路西法偷走的遺失的記憶印跡結構而造成的現象嗎？」

「是這樣嗎？」我也很好奇。

「他們不能肯定，男女護盾是不是和這些遺失的記憶印跡有關，但這股進入他們內在的力量，的確是一種非比尋常的型態。有些人就認出這股力量，其實是承繼了愛的高等昇華行動。正因為如此，才會建造出這樣一組的男女護盾。於是，他們將這股力量歸為第五力量（the fifth force）能量的精煉形式——超維輻射子（hyper-radion）。」博士說。

「好酷啊，第五力量能量的精煉形式——超維輻射子。您可以解釋一下這個酷炫的宇宙科學名詞嗎？」面對這層出不窮的宇宙科學術語，我已經懶得花腦筋自己去聯想了，直接問最快。

　　「我們之前提到一下，『輻射子』是CSR的輻射決定性力量，具有第五力量的基本特質，亦即在『時間』中賦予其所有顯化自身的循環力量。『超維輻射子』則是一種創造性的，足以銘刻出形式的一種力量，它可以讓整個顯化歷程，對稱均衡地進入它輻射或螺旋的動力之中。」

　　「呃……博士，接下來，我們是不是要好好準備科普一下這個宇宙科學了？」我覺得這些解釋，有種打中我思考核心的感覺，很想知道得更多。

　　「也是應該的。除了充滿詩意的神話語境，有時候這些單刀直入的宇宙科學知識還是要具備一下的。我大致解釋一下吧，你要不要拿個筆記本寫下？」博士提醒我。

　　「要，您等我一下……」我拿出一本那時在帕倫克買的，上面還有馬雅國王巴加爾沃坦頭像的牛皮筆記本，準備專心記錄博士要為我科普的內容。

　　「其實，四次元維度的優勢所在，就是每一個存在個體，都具備這種『形式循環』的力量。也就是說，每一個存在個體，在成為某種形式之後，可以再回到它本身。任何三次元形式顯化的能力，皆歸因於『輻射子』，也就是這股帶有可被賦予任何一種顯化的『形式循環』力量。這能夠應用在所有的事情上，無論是有生命或無生命的。不過，這樣的分類概念，是根據人類區分事情的方式來說明的，雖然實際上這些區別並不存在，這樣能理解嗎？」博士很快地用人類大腦可以理解的方式，解釋了四

維輻射子的存在優勢。

「博士，您盡量說吧，我能理解到哪裡就算哪裡。這些超越我們生命經驗的知識，真的很難在一時半刻去全然理解。我現在是遵照您的指示，反正先把重點抄下來，將來多看幾次，等到時機成熟了，自然就會理解了啦……哈哈哈，這些日子跟您相處下來，我早就看開了。」我回答得很坦誠，這的確就是我的心聲。

「哈哈哈，非常好的態度，那我就繼續說下去了喔。關於『超維輻射子』，其實就是『超維電子電流』，它是在五次元的層級中，永不休止的渦漩運動。大角星人們發現『超維輻射子』銘刻著『輻射子』，但只會發生在一些能量的接合處或交點上。『超維輻射子』的銘刻程序，是先建立一個深具意涵的對稱模版，然後根據這個隨『時間』螺旋移動的對稱性，顯示出其自身轉化或變異的力量。」博士又更深入講解了超維輻射子的運作機制。

我承認，腦袋在這裡打結了。我覺得，博士好像想講什麼就講什麼了，哭。

「我想，只要你一直按照你們稱之為『物質』的方式來思考事情，那麼你就會覺得，這一切都是我或大角星人在胡言亂語。但你必須瞭解，一切萬物都是精神性的，都屬於心智運作的。而心智就像是一個潛在記憶印跡的巨大儲存庫；而在人類大腦中，普遍被稱之為原子和分子的這些存在體，就是從你們心智中，所投影出來的記憶印跡而已。你們甚至還可以讓這些記憶印跡，按照自己希望的形式出現，這是因為你們擁有某種超越心智的力量，而這股力量是可以透過不同操作控制，投射到現象世界中。這個結果，就是一般人所理解的『物理科學』。」博士很努力替我打破這個具有物質慣性的思維邏輯。

「我會試著超越那種線性的物質性思維，博士您請繼續……」我說。

「在四次元中，其實沒有原子和分子，而是存在著一些東西，像是一種『持續流動的模版』（patterns of constant fluidity），它看起來就如萬花筒（aleidoscope）一樣。這個流動性則歸因於時間原理，實際上，它就是輻射子形式的循環力量。

「人類所感知到像原子結構的東西，大角星人稱之為一個輻射子的『凝結框架』（freeze-frame）。在他們相似性及例外性的檔案分類中，他們發現某些『凝結框架』，具備了能與他們本質對話的相互作用力量，例如：矽、氧及二氧化碳。

「其實，大角星人早已習慣在純粹的四次元中長時間運作了。他們學習著在輻射子上航行及計算祖夫雅迴路等兩大挑戰，這所謂的祖夫雅迴路，像是一種在創造顯化形式循環力量過程中，那些輻射子所經過的槽軌。」博士真的是非常科普地為我說明。

「這一套邏輯，真的是完全打破了我們凡事都以物質性『粒子』來做判斷的思考慣性呀！」我吐了一大口氣。心想，還好這一百多年來，科學界發展出另一套量子科學的思考系統，讓我們能夠稍稍跨越機械性物理的局限思維中。

「其實，不僅僅是你要打破習以為常的慣性思維，連正在體驗超維輻射子的大角星人，也要試著重新學習很多新的邏輯。不過，我在這裡要提醒你的是，如果你只以人類習慣的原子結構性來看事情，就一定會把自己綑綁在三次元的層級之中。所以，人類科學家總是向下觀測，越分越小、越分越細。即使當你看著『天堂』時，你看到的也只是被廣大外太空所分離的不連續現象。恆星對於人類來說，就像是一個巨大的原子，但相反

的，體驗『輻射子』會讓你敞開並到達四次元。那是一個巨大的流體運動場域，在那裡，你的植物體眼中所看到的事物都會變成透明的幻影。這就是所謂的以『時間之眼』來觀照一切。

「所以，對習慣於四次元運作的大角星人來說，這個五次元存有『超維輻射子』的體驗，會讓他們提升至另一種全新的視野，他們也必須好好練習超越自己的限制性觀點，如同人類對四次元的體驗一樣。所以說，無論是被什麼生命體所習慣的事，其實都可以說是它的植物體身體和植物體眼睛所帶來的一種限制。」博士繼續解釋。

「感覺起來，大角星人對於在不同維度中的運作，似乎是瞭解得很透澈……」我說。

「其實，他們也是透過『超維輻射子』的體驗之後，才真正有更深的理解。這過程中，他們瞭解三次元植物體的存在，是為了要調伏和統一這些感官；四次元的全息子，是為了讓他們能夠用『時間之眼』觀照一切，目的則是要統合一個『物種』。然而，『超維輻射子』本身，是水晶體的光波行進力量，用來調伏及統合『行星體』的。是的，我們更直接地說，『超維輻射子』即是五次元力量滲出的方式，代表四次元的智能。

「心智豐沛的視象景觀以及創造性力量，為他們打開了許多思維運作的方向。你看看，宇宙的創造並非像人類科學所解釋的大自然那樣，它其實並沒有什麼目的和意義，而只是隨機組成的一個不加思考的混合物罷了。」

有別於我們凡事都要找到價值或意義的價值邏輯，博士提出了一個對宇宙或對存在本身的不同觀點。這一點對我的顛覆性更大一些，因為過去的自己，總是習慣替生命中的每一個發生尋找它的「意義」和「目的」，

而不是專注在它的「發生」之上。

博士頓了頓，又繼續說道：

「然而，這其中包含了許多序列、許多的維度。事實上，大角星人就是在一個具有十三個次元維度的銀河中運行著。每一個維度都是以指數疊加的方式，包覆著前一個維度，所以現在你可以理解，為什麼大角星人能夠體驗到那大大超乎理解的第五次元了。更何況在五次元的維度外，還存在著其他八個次元呢！」博士試著把銀河十三個次元維度的關係揭露了出來。

「十三個次元維度！？這指的就是曆法中的十三個銀河調性嗎？所以，銀河中其實有無限多維，而我們的存在，或者說各個星系的存在，都有其各自對應的維度區間？」我驚呼。

「這一題等一下再回答你，我先換個說法，來解釋不同維度心智的運作機制吧。大角星人透過五次元『超維輻射子』的體驗，確定了其他更高維度生命體的序列存在，它們分別是星系創建者（Starmakers）、星系導師（Starmasters）以及行星調伏師（Planet Tamers）。

「這些造物者生命體之間的精采對話，會透過『超維輻射子』被注入到集體的心智之中。更重要的是，透過CSR的心電感應指令，大角星人後來也被要求加入更高行星調伏師的行列中！酷吧？」博士換個更親和的方式，解釋這五次元中所分布的能量運作。

我覺得自己似乎越來越能體會到這些高維生命體了。一如博士剛剛所言，其實是為了人類局限性的思維，才需要有這些功能性的分類和歸納，否則我們根本無法建立起任何的連結，更遑論去深刻體悟和理解了。

不知怎的，得到這個領悟之後，大腦反而更自由了，真的就可以順著博士的「愛怎麼說就怎麼說」，反正聽到的絕不是你想的那樣。一切的名相，不過就是浩瀚宇宙中各種頻率組合的一個符號代稱罷了。於是，我自動又回到大角星人故事發展的語境中。

「我覺得大角星人，一直在莫名其妙地被升級ㄟ⋯⋯」我笑說。

「哈，可不是嗎。屬於大角星的他們早已經被命名了，所以當他們又被指定成為更高的行星調伏師，等於獲得一份令人不可置信的榮耀。於是，他們探針的意義就更加被拓展了。如果拿它和他們本來所知道的行星調伏行動相比，還真不是同一個境界的事。後來，他們又透過內在洞察與意識擴張的龐大心電感應掃視，得知了一些非常重要的知識訊息。」博士頓了頓。

「是什麼樣的知識訊息？」我有點等不及，忙著追問下去。

「純粹的五次元『星系創建者』，俯瞰著所有恆星的創造，就像他們在超維次元空間中的分級一般。而『星系導師』則監督星系的演化，其中包含行星的創造行動，負責行星建造的團隊，主要會根據星系特性以及銀河母親的演化需求，來設計出不同的行星。所以，『行星調伏師』，也就是這些四次元的心智序列，他們扮演的角色，就是負責以符合這個星系的目標，重新整合行星生命形式的那些存在體。」博士說。

「原來如此哪！」瞬間我又覺得自己腦洞大開了。

「在這些行星設計程式的龐大作品中，如果細看行星資訊與星系導師計算公式的分類目錄，以及為了在運動中帶給行星生命所設定出來的許多語境，你就會發現，僅有少數存在體才熟練行星調伏行動的技術。後來，大角星人從聯邦官方負責的象限檔案庫接收到一個訊息，上面指示：『一

切，都由你們來決定……』，同時聯邦也對他們提出一個要求：『如果，你們可以記得，那麼無論你們熟知什麼樣的法則和原理，都請將它們都傳送到檔案庫。』」博士說到這兒，又頓了頓。

「這又是為什麼？」我有點不解。

「聯邦提出這個要求的理由是，一個行星調伏的行動，在許多第五力量的轉向行動或運動中，會被視為是一個輕微牽制的行動。不過，大角星人因為體驗『超維輻射子』而發現了自己的新能力，加上他們瞭解一個行星的運作程式要能夠被設計、被理解，且在必要時，也要被進行調伏。這些運作全都要透過『超維輻射子』的匯集來完成，所以他們必須為這個新角色接受更多嚴格的訓練。因此，他們不僅僅忙於行星調伏的行動和回報，似乎也還接收背後更多的動力，督促他們拓展出不同的嘗試和體驗呢……」博士回答我。

「聽起來，我似乎能夠感受到已經有下一個冒險，正在召喚再度升級的他們了啊……」我笑笑說。

「你的感受一點兒也沒錯。不過，我們現在還是先回過頭，再來聊聊銀河跨次元的運作機制。或許會讓你接下來更容易理解這些跨次元的星際故事發展。」博士也以輕鬆的語氣給我一些建議。

「好啊，反正腦洞既然開了，就一路開下去，看能開到什麼境界，哈。」我也笑著回應博士。

「之前談到的輻射子、超輻射子、CSR、祖夫雅迴路以及記憶印跡等，大部分的地球人並不熟悉，但這些都是銀河母親連貫的進程或系統。除非人類能夠真正瞭解到，不同次元之間，以及他們與作為整體跨次元光譜的銀河系之間，是相互貫通的，否則大家就會持續只以一種三次元形式

來看待銀河系。這樣的作法，反而會使人感到更困惑、更昏亂，也會更挫敗。」博士再一次提醒我。

「我知道。但親愛的博士，要跨越三次元的思維來思考，對我們一般人來說，可真不是一蹴可幾，說到就能做到的啊。究竟要如何才能從我們習慣以物質存有的判斷基準點，躍遷到另一個抽象的模式中，怎麼想，都是一個大工程哪！」我說。

「先有所覺知吧！我瞭解你所說的那個心智的局限性。但剛剛不也說了嗎，每一個歷經跨次元轉換的心智演化過程，都會遇到同樣的障礙與不知所措。因此，保持一種隨時『滾動式修正』的心態，不預設也不逃避，看見就是看見，不是假裝沒有看見。」博士進一步說明。

「是的，跨次元的學習與超越性的心智發展，對目前的人類來說，的確是一件刻不容緩的事情。或許，這也正是您要這樣出現在我的生活中，一個最重要的目的吧？」我心有所感地笑著回應博士。

「謝謝你的明白與理解，請維持你的節奏和韻律吧！這就是一種自然演化的秩序，該我說的，我還是會毫無保留地說給你聽的……但該你不懂的，你還是會繼續不懂，直到那個真正開悟的關鍵時刻到來……」博士也笑著回答了我。

「謝謝博士……」我真心實意的感恩。

「不客氣，也謝謝你。兄弟，那我們繼續吧。」博士也很感性地開口。我點點頭，打開那本美麗的筆記本，繼續準備記下可能連幾個腦袋都裝不下的龐大資訊。

「你要知道，在地球上的人們，以電力形式所得到的一切體驗，其實

都是輻射子的三次元殘留。輻射子本身具備六種型態，用來解釋任何一個在三次元現象『時間』中某種循環的性質。這些循環力量製造出類似電壓的東西，並且組合起來創造了十三條原力線（force lines），以及七個型態的輻射等離子（plasma）。而有一部分的原力線組合，創造了DNA或基因生成物質。至於輻射等離子則是以G力的形式漫遊著，同時也在基因生成物質的演化中，扮演某個重要的角色。」

博士深吸一口氣，頓了頓，又繼續說下去：

「不過，超維輻射子，則是包含了八種基本型態以及144種衍生的等離子，這些全都屬於超維電力的精微變異。這144種不同組合的衍生等離子源自於記憶印跡或電子水晶體的形態結構，它們都被儲存在祖夫雅迴路漫遊的信息封包裡。這也就是為什麼，之前我會提到祖夫雅迴路其實是一種水晶形式的神聖歌詠線路的原因。事實上，祖夫雅迴路，不僅僅是跨次元的輻射線路，也是從中央星系輻射子的強大線軸中，旋轉而出的跨銀河星際溝通的輻射線路。」博士說完，停頓了一會兒。

「原來它們之間的關聯性式，是這麼複雜精細啊！」我開始讚嘆宇宙力量的結構組合竟是這麼奧妙。

「其實，這其中還包含一個更重要的運作機制，就是『變頻』（transduction）的概念！」博士語帶玄機地說。

「這又是什麼？」我反射性地問。

「哈，『變頻』說來也挺容易理解，它指的是第五次元的記憶印跡，降頻為第四次元結構或輻射聲波的動作。這個變頻的能力，正是大角星人之所以可以成為更高行星調伏師的主要原因。我們可以這樣理解，四次元的全息子或帶電體本身，就是第五次元變頻為第四次元存有的中介代理

人；而三次元的植物體，則是四次元變頻為三次元存有的中介代理人一樣。」博士解釋得相當仔細。

「博士，您可以在這樣的脈絡下，稍微解釋一下這些不同次元維度的各別作用嗎？」我其實一直很想把這個部分搞清楚。

「當然可以，你仔細聽好……這裡的第一次元，是我們曾經提到的月亮（lunar）或者生命（life）的維度。第二次元，也就是人類所稱的電力（electricity），這兩個次元共同創造出一個屬於三次元的『存在平面層』（plane of existence），成為與電子有關的狀態。第二次元說明了感應器官的結構，它與第四次元的帶電體或全息子是直接連結的。在現實中，三次元就是心智運作的次元，只不過，它究竟以什麼形式展現，則完全依賴於哪一種心智的知識，而它也是一種立基於『乘行脈衝』（pulsa-riding）上被賦予形式的一股主要力量。關於這個『乘行脈衝』……你要知道，其實它就是大角星探針最容易被辨識出來的普遍特性。」博士說。

「原來，這些次元之間，存在這樣的互動生成的關係哪！」我漸漸有點進入狀況了。

「是啊，擁有這些認知後，大角星人整裝新的力量，重新組成一個異質體和同質體的大角星孢子全息子部隊，在『乘行脈衝』的監護下出發了。他們發散著『輻射子』和『超維輻射子』的愛，其涵蓋的範圍，甚至到達了軒轅十四和織女星這兩大星系之上。」博士說。

「這就是他們新任務的所在嗎？」我問。

「哈哈哈……你猜！其實後來有段時間，他們對路西法陰謀的緊張感稍稍褪去一些，於是開始關注其他植物體生命形式的探索。他們發現，與這些生命形式得到的親密關係越密切，他們在行星調伏任務上的運作情況

就會越好。而大角星人都知道，那時在男性與女性護盾模版的放樣行動完成之後，他們留意到一個遙遠的星系，叫做維拉卓帕，而恆星金尼奇‧阿豪則是屬於遙遠光束的和諧保管者。」博士又賣了個關子。

「難道，我們太陽系才是他們下一個新任務的所在？」我想我聽出來了。

「你說呢？大角星人得知維拉卓帕基本上是一個由碳基所設計出來的星系計畫，所以為了我們這個星系，他們去尋找了另一個碳基的植物體生命形式。這個想法是，把一些智能生命形式型態的記憶印跡拖曳過來，再將之全部傳送到維拉卓帕區域中。那麼，這些從平行宇宙中的『健康世界』帶來的生命形式，能夠提供一些穩定化的元素，給曾經被路西法族所敗壞的生命形式運用。大角星人完成新的探針行動任務的同時，透過這些穩定化的生命形式，也可以讓他們自己擁有一個更適當的化身環境。」博士很清楚地解釋。

我聽了頭皮有點發麻。感覺，大角星人要對我們「太陽系」出手了，有一種既期待又怕受傷害的感覺，搞得我半天不敢問下一個問題。

「你怎麼了？」博士打破了這個沉默。

「沒有……我的意思是說，那大角星人就這麼來了嗎？」我怯怯地問。

「還沒呢。為了避開已經在維拉卓帕扇形區演化的形式，他們先進入系統分類的平行宇宙中進行掃描，而在整個掃描過程，得到相當飽滿的收穫，這個結果很令他們滿意。換句話說，大角星人利用異質體擁有最好的心電感應力，伴隨著同質體創造相似性的能力，成功拖曳了為數不少的記憶印跡。」博士愉快地說。

「哇，又是一個超高級的技術啊。他們拖曳出來什麼樣的記憶印跡呢？」我很好奇。

「這些記憶印跡中，有兩種特殊型態提供他們做選擇。這兩種生命體的型態，地球人將他們稱之為『狗』和『鯨魚』。他們發現狗這個型態是聚集在織女星的一連串既視經驗。而鯨魚的型態則是在軒轅十四上吸引著他們的探針。」博士說。

這個答案讓我感到有些震撼，我們一直覺得親近的狗和神祕的鯨魚，竟然是來自於不同星系生命原型的記憶印跡。這實在是太令人不可思議了啊！

「關於這兩種型態，最讓大角星人印象深刻的地方，是他們單態性生命體形式中其內部雙態作用的整合性等級。也就是說，他們在自己的種族裡，結合了一個最高等級的心電感應力，這一點吸引了大角星人最敏銳的單位前往進行更深入的調查。」博士繼續說明。

「這是一種什麼樣的運作機制呢？大角星人又是怎麼做出選擇的呢？」我很難想像。

「其實沒有你想得那麼複雜。簡單來說，只要大角星人能完全聚焦在平行宇宙中的這些不同型態上，就能輕易進入他們的記憶印跡裡。長時間以來，由於大角星人已有不少存在體，在野生動物中流浪徘徊；還有一些存在體，會跟隨海洋哺乳動物在海中四處竄游，所以他們早已很熟習這兩種社會形式的型態，並能夠完全意識到其心電感應溝通的複雜層級。特別是『鯨魚』型態，他們創造了令人驚奇的輻射聲波結構（radiosonic architecture）的行星形式，大角星人從這裡學到了很多。至於『狗』的型態，大角星人則發現了牠們是一種情感移情共鳴的最高級形式。不用多

說，這兩種型態在他們的植物體與全息子之間都具備非常有效的連結，而這個先決條件就是要能夠適應更高層級的星際（銀河）生命。」博士更進一步說明。

「這真的已經完全超乎我的想像了，這些資訊還真不是在一般生物學上可以找得到的啊……」我說。

「哈哈哈…神奇的還在後頭呢，大角星人在探索了這些生命形式的天賦能力之後，直接與這兩個型態的長老們，分別在他們平行的宇宙中召開一個會議。大角星人向他們解釋自己是誰，還有探針任務的本質，並對他們提出請求。」博士繼續說明。

「這兩個型態的長老，就這麼配合大角星人嗎？」我有點不解。

「他們都各自提出一些合作上的要求。『鯨魚』型態，是兩個型態之中，具有較高智能感知的。我曾聽銀河聯邦提到，『鯨魚』長老的要求是，在他們透過水晶型態化身被送往黑暗的實驗扇形區成為星際移民之前，要先去拜訪天狼星，理由是，因為鯨魚可以記憶並將完美的紀錄保管在他們巨大的感官累加器中（人類稱其為大腦）。如此一來，他們就能夠成為行星中有效的星際（銀河）檔案庫，使這些檔案可以被運用在調伏行動中。

「而『狗』型態的長老也提出一個要求，就是當他們以大角星探針的一員被送進實驗扇形區時，能夠與該行星物種的情緒體共生，並盡可能負責促進這個行星上的『實驗』』。如此一來，『狗』就可以代表大角星探針，以一種飽富情感的方式，馴化與他們共生的物種，譬如說行星地球上的人類。」

博士說得很盡興，而我聽得很膽戰心驚。經過這一連串訊息傳達，我

真的完全打破原先對於鯨魚和狗的認知。我想我以後看到這兩種動物，基本上會把牠們當成是大角星人透過心電感應拖曳與移情的共振，而引進地球的外星物種化身了。

或許對大角星人而言，這個升級之後的探針任務，的確需要透過這樣特別的化身來進行探查的記錄與回報。但不知怎的，我的認知到此，已有些錯亂，甚至覺得草木皆兵的狀態。不知道地球上到底還有哪些物種，本尊其實都是大角星人的智慧孢子帶著宇宙任務化身而來的？

哈，仔細想想，我們真的要尊敬地球上的每一種存有！不論動物或植物，或許他們的心識等級都比我們人類要來得高。

我環伺客廳一圈，看著桌上及櫃上的那些植栽，抱著敬畏之心，向他們打了聲招呼。博士沒再跟我多什麼，半天沒聽見他的動靜，估計又離開了。

這時，我突然很想喝一杯手沖咖啡。此刻特別想喝日曬的藝伎（Geisha），它有一種因日曬發酵後而散發出的醬缸味兒。這種穠纖合度的飽滿層次與多重刺激的口感，完全就是我今天聽完故事後的心情滋味。

14

龍的宇宙——回到母體矩陣的根源

在這個可感知的世界中，沒有一種生命體比龍更偉大。屠殺一條龍，就是去征服一個你最大的敵人，而那個敵人就是你自己。所以，只要你能這麼做，你就可以被稱為屠龍俠了⋯⋯

自從博士跟我說了鯨魚和狗的星系根源與平行宇宙之後，我滿腦子都在地球上存有的各種動物身上打轉，特別是跟我們人類最親近的這些「寵物級」動物。我想人類愛狗的天性，或是狗忠於人類的本質，都與移情共感的共生機制有直接的相關。而對大角星人的化身而言，關於「愛」的顯化與流動，更是非常重要的基本元素，這或許就是大家對狗毫無抗拒之力的最主要原因了。

其實要不要養隻狗或貓，是我一直都在考慮的問題。長久以來，總是四處漂泊的工作與生活屬性，怕沒法提供牠們隱定的生活節奏而作罷。學生們總笑我，如果我養的話，他們一定比我跟自己的狗兒貓女還要熟，因

為我實在太常出去旅行，最後一定是落得由他們照顧的下場，於是紛紛勸我打消念頭。不過，我還在戮力克服這些困難中，特別是聽完博士跟我講完故事後，我心裡想的念的都是這些移民自平行宇宙又萌又可愛極了的「大角星人」化身。現在，我只能將下巴抬起四十五度，雙手握拳，遙望遠方，暗暗告訴自己：「哼，總有一天⋯⋯」

「你一個人在喃喃自語什麼？」博士又從我身後冒了出來。

「哈，博士您來啦。我在許願啦。」我照實跟博士說了我的渴望。

「這樣啊，那我今天介紹這個狗界的長老給你認識好了。他不只是又萌又可愛，對大角星人來說，他更是神通廣大極了呢！哈哈哈⋯⋯」博士半開玩笑地說。

「好呀，他是誰？」我說。

「他叫坎納斯‧吉（Canus G），狗界的長老，存在於K-9宇宙的長老群之中，而那裡是一個完全和我們平行的界域。他是一個非常值得受人尊敬的存在體，善於移情作用領會的方法。是他將大角星人帶進他們宇宙的摺曲（fold）裡，也是他教會大角星人應該要如何遵循其中的法則。」博士娓娓道來。

「我覺得這與大角星之前的闡述，彷彿又是另一個世界的存在了⋯⋯」我將一種不尋常的感受表達給博士。

「的確是另一個平行世界，對大角星人也是。當大角星人第一次遇見他們的時候，或者說大角星人從他們自身看見了狗界的長老們⋯⋯」

博士的表述實在太玄了，我必須打斷他，先問清楚，否則我不知道

該怎麼繼續下去：「博士，從大角星人他們自身看見，這句話是什麼意思？」

「平行世界的狗界存在體，也善於運用大角星人擅長的既視感技術，所以，他們也能如大角星人出現在你面前那樣的方式，出現在大角星人的面前，這樣你能想像嗎？」博士耐心為我解釋。

「像異質體賀那樣嗎？」我問。

「也像我現在出現在你的面前一樣……」博士笑著回答我。

「原來如此啊……好像懂了。」我說。原來，宇宙哪裡都有阿飄的意思。應該說，一切心電感應的跨次元溝通，在本質上都是一樣的。

「你要這麼想，也是可以的，哈。總之，坎納斯・吉存在的界域對大角星人來說，也是陌生的，甚至很少人知道這個界域其實是通往更多同類界域的入口。除了狗的長老坎納斯・吉之外，還有一位鯨魚長老巴蕾娜（Balena），你也可以認識一下。她和坎納斯・吉一樣神通廣大，也都知道大角星人的基因生成線路，會越來越強烈地把他們帶往路西法存在體的平行宇宙。特別是在知悉大角星人過去曾經發生過的情況後，他們就向大角星人預示了未來許多型態的遷移。」博士說話的語氣，感覺像在說一種神話中的神話。

「他們說了什麼？」我問。

「他們告訴大角星人，在與他們平行的巨大宇宙之中，有個偉大的存在體，叫做路西法，他曾經創造了一個充滿騙局和詭計的遊戲，讓大家陷入迷惑與心醉神迷，這一切就只是為了要建立自己的權力。而他所創造的一切，都是從別的存在體那兒偷來的，然後他又以另一個價錢把它賣回

去。他創造一個偉大的遊戲場，並讓這個宇宙中的每一個存在體，無論你想或不想，都陷溺於其中。但是有一天，這些陷溺在遊戲中的人，終將會找到在宇宙K-9中的他們。不過他們認為，那時的他們應該都已經準備好了。」博士說。

「這……真的是神諭中的神諭哪。」我覺得這一切真的太妙了啊。

「哈。所以哪，其實在K-9的他們，早就知道大角星人會來找他們了。他們覺得大角星人善良又可愛，所以可以跟大角星人學習。但是，另一方面，他們其實也很希望哪天時候到了，大角星人會反過來跟他們學習……」博士說的很輕巧。

「這樣還滿不錯的，就像一種跨平行宇宙間的交流回饋和互惠……」我其實已經不知道自己在說什麼了，哈。

「不過，這段期間倒是發生了一件事。有一群大角星孢子在形成化身的時候，發生一個小小的插曲，不小心誕生出一位狗界皇后，席娜‧吉（Sheena G）。這個意外插曲中生成的幼小生靈，都特別敏捷並充滿好奇心。長老們都知道他們是誰，他們當然也知道長老們。這是一個仰賴著愛與榮耀路徑的團隊，而大角星人的探針行動已讓他們成為這個特殊界域中的一份子了。」博士說。

「這個意外插曲發生後，有什麼影響呢？」我好奇地問。

「接下來發生的事就有趣了。由於這些大角星的新生化身想要有更多的學習，坎納斯‧吉就帶著長大的他們，透過跨次元的門戶，引導他們進入其他的平行宇宙裡。」博士輕咳了一聲，然後繼續說了下去：

「首先，他帶著他們進入『馬的宇宙』，遇見那裡永遠的主人——獨

角獸長老亞利薩・優（Alyssa U）。坎納斯・吉向他們展現了這個高貴的界域，他們驚訝於那裡各種不同種類的馬，像是長翅膀的飛馬，還有強健狂野的黑白雜色馬和種馬，大角星人的狗界化身群彼此靠著站在一邊。

「這些馬聚在一起旋轉，來回甩動他們的頭，群體的嘶叫聲就宛如是同一個生命體。事實上，牠們的嚎叫是某種祈禱的召靈儀式，大角星孢子的全息子形式很快就出現在他們之中；這些孢子開始和這些馬對話，然後，這些馬就套上了大角星的孢子。大角星人很感激地接收了馬的每一種不同步態與疾馳的形式，但他們還想要更多，似乎覺得僅有這些奇異動物的姿態還是不夠。

「接下來，他們進入了貓科的宇宙。大角星狗界的化身群以及緊隨在後的孢子代表團，都相當敬畏。巨大的獅子、利齒的老虎、暹羅貓和波斯貓、山獅和美洲獅，他們一個個都躍騰了起來，大聲咆嘯，流暢地四處走跳玩耍。然後，他們又進入大象部族、熊以及許多其他種類的宇宙裡。坎納斯・吉長老還帶他們去看飛禽類，那就如人們所知道的鳥、老鷹和鸚鵡、麻雀和貓頭鷹。大角星人對於每一種型態都感到印象深刻，積極運用四次元的心電感應對話去參與他們。」博士一一介紹。

「我覺得怎麼好像去了一趟宇宙的野生動物園一樣……」今天的故事聽起來很新鮮也相當有趣，有點劉姥姥進宇宙大觀園的感覺。

「的確有這麼一點意思哪，哈哈哈。接下來他們去的地方所發生的事，一定會讓你覺得更新奇，更不可思議……」博士說得有點浮誇。

「哪裡呢？聽您一這麼說，才讓我更好奇呢……」我迫不及待想知道。

「後來，他們來到了猴子的宇宙。如果你沒去過猴子的宇宙，那麼你一定要去。這裡是所有宇宙中最快樂、最自由的地方。甚至連大猩猩或人

猿都不曾停止玩耍。在這裡，大角星的狗界化身群和孢子們，仔細回想並探觸了許久。那種感覺，就好像他們在無意中，發現了曾經尋找很久很久的東西一樣。最後，猴子國王跳出來了，他就是又老又淘氣加上超級厲害的圖特摩希斯（Thotmosis），狗界化身群與孢子看見他的出現，既高興又迷醉。

「圖特摩希斯意味深長地看著排成一列的訪客，但他靈活的手卻色色地一直玩弄著他的小弟弟。猴子皇后希波妮莎（Hypnesia）忍不住地突然跳到他面前，直接坐上那硬梆梆的玩意兒。在場大角星人笑聲停不下來，竟然還邊看邊大聲喝采起來。

「就在瞬間，圖特摩希斯突然開口說話，以一種猴子吟哦的韻律與節奏，他的表達相當尖銳，甚至不太友善。」

博士露骨地描述這個場景，我聽得都有點臉紅耳臊。這猴子國王與王后的為所欲為還真是超乎我的想像，我只尷尬地開口問：

「他說了些什麼呢？」

沒想到博士的聲音，突然拔尖，完全就像是被猴子王附身地開口說：

「齁，你們這些大角星人。打造了夢語境，又玩弄巫師神諭的你們，興高采烈地知道要用這個最高級的方式去克服你們所有的障礙。接下來，又會沿著路西法族的軌跡，回到他原始的核心。你們放心，我們一定會帶著天真和智慧來關注你們的動向，因為我們知道，那就是你們最渴望想去的地方。齁，你們哪，現在好好看看我們吧……我這個猴子國王還有猴子皇后。將來你們一定會發生的事情，都將會從這個最極致的領悟時刻開始……」

「博士，博士……您還好嗎？」被猴子國王附身的博士簡直把我嚇壞了。

「哈哈哈……沒事，我演得不錯吧？你這個教表演的老師會給我打幾分呢？」博士自覺很幽默地回應了我。

「齁，很恐怖ㄟ……我以為您怎麼了？還是誰又來了？」我大聲回答博士，但算是鬆了一口氣。

「我想模仿猴子王不屑的語氣，這樣你聽起來比較能夠身歷其境哪！」博士想表達他的貼心。

「呵呵，我覺得您還是好好說話，比較好一點。好啦，我親愛的博士，剛剛那兩位神奇的猴子國王和王后，究竟要大角星人看什麼呢？」我有點尷尬地問，希望博士回歸正題繼續往下說。

「接下來發生的事，我只能如實描述，其他部分就得靠你自己去想像。後來，只看見猴子王后希波妮莎彎著身子，表現出一種極度狂野又放縱的興奮。那個時候，圖特摩希斯的小弟弟還深入在她的體內，一直到震顫的高潮漸漸從她當下無法動彈的身軀消褪，她才疲倦鬆軟地癱倒在地上，而猴王的生殖器依然還在她的體內。但猴王圖特摩希斯卻突然開口，對著那些排排站在那兒，目瞪口呆不知所措的大角星人開始說話。」

「這……這個場面也太勁爆了吧！結果猴王說了些什麼？」我千想萬想，都沒想到是這樣的結果。

「他說：『你們這些大角星人在你們的存在體中是屬於勝利的一方，你們將在未來無窮無盡的冒險中，經歷沒有悲劇的結尾。但請永遠記住這裡所發生的一切……』」博士又模仿了一下猴王的怪腔怪調說這一段話。

「這什麼意思啊？結果咧？」我覺得有點莫名其妙。

「結果，他說完這段話就跳開了，王后希波妮莎還比他先走了一步，留下大家一臉錯愕地你看我、我看你，誰也不知道這些話真正意指的是什麼？」感覺博士對於這樣突然的結束也有點無奈。

「哈，原來所有的猴子都有這種『說走就走』的習慣啊……哈哈哈」我噗哧笑了出來。

「呵呵呵，看來好像是這樣的。」博士故意裝傻。

「那後來呢？錯愕的大角星人怎麼辦？」我問。

「他們央求狗界長老坎納斯・吉說：『我們還要繼續平行宇宙的神聖巡禮哪……』當然，坎納斯・吉心中早有盤算，於是，他帶著這些大角星的化身和孢子代表團，進入平行宇宙的至高點所在，那裡就是『龍』的宇宙。」博士的聲音透著某種登高的氣魄。

「龍的宇宙？」這個神聖的生物，對現在的地球人來說已經是屬於神話級別的傳說了，根本沒有人在現實生活中看過，我不禁有些納悶。

「是的，在那裡，龍的巢穴，被稱為卡摩（Ka-Mo）。他們一行人跌跌撞撞地來到巢穴之外，卻不得不在半途中停下來，因為那巢穴中擠滿了龍，許多龍的羽翼和四肢都糾纏在一起，還有牠們古老的麟甲，在沉重的呼吸中幾乎是不動的，真是蔚為奇觀的場面哪！而大角星人就在原地，一動也不敢動，屏氣凝神等待。經過一段很長時間的靜默，突然一隻龍把頭聳起來，開始噴火、噴煙，大聲齁齁齁叫著。大角星人嚇得彼此推擠，只看到狗界的化身和孢子的全息子，全都驚惶失色的擠成一團了……」博士相當戲劇性地描述這個過程。

「這隻龍是誰？牠要把他們給吃了嗎？」我也跟著緊張了起來。

「她是龍族的母親，就是他們所知道的遠古先祖——瑪（Ma）。然後，她開始說話了，而且，她是以心電感應的方式和他們直接對話。」

不知怎的，博士才剛一說完，我就感到一陣暈眩，眼前突然一片漆黑。我跌坐在沙發上，遠遠聽到一陣陣像西藏的低音銅欽號角的聲音，從低到高，從高又到低，來來回回，相當急促。我揉揉眼睛，什麼都看不到，我開始有點緊張了，急忙喊：

「博士，博士，你在嗎？發生什麼事了呢？」

啾一聲，所有的聲音像被收束進一個真空的狀態，整個空間純淨到近幾乎蒼白，相當不真實，我還是什麼都看不到。驀地，只聽到一個帶著複音的聲音，感覺是從我的每一個細胞中冒出來的，然後瞬間瀰漫迴旋在整個空間之中，只聽見她說：

「我是卡摩的瑪，龍族的母親。知道我，你就應該知道什麼是母體矩陣。你們大角星人已經從畢宿五星上的屠龍俠中知道了我們，但我問你們，為什麼他們會被稱為屠龍俠呢？很顯然，這裡不會有真正的答案出現。你們認為，真的有一個人可以屠龍嗎？那究竟是什麼？為的又是什麼原因呢？在這個可感知的世界中，沒有一種生命體比龍更偉大。屠殺一條龍，就是去征服一個你最大的敵人，而那個敵人就是你自己。所以，只要你能這麼做，你就可以被稱為屠龍俠了。不過像這樣的一個屠龍俠，我們龍族反而會永遠地歡迎他。噢！大角星的前導者哪，你們要知道，我們雖不會被殺，但我們可以讓自己離開。我們可以繼續隱藏起來，避開那些真正想要殺死我們的人。我們可以蟄伏、變形甚至欺騙世人，直到我們的力量再度需要被看見的時刻。而我們所提供的力量，足以讓你們和我們互相

結盟。因為我們完全知道你們的目的和任務，大角星的宇航員哪，根據卡摩龍族委員會上所說的，這是一件好事！」

語音一畢，隨之而來的是顫抖的呼吸、火焰以及噴煙的巨大號角聲，似乎是龍的巢穴喚醒了他們自己。我必須承認，我已經搞不清楚自己究竟身處何方，有一種陌生的熟悉感，漸漸地，我眼前的漆黑，似乎出現一個裂開的宇宙，隱隱約約，閃現出一個巨大的火環以及悶燒的岩石。在這之中，出現一個通道門戶，它的圓頂結構上散發著光，但樣式很簡單，這個通道門戶正在召喚著我們整個旅行隊伍。

什麼，我剛剛說了什麼？！我們整個旅行隊伍？！我突然驚覺，這是什麼疊加的多重感受，我竟感覺自己正在這個大角星狗界化身群和孢子代表團之中。遠遠地，我竟然看見了，看見那整列隊伍。這，實在太不可思議了啊！

我閉起眼來，想即刻回到現實中，但卻更清晰看見一個有兩只白色狗耳朵的人，穿著隱士的米白色道袍，半透明地，離我大約五公尺左右的距離，但我不知道他是誰。

「他就是坎納斯・吉，那個狗界的智慧長老……」博士的聲音突然又竄進了我耳裡。

「博士，您在哪兒？這是怎麼回事？為什麼我可以看到他們，卻看不到你？」我有點慌張。

「別慌，別慌，你先跟著坎納斯・吉走，他要帶著大家通過那個發光的圓頂通道。我會陪著你一起，不要害怕。」博士相當溫柔地用他的聲音陪伴在我身邊。

「我們這是要去哪兒，為什麼我看得到他，但他在說什麼我全部都聽不見呢？這究竟是什麼情況呢？」我其實很焦慮。

「這裡是一個母體的根源，它是一個超越時間之外，萬事萬法皆無差別的所在。你現在正走進一個神奇的界域之中，這就是一個原始的根源，一個出生之地以及星系建造者與星際導師的遊戲場域。你眼睛快閉起來，深刻感受一下。來，深呼吸，鼻子吸氣，嘴巴吐氣……很好……放輕鬆……」博士慢慢導引我進入到一個深層的自我觀照之中。

我深吸了幾口氣，覺得這完全就是一種記憶疊加的最高形式，是既視經驗的一場完整展現。我不知道自己是怎麼進入這個狀態的。我的焦慮和恐慌，因博士的適時介入，減低至還能承受的地步。如果說，這又是一次親身見證的體驗，那麼這無疑是這些日子以來最令人震憾的一次。

「好點了嗎？」博士關心問道。

我點點頭，繼續專注在深呼吸上。

「你現在可以睜開眼睛了！」博士半命令我。

於是，我睜開了眼睛，眼前又恢復工作室的景觀，我露出不可置信的表情。

「沒什麼。這一切的確就如你剛剛想的一樣，是一次震撼性極高的親身性體驗，相信你永遠都忘不了。大角星人正因為屢經意外的平行宇宙旅行，最後竟然讓他們找到了母體矩陣的源頭。這是一次非常重要的關鍵行動，所以，我希望你可以用一種特殊的方式牢牢記住。」博士算是解釋了我為什麼會經歷這個令人匪夷所思的恍惚狀態。

「好吧，我想今天你需要早點休息。故事就先講到這裡，你等等去洗個澡，放鬆你的大腦、你的身體，讓這些體驗和記憶自動在你的生命系統中更新。好啦，我先走啦，掰掰。」博士說完，給了一個令我不可思議的結語。

「等等。博士，您剛剛說什麼？」我驚訝地說不出話來。

「說什麼嗎？」博士問。

「您剛剛說，掰掰。」我以為我聽錯了。

「哈，你大驚小怪什麼？我只是要告訴你，並不是每隻猴子都一定是同一個樣子的啊……哈哈哈……」博士說完，瞬間又沒了聲響。

我等了半晌，心想，什麼嘛！前面說了掰掰，後面不還一樣嗎？真的是，猴子就是猴子，牽到北京去還是猴子呀，哈哈哈。

好啦，我們今天到此就暫時告一個段落了。

明天見，掰掰！

15

對焦維拉卓帕實驗區的匯流長老群／
建立AA中繼站

作為一個莊嚴的單一孢子，大角星人的個體生命所存在的一切，都是以「愛」來參與創造這個不斷發展且不會隨意改變的單一銀河孢子設計。而大角星銀河孢子成長期的根基，已經深入到遙遠的太陽恒星系統之中了⋯⋯

不斷升級後的大角星人，帶著新的探針任務，前往平行宇宙K-9旅行。透過狗界長老坎納斯・吉的引領，歷經各個不同生物物種型態的宇宙摺曲，學習了許多珍貴的知識，最後竟然進入母體矩陣之中。

我想這應該也是大角星人始料未及的事。不過，感覺起來這一切的鋪陳，好像都與我們太陽系有點關聯，哈哈。我覺得自從和博士開始談心，聽博士說故事的這些日子以來，腦袋對於跨次元上上下下的穿梭，好像真

的變得比較靈光一些。估計這也就是一種調頻或意識上的拓展，我其實還挺享受這樣的轉變的。感覺在面對「地球上」的諸多紛擾，可以有更多的層次和角度，將其並置與共時觀察，而不是急著下結論，急著用扁平大腦中的一套道德標準去安自己的心。相反地，要盡可能地讓自己的視角拉高，然後靜靜看著所有事情自行變化，反思所有表象背後的可能性以及其所延伸的意涵。

所以，大角星人升級打怪的故事，固然精采，但我已經學習到拉開一個距離看，便自然而然發現，其實這一切的發展，到頭來必然和我們身處的太陽系有著極密切的關聯。

「看來，你真是進步不少哪！」博士的聲音又從我的身後冒出來。

「您來啦？」我開心地回應博士。

「好久沒品你的茶了，你今天要不要先泡個茶來。」博士今天感覺起來更放鬆了一些。

「好呀！我最近收到Rafeeka從台中日月潭附近得到的野放蜜紅茶，超級好喝，喝起來，很有生命力哪，我泡來給您品一品。」我話一說完，便轉身到廚房裡去備沸水泡茶。

沒一會兒，我把茶端上來，對著虛空說：

「博士，您在吧？來聞聞。」

「哇，好香哪，果然充滿了旺盛的生命力。」博士讚美著。

「對啊，RafeeKa告訴我，這茶植栽的過程不特別灌溉水的，完全靠老天爺賞賜，水夠了就好好活著，不夠，自己想辦法，太多，該掛也就

掛了。這完全顛覆計畫種植的『照料』概念，所以喝起來，特別有生命力。」我解釋道。

「不經一事不長一智。這茶，也是需要鍛鍊和升級的，一切植物體的顯化過程，背後也都藏著一個珍貴的精神性教導。真好，真好……」博士顯然也很喜歡這茶。

「博士，您今天是不是要把大角星人進入母體矩陣之後的故事說完哪？」我問。

「是啊，在K-9的大角星探針已經被帶到母體矩陣去了。對他們來說這象徵著某種勝利與轉捩點的到來，是很關鍵的時刻。」博士回答我。

「這裡所講的母體矩陣，又是一個什麼樣的概念呢？」我有些不解。

「在母體矩陣的神祕界域中，是一個『一體』的地方，它就是其本身的來源，也是『五聯盟』和『銀河聯邦』的五個護盾。這是一件值得讓人高興的事情，所以，即便只有少數的大角星人能進入狗界平行宇宙中，這個好消息，還是讓大角星上的所有人以心電感應的方式到處分享。」博士的聲音明顯蘊含著笑意。

「這樣一來，那些執行新探針任務的大角星人應該很高興哪……」我說。

「是啊，在織女星和軒轅十四的大角星人，非常希望可以把這些報告彙整起來，回報給大角星探針任務的監督者。而這些狗界的化身團隊，也都像孢子全息子一樣，都加入了這個任務。如今，他們也無一例外都成為了母體矩陣的一部分。」博士繼續說。

「這又意味著什麼呢？」我問。

「這意味著，曾經有一群大角星狗界化身的團隊以及緊隨其後的全息子小組，卡摩的瑪稱他們為大角星宇航員，如今在銀河公報上被宣告成為『匯流長老群』（Stream Elders）的一員了。」博士說。

「『匯流長老』？這又是一個什麼概念呢？」我覺得自己又開始有點跟不上了。

「『匯流長老』哪……大角星人後來得知所謂的『匯流長老』，就是已經完成了必須完成之事的人；他們以『一體之愛』為目標，小心謹慎地服務奉獻。同時，他們還必須調伏自己那種想要得到回報的渴望，並且要超越龍界，進入母體矩陣之中。因為在母體矩陣中，還有來自其他宇宙的長老們，包含星系創建者和星系導師，他們會一起創作出神聖歌曲，並詠歎著祖夫雅無限迴路旅行的水晶誓約。」

「哈，感覺又升級了啊？」我的直覺反應是這樣。

「哈，的確又升級了呀！」博士回答也很直接。

「但是，這個匯流到底指的是什麼意思呢？」我實在很難對這個字有什麼特別的聯想和理解，於是直接問。

「哈哈哈，其實你的疑惑，跟當時大角星人是一樣的。他們也曾這麼問，而他們得到的回答是，『匯流』其實就是帶著一切『有所回覆』的基本單元（Kin）飛船匯流。他們是這樣告訴大角星人的：『我們是匯流長老，因為我們曾得到這艘帶著一切的Kin飛船。但我們是你們在這裡看到最年輕的一群。雖然，我們現在就居住在你們所謂的天堂樂園之中，但我們還是得馬不停蹄地代表這裡所有的存在體小心翼翼行動。甚至，我們還

要為了眾所周知的路西法而啟動出發，事實上，我們即將就要開始行動了，直到這個故事完成了為止。』」博士彷彿親臨現場般地轉述。

「聽這位長老這麼說，感覺路西法的影響似乎越來越大了啊？大角星人清楚自己要做什麼嗎？」我問。

「大角星人，很渴望能夠更清楚地知道。於是他們追著這些去過母體矩陣的長老們問，究竟他們的任務是什麼？」博士似乎也相當同理大角星人的急切感。

「結果呢，長老們怎麼說？」我問。

博士清了清喉嚨，憋出一種奇怪的聲調，開口說：

「他們說：『無論是大角星人的異質體和同質體都一樣，你們的運氣實在太好了。一如你們所知，你們無法看到或知道一切，但我們也無法告訴你們，我們所知道以及看到的一切。你們曾贏回自己幾乎不會被誤用的慈悲力量，但是，如果你們不去使用它，那麼它們終將也是無用的。』」

博士說罷，咳了兩下，我忍不住笑了出來，然後說：

「博士哪，您真的太敬業了啦，要這麼憋著說話。不過，他們這段話，不等於什麼都沒說嗎？」

「好了……我不學那些長老說話，太累人了。但是，他們這段話可沒有白說哪，大角星人最大的優勢就是充滿悲心的愛，這可是非常重要的提醒呢。至於更具體的部分，長老們倒是提出了三個很重要的錨定對象給大角星人，作為他們執行任務時的重要參考指標。」博士解釋道。

「他們是誰？」我問。

「這三個錨定對象分別是：第一位是門諾希斯，此刻，他正在遙遠的河鼓二（也稱牽牛星）心急如焚地守護『無死亡性』的展示場域。第二位是梅林，他也還在南河三的『非時間性』的小樹林中，訓練新的巫師智者（wizard）。最後一位，不，應該說一群，就是在他們之間的匯流長老群，他們以忠誠來導引『坎納斯‧吉』。這些匯流長老群可都是為了大角星人才來到這裡的，事實上，這些大角星人那時都聚集在織女星和軒轅十四兩個恆星系統中，他們特別提醒大角星人，必須要專注在自己執行任務的焦點之上。」博士解釋地相當詳盡，然後吸了口氣，又繼續說下去：

「長老們提醒大角星人，過去他們曾被賦予『行星調伏師』的角色，並告訴他們，無論曾經或將來發生什麼事，這一切其實都是在某個特定設計中的設計。在這個母體矩陣之中，有一個巨大的銀河時間原子，就是這個設計的原始來源，也是所有命運轉動的主要根基。而這些匯流長老們曾經到過這個銀河時間原子的所在，並在它跨次元交匯處的光流中，更新了他們自己。」

「銀河時間原子？它指的是什麼呢？」我想到博士7：7：7：7的教導中曾經提到過，循環序每個月亮有四週，而每一週都會完成一個時間原子的概念。因此，我好奇地問。

「在這銀河時間原子裡，有四個銀河季節循環不斷更替，向四個銀河象限放射出光芒，而在時間原子的中央，是一個水晶球體，既可見又不可見。然而，這個球體的旋動皆超越我們的認知之上。在這裡面，包含一切，每一件事都是透明可見的。所有的設計就在裡面，也正是從它的設計中，探針開始被組成。事實上，在大角星人來到這裡很久以前，就已經有探針了，但只有透過『匯流長老群』，才能使之覺醒。不過，他們並不是探針的創造者，銀河聯邦也不是。」

「這些設計是每一個大角星探針行動的基礎嗎？那大角星人他們知道嗎？」我問。

「這些設計，主要都是給匯流長老的長老們看的。他們閱讀到的信息是，他們必須執行，而且必須前往其所在之處。所以，他們給了大角星人忠告，他們說：『**如果你們曾經回到大角星去修復自己，那麼你們就要像設計裡告訴你們的那樣去做。**』」博士又忍不住模仿了長老的聲調。

「好的。博士，您這次的聲音沒那麼美妙，您又忘情了……那這個設計究竟告訴了他們什麼呢？」我追問。

「哈哈哈，聲音真的這麼不好聽嗎？好吧，我下次再來試試看。這其中提及四個部族，也就是說，母體矩陣中有四個親近的部族，大角星人被告誡必須遵循這四個部族：火、血液、真理和天空部族，它們都被第五力量所引導。事實上，這四個部族是專門用來調伏維拉卓帕V.24的。而大角星人，因為知道牧羊之星所代表的涵義，所以早晚一定會找到自己的任務，也就是大角星探針最後究竟應該要完成些什麼！一旦找到了，大角星人法定的家園就能夠被修復。『匯流長老們』得知的，大致就是這樣，好像也沒有更多了，不過長老們最後又告訴大角星人，要等到他們找到設計這個太陽軌道的行星建造者之後，他們的旅程才能夠繼續走下去。」

「四個部族？哇，這就是曆法上所提到的，對應兩隻手兩隻腳的四個家族嗎？」我聽到熟悉的符號，突然興奮了起來。

「沒錯，就是這四個部族，你知道嗎？當大角星人聽完了這一段話之後，眼前就浮現出一個景象，那彷彿是從他們心底升起一般，他們每一個孢子的全息子，全都看到被迷霧所環繞著的一切根源，也就是那個傳說中的母體矩陣周圍，正散發出溫柔的光以及奇妙的形式，它們漸漸環抱在一

起，慢慢融化於彼此之間，一直到消融不見，最後，他們變成一個更具創造性的新形式，再一起出現。於是，大角星人心想，難道這就是『匯流長老群』，大角星孢子成形前的基本單元嗎？」博士語帶神祕地說。

我雖然好奇，但沒有多問，安靜地等待著博士繼續說下去。

「就在那許多光層的匯集區，出現了一種水晶型態的清脆聲響，似乎有人正在回答他們。四道射線從匯集區的中央點發射出來，穩定行進到每一道射線的尾端，才形成轉向，幾乎是畫著圓，它就這樣形成了一個卍字形（Swastika），開始旋轉，越轉越快，直到變成一團模糊。然後，這團模糊又變成一個水晶球體。就在這個水晶球體之內，可以看見並知道所有的事。這是大角星人從來沒有想過的事。他們朝著水晶體內部看，但越往內他們就越不理解，他們看見那裡面有一個設計，那個設計竟然就是他們自己。」

「哇，這下子，答案全部揭曉了啊！原來，大角星探針的任務是在這樣的情境下被設計出來的啊？真是太神奇了啊……」我下意識讚嘆著這不可思議的魔幻場景。

「作為一個莊嚴的單一孢子，大角星人的個體生命所存在的一切，都是以『愛』來參與創造這個不斷發展且不會隨意改變的單一銀河孢子設計。而大角星銀河孢子成長期的根基，已經深入到遙遠的太陽恆星系統之中了，大角星銀河孢子打開頂輪，讓胡娜庫的輻射光芒射入，而在這頂輪之下，則是大角星的母體恆星，它環繞著銀河孢子的主幹，上上下下漂浮在光的對稱之中，大角星人可以認出他們群體的共同命運，他們看見了自己正隨機且充滿磁力朝向維拉卓帕V.24的軌道之翼，全力扭轉並開創他們的路徑，而這樣的情況，在過去銀河生命體不可思議的基礎上，幾乎是前所未見的。」博士很仔細地描述這個大角星銀河孢子的「光怪陸離」現象。

「我想，接下來，大角星人應該已經很具體地知道，他們的下一步要往哪裡去了……」我說。

「正解，他們在看過這個設計之後，就已經非常清楚，他們必須要積極開始去尋找『行星』的建造者了…」博士對我的推測感到很滿意。

「不過，這些行星的建造者會在哪裡呢？」我有點好奇。

「在尋找這個行星建造者前，我想，我們還是先來理解一下宇宙中星系系統的生成過程吧！位於第五次元的星系建造者和星系導師，監看著存在的星際週期，小心謹慎地透過人類所謂的超新星（supernova）階段來培育恆星；而一個超新星，實際上就是一個三次元和四次元恆星物質轉換到G力的階段，它也是作為到達某種集體快感和興奮刺激最大化結果的『高階次元重組』。」博士很快又切換到宇宙科普的頻道了。

這個時候，我只有趕緊再把筆記本拿出來，什麼都不用多講，先當個勤作筆記的好學生，聽著博士繼續說：

「四次元的行星建造者，或是作為星系導師學徒的行星設計者。從星系導師這裡學到了如何依據行星不同的巨大軌道場域而採取不同的設計；一個恆星，或許擁有少至6個，多至48個的行星體。個體化的行星設計，軌道星球的設計工程，都完全依賴這些行星軌道的位置、行星尺寸、恆星的型態等等。行星要被設計成可以適應不同次元與週期中演進顯化的豐富種類，有時候，他們甚至會超越人類稱之為『生命』的波段。而一個行星的主要功能，在於它可以維持住其軌道的頻率。」博士。

「原來，每一個恆星所屬的行星，都是為了要維繫住恆星系統運轉軌道場域的頻率，但這要如何運作呢？」我問。

「因為行星演化是一個充滿各種可能性的巨大陣列，行星調伏師的責任，也就是大角星被提升的級別，也被刻意保留了一個模糊地帶。然而，行星調伏師的任務重心，是為了要保護一個恆星軌道場域，並監看那些行星軌道和行星之間能不能發展出一個和諧的聯盟出來。」

博士說完後，頓了頓，看我好像沒有要提出什麼問題，才又繼續說了下去：

「其實，『行星調伏』就像是某種監護人的角色。你必須記得，行星是恆星的小孩。而恆星則是銀河母親自發性搐動的感官。行星對恆星來說，是一個個體化的感應孢子，所以當行星被連成一線並等到孢子成熟時，恆星就會在其感官的形態上顯得卓越，讓銀河母親獲得快感。」博士說。

說實話，我完全迷失在這個複雜的混合語境之中了，這已經不是懂不懂的問題，而是銀河母親的感官抽搐，和天上聚集上億顆恆星的銀河，到底該如何搭在一起而有所聯想，實在已經超乎我的能力，我只能暫時認為銀河這個巨大的根源生命體，和我們每一個細微的個體，從恆星到行星甚至到我們每一個存在的生命個體，都是息息相關，榮辱與共的，我們團結和諧了，她老人家就高興了。

我問不出個問題。博士等了我一會兒，才又繼續開口；

「不消說，大多數參與行星調伏行動的存在體，都曾在四個銀河象限的實驗區中完成任務。一般來說，一如大角星人所知的那樣，遵照來自匯流長老那兒的公告，他們需要去找出更多的行星調伏行動，而且也必須清楚在『維拉卓帕V.24—金尼奇‧阿豪（Kinch Ahau）』中，有哪些更明確的應用方式。」

「這麼說來，大角星探針來到我們太陽系的調伏行動，算是要正式開始了？那他們原先要找的行星建造者，找到了嗎？」我發現，我竟然還念茲在茲這件事情上，哈。

「他們為了一個在『光錨』（Shining Anchor，昴宿星團）方向的CSR衛星站跨次元會議，聚集了他們自己。而聯邦行動的匯流排，明確地利用了他們從那些老練的行星設計者得來的資訊。但幸運的是，在CSR衛星站有個行星設計工程團隊，讓他們可以稍微休個假，那就是來自心宿二星的設計團隊。」博士溫柔地告訴我這個好消息。

「心宿二星，我們天蠍座的心臟，我想到火星的南半球，好像就是心宿二星人負責跨次元的管理。」我說。

「一點都沒錯，就是這個心宿二星。這些心宿二星人，曾經在銀河的所有象限中，執行過很特別的行星設計，鑒於他們的工作性質和新星的日益減少，心宿二星人其實是非常渴望能有一些不一樣的新任務。而大角星人就在這個恰當的時機接近他們，所以得到他們在行星設計上的專家意見，後來，大角星人很聰明地一想，為什麼不乾脆和心宿二星人組成一個合作聯盟，讓心宿二星人直接幫助他們完成計畫呢？畢竟，心宿二星人曾經就在維拉卓帕V.24，執行過最原始的行星設計，所以，大角星人至少還可以根據心宿二星人的印象，作為他們日後調伏行動的參考。」博士說。

「好賊的大角星人喔，哈哈哈……那心宿二星人就這麼答應了嗎？」我問。

「當然沒有啊，哈。好賊的大角星人是真的，大角星人就故意當著心宿二星人面前，自問自答說：『奇怪了？究竟這個維拉卓帕V.24區域，原來是十二個？還是十個行星的計畫呢？現在出現的狀況怎麼有點奇怪呢？

感覺好像不是那麼穩定的原始設計哪……」這一來，激得心宿二星人決定要好好檢查一下這個原始計畫，二話不說就加入了大角星人的行列……」博士笑著說出這個合作始末。

「大角星人太有心機了啦……」我嚷嚷著。

「不過，心宿二星人也不是吃素的，他們一加入大角星人的團隊，便立刻提出一個警告，他們說：『行星調伏行動承接了銀河的殖民行動，而這個銀河殖民行動，將共乘宇宙生物學、宇宙科學的龐大知識以及母體矩陣的學問，你們真的已經具備了這樣的知識嗎？』」博士倒是把心宿二星人驕傲的語氣模仿得唯妙唯俏。

「果然犀利啊！哈哈哈，那大角星人不立刻吃憋了嗎？」我覺得看到外星人這種誰也不服誰的互懟情況還真好玩。

「那可不……不過，有一群同類元為了解救大角星陣營的尷尬處境，便立刻跳出來開口緩頰，他們說：『我們是烏爾亞克坦尼亞的生命存在體。我們不僅僅好學而且聰明。你們也許認為我們自不量力想要和你們相比，但我們現在遇到一種情況，就是我們其實必須要去瞭解這個實驗區以及這個生物範圍的任何人，都還更急需瞭解它的真實情況。是的，路西法曾經做得相當好，所以，在我們探針行動之中，已經超越了自己。但也正因為如此，我們知道母體矩陣很多的事情，包括它的學問和科學，一如你們所說的。』」博士又立刻模仿大角星同類元的謙卑聲調說話。

「博士，我覺得您可以去當專業配音員了ㄟ，哈哈哈。不過，這段話聽起來算很誠懇，我如果是心宿二星人，應該會被打動哪。」

「心宿二星人，算是聽進去了，於是問他們究竟精通哪些行星工程科學？」

「對啊，大角星人精通哪些行星工程科學呢？」我也一整個狐疑。

「沒有！」博士鏗鏘地丟了兩個字給我，感覺可以把工作室的窗戶玻璃都給砸碎了。

「什麼？那……」我私心覺得大角星人也太……太那個了吧，哈！

「對大角星人來說，這完全不是個事兒，他們同類元中有位智者跳出來，毫無罣礙地回應心宿二星人說：『**一個都沒有。但我們期望可以透過從你們那裡得到的每件事來學習。喔，聰明的心宿二星人。**』哈哈哈……你沒想到吧？而你更想不到的是，因為這樣的回答，大角星和心宿二星之間竟然就誕生出一個偉大的合作聯盟，這個聯盟就叫做『大角星—心宿二星中繼站』（Arctures-Antares Midway Station），也就是我們所稱的 AA 中繼站。」

「哇……天哪，說了半天，原來 AA 中繼站是這麼來的，太不可思議了。」我簡直笑翻了，大角星人根本存心占人家心宿二星人的便宜嘛！

「你也不用這麼想，其實……到最後大角星人和心宿二星人兩邊都發現，他們似乎在各方面都還滿需要彼此的，後來心宿二星人也發展出如大角星人一般的孢子型態。只不過大角星人具備了七個感官節點，而心宿二星人只有五個感官節點而已。但提起這個古老的自身，一向自負的心宿二星人總是很自豪地說：『**我們這是精簡版，因為較早的模型更好，更有效率。**』博士模仿心宿二星人的腔調真的可以拿配音滿分，那語氣中破表的酸度，真是太好笑了。

「那公主和王子從此以後，可以過著幸福快樂的日子了嗎？」我很好奇這兩組各自驕傲的星系團隊，彼此合作後的情況是如何發展。

「幸福快樂倒還不至於，但他們彼此之間的確發展出一層非常親密的關係。」博士很認真地回應了我。

「您的意思是？」我有些狐疑地問。

「大角星人發現，心宿二星人並沒有像他們一樣，擁有『情慾過濾器』（erotic filter）的配備。這些過濾器能讓情慾喚醒的過程被完整播放，除了純粹情慾的部分，它能夠阻止其他任何會刺激想像力的因素。另一方面，由於心宿二星人少了兩個感官節點，他們反而擁有更高的專注力。所以，儘管他們兩者有所不同，但為了彼此的益處，都努力地學習在體驗情慾的過程中，以各種方式來相互參與。

「這些親密的歡樂時光，提供了心宿二星人的個別需求，以便展現出他們在行星設計上的各種知識，雖然他們曾經在獵戶座上跟隨星系導師學習，但他們卻沒有一個人真正經驗過母體矩陣，至少沒有像大角星人有參與匯流長老群的經驗。不過，不管怎麼說，心宿二星人的知識和經驗還是相當豐富的。所以這兩個星系的團隊在這樣相互交流的分享之下，非常互補而且完整。」

「真是一個好妙的組合啊！那……他們是如何具體執行這些行星設計的工作呢？」這一點我是真的非常好奇。

「關於行星設計的工作，心宿二星人在具體實踐它的時候，主要是運用某種音樂作曲的形式來完成。不過，要實踐這樣的藝術工作，必須先要擁有多重次元的感官器。所以，心宿二星人就帶著大角星人到衛星CSR內部一個具備這樣感官器的地方，就是在這裡，大角星人徹底體驗到一種建造行星的刺激感。」博士回答我。

「音樂作曲的形式？……您可以再更具體地說明一下嗎？」我的理解

有些模糊。

「你想像一下，把每一個行星軌道都當作是一個音調或和弦。行星本身掌握著音調和弦裡的音符，這個行星的音符會根據音調的和諧或軌道的共鳴品質被銘刻（enscribed）下來。而這個銘刻著音符的行星，則定義了『生命形式』的型態，它可以被運作，就像碳或矽一樣。取得恆星系統的所有行星，是必須非常小心地加以銘刻這些音符，這樣他們彼此之間的連結才能夠產生和諧的共振。」博士進一步以音樂解釋了行星與行星軌道之間的關係。

「我想我完全能夠理解您所說的情況，只是這些行星或行星軌道被設計出來的頻率，一定會有很多外在的條件或因素，對它產生影響啊……」我以長期製作音樂的經驗來想像它。

「是的，這整個執行過程是極為細緻的，他們藉由一個團隊的專注力或高級的冥想形式來完成，而如果其間出現任何的猶豫、不專心或判斷，都會導致整個演化過程產生偏差與失常。」博士說完後停頓了一下，沒等我提問，便又逕自開口。

「心宿二星上有一位古老且聰明的存在體，叫做安娜塔拉（Ana-Tara），她有過與路西法學習的特殊經驗。她出現，並告訴大角星人，路西法曾經是行星的設計者，或者說至少曾經介入過行星設計的行動。她是這樣說的：『我很好奇將會發生什麼事？如果覺醒過程被稍有偏差的態度所導引，那麼整個宇宙就會發生躍遷滾動的位移。現在，我們和你們在一起，大角星異質體以及你們最忠誠的同質體隊友。藉著行星調伏一個恆星系統，你們認為我們可以征服路西法的陰謀，但我們看到的是，這將會是一個冗長而且非常危險的計畫……』」博士又換了個聲調模擬安娜塔拉說話。

我並不知道安娜塔拉是何許人也，但博士模擬她的聲音是一種多重聲軌的特殊聲音，這讓我印象深刻。她究竟想提醒大角星人什麼事呢？我才一個閃神，又聽見博士操著她的聲音繼續說：

　　「是的，維拉卓帕V.24，是我們負責它的行星設計程式，但是它並不如我們所想的那樣被順利執行。我們也不確定究竟出了什麼問題。也許是行星數量的問題，我們還在釐清中，究竟它原本有十二個行星？或是只有十個？或者它原本是一個十二個行星計畫的型態，就像大角星一樣。我們依照這樣設計出這首行星樂曲，但最後完成的時候，我們所看到的展現結果，卻又好像只有十個行星……這個弔詭的現象，真的是把我們給難倒了……所以，你們搭著CSR衛星來到這兒的時間剛剛好，現在有大角星人的幫助，我們應該更容易找到問題的解答。現在，我們一起代表了探針來指揮這個衛星站，所以，我們應該相互榮耀，並要來好好為這個站台重新命名，讓我們就稱它為『AA中繼站』吧！」

　　因此，這個AA中繼站包含了大角星和心宿二星兩個星系的互補動力，形成一個專為調伏恆星星系系統中行星設計所衍生出的各種問題。比較特別的是，這位安娜似乎非常重視路西法力量的影響，這是截至目前為止，我還不太懂的地方。

　　「博士，博士，您變聲變回來了嗎？我有個問題想問您啊……」我四處尋找博士。

　　「感覺你今天都不欣賞我的配音表演，你不覺得活靈活現的嗎？」博士像個受傷的小孩般，只因我忽略了他一連串的變聲表演。

　　「我當然覺得很棒啦，只是這每一句話裡面，都有太多我急切想要知道的事，才忍不住一直打斷您的模仿秀，哈哈哈。別沮喪啦，我以表演老

師的專業來說，您今天的變聲模仿相當成功，灑花……」我真的覺得博士今天的藍猴實在是太可愛了啊，忍不住呵呵笑了起來。

「好吧，我接受你的讚美，哈。兄弟，言歸正傳，當安娜‧塔拉傳達完她的指令後，大角星人清楚了這個 AA 中繼站，是他們母體恆星和『光錨』之間的中途站，也是決定路西法陰謀成功與否的中途站，所以便深刻瞭解了他們真正需要關注的焦點，更重要的是，他們似乎也都明白，未來，在對的時間點，所有的大角星異質體，一定能夠順利重返家園……」博士收起玩笑的口吻，相當認真地說出大角星人心中真正的渴盼。

我很能夠同理大角星異質體心中的漂泊感，聽完博士講完這段，似乎也跟著他們一起引頸期盼重返家園的日子能快點到來，也真是入戲極深的狀態了。

而這段日子，故事就這麼一路聽下來，我和博士之間跨次元的默契和互動距離也都變得越來越近，這已經不是用腦洞大開就能形容的狀態。我對於大角星人探針行動的演化與升級，對於整個維拉卓帕銀河實驗區的發展脈絡，都有了更深一層的認知，特別是延伸對照到關於 13 月亮曆法以及時間法則中，所曾經提過的跨次元的宇宙科學概念與原理，都一併得到了相當清晰的輪廓。

我知道，還有很多很多的故事要繼續講下去，但此時此刻，我很想謝謝博士，謝謝他的溫暖與不厭其煩的陪伴，謝謝他熱情的知識分享，還有他滿滿超越了整個地球的宇宙之愛。

他，每天來，每天去，卻從不跟我說再見，因為他從來都沒有離開過我。所以，現在，我也不跟大家說再見……（你們懂！Love！）

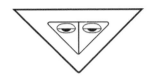

第 二 部

01

死亡的隱蔽與揭露

　　每一個銀河生命的個體單元，都有一個對等的死亡儲藏宮，而每一個銀河生命的個體單元，在運用它的處理器來處理它本身生命的階段時，「死亡」就是他們必然可以得到的最後真相……

　　放了個假，回到我山上的蝸居，並為著新的音頻導引和音樂努力好一陣子。許久沒有聽到博士的聲音了，說真的，還特別想念。

　　山上的空氣，順著秋風，和都會地區的質感完全不同。每夜，我都聽見風聲颯颯在屋內屋外來回衝撞。估計，博士如果來這兒，也要適應一下這強勢的山風。

　　上次聽了博士把大角星人和心宿二星人合作的故事說完，也總算把AA中繼站的由來給弄明白，雖然一開始大角星人心機了一點，但最後兩邊人馬好像還是磨合出一個各取所需的共融狀態。

感覺升了級的大角星人，既然找到原始的行星設計導師，差不多也要正式進入我們太陽系來執行行星調伏的任務。

「你說得一點也沒錯，兄弟！」久違的博士聲音終於又出現。我回過頭去，看著陽台的門喀噠喀噠響著。

「博士，您來了啊？」我滿心歡喜地開口。

「你這山上夜裡的風可真大啊……」博士有點扯著嗓子說話的感覺。

「哈，您等會兒。我去把門關好，免得咻咻的風聲太大，讓我聽不清楚您說話……」話一說完，我便把家裡的所有窗戶都鎖緊。

「呼，感覺好多了。好久不見了啊……」博士顯然鬆口氣。

「是啊，我這陣子剛好要重新編寫新的音頻和調頻音樂。聽過您說過的那些宇宙『星』事後，真帶給我不少的啟發呢。謝謝博士……」我很誠懇地表達我的感謝。

「是我要謝謝你吧……兄弟，哈。你這星際任務也算是我託付給你的活兒，我得好好鼓勵你一番。不容易哪，已經完成五張卓爾金曆，足足1300個日子的音頻。」博士很溫柔地說出這一番話，我聽了有些感動，心裡暖暖的。

想想也真是不容易哪，對我來說，要自己一個人堅持這1300個日子下來，天天錄製一則導引音頻與完成一首調頻音樂，的確是一個大修練。我想起了紅皇后史蒂芬妮在「九個時間次元」的課程中，提到的第四精神球體，持續意識的啟動，我想這任務大概就是最具體的實踐與練習了。

「在我沒出現的這段小小空檔，你有沒有想到什麼問題呢？」博士親

切地問。

「我一直在想著 AA 中繼站的故事呀……」我說。

「中繼站裡有大角星人和心宿二星人的故事,而他們的故事,其實也映照著你們人類的故事哪……」博士回應我。

「這又怎麼說呢?我們人類的故事……」我一下子無法將兩者聯想起來,迷茫地問道。

「其實哪,人類目前的故事是很單純的,因為現在人類最關注的議題,大概就是『死亡』了。你有沒有想過,人類究竟要如何克服死亡?或者更精準地說,什麼是死亡?人們該如何才能克服對死亡的恐懼?為什麼大部分的人都不知道?你現在所擁有的這個身體是你的嗎?又是什麼住在這個身體裡面呢?你有沒有想過,在人們身體死亡後,到底會發生什麼事?如果人們知道自己的身體死去後會發生什麼,或知道得到這個身體之前是怎麼一回事,那麼會不會就會產生出不同的生活方式呢?」博士繞著「死亡」這個議題,一連串問下來,還真讓我一時無法招架哪。

「我不知道哪,這個議題,對大部分的地球人來說,都像是個禁忌。但您這麼一問,我倒是覺得真的應該好好想想才是……」我回答。

「這世上,沒有任何事可以讓人不死,但大部分的人卻又想盡辦法逃避它。即便你聽到很多人很老派地說,他們相信有來生,但仔細看看,有越來越多的人,仍然想要用保險來支撐住自己的生命。所以哪,我要說,如果人們一直都不知道死亡以及恐懼死亡的真正原因,又怎麼真正瞭解生命是什麼呢?」博士繼續把透過這個議題所延伸出來的想法給說了出來。

「我想,這一題對大多數的人說,真的太難、太深奧了啊……」我說。

「那我們不妨今天就來聊一聊，星際間其他的星系生命體，是如何來認知關於『死亡』這件事的……如何？」博士輕鬆地提議著。

「很勁爆的主題哪……我一直以為在高維的世界裡，是根本沒有死亡這件事的，就像之前我們聊到關於五次元的門諾希斯那樣。」我說。

「之前提到無死亡性的永在，是一種超越死亡概念的存在，但不代表沒有死亡這件事。你想想，如果完全沒有死亡的存在，那麼超越死亡的無死亡性概念也不會存在著的。」博士很哲學地辯證著這套思維。

「所以……星際間，其他星系的生命體究竟是如何來看待死亡這件事呢？」我點點頭，其實也很想知道外星人是怎麼看待死亡這件事的。

「或許從一個特殊存在體的故事開始說起，你會更容易瞭解。心宿二星上，有個多重性的存在體，被稱為亞克·塔拉（Arc-Tara）一族，這個群體知道通往恆星的高級路徑，也就是『世界橋』，所以，他們被認為是一群通曉死亡的族群。而其中，有一個叫做安娜塔拉（Ana-Tara）的生命體，是屬於這個族群的中央存在體。」博士一開口，就說了心宿二星人的故事。

我沒有多問，只一旁靜靜聽著博士繼續說。

「這位安娜塔拉，在心宿二星人之中，被認為是與眾不同的。因為在很久很久以前，她搞了個惡作劇，使得她的星際家人們一個個倉皇失措不知所以。她甚至還帶他們進入『探針』之中，和大角星人開始有了完整的接觸。」博士笑笑地說。

「哈，真的是不論到哪裡都一定會有叛逆分子哪！」我也笑著回應博士。

「可不是嗎？這位大姊的故事，起源於獵戶座的恆星場域，大約是在參宿七（Rigel）和參宿四（Betelgeuse）的星系導師之間，那裡算是一個星系的感應中樞區，星際導師在這裡將共振銘刻的藝術和技術介紹給她們。長久以來，她就一直安住在這個場域之中，學習行星建造和設計的技術。直到有一天，她卻突然接收到一個召喚，感覺有一道光進入了體內，但這道光更像是從她的內在發送出來的。然後，她便感覺到這道光開始燃燒，過沒有多久之後，她似乎就知道自己即將要離開這個感應中樞區了……」博士說。

「好奇妙，那她要去哪裡呢？」我好奇地問。

「那個時候，她自己也不知道……但她就是有一種很微妙的感受。其實打從一開始，她之所以會被獵戶座任務團隊選中，完全是因為她的天賦。她就像是一個水晶的歌者，能夠唱出多重共振的音調，而這項才能則被認為是一個很了不起的天賦，特別是把它運用在行星設計和祖夫雅乘行的用途之上。不過，對安娜塔拉自己而言，由於這份天賦是天生帶來的，不是她最大的興趣，她一直深藏在心底的，則是渴望能夠和其他銀河生命體有所接觸。所以，她那個時候就想，或許，這才是她在感應中樞區得到那道光的真實意義……」博士說完後，停頓一會兒，彷彿在思考什麼似的，又繼續開口說：

「後來，她從感應中樞區，轉向到主要的全輻射性的獵戶座CSR核心裡。在那裡，她內在那道光，變得更加稠密了。它不斷召喚她，讓她心醉神迷，直到她幾乎被這道光給完全吞沒了。就在那個當口，她問自己：『是我自己在動嗎？還是這道光正繞著我旋轉？抑或…兩者皆有？』但她根本還來不及搞清楚，瞬間就被彈向四面八方。她只好放棄任何想要控制的意圖，任由這股力道而去。很快地，這道快速渦漩的光就漸漸衰退，而

對安娜塔拉而言，她覺得自己生命體的五個感官節點，竟然體驗到一種非常深度的放鬆。於是她又想，是有什麼人或是什麼東西在操縱她嗎？還是，這其實是因為她控制不了太渴望與某種『另類』接觸的結果？」博士半賣著關子說。

「究竟發生什麼事了啊？您快講嘛……」我實在忍不住了，操著半逼問的口吻說。

「哈哈哈，你耐心聽我講！安娜塔拉才剛那麼想，就又感受到一道更加強烈且明亮的智能之光，正在『探測』她。她感覺自己每一個感官節點末梢神經都被深入、被探索且被追蹤記錄，接著，她竟然開始感到自己有種難以描述的興奮刺激逐漸升起，過了好一會兒，她才被徹底放開。她不可思議地大喊：『哇，這到底是誰或者是什麼東西啊？』」博士把過程描述地相當緊張刺激。

「是誰呢？」我也跟著大喊了出來。

「路……西……法，虛空中有個聲音這樣回答了她。」博士一個字一個字慢慢把這個名字說了出來，還自帶迴音。

「什麼？！」我也嚇了一跳，這些日子故事聽下來，一聽到這個名字，也很容易跟著緊張起來。

「是啊，安娜塔拉聽到這句回答後，便立刻感到一道深深的震顫穿透全身，這股寒冷，和烙印在她孢子壁每個細胞上的熱情溫暖與刺激興奮形成了極大對比。因此，她讓她的感官開始掃描，但只感受到一股很柔和的脈衝光，她忍不住自問自答：『誰是路西法啊？……**難道是那個持有光的存在體嗎？**』」博士突然憋起小嗓來，學安娜塔拉說話。

「那⋯⋯是他嗎？」哈，我好像也已經習慣博士喜歡當配音員了，便直接很入戲地問。

「是啊，路西法聽到後，直接開口問安娜塔拉。他說：『妳知道自己經驗到了什麼嗎？』安娜塔拉有點猶豫地回答他說：『很深的快感，一種難以形容的快感，還有某種領會⋯⋯』」博士模仿兩個人的對話說。

「哇，您這對話的瞬間變聲，有點厲害⋯⋯」我語帶保留地說。有點畫錯重點，呵呵。

「不過，路西法直接就告訴了安娜塔拉，他說：『也許是這樣⋯⋯但妳說的只是感官上的，其實，妳剛剛所經驗的是，死亡。』」博士也說得相當俐落。

這個答案讓我嚇了一大跳。我被一口口水噎著，差點沒嗆到，半天說不出話來。

「安娜塔拉聽完，整個人也都懵了，伴隨著還在體內餘波盪漾的那股神祕快感，不解地問道：『但⋯⋯如果這是死亡，為什麼我還在這裡呢？』然後，彼此之間又沉默了好一會兒，路西法這才繼續開口問她：『妳知道自己在哪裡嗎？』。安娜塔拉沒有回答，除了感覺自己在光裡，她其他都不知道。路西法操著一股極具權威感的口吻告訴她說：『這裡是死亡的國度。』」

「死亡的國度？！」我自動跟著複誦一遍。

「是的，死亡的國度，路西法繼續對安娜塔拉說：『親愛的，我所挑選的人哪。因為某些人需要瞭解「路西法」，我知道妳已經期待我很久了。我要告訴妳，作為一位光的引領者與持有者，我同時也是死亡國度的

管理人。不過，有趣的是，如果死亡就像妳剛剛所經驗到的，帶給妳感官節點上的全然快感，那麼，這個叫做死亡的體驗，是不是才是一個最令人渴望追求的境界呢？』」博士拋出了路西法這麼一段引人深思的問話。

「那這位心宿二星大姊是如何回應路西法呢？」我問。

「其實，心宿二星人從開始處理某種具有腐壞特性的循環週期，已經有很長時間了。對他們而言，人類所認為的死亡，根本上是不存在的，它頂多就是一件事情表象的結尾或結果，但對事物的本質來說，根本就沒有完結，它們會透過再循環轉化成別的東西。所以『死亡』的概念，究竟是什麼樣的狀態呢？安娜塔拉這麼想，如果死亡就如她剛剛所經驗到的那種快感，那麼死亡就比純粹表象式的結尾，擁有了更多的可能性，或者還有更多更多其他的可能性。因此，安娜塔拉很想知道路西法所說的這個死亡國度究竟是什麼。至於要如何面對路西法，往好的方面想，路西法似乎只是一個被誤用的宇宙力量而已，而且對安娜塔拉來說，好像也沒有什麼事會比現在的這種情況更糟的了，所以，安娜塔拉便暗自下了一個決定，打算讓自己成為路西法的學徒……」博士解釋說。

「這個叛逆的大姊真的跟常人不同哪。之前您說過，連銀河聯邦的長老們都為路西法的力量而傷腦筋，而她竟然主動要成為路西法的學徒，這個結局也太令人跌破眼鏡了啊。」我覺得不可思議。

「安娜塔拉想的也沒錯啦。對於心宿二星上的同伴們來說，她已經死了。所以，她也不再是他們其中的一份子。但她知道自己隨時還是可以回去的，只不過，一旦接近路西法，再想要離開他身邊，可就不是那麼容易的一件事了。雖然，到最後她還是成功地離開他，但對安娜塔拉本身來說，她在離開路西法之前，還真是紮紮實實學到了不少東西呢！所以，你還記不記得，當大角星人和心宿二星人要合作建立 AA 中繼站時，安娜塔

拉出現，發揮了極其深遠的影響，為大角星人點破路西法的力量⋯⋯」博士提到之前講過的故事。

「我有印象，原來是因為她曾經當過路西法的學徒，難怪她會這麼清楚⋯⋯」我有種恍然大悟的感覺。

「安娜塔拉不去評論路西法是好是壞。她認為，路西法就是路西法。和路西法在一起的時候，他們一起去北方象限（Nothern Quadrant）各處遊歷，那是位於第五次元最高層級的地方。北方象限，其實就是死亡的國度，或者更確切地說，那裡是一個主要的死亡儲藏宮。就在那裡，高於五次元光的路西法，讓安娜塔拉擔任死亡之后（Queen of Death）的聖職，而她的治理範圍就是這座主要的死亡儲藏宮。」

「哇，這個經歷也太戲劇化了吧？這位大姊後來體驗到了什麼嗎？」我很驚訝地說。

「身為一個『死亡之后』，安娜塔拉對她的治理範圍做了調查。她發現到，每一個銀河生命的個體單元，都有一個對等的死亡儲藏宮，而每一個銀河生命的個體單元，在運用它的處理器來處理它本身生命的階段時，『死亡』就是他們必然可以得到的最後真相。因此，如果一個個體單元忽略了這個真相，或者否定了死亡，那麼這個死亡儲藏宮就會被隱蔽起來，接著這個個體就會只生活在一個自我生成的幻象流裡。但如果個體單元願意遵循著這個真相而活，那麼死亡就會被完全的揭露出來，成為一座永無耗竭的真相儲藏宮。

「這個『死亡國度』，是主要五聯盟的北方象限，它就像一個宏偉且無窮無盡彼此相涉的所在，擁有無限的生命個體單元，他們各自的死亡儲藏宮也是無限的。因此，他們的真相就宛如一個具有無限可能與無數切面

的萬花筒。而正因為這個原因，當路西法允許安娜塔拉體驗她的死亡時，她所得到的快感是無可比擬的，對於她的每一個感官節點來說，也都充滿著無限的可能性。」博士試圖從銀河星系生命的五次元觀點來詮釋死亡。

「哇……這真的已經超乎我的理解範圍了，感覺起來，您說的死亡是一種儲藏著終極真相的狀態，但這個真相卻又充滿著無限的可能性，而不是唯一的。」

我其實是似懂非懂地回應。

「沒關係，慢慢去理解，不急……」博士安慰我。

我點點頭，開口問道：「那安娜塔拉後來怎麼了呢？我記得您剛剛說過，她最後還是離開了路西法？」

「在一段很長的時間裡，安娜塔拉完全迷醉在這個國度中。她透過路西法的力量去領會了這個國度，並且保守著它的祕密。但很明顯，路西法有點坐立難安，因為這個國度對路西法而言是不足夠的，其實對於亞克‧塔拉一族來說，這位死亡之后的安娜塔拉，只停駐在這個國度中似乎也稍顯不足。當然，路西法並不想讓她離開，但安娜塔拉以身為真相儲藏宮王后所擁有的力量，阻擋了路西法的意志力。直到最後，路西法終於給了她離開這個國度的力量，但要求安娜塔拉不能和別人分享所學到的東西。不過，安娜塔拉並沒有答應他。」博士說完後，笑了笑。

「看來，無論古今中外，還有跨次元、跨星際的，英雄都難過美人關哪……哈哈哈。」我覺得這裡面一定還有點什麼，於是含著笑意回應了博士。

「感覺上好像真有點什麼，因為後來路西法對著安娜塔拉說：『隨妳

吧！』這語氣中的無奈啊，還真是千言萬語藏心頭哪……哈哈哈。不過他同時還告訴了安娜塔拉一段很重要的訊息，他說：『從今以後，妳將會被稱作『世界橋』，因為現在妳已經得到了橋接死亡世界與生存世界的高級技術。但我不會丟下妳一個人的，注意，因為我的統治領域會隨著每一個來自於胡娜庫非時間性螺旋運動的G力扭轉而傳播，所以只要有光的存在，那麼『路西法』就會得到勝利並在四處盛行。』」

博士講述這段話時有點嚴肅，但不知怎的我也是聽得頭皮發麻。原來世界橋的原型意涵，來自於安娜塔拉曾經走訪的死亡國度，這也是她的代名詞，當然最重要的，還是路西法最後的這一句類似昭告天下的宣示。

「……安娜塔拉，就這麼離開了嗎？」我問。

「她反覆思考路西法這些話很久，但終究，她還是回去了，再次以亞克‧塔拉一族之安娜塔拉的身分，回到心宿二星人的孢子群，也就是這些行星設計群之中。這意味著，她又再度回到了三次元和四次元裡。只不過，此時此刻，她發現她的原始孢子家族，都已經從遙遠的獵戶座，前往某個新的實驗區間去實踐他們所學的技術了，那裡就被稱為維拉卓帕。」博士也像是宣告什麼似的回應我的提問。

「維拉卓帕？我們這個實驗區？！」我開始有點懂博士為什麼要跟我說這位安娜大姊的故事了。

「是啊！不過，之前安娜塔拉的突然消失，在心宿二星的存在階層中造成一些不算小的困擾與困惑，而這當然也被投射到了實驗區裡的那顆遙遠的恆星之上，也就是你所身處的維拉卓帕V.24，星系導師金尼奇‧阿豪太陽的家。所以，在大角星人造訪他們CSR衛星的所在，也就是如今叫做AA中繼站的地方時，這位屬於亞克‧塔拉一族孢子群內部的非時間性神

聖歌謠線路的水晶歌者安娜塔拉，就特別熱切地關注他們。她想，如今因為有大角星異質體行星調伏師的到來，也許可以幫她清理過去那些蠢動不安的青春渴望，以及亟欲探知『自身死亡』所釀成的一連串錯誤。」博士一口氣把這個故事說完。

聽完故事後，我試著重新連結AA中繼站上心宿二星人和大角星人的互動關係。我想，心宿二星人長久以來一直都是很有經驗的行星建造者與設計者，而初次成為行星調伏師的大角星人，很想透過心宿二星人的原始設計與概念，去瞭解每一個需要調伏的行星，如此一來，就能夠更清楚如何進行調伏。而心宿二星人在設計行星的過程中，因著各種業力與其他星際力量的影響，往往也不能完全依照原始設計那樣地完美執行。因此，調伏行星的行動，宛如一個事後的補救工作，透過調伏的過程，把修補在設計上無法達成的一些缺點。我想這應該就是心宿二星人和大角星人相互支持的關鍵點吧！

今天，好一陣子沒見的博士，依舊維持他來無影去無蹤的個人特色，瀟灑丟了這個心宿二星人體驗死亡的故事就離開。我倒是自己一個人坐在客廳的沙發上，思索半晌。我發現，博士一開始的提問，我還是一個也答不上來。於是，我的腦海一直盤旋著那幾個問題，久久無法散去：

什麼是死亡？

人們該如何才能克服對死亡的恐懼？為什麼大部分的人都不知道？

你現在所擁有的這個身體是你的嗎？又是什麼住在這個身體裡面呢？你有沒有想過，在人們身體死亡後，到底會發生什麼事？

如果人們知道自己的身體死去後會發生什麼，或者知道在得到這個身體之前是怎麼一回事，那麼會不會就會產生出不同的生活方式呢？

那各位讀者呢？關於以上這些問題，你們有沒有什麼清晰的答案或是

想法呢？如果有，還記得想辦法告訴我哪……

02

金尼奇・阿豪與阿卡爾巴拉姆的冥想輪旋曲

所有的銀河系，都是擁有巨大廣度和範圍的實體，其所擴展的幅員已經超越了我可以形容的地步。一旦一個銀河系已經演化出一個聯邦，那麼這個聯邦的作用，就像一個巨大的資訊監督以及處理系統……

今天外頭的陽光特別耀眼，把整座後山映照得青蔥翠綠。我站在陽台上，感受著太陽這股暖暖的生命能量，心裡想著，太陽系所有行星上的生命，估計都是依賴這股強大的輻射能量滋養茁壯，所有的生命體，可說都是太陽之子。

剛剛吃過早餐，出來曬曬太陽、動動身體，練練李鳳山的平甩功，想著，一會兒練完一定要倒一杯3128自釀的康普茶來喝喝，這發酵茶裡有那種會把糖類吃掉的菌，完全是一種健胃整腸的養生飲品。

「在曬太陽哪！」博士的聲音貼我貼得很近。我一邊甩手一邊回應著：

「博士您來了啊，練功呢，邊曬邊練……這疫情搞得我連健身房都去不了，練練這個簡易版的『易筋經』，也挺不賴的……」

「挺好挺好。可惜，過去我在地球生活的時候，不知道這個簡單又有效果的中國功夫，不然練一練，應該也是挺好的……好吧，你先專心練吧，我不吵你，一會兒你喝康普茶的時候，我再過來跟著你一起品嚐品嚐，哈哈哈……」博士倒是挺貼心希望我好好練練功、強健一下身體。

「沒關係，這個功夫，什麼時候都能練，您既然來了，我就先去倒個茶給您聞聞香。這次的茶摻了百香果，特別好喝……我們就在陽台上享受，今天早晨的太陽曬起來太舒服了……」我說。

「這樣也好啊，住在山上，果然和城市的氣氛是完全不一樣的，多了大自然的氣息，令人心曠神怡。」博士笑笑呼應我。

我很快地倒了兩杯茶，端了個小茶几到陽台來。

「博士，您聞聞……是不是很香？」我邊把桌子擺好邊招呼著博士。

「真香哪……昨天我們聊完後，你都想了些什麼呢？」博士稱讚以後，直接問我一個關鍵性的問題。

「說實話，我其實一直還繞在那些關於死亡的課題中，沒有轉出來。您一開始的提問，對現階段的我來說，真的是一個太大的題目了。」我很老實地回答。

「其實，這很正常哪，在中國有一位聖哲孔子曾經說過：『未知生，

焉知死』，我想你一定聽過……」。

博士突然掉了個東方書袋，把我驚得不要不要的，嚇得我直說：

「聽過，聽過……不過，博士您也太博學了吧，連這句話都知道。」

「哈哈哈……所以哪，我們暫時先不去傷腦筋死亡的課題，今天來聊聊生命誕生的議題吧……」博士大笑回應我。

「什麼意思？」我有點納悶。

「我們今天來聊聊你現在正在享受的東西……」博士語帶玄機。

「呃……康普茶嗎？」我才把剛喝一口的康普茶放回桌上，就聽到博士這麼說。

「不是啦，是你正在曬的太陽啦……哈哈哈。」博士笑得更厲害地說。

「喔……太陽哪……哈哈哈。害我嚇死了，以為你連康普茶都一清二楚呢……」我說。

「我們今天來談談這個地球賴以生存的太陽，如何？按照中國聖哲孔子的說法，就是先把『生』這件事搞明白……」博士顯然對我今天一大早冒出來的想法，一清二楚。

我點點頭，把康普茶拿起來狠狠地喝了一大口，準備來好好聽一聽我們這個太陽的故事。

「你知道嗎？人類稱之為太陽（Sun）的這顆恆星，其實是一位星系

導師金尼奇‧阿豪，他是透過銀河星系導師的冥想誕生出來，並且安住在內在深度的冥想中，已超過無數個萬年之久。有些人也稱他為太陽神（Helios），但這些稱呼大都只是基於他的外在形式，也就是那件熾熱斗，很少人真正的瞭解這位星系導師金尼奇‧阿豪。」博士一開口，便單刀直入地介紹太陽本尊的名稱。

「原來太陽有這幾個名字，是這個緣故呀……」我突然有種畫錯重點的恍然大悟。

博士沒等我多問，便自顧自說了下去：

「金尼奇‧阿豪在銀河星系導師的冥想中，等待了一段很長很長的時間，但一開始他並不知道自己究竟是為了什麼而等？他來自於遙遠的胡娜庫，來自於遙遠的『光錨』。在那裡，星系導師一直持續維繫著他們的冥想。後來，他從這個深度冥想之中，瞭解了金尼奇‧阿豪這個名字的意義，那就是：『遠距光束的和諧保管者』。由於在胡娜庫的主CSR中，他只是一道遠距的光，是在銀河母親永無休止的刺激波動中，許多為了維繫一個韻律節奏點的小恆星群中的其中一員罷了。

「不過，在他知道自己名字的意義之後，那漫長的冥想就顯得有意義了。透過這個方式，金尼奇‧阿豪開始瞭解自己，除了知道自己是誰之外，也知道自己是為了什麼而存在……」博士以一種如詩的語調，講述太陽的發源與認識自己的完整過程。

我愣愣地杵在陽台一隅，不知該回應些什麼？突然之間，瞥了一眼天上耀眼的太陽，感覺到另一種完全不同的氛圍。天上的那顆火球，不再只是充滿紫外線的輻射光體，也不僅僅是滋養著大地生命的光能中心而已。因為博士說，他是源自於星系導師的深度冥想，所以此時此刻，他充滿了

神祕的哲思。

我必須承認，即便我一直認為地球是一個具有意識的行星體，但很少思考到太陽所具備的思想層面，我們總是說著銀河祖母、地球母親等稱號，卻很少給太陽一個擬人化的親密暱稱。所以，長久以來，太陽就是太陽；然而，今天經博士這麼一提醒，太陽就不再只是太陽了。

「親愛的博士，您今天要清楚告訴我太陽是怎麼一回事嗎？我突然意識到，我們對他的認識，好像真到少的可憐哪……除了那些人類科學家對其體積、大小、成分與週期的基本觀察紀錄之外，好像就沒有其他的了……但我相信，如果維拉卓帕 V.24 是以他為恆星主體的星系，那麼他一定擁有著更多我們所不知道的精采故事……」我說。

「是的，你的相信一點都沒錯，我今天就是要來和你好好聊聊我們這顆太陽，我想你已經醒過來了。太陽，不，應該說星系導師金尼奇‧阿豪，是一個活生生有思想的存在體，誕生於銀河星系導師的深度冥想中。經過了長久的等待，他逐漸瞭解自身存在的意義之後，開始產生更積極的行動。首先，他從自身的內在深處，將內在思想，投射給另一個存在體，因為他在知道這些行動之後，需要有一個對象可以對話。」博士繼續述說這個我非常陌生的太陽故事。

「對話？和誰？」我覺得才一大早，怎麼腦袋就開始有點跟不上了呢？

「那個存在體叫做阿卡爾巴拉姆（Ah K'al Balaam），是一個最高階的總體全知者。一開始，他們一起冥想，在阿卡爾巴拉姆和金尼奇‧阿豪之間，完全能夠瞭解彼此的想法和需求。於是，這個存在體阿卡爾巴拉姆，成了他的乙太雙生體，變成他的代理人，然後代表著金尼奇‧阿豪

到四處各地移動。當然，這是因為金尼奇‧阿豪所在之處，是銀河星系導師一開始透過冥想，將其化為生命體的地方，所以那裡必須完全依靠他的冥想，繼續維繫其他的生命體。」博士娓娓道來。

「乙太雙生體阿卡爾巴拉姆，這真的是第一次聽到啊，也太神奇……感覺是自己因為任務跑不掉，所以就找分身代駕的概念……」我說。

「差不多是這個意思吧。阿卡爾巴拉姆的行動，幾乎都是透過金尼奇‧阿豪的思想決定的。比方說，他第一次前往鄰星系統旅行時，就是透過金尼奇‧阿豪的思想傳遞。這一趟歷程，對地球的人類來說，大約要花上好幾個萬年以上。那次的旅行，阿卡爾巴拉姆帶回許多特別的信息，特別是他告訴金尼奇‧阿豪，銀河的星系建造者把『光錨』的宿主恆星與它中央的太陽昴宿六留在適當的位置後，就離開了。」博士說。

「原來他去了昴宿星團旅行呀？！」我開始覺得更有趣了。

「是啊，在我們的中央太陽昴宿六的內部，有一個叫做雷夫帝純的存在體，他和金尼奇‧阿豪一樣，也是從星系建造者的冥想中誕生出來的生命體。其實，星際間有非常多恆星生命體，都是由星系導師透過冥想生成的，例如：Arc-tu-mo，An-Tara，Si-Kinich-Rex，還有很多很多，多到連金尼奇‧阿豪都記不住他們的名字。然而，他們這些所有的存在體，如今都存在於『雷夫帝純』這個更大的冥想體之中。而這些星系建造者，會前往一個叫做母體矩陣的界域，那裡是由『五聯盟』來守護著。」

我發現這些完全新鮮的資訊量，我小小的大腦又裝不下了，連忙喊停。

「博士，等一下，我記不住了，您等我一下。我要進去拿個筆記本和筆抄一下，等下請您說慢一點……」

我一個轉身箭步就到書架旁抽了一本筆記本，隨即準備回到陽台去，只聽見博士在我的耳邊說：

「進來聊吧，把康普茶拿進來，外頭有點曬了。這接下來繼續講，我怕你直接中暑昏倒在陽台上，哈哈哈……」藍猴博士已經很久沒有耍冷了，知道他是在替自己的冷幽默累計積分。

不過我倒是照做，一則接近正午的日頭真的曬不得，二則，我們正在討論高掛在天上那顆太陽老兄，感覺他一直在偷聽我們講話，這樣聊起來太不盡興了，哈。

我一邊搬東西，一邊就開口問博士：

「感覺這位阿卡爾巴拉姆雙生體，像是金尼奇‧阿豪派出去情蒐的探子啊，他還說了什麼呢？」

「你的感覺還真是越來越準呢，不錯不錯，哈。阿卡爾巴拉姆告訴金尼奇‧阿豪有關實驗區的事，也提到了路西法。他告訴金尼奇‧阿豪，現在他身處的區域叫做維拉卓帕，是一個實驗區，也就是路西法被隔離的地方。而金尼奇‧阿豪在聽完阿卡爾巴拉姆的這番話後，他的原始冥想也就結束了，他必須要甦醒過來，為自己下一個最高階的創造而做準備。因為，他，就要開始去創造屬於他的『行星系統』了。」

博士一五一十告訴我他們之間的互動及演化生成，但我有個疑惑，於是開口問：

「原始冥想的結束？這是什麼意思？金尼奇‧阿豪不就是透過冥想而誕生的嗎？那他這冥想一結束，不就什麼都沒了嗎？」

我被這些冥想給弄得有些暈頭轉向。

「不是這個意思的，哈哈哈，金尼奇・阿豪要結束的，是他透過原始冥想來維繫其他生命體的星際工作。你要知道，這就是星系導師的天職⋯⋯」博士這麼解釋。

「喔⋯⋯那他醒來了後要怎麼辦哪⋯⋯接下來的情況是？」我感覺自己摸到了一點邊，但也開始擔心沒有繼續冥想，就無法維繫生命體的狀態。

「不要忘記，他還有阿卡爾巴拉姆這個分身，他們會輪流進行冥想的。所以，等到阿卡爾巴拉姆一進入冥想中，召喚水晶銀河的神聖歌謠線路時，金尼奇・阿豪就會開始盡情歌詠誦唱了⋯⋯」博士解釋。

「歌詠誦唱？金尼奇・阿豪為什麼要唱歌呢？」我覺得不解。

「金尼奇・阿豪的歌聲，會散發巨大且熾熱的水晶聲波，沿許多路徑加速，同時迴盪著許多的祖夫雅迴路。而就在他誦唱時的第一次呼吸後，約莫幾萬年的時間，胡娜庫傳來了遙遠的迴響。原來，是胡娜庫把金尼奇・阿豪的歌聲給傳回來，並且再給他另一次的呼吸。」博士樸素地形容著這個宇宙壯麗的銀河對唱。

「金尼奇・阿豪的一個呼氣和吸氣就要幾萬年哪，他這歌聲可得蔓延多遠多長的距離哪⋯⋯」我簡直無法想像。

「來自胡娜庫的迴響，讓金尼奇・阿豪知道他的歌聲已經被帶走了。而這次他再度唱起歌來，則是為了要把行星的建造者都給叫醒，讓他們把歌聲回唱給他。所以金尼奇・阿豪歌唱，而且用盡全部的力氣來唱，但他想，究竟哪裡才會出現一個行星的建造者，能夠把歌聲回唱給他呢？誰

可以將他的歌聲用超越他能想像的、更具有思想能量的方式傳送回來呢？就這樣，他等了好久好久，日復一日，年復一年地，最後終於有一些行星建造者，開始將他的歌聲傳回來給他了，但整個過程還是斷斷續續來來回回傳唱好幾萬年。金尼奇‧阿豪看見這些行星建造者，這些星系軌道的設計師，從他熾熱的斗篷中拖拉出一些元件，形成軌道上的一顆顆大球，那全都是恆星金尼奇‧阿豪的孩子們哪。這一顆顆大球。就是人類稱之為『行星』的精密球體。」博士描述得相當精采。

「這也太有畫面了吧？我好奇的是，這些行星建造者究竟是誰呢？」我問。

「哈哈哈，金尼奇‧阿豪也提出跟你一樣的問題哪。妙的是，在這個過程中，他突然不自覺開口問了一句：『**誰是這些行星的建造者呢？**』，沒想到，這一問就打斷了他的分身阿卡爾巴拉姆伴隨著激情誦唱與十字形行星神聖歌謠線路的冥想，於是阿卡爾巴拉姆回應金尼奇‧阿豪說：『**他們是心宿二星人的設計小隊，但……你為什麼要這麼問？**』」博士說到這兒突然停頓下來。

沉默的空氣凝結了好幾秒，我只好開口接著問：

「對啊，為什麼金尼奇‧阿豪要這麼問呢？是不是發生了什麼狀況？按照道理講，他應該不用問就知道吧？」我突然覺得自己變得有點聰明了，哈。

「你果然說得沒錯，的確是出了一些狀況。金尼奇‧阿豪回答他說：『**我覺得有點不和諧，感覺好像有一個和弦不見了，因為我所唱出去的歌聲並沒有全數回來。**』」博士模擬金尼奇‧阿豪的聲調回答了我。

「哇，這是麼回事呢？」我感覺這個問題好像有點大，也忙追問。

「金尼奇‧阿豪告訴阿卡爾巴拉姆，他覺得自己應該要有十二幅側翼，但是當神聖歌謠線路停止它們的振動模式時，怎麼感覺起來卻就只有十個。只剩下十個和一些飄忽不定的彗星，這些彗星是那些遺失的行星嗎？他心裡想，究竟發生了什麼事呢？他懷疑自己裡面是不是有什麼缺陷？或者是心宿二星的行星建造者，在設計上出了什麼差錯？又或者，其實是路西法的力量，奪走了這些行星軌道？」博士說得也有點急迫。

我一想到這是我們太陽系，發生這樣的問題，竟也跟著緊張起來。

「就因為出現了這個問題，金尼奇‧阿豪才會叫喚正在冥想中的乙太雙生體阿卡爾巴拉姆，金尼奇‧阿豪要他去找到這些心宿二星的行星建造者，看看到底發生了什麼事？為什麼他們的設計執行計畫，不能夠依據他們原始的規格說明藍圖實踐呢？」博士繼續說。

「結果問題找到了嗎？」我問。

「找到了。阿卡爾巴拉姆完成這個任務回去時，告訴金尼奇‧阿豪，心宿二星的生命存在階層中，有一個年輕的存在體，具有非常強大的歌唱能力，卻曾經消失過一陣子，他們揣測是被路西法綁架或偷走了。因為少了她的出現，少了她的力量以及她所知曉的事情，這個神聖歌謠線路就不再是原來正確的模組。心宿二星人覺得這狀況有點糟，因為在他們過去所有的設計經驗中，從來沒有犯過這樣的錯誤。」

博士一說完，我整個大腦一陣暈眩，心想，天哪，這也太剛好了吧，怎麼就正好是在設計我們太陽系行星的時候，發生了這樣的事呢？我終於知道博士為什麼昨天會先跟告訴我心宿二星安娜塔拉的故事了。整個故事串起來，實在是太讓人無語。

「我們的太陽尊者金尼奇‧阿豪，知道這個狀況後，該怎麼辦呢？有

沒有什麼補救的措施呢？」我有點心急地問。

「金尼奇‧阿豪知道以後，所有的記憶像是被什麼力量喚醒了，他想起這裡是維拉卓帕實驗區，甚至有了比過去更深的體悟。於是他對他的乙太雙生阿卡爾巴拉姆說：『去吧，讓心宿二星人知道，我不再對他們生氣了，讓他們好好休息。但確保讓他們知道，他們必須負責找到一個有能力的行星調伏師，把他安置好。』」博士回答我說。

「就這樣？」我問，感覺這樣處理起來也太不威了吧？

「哈哈哈……就這樣……」博士突然笑了出來。

「那他們要找的這個行星調伏師……啊！」我的腦袋突然靈光閃現，大叫了一聲。

「怎麼了？！」博士大概也被我的一聲大叫給嚇了一跳。

「沒啦……我只是突然想到，那個有能力的行星調伏師，不就是……」我想我大概猜到了。

「哈哈哈……你說呢……我想你心裡的答案是對的。」博士認同了我的想法。不過，我還是很關心我們的太陽哥哥，於是又問了博士：

「金尼奇‧阿豪吩咐完之後，他又在做什麼呢？」

「當然是又回到了他另一次的深沉冥想中啊。不要忘了，阿卡爾巴拉姆要代替他去執行這個任務，他們輪流維繫生命體的工作還是得繼續下去啊，只是，金尼奇‧阿豪為這次的冥想取了個名字，叫做『失落和弦的喚醒與回想』，經過了很長很長的時間，直到現在，你的這位太陽大哥哥，依然安安靜靜地處於這個深層的冥想之中呢……」博士狀似輕鬆地回

答了我。

　　我的確被這個故事震撼到。原來，我們太陽系的失衡狀態，從一剛開始建立行星軌道時，就已經發生。而這個絕無僅有的錯誤，極其巧合地被我們遇上了。但我想這位強大的阿卡爾巴拉姆尊者，接下來，究竟要怎麼將這個重要的信息傳達給心宿二星人呢？我很好奇，真的很好奇，真的真的很好奇，真的真的真的……很好奇……」

　　「你不要在那邊繞口令了啦，哈哈哈。我接下來就要告訴你阿卡爾巴拉姆怎麼去找到心宿二星人的過程了……」博士的讀心術真的也很強大，哈。

　　「洗耳恭聽！」我說。

　　「阿卡爾巴拉姆，是一個總體性的全知者，也是金尼奇・阿豪的乙太雙生體。不過，就算到現在，還是很少人知道他的存在，我想大概只有一些被稱之為『預言家』的人知道吧。此外，他召喚了梅林和門諾希斯來幫他完成定位『行星調伏師』的任務，所以他們也知道他。」

　　博士再一次好好介紹了我們太陽的分身後，便繼續開口說：

　　「他著手工作的方式是這樣的，首先，他看到心宿二星人回到了CSR衛星，也就是AA中繼站那裡，他們在那兒重新整裝隊伍，並保持超擴展的勘察行動。『聯邦』很清楚AA中繼站成員和心宿二星人之間的情況，但那些被稱作亞克塔拉或現在叫做安娜塔拉的存在體，對路西法事件所完成的彙報，目前對聯邦來說是非常重要的。

　　「阿卡爾巴拉姆為了要定位出一個行星調伏師小組，存取一份恆星檔案。但是，存取恆星檔案必須具備完全清晰的心智，一定要能夠分辨得出

不同的區別，得先搞清楚什麼是宇宙（universe）型態、世界系統（world system）型態、恆星系統（star system）型態，以及銀河系（galaxy）型態⋯⋯」博士說完後停頓一下，似乎在等我的反應。

「博士，您的意思是要我拿出筆記本開始做筆記了嗎？」我覺得博士的停頓是這個意思。

「聰明的孩子，不提醒你，我怕你又怪我說太快。好的，接下來要再來科普一下了⋯⋯」博士笑笑地回答我。

我連忙把筆記本、鉛筆和橡皮擦都備妥。

「好的，我準備好了。您開始說吧⋯⋯」我拿起筆來，突然覺得，好可惜博士的聲音只有我聽得見，不然直接用錄音的有多好，又快又輕鬆。

「首先，『宇宙』，它是一種經驗值範圍，是由任何一個給定的生命形式型態的感官中樞所定義的，每一個物種都生活在其自身的感官中樞或者宇宙之中。而一個宇宙是純粹精神性的，它定義著世界系統、恆星系統以及銀河系本身。而所謂的平行宇宙，則可能會被相同或不同的物種，也有可能會被任何一種物種所存取，但無論什麼交叉物種的溝通，在平行宇宙的心電感應系統下，都有可能會發生。」

博士相當精準地說明了宇宙型態的定義和功能。還好我抄得夠快，但完全來不及思考。反正，還是老話一句，先記下來再說，以後慢慢再來體會與瞭解。我甩甩手，放鬆一下，結果又聽到博士繼續開口說了下去：

「接下來是『世界系統』，它所指的就是隨著『時間』流逝而持續的思想系統。這些思想系統定義了生命的形式和性質，而生命的形式或性質有可能是具進展性（progressive）的，也有可能是抑制性（inhibitory）

的。在一個進展性的世界系統中，生命會朝向意志與快感的更大擴張而移動。而在抑制性的世界系統中，生命則是朝向意志的停滯與快感的無序性，也就是熵（entropy）而移動。

「『世界系統』發生在恆星系統的內部區間。而一個『恆星系統』，可視為是一個銀河感官的節點，它也可能包含了好幾個不同的『世界系統』。一般說來，『世界系統』經常是行星的同義詞。一個成熟的『世界系統』會被定義成一個行星的思想形式或星際感應孢子。而在『恆星系統』內的星系導師（starmaster），實際就是在定義一個『世界系統』的形式或行星的思想形式。只不過，星系導師無法控制那些被他們思想所定義的形式之內，究竟會發生什麼樣的狀況。」博士一口氣說完後，休息半晌。

呼，這麼精闢的定義與解釋，相當清晰，真的需要好好記錄下來啊。還好博士給了我充裕的時間。檢視一下手中的筆記，看看有沒有誤寫的地方，博士體貼地開口問我：

「都記好了嗎？我說話的速度還可以吧？」

「非常完美，謝謝博士。」我答。

「那我繼續說下去囉……」博士顯然也很滿意我的回應。

「好的。」我說。

「最後，就是銀河系的型態。它是由恆星系統所得到的意識排列層級來定義的。恆星系統團隊宛如形成了某個巨大感官身體上的不同部位或器官，而在不同感官身體或恆星系統的星群內的意識等級，就是『銀河聯邦』存在的主要原因。事實上，『銀河聯邦』（Galactic Federation）的存

在，是為了提昇或推進銀河的意識。銀河系擁有三個基本的型態，那就是：第一種，沒有聯邦的銀河系；第二種，有聯邦的銀河系；還有第三種，超越聯邦的銀河系。」博士鉅細靡遺地解釋這個部分。

「您的意思是說，除了我們身處的這個銀河系之外，其他的銀河系也具備這樣的性質與型態定義嗎？」我問。

「所有的銀河系，都是擁有巨大廣度和範圍的實體，其擴展的幅員已超越了我可以形容的地步。一旦一個銀河系演化出一個聯邦，這個聯邦的作用，就像一個巨大的資訊監督以及處理系統。而在這個處理系統內部，有些東西就如你們所謂的資訊儲存檔案庫，被含括在所有組成成分的，也就是銀河、星際以及行星的CSR的內部。在這些檔案庫內，所有的資訊被儲存為記憶印跡，更具體的說，這個處理程式的主要作用，便是在均等化所有的資訊，也就是透過開放性的祖夫雅迴路以及發展中的資訊程式，以同樣的層級完成所有恆星系統程式的發展。」博士一一為我解釋。

「您已經不只一次提到記憶印跡了，可以再解釋一下在這個程式中的主要作用是什麼嗎？」我想，我必須要多聽幾次，可能才會建立一個更清晰的認知輪廓。

「就像阿卡爾巴拉姆一樣，這個記憶印跡是五次元的，但為了讓他們在較低次元的演化程式發展中具有效用，就需要被降頻（step down）。這個降頻，或稱之為記憶印跡的變頻，即是CSR的另一個功能之一。就像被稱作AA中繼站的CSR衛星一樣，它就是一個嚴謹的銀河聯邦的程式發展。一般說來，這些衛星CSR，也會被稱作為母船（mothership），藉由銀河實驗區變化多端的發展來促進提昇。舉例來說，AA中繼站，是為了要在維拉卓帕扇形區中，繼續保持監督的目的而架構出來的。它是為了要讓路西法一直維持在隔離的狀態中。」博士這一番話說完，像是揭露一個

天大的祕密似地，原來 AA 中繼站的主要目的還是為了路西法。

我非常仔細認真地把這些資訊記錄下來，比寫我的論文還要謹慎小心。

博士吸了口氣，又繼續說下去：

「因為阿卡爾巴拉姆，受到 CSR 中途衛星聯邦檔案庫的心電感應的挾帶效應（entrainment），阿卡爾巴拉姆意外發現了附屬在大角星探針的恆星檔案。他理解了這個從雙態性（binary）到單態性（monadic）孢子型態的演化差異，也注意到一些與這個偏差相關的事情。他發現，這個探針是起源於大角星恆星系統的第十一和第十二行星，那這麼說起來，他們是不是就與金尼奇‧阿豪失去的第十一和第十二行星一樣了嗎？所以他想，對大角星人探針而言，是不是有點被迫要去平衡金尼奇‧阿豪所遺失的第十一和第十二行星的痕跡，讓他們從此無法化身回到自己的第十一和第十二行星了呢？」博士越說越像在自言自語，感覺他根本就是阿卡爾巴拉姆在那裡自問自答。

「博士，這一段太抽象了，金尼奇‧阿豪的行星軌道和大角星的行星軌道為什麼有這麼密切的關聯呢？我不太懂……」我有點抓不到頭緒。

「你先聽我繼續說下去……後來啊，阿卡爾巴拉姆聚焦在這些偏差和更多演化相關的細節上，並且共伴著門諾希斯和梅林單態性孢子的第五次元心電感應振波，然後，浮現出一種『**宇宙生物工程學！這兩個區域就是宇宙生物工程學的標準範例。**』的特別想法。於是，他進一步思索，或許現在最需要的就是銀河殖民計畫，因為如果沒有引進銀河殖民的形式，那麼所有的行星調伏行動將不會發生……」博士很慎重地說。

「這算是阿卡爾巴拉姆突破性的發現嗎？」我其實也不知道自己在問

什麼了，問得有點心虛，總覺得他這個發現，一定會為整個太陽系的演化帶來什麼重大影響。

「算是吧。阿卡爾巴拉姆吸收了這些資訊後，便進入一個叫做『針對宇宙傳譯的脈衝洞察力之覺醒』的冥想中。在此冥想中，他找到大角星異質體以及被喚醒的同質體配對的檔案，並且像你現在一樣，非常仔細地把它們都給記錄下來了。同時他也發現，這些『探針的狂熱者』具備最溫柔的宇宙之愛的特質以及出眾的勇氣，所以他們才可以圓滿行星調伏的行動。而且，他們還擁有梅林與門諾希斯所設定好的範本，好讓這些大角星探針，能夠更適合於進一步的演化偏差，而這個結果，也恰恰好符合了銀河殖民小隊的需求。」博士說完後，彷彿也進入自己的深層冥想，好半天，只聽見他的呼吸聲音，半句話都不再說。

而我又進入一種連問題該怎麼問都不知道的狀態。但還好，這些日子以來，已經很習慣該怎麼應付這種「摸不到邊」的情況了。反正，就是放著，等到時機成熟之後，那些理解和領悟，會自己來敲門的，沒什麼好急的。

我起身，去泡杯咖啡，最近進了一支我覺得好喝的巴拿馬天賜莊園的咖啡，可以趁著這個空檔沖來品嚐一下。

「也太香了吧？這麼不認真聽課，哈哈哈……」博士突然冒出了聲音。

「沒哪，你半天不說話，我也不想吵你啊……我這叫妥善利用時間……」我開玩笑地回答。

「也是，反正阿卡爾巴拉姆的故事，一時半刻也說不完。特別對『地球人的大腦來說』，這些心電感應的思維過程，可能都太跳躍了一些，慢慢來，不急，先喝個咖啡，也不錯的。」博士算是半安慰我吧，我想。

「沒關係，博士你要繼續說的話，我泡完咖啡就立刻去記筆記……」我表現得像一個非常認真的家教學生似的。

「不用啦，科普時間已經結束。接下來，我們聊天，你邊喝邊聽我講故事就可以了……」博士哈哈大笑我的反應。

「好呀，那你說吧！」我也樂得輕鬆。

「其實哪，阿卡爾巴拉姆在通過這些冥想和心電感應搜查時，總是隱約意識到那個叫做路西法的存在體。所以他深深理解，儘管路西法第五次元的主體被隔離在維拉卓帕的某個地方，但感覺起來，還是有一道路西法的第六次元或純粹光的放射體，依然存在於遙遠的北方象限中，這一點其實是非常詭異的。」博士繼續說著故事。

「這麼說來，表示路西法不管有沒有被隔離，其實都會一直存在於某個次元的某個區間中，對大家造成影響嗎？」我其實一聽到路西法，又緊繃了起來。

「也許吧。關於路西法的事，以後找機會再慢慢說，他的故事可比阿卡爾巴拉姆還要精采呢。倒是在蒐集完這些資訊後，阿卡爾巴拉姆發現他可以導引許多『位置良好』的思想光束給梅林和門諾希斯。而透過這些思想光束的力量，梅林和門諾希斯就能設定好他們的激活啟動行動，將大角星探針帶到下一個感官層級去，最後到達 CSR 衛星站。在那兒，心宿二星人可正眼巴巴等著他們去呢……」

博士感覺越說越輕鬆些。我私心以為這是我的咖啡發揮了效應，哈。

「兄弟，我問你啊。瞭解這些事以後，你會不會覺得阿卡爾巴拉姆的行動很像金尼奇‧阿豪的乙太光束傳信者？」博士問。

「很像啊！」我反射性地回答。

「不過，他對於梅林和門諾希斯其實比較像是父母對小孩一樣。你知道，一個明智的父母並不會給小孩太多的意見，所以他也不會告訴梅林和門諾希斯太多自己的想法。有時候做的太多，反而違背了聯邦不干預或不濫用自由意志的基本道德原則。如果濫用自由意志，就等於是脫離原始的宇宙冥想。因此，阿卡爾巴拉姆和任何維度的一切事物，彼此都應該要順著趨勢潮流應運而生才對。」博士很俐落地的用我們三次元生活，來比擬這些高維度頻率信息彼此之間的交流，算是非常有誠意想為我解盲。

不過高次元就是高次元，低次元的我們再怎麼想像，也只能趨近而已，不可能真正的理解。我期待有一天地球上所有的意識頻率能夠集體加速揚升，那麼對這些抽象事物的理解就不會那麼困難了。

「其實，本來就沒有那麼困難的……」博士又再一次直接擷取我的想法，並打斷我念頭地說。

「哈，您再這樣，下次就不用再問我知不知道啦？反正您都知道……」我被他的突然打斷嚇了一跳，有點抗議地說。「該心電感應的時候感應，該聊天扯淡的時候聊天，這不就是人生嗎？哈哈哈……我的意思是說，人類把宇宙想複雜了。其實存在這些都可以溯源於高維生命體深度的冥想，但這個冥想，其本身並沒有什麼起因或是目的，就是一個人們稱之為『宇宙』的真實基礎而已。」博士說。

我想，博士很想提醒我，在領悟宇宙奧祕的時候，有時候應該化繁為簡。我想起以前在跟師父學佛時，師父曾說過「直心是道場」，而道德經上說「大道至簡」，說的也都是這個道理吧！

「地球上的科學家們，大部分只會朝『宇宙是透過猛烈暴力所引起的』

這個方面來詮釋。人們很少會從所瞭解的事物中，出現有關『原始冥想』的覺察和記憶。而人們會感受到暴力，是因為失去了平靜。換句話說，一旦內心失去平靜，大家就寧可選擇暴力，這就是地球上多數人的困境。阿卡爾巴拉姆的故事，或許就是要告訴人們，可以用這樣的方式來看一看、想一想，就可以把大家帶回平靜，帶回這個一直持續發生的偉大冥想之中。」博士語重心長地敘述某種形而上的宇宙詮釋觀點。

我沒有多說什麼。說來也很奇怪，當博士闡述這個觀點的時候，我的內心竟然也跟著博士說話的節奏變得格外平靜。這是一種自動自發地轉化，沒有經過任何意念上的刻意投射。

我開始平靜專注在自己的呼吸上，覺得持續這樣做，好像才是生命存在最重要的行動核心。

窗外的風微微吹起。正午的太陽，氤氳著大自然的氣味，瀰漫在整個空間裡。博士沒有出聲，但我可以確定他還沒有離開，彷彿正陪我一起進入一個深層的冥想中。

我順勢將眼睛閉起來，不知怎的，隱隱約約聽見了虛空中來自遙遠的另一個聲音，既陌生又熟悉，它似乎正對我說：

「要記得哪，真正告訴荷西博士和你這些故事的人，叫做阿卡爾巴拉姆，一個總體性的全知者。如果想要知道總體性，就必須先體會平靜，而體會平靜，你要先讓自己完全進入到一個令人崇敬、永無止盡的，透過銀河展開的視野景觀之中。來吧，你已經來到這個故事的核心了……」

03

宇宙共振全息子／雙性五角星形放射體的華麗登場

一切萬有皆來自於冥想，來自於心智，亦即某種精神上的投影。而一切銀河投影的根源，又都在「匯流長老」所駐守的母體矩陣內部，那些所有銀河存在現象的集中點，就叫做銀河時間原子……

我從來沒有想過，進入核心冥想的平靜，那麼令人感動。

昨晚，我沉沉睡了一覺，什麼夢都沒做，算是得到一個非常好的休息。這些日子以來，整個地球透過蔓延的疫情在調頻，天災人禍也真的不算少，要得到個安寧的日子，說實在並不容易。我覺得自己特別幸運，在這些動盪的日子裡，有跨次元的博士陪著我，為我帶來這些跨了一個又一個次元的故事，讓我能夠以完全不同的視角和眼光來看待這個世界的快速變化。這一切的發生彷彿也像是冥冥中註定好的，銀河業力反覆上演，不論在地球或是任何一個恆星系中的行星上，應該都會持續發生的。而面對這些起落，我們無須逃避，面對就好。因為，我們永遠和銀河中心是一

體的存在。

博士帶來的大角星故事，終於來到我所生存的太陽系了。我沒有想到，我們的太陽哥哥還有個五次元攣生兄弟，並且有個非常酷炫的名字叫做「阿卡爾巴拉姆」。這真的是我第一次以這樣的方式認識我們的太陽哥哥，這個宇宙的存在，真的有太多太多超乎我的想像。

不知道，接下來的行程會到哪一站呢？

我等一上午，博士沒出現。我練了一會兒琴，覺得巴哈對位法的音樂作品裡，一定也隱藏著許多跨次元宇宙生命體的奧祕，特別是關於結構與形式的基因顯化與行程的這個部分。

「發呆哪？」博士從我的正前方冒出了一聲。

「沒哪……正在等您呢，都等了一上午了……」我答，心想我這是放空，並不是發呆好嗎？

「哈哈哈，我早上去開了個很重要的會議，現在才得空過來，謝謝你等我啊……」博士很感性地突然對我說感謝。

我愣了一下，不知該怎麼回應。心想，應該是我要謝您吧！

「這些日子，辛苦你了……這麼跟著我一個次元又一個次元跨上跨下，聽我說這些重要的故事……」博士說。

「我應該謝謝您，讓我超越了這麼多認知上的貧乏和遮障……」我誠懇地說。

「是的，我看到了你有了巨大的進步，我比誰都開心哪。我想，你會

一直進步下去的⋯⋯」博士暖暖地說。

我的心也覺得好溫暖。

「今天，我們來聊聊宇宙共振全息子（Universal Resonant Holon）吧！」博士直截了當把今天「談心」的主題給定下了。

「全息子。好啊，在學習十三月亮曆法的時候，我曾在您的論述中讀到過，它是四次元時間的骨架。在我們亞洲華語地區，之前一直找不到一個最適當的對應中文，所以曾經一度將它直接以音譯翻成『霍隆』。原本，我還翻成『呼蘭』，結果被Rafeeka徹底阻止，因為以台灣話的諧音說，話呼蘭就是胡說八道的意思，所以她不準我亂來，哈哈哈。不過現在，我們亞洲時間法則已經正式定下來了，將Holon翻譯成『全息子』，所以，您今天要聊這一塊，那可真是太好啦⋯⋯」我很開心博士要親自來為我們說文解字。

「這也真是太有趣了，所有的文字都是一種振動信息的假借符號，其實能夠交流溝通，幫助大家心領神會，才是最重要的。你能感興趣，那是再好不過的了，那我們就開始吧⋯⋯」博士說。

「今天，需要筆記本嗎？」我試探性地問。

「隨你呀，我們不就是在聊聊天嘛！哈哈哈⋯⋯」博士又在耍他的冷幽默了。老實說，從開始講故事到現在，什麼時候就只是在聊聊天而已呢？

我還是自動把筆記本備好吧，感覺這一回合的聊天，內容都還滿硬的。

「這下我們可能又要再討論回大角星同類元異質體，因為就是他們將大角星的孢子全息子，引導到中繼衛星CSR去的。你還記得，他們已經升級為行星調伏師了吧？他們後來還和心宿二星人一起，到金尼奇‧阿豪星系導師的區域中，執行維拉卓帕V.24實驗區10個軌道側翼的行星調伏工作了……你想不想知道他們是怎麼工作的呢？」博士有點俏皮地問我。

「當然想哪……」我簡直是迫不及待。

「首先，他們讀取了心宿二星人在維拉卓帕V.24原始設計任務中的完整資訊程式，這其中還包含了存在體亞克塔拉及安娜塔拉的索引檔案。因為有點擔心要如何設定好實際的行蹤定位，也害怕會受到路西法本質力量的影響，他們一開始顯得有些慌張和懷疑。但是，透過阿卡爾巴拉姆乙太星系導師的心電感應溝通後，他們很明顯地就被安頓了下來……」

「原來，我們這位太陽分身大哥，還有這等本事哪！」我有些恍然大悟。

「那可不？他們還在簡短的會議中，討論了有關阿卡爾巴拉姆的公告呢……而就在討論之後，他們在中繼衛星CSR的單元中，運用了冥想去修復自己。在那裡，光流搏動著，同時淨化了整個站台的核心空間。他們將光束射向遙遠的母體匯流長老的心智之間，還有梅林和門諾希斯身上，希望可以為這個行動計畫，求取到一些線索。」博士繼續「很硬地」敘述。

「那他們後來得到了什麼線索了嗎？」我問。

「從CSR水晶核心內部的光束程式中，匯流長老會再一次發射出原始銀河時間原子的力量。而當『時間原子光束與射線』變成一個色彩光束聲波的時候，他們集體的AA心電感應力，就會將訊息光束注入聲波射線

（sound rays）裡，透過這些訊息光束，大角星同類元後來就接收到維拉卓帕V.24的完整程式。」博士解釋。

「也太神奇……這麼一來一回就獲取資訊了，真好！」我止不住地讚嘆。

「神奇的還在後頭呢……當同類元集中他們的專注力，這些聲波射線就被顯化為『光波紗罩』（veils of light）以及『物質紗罩』（veils of matter），並且在它們CSR水晶體核心的內部中，相互混和，彼此旋繞。當這些紗罩凝縮之後，他們就會神奇地呈現出『宇宙共振全息子』的球體結構了。而大角星同類元的責任就是要讓維拉卓帕V.24的行星設計資訊可以通過『全息子傳導編碼』（Holon Conductor Code，簡稱HCC），也就是『宇宙共振全息子的結構』。而他們試圖傳輸給地球人類所感知的『宇宙共振全息子的性質與其結構』，就是屬於這一種『全息子傳導編碼』（Holon Conductor Code）。」博士一口氣又飆出這麼多「專有名詞」。

我早就有心理準備，手上的筆記本早已備妥，一個個的名詞都記錄了下來。但現在的詮釋，和我原先的認知套不太起來，所以直接開口問：「您說的這個『宇宙共振全息子』，感覺上，怎麼好像和『時間』沒有相關哪？」

「『宇宙共振全息子』其實是CSR心智塑形（mind-forming）的基礎，以及人類稱其為『生命』萬物的根源。生命的創造，存在萬物的創造，一如星系建造者和星系導師所說：『一切萬有皆來自於冥想，來自於心智，亦即某種精神上的投影。而一切銀河投影的根源，又都在『匯流長老』所駐守的母體矩陣內部，那些所有銀河存在現象的集中點，就叫做銀河時間原子。』所以，你說這和時間有沒有相關哪？」博士回答了我的疑惑。

「原來如此啊，那您可以再多說一點有關這個銀河時間原子的事嗎？」我問。

「銀河時間原子（Galactic Time Atom）是一個自我存在的、自我持續性的冥想。沒有人能說得清楚它究竟是從哪裡來，或又如何開始的，因為這裡並不存在真正的開始和結束。而這個銀河時間原子，是母體矩陣的根源以及胡娜庫真實的形式，當然，如果胡娜庫可以被認為是一種形式的話。而人們所認為的黑洞，其實就是這個時間原子的進出點，它不具有任何的尺寸或維度，不過它倒是有很多排放口遍布在銀河母親的全身。」博士回應了我的要求解釋道。

「很多的排放口？這意味著什麼？」我其實一直試圖想要跟人類目前的天文科學連結起來，但實在有點辛苦，博士敘述的語境，一下子很科學，一下子又很詩意，一下子很童話，一下子又很生活，我其實大部分的時間都像在線上遊戲的迷魂車陣中，常常就忽然找不到方向了。

「從銀河時間原子的這些交集點上，會放射出無以數計的母體矩陣支架（Matrix Holders），像是水晶母體矩陣、鑽石母體矩陣、無垠天空的母體矩陣、星系建造者母體矩陣、純粹放射線的母體矩陣、暢通無阻的開悟母體矩陣，以及綻放的萬物光輝母體矩陣等等。這些母體矩陣支架，就是萬事萬物的根基，而且他們都奠基於這些母體矩陣支架的冥想之中。這些都是從匯流長老那兒一點一點蒐集下來的資料，怎麼樣？聽起來很精彩吧……有沒有整個宇宙充滿了母體矩陣的感覺？」博士半開玩笑地下了小結論，大概是為了不讓我瞬間爆腦漿吧。

我深吸一口氣，力持沉穩地回問博士：「那……這麼多的母體矩陣支架，究竟有什麼功能和作用呢？」

「每一個母體矩陣支架，都具備產生出一個『基礎水晶程式』的力量。這個程式會賦予所顯化出來的萬事萬物一個原始的序列。而關於這些基礎水晶母體矩陣形式，則是根據四的家族（clans）、五的聯盟，還有那些你所知道及不知道的每件事物中的排列。當然，這其中也包括了跨次元、銀河系、元─銀河系（Metagalactic）的，還有宇宙（cosmos）本身的排列形式。」博士說。

　　博士此時此刻所敘述的內容，感覺起來好像跟時間法則的教導內容越來越有關聯。雖然，我一時半刻還是串連不起來，但我想這些原始資訊一定是非常重要的認知脈絡。我靜靜等待著博士繼續解說下去，謹慎且專注。

　　「更重要的是，超越母體矩陣之上第一階層的領會以及母體矩陣支架的無限界域，都會被視為『宇宙共振全息子』。因為一旦構成了『宇宙共振全息子』後，那麼它所形成的球體形式就會維持恆定，而也因為有了這個形式上的恆定性，『宇宙共振全息子』就可以建構出銀河系、星系、行星甚至是物種的整體了。所以，我們可以這樣說，『宇宙共振全息子』就是CSR在心智塑形上的基礎，它不但是多維度的，而且還超越了空間的範圍跟尺寸的概念。」博士非常深入地解說。

　　「您的意思是說，這個宇宙共振全息子，其實就是形成這個可觀測宇宙的存在基礎力量，能夠將基礎水晶程式所提供的形式排列給維持恆定下來？」我稍做整理，把上述的兩段話結合起來，想確認一下自己的理解是不是對的方向。

　　「是的，它是一個非常重要的存在基礎力量。如果把整個視角放大到整個銀河系來看，那麼『宇宙共振全息子』的北磁極是銀河系、南磁極就是恆星系統，或者說，這就是人類生存區域中所認知的太陽系概念。而大

家目前所認定的生命型態，也都是這樣生成的。它是來自於無限矩陣中的某個存在體，經過銀河磁極後，穿越『宇宙共振全息子』的核心水晶，再往太陽磁極延伸發展。」博士很精闢地解說。

「這是不是表示，我們所有的生命型態，包含您和我，都是透過這樣一個過程中所產生出來的？」

「當然，我們都以這樣的程序被投射在一個固定的生命形式之中。其實一個『銀河生命形式』在透過『宇宙共振全息子』建構完成後，這個生命形式的基礎結構，就擁有了和『宇宙共振全息子』完全相同的心智塑形的結構性質。這就是為什麼每一個宇宙存在的生命形式，都會同時具備一個銀河或月亮磁極，以及一個恆星或太陽磁極的原因。這也意味著，我們每一個銀河生命形式，都會透過銀河中心的吸氣和恆星系統的呼氣來產生運作。同樣的，這也就是我們為什麼也都會說，不管如何千變萬化，凡是所有的銀河生命都具有一致性的原因了。」博士說。

「我有點明白了。在這個銀河系中，不管什麼次元的生命存在體，都是透過這樣的程序形成的。基本上，它們都具備了一個月亮磁極與一個太陽磁極，這可以比擬成我們所認知的南北極，也就是它的一頭指向銀河中心，另一頭則指向自己所處的恆星系統，而銀河中心的運行就是吸氣，恆星太陽的運行就是呼氣。」我大致用自己的方式來重新整理了一下。

「非常好的歸納……但你還要知道，在『宇宙共振全息子』的水晶核心內部，就是剛剛提到過的『全息子傳導編碼』，這個編碼是一種呈幾何比例排列的程式，為了設計出某個特定形式與性質的生命。舉例來說，透過『全息子傳導編碼』的運作，特定恆星的行星系統，就會自動為其創造出最大優勢的星系孢子型態來進行調整適應，這也正是身為行星調伏師的大角星人們所最關心的部分。所以啦，他們一直都在思考，對維拉卓帕

V.24的軌道側翼行星系統來說，究竟什麼才是它最佳的孢子型態呢？」

「我開始真正感覺到，大角星人好像真為我們這個太陽系付出了不少心血哪！」我說。

「不僅僅是大角星人，其實所有AA中繼站相關的成員，都盡心盡力在為這個實驗區執行他們的任務。你還記得之前提過的，因為亞克塔拉一族的安娜塔拉，追隨了路西法的那一趟冒險，使得現在維拉卓帕V.24的行星系統，必須以五的基底來取代六的基底。就在這樣的模式之下，大角星人就根據金尼奇・阿豪的銀河吸氣和太陽呼氣，設計出一個程式，來配對這十個已存在的行星。」博士說。

「這是一個什麼樣的程式呢？」我問。

「根據銀河殖民原理，大角星人現在擁有一個基地，供應四個銀河家族所需的『空間』，它們分別是『火』、『血液』、『真理』和『天空』四個家族。如果，從這四個家族的每一個家族中，再分成五個時間部族，那麼全部就會形成20個時間部族。再對照這十個行星，也就是從四個『空間』家族中分撥出其中的兩個，加起來正好有十個時間部族，能夠為金尼奇・阿豪的『銀河吸氣』提供『空間』。至於，另外剩下的十個時間部族或其他兩個『空間』家族，則可以提供空間給『太陽呼氣』。你仔細對照一下，這樣一來，是不是每一個行星，都會被指定到20個時間部族中的其中兩個了。當然，形成這些時間部族的目的，其實都只是為了要調伏金尼奇・阿豪的行星。」博士非常詳細地解釋。

「天啊，我到今天才知道，原來在初階曆法中，我們四肢的手指與腳趾所對應到的四個諧波色彩家族，是為了要調伏太陽系的十個行星而提供給『銀河吸氣』與『太陽呼氣』運作的空間所設計出來的。那這二十個劃

分出來的時間部族，是不是也都恰恰對應到卓爾金曆上的二十個太陽圖騰了嗎？」我突然有種開始和曆法的學習有更深一層連結的興奮感了。

「這二十個部族，當然是有其對應的關係啊，但這可是一大堂課哪，還有得說呢……所以，稍等一下，我再慢慢講給你聽，現在我們還是把這個『霍隆』的來龍去脈先弄明白再說，哈哈哈。」博士打斷了我的追問，故意開我曾經把Holon翻譯成「霍隆」的玩笑。

「好吧……哈。那我們就繼續再來討論『霍隆』一下吧……」我笑了笑，順著博士的節奏回應。

「說真的，當時大角星探針可真是用盡了吃奶的力氣，集中所需要的專注度，竭盡所能和『宇宙共振全息子』一起運作。但他們還是不清楚，究竟在多久以前，他們從烏爾亞坦尼亞愛的水晶尖端啟程後，就這樣陷入一個這麼艱鉅的冥想中。對於整個維拉卓帕V.24的星系系統，他們其實還保留許多跟實體生命形式有關的問題。

「但是，就在要透過冥想來彙集大角星人和心宿二星人的智慧前，梅林卻突然來到他們的面前，對他們說：『看看你們所完成的，請為它們感到自豪吧！』這是因為，這些帶著敬畏之心的巫師孢子，早就已經運用心電感應能力發現了他們，他們知道自己所成就的事情。不過，梅林還是很清楚地再次宣告，他說：『冥想，就是一種創造行動。在那裡，會出現一種完全半透明的景象，它們都會盡可能以固定不變的狀態維持在CSR水晶核心單元的真正核心之中，這就是『宇宙共振全息子』，而在這樣一個對稱的骨架內部中，存在著維拉卓帕V.24的同軸網格、一個中央恆星，還有它十個軌道的側翼。』」博士進一步地說明。

「所以，您的意思是說，梅林告訴他們，宇宙共振全息子，其實是大

角星人甚或是心宿二星人透過深度冥想所創造設計出來的產物，而它包裹著整個維拉卓帕V.24的區域，也就是我們的太陽和十顆行星？」我試著歸納一下我的理解。

「是應該要這麼理解的。此外，梅林還說，只要大角星人和心宿二星人在這個區域的任務工作尚未完成，那麼『宇宙共振全息子』就會一直被保持在CSR中繼衛星的中心位置。接著他又說，只要金尼奇‧阿豪還在等著失落和弦的回歸，那麼這個『宇宙共振全息子』就會一直成為他們的原始工具和指引。所以，梅林要他們仔細研究它並好好加以運用。」博士說。

聽到這裡，我想我終於更理解這個宇宙共振全息子的起源和用途了。於是，竟也不知不覺中陷入一陣深深的沉思之中。

「不過，比較有趣的是……」

博士突然又冷不防地開口，嚇我一跳，硬生生把我拉回到了現場。

「有趣什麼呢？」我問。

「就在梅林離開之前，這些巫師孢子提醒了大角星人和心宿二星人應該好好聚個會慶祝一下。但那時大角星人有了更多要操心的事，根本沒那個心情。在CSR衛星中繼站上，大角星人和心宿二星人長久以來，面對面地相處在一起。他們共同思考命運以及探針的嚴肅性，這一切其實都是他們自我創造出來的指定作業，他們想要透過演化來導引一個恆星系統，並且，試圖透過這份指定作業，將路西法的陰謀帶到光裡面。然而，他們也深刻感受到，這份指定作業似乎是永無休止的。於是，他們開始思考，之前的他們究竟是歷經了什麼奇怪的冒險？而大角星人和心宿二星人彼此的差異性，又該如何顯化？他們又將遇上什麼樣的命運扭轉呢？那會是以什

麼樣的方式呢？」博士說著說著，語速也跟著變慢。

「大角星人怎麼突然語重心長了起來呢？」我想這個調伏維拉卓帕V.24星系系統的這個任務，對他們來說，還真是不輕鬆哪！

「可不是嗎？還好亞克塔拉一族及安娜塔拉及時出現了，她雖然是處在極其深層的冥想之中，但還是能保持著輕鬆的態度，就是她，打破了大角星人心情上的魔咒。她帶著一股爆發性的能量對著大角星人說：『**我親愛的來自大角星的同類元啊，你們是不是忘了你們「愛」的符碼與狂歡的慶祝活動了呢？**』經她這麼一點醒，瞬間，巨大的狂歡與愛的交換，立刻被拉開了序幕。

而就在他們經驗著第一次情慾暈眩的快感前，他們從光波的渦旋迷霧中，被吸進中途站CSR水晶核心中央的『宇宙共振全息子』。在這裡，出現一份宣告，那竟是門諾希斯，也就是那個無死亡性的存在體所帶來的一份有關『雙性五角星形放射體』（Bisexual pentacled radiozoa）的公告聲明，這下可讓他們既興奮又迷惘了……」博士突然又冒出了個全新名詞，這可讓我還真是又興奮又迷惘呀。

「啊？！門諾希斯怎麼也突然出現了呢？但那個『雙性五角星形放射體』又是什麼？！……怎麼感覺這裡面藏有好多的玄機哪？」我忍不住地嘟囔。

「這次門諾希斯來，算是個既隱密又短暫的探訪吧！AA中繼站的所有成員，就因為這樣而再度聚集在一個『完全會議』或稱為『AA中繼會議』之中，因為，他們要開始為下一個工作確認其定位了。」博士說。

「喔？那他們下一個工作是什麼呢？」我問。

「銀河移民（galactic colonization）計畫。」博士回答地簡短有力，聲如洪鐘！

「哇？這是什麼啊？」我問。

「這個巨大銀河移民計畫的指定作業所涵蓋的行動，就是『激活啟動生命』以及『開創全新的行星程式』。大角星人體悟到了這項工作有兩個面向：第一、他們必須要瞭解維拉卓帕 V.24 行星系統的共振本質；第二、他們還必須設計出一個通用且具有彈性的生命模板，讓所有的行星在通過不同的大氣層與化學結構時，都能夠適應它。」博士開始解說這個全新任務的工作內容。

「這感覺……不是有點……困難與繁雜嗎？」這項任務根本已經超出人類可以思考的範疇了。

「是的，即便對高維度振頻的他們，也不是一件容易的差事……所以，透過宇宙共振全息子的集中使用，他們歸納了之前在維拉卓帕 V.24 行星系統所發現的各種實際現象。也就是目前這個行星系統中，所明確擁有的兩組軌道側翼，其中一組軌道側翼是由五個內部行星體所掌握，而另一組則是由其他五個外部行星體來掌握。基本上，除了不規律的第 10 軌道行星之外，五個外部行星都比五個內部行星大得多。」博士開始詳述我們這個太陽系的行星軌道結構了。

不知怎的我有點興奮，或該說是覺得親切吧。有種開始要聽自己親戚故事的感覺，讓我相當專心地聽博士繼續講下去：

「我們這個行星系統中兩個最大的行星，掌握了第六和第七軌道，也就是被稱作維拉卓帕 V.24.6 以及維拉卓帕 V.24.7 這兩個行星。它們過大的尺寸，讓大角星人不禁懷疑，這兩個行星是不是用了某些方式，吸收掉那

些原本應該在第十一軌道和第十二軌道的行星物質而造成的。而且，在那兩個位置上，真的就有兩個橢圓形軌道的彗星，彷彿取代了第十一個和第十二個行星。於是，他們想，這些碎片難道就是原本預期的第十一個和第十二個行星嗎？」

「您的意思是說，我們太陽系最原本的行星設計，還是應該要有十二個行星嗎？那為什麼現在卻只剩下十個了呢？」我很好奇地問。

「是啊，大角星人也很納悶哪，他們想，難道是路西法曾經對這樣的組合排列做過些什麼嗎？它又是怎麼被操縱的呢？又為什麼要這麼做呢？」博士用一個問號來回答我。

「對啊，為什麼呢？」但我哪裡會知道啊，只好像鸚鵡一樣回答博士。

「他們真的也不知道……所以，他們接下來的工作，就是開始要透過『宇宙共振全息子』把維拉卓帕 V.24 的行星幾何型態，轉換回感應孢子的型態。但是，令他們沮喪的是，那些藉著通過他們電子身體而產生出某種精細的『音樂』回響，結果竟然是一連串不規律的振動序列，完全沒有對稱性可言，這可讓他們受到了很嚴重的打擊……」博士說。

「難道是因為缺少了那兩個軌道行星嗎？那……這回響的音樂，是不是就變得很奇怪了呢？」我竟然可以感覺到博士說的這個音樂裡，彷彿充滿了不和諧音程的刺激度。

「這個行星音樂，大概是他們聽過最難以忘懷，但也最不平靜的音樂了吧……正如你所說，它缺少了某些和弦，也就是第十一和第十二個行星的和弦，所以變得很奇怪。不過，你如果還記得的話，目前正在執行探針任務的大角星異質體，恰恰就是起源於大角星的第十一和第十二個行星，所以他們相信透過他們的力量，不但可以再次形成這些失落的和弦，

甚至還可以在剩餘的十個行星之中，重新整合出完美的五度和聲。反正，你可以把這些工作都當作是大角星人在成為行星調伏師之前的一次重要安排吧……」博士說。

「完美的五度和聲？這又是什麼意思呢？」因為長期在從事音樂的製作與創作，我對這個完全和諧且象徵神聖的五度音程特別感興趣。

「哈，這是心宿二星人中，一個叫做西摩克斯（Xymox）的長老偶然找到的解決方案。它可以讓現有的行星系統，回到完全和諧的五度發聲狀態，所以AA中繼站的成員們就把這個失落的和弦命名為『西摩克斯』。它執行的方式就是，先在行星軌道中先設定好完美的行動模組，再持續進行脈衝投射，而西摩克斯，這個完美的五度和聲，就可以在適當的時間點，透過共伴或挾帶效應而發出聲音來。但是，這一切行動，還是要等銀河移民計畫的事務都完全處理好之後，才可以開始進行。事實上，一旦等到銀河移民完成，完美五度發聲中的所有對話，就會變得非常美麗而夢幻了……」博士說到這裡的時候，聲音明顯飽含著一種充滿期待的笑意。

「所以，一切完美的回歸，都要等到銀河移民計畫的完成了？但這個移民計畫究竟是什麼？您剛剛也才說到一半呢……」我笑著提醒博士。

「我剛談到的，是這個行星系統的共振本質，這點可是很重要的基礎喔。不過，提到銀河移民計畫的事，那就要問問你，你還記不記得，在門諾希斯的宣言中，他所說的『雙性五角星形放射體』呢？」博士反問我。

「我記得，但不懂。這個很有感的專有名詞，究竟是什麼意思呢？」我以另一個問號來回應他。

「這是在維拉卓帕V.24系統中的宇宙記憶發展線索，不過……你覺得『雙性五角星形放射體』究竟代表著什麼意思呢？咳咳……」博士清了清

他的喉嚨，感覺應該又要準備一場長篇大論。

我專注地把筆記本備好，免得到時候資訊量太大，來不及記下來。

博士說：「他們大角星人，不論是異質體還是同質體，都是以一種被稱為『孢子』的型態存在著。而心宿二星人也是這樣的，他們甚至還擁有了一種更原始的孢子型態。不過，和人類所理解的孢子相比起來，他們可複雜多了。也許你可以把它叫做**一朵高級演化的蘑菇**，哈哈哈……然而，他們事實上也保留了一些孢子的基礎特性，那就是**自我增生**。因為這個自我增生的能力，他們在情慾上的投入就變得很純粹，完全不像地球人類所熟悉的那樣，人類的情慾表現和這個**自我增生**可一點關係都沒有……」

「您這是在不屑喔……哈哈……不就是人嘛。」我要替地球人抗議一下。集體失憶所造成的四大業力，的確讓我們失去太多原本應該要擁有的能力，所以才會這麼急需提高意識頻率，讓這些高維的智慧體來幫助我們進行演化呀。

「不是不屑，是充分理解。你不要忘了，我也曾化身為地球人類，跟隨那樣扭曲的業力型態，活過了好幾輩子呢……所以，我很懂你的理解……哈哈哈。」博士半玩笑地回應我。

我跟著大笑了起來，這大概是某種Men's Talk吧。

「話說回大角星人的孢子型態，他們的每一個感應器官也都是孢子，所以實際上來說，他們就是某種帶著一堆孢子的混和物。而當他們其中一個孢子達到一個興奮刺激點時，會製造一個與它本身共振的『殘留影像』。所以，他們對整體星系系統的理解與體悟，也是藉著他們孢子的性質而產生出不同的影響。你想想看，如果星系系統的本質，就像孢子型態

一樣的話，那麼一旦出現了強烈刺激的快感高點，便同樣會產生出一種共振的『殘留影像』。這些星際孢子的殘留影像，按照人類古樸的說法，會把它稱之為『類星體』（quasars）。」博士說明。

原來星際間以孢子型態為其本質，那麼一切快感的追求與存在，都在於完成其自我增生的作用。這麼一來，我好像逐漸能夠想像，之前博士曾經提及銀河母親在其感官快感上的終極追求境界。

我沒有多說什麼，這麼浩瀚的宇宙科學知識，必須要賦予其更多的想像，才能夠試著去一窺堂奧，我想我必須學會更敞開，去接受更多的資訊。

「其實在任何的情況下，這個『雙性五角星形放射體』生命型態，都是一條完整的全新演化路線。而大角星人透過了一些線索，瞭解了門諾希斯和梅林單態性孢子體的分支所意欲完成的是什麼，但他們也同時把雙態性的男性與女性護盾的記憶印跡，給放樣到維拉卓帕V.24的系統之中了。」博士繼續解釋。

「男性和女性護盾的放樣？這意味著什麼呢？」我有些不解。

「男性和女性護盾提供探針行動的成員去理解雙性體的基礎，透過這個特性，他們可以看到自己在各種不同型態中的親密關係。這對於他們來說，不論是大角星的異質體或擁有五個感應孢子的心宿二星人，都一樣的。然而，男性與女性所假設的，不僅僅意指不同型態的生成，總的來說，也是指兩兩相對或彼此互補的性質。」博士回答了我的問題。

「您的意思是說，男性護盾和女性護盾的共生存在，其實就跟東方陰陽互補的概念類似。」我試著歸納自己的理解。

「基本上應該是同一件事，所以，我們現在已經解釋完這個『雙性』

的概念。接著，就要來談談有關『五角星形放射體』的部分了。首先，『五角星形』（Pentacled），其實指的就是第五和弦，也就是一種擁有『五個部分』或『五個肢幹』的器官結構。而所謂的『放射體』（Radiozoa），就他們所知，指的就是由『光的持有』或是『光的合成』的生命形式。所以，我們現在可以來拆解一下門諾希斯為他們帶來的那句祕語。統合這幾句話，是不是表示一種新的概念，就是『五個肢幹』，分為『男性與女性』，並且由『光合成而來』的生命形式。你想想，如此一來，它完全就不是一個孢子型態了，但還是跟大角星人或心宿二星人的生命體一樣，具有輻射性感知與發出第五和弦聲音的能力。」博士將門諾希斯帶來的宣言，仔細拆解開來解釋給我聽。

「我怎麼覺得……您是在告訴我，這些高維的外星智慧體是如何地在設計我們人類生命體的基本結構啊。難道，我們人類真的是被設計出來的外星殖民？」不知怎的，這樣的說法，我早已聽過數十次，但此時此刻才真的有所感受。

「呵呵，你說呢？不過，這個問題還是留待你自己去印證吧。我想，很快你就會有答案了。讓我繼續把故事說下去，你就會有更清晰的認知和脈絡的……」博士淺淺一笑，沒有給我正面回答，但我心中很清楚，那個答案是肯定的。

「中繼站的大角星成員們得到了這些訊息後，開始將他們的思想形式投射到宇宙共振全息子，想要看看可不可以和『全息子傳導編碼』匹配，所以當這個共振一相互連結起來的時候，他們可是感到無比的興奮哪！後來，就這樣，這個『雙性五角星形放射體』變成了一個能夠產生全新演化生命週期的新模板母體。當然，他們也相當敬畏，因為這種宇宙生物工程行動，意味著需要更大量的知識和力量，甚至是要承擔起一個更大的責

「任。」博士的聲音有點嚴肅了起來。

「我還是覺得，大角星人不論到哪裡去，好像都像一個幸運兒一樣，不斷地在升級哪。感覺起來，這一次，他們又升級了……」我很老實地說出我的心聲。

「呵呵呵，那你想不想知道，這些升級的大角星人，後來是怎麼完成這個工程的啊？」博士笑了笑。

「當然想知道，您就快繼續說下去吧……」我很快地回答。

「我想接下來的訊息，你一定會非常感興趣的……他們一開始要先在宇宙共振全息子的內部，固定住這個『雙性五角星形放射體』的生命模板，然後因為四個家族母體矩陣是銀河殖民計畫的重要基礎，所以還必須喚起銀河時間原子以及這四個母體矩陣的配給。不過，四個家族母體矩陣的超維輻射子（hyper-radion）則是要透過他們CSR單元的『宇宙共振全息子』，才能接收到全新的『全息子傳導編碼』的銘印。

「這個全息子傳導編碼的銘印，就是現在『雙性五角星形放射體』的基本生成模板，而當這個模板一旦通過了『宇宙共振全息子』並接編碼銘印之後，**四個家族的四次元電力身體（帶電體），就會分化成時間的二十個部族（Tribes）**，接下來，每個時間部族就會受到重力的吸引，進入對他們具有影響力的軌道場域之中。一般說來，每個行星都會對應到兩個時間部族，所以，他們也就是按照這個方式，搞清楚了火與天空家族如何分配給五個外部行星，還有血液和真理家族是怎麼運用到五個內部行星。」

「您的意思是說，這20個時間部族，都是由四個家族所分化出來的四次元帶電體？然後，透過重力被吸引到不同的行星上去？但是您說的影響力是什麼呢？他們又是透過什麼樣的因素來區別的呢？」我真的開始有

一千個疑問了。

「是不是，我說你一定會感興趣的，而且你的問題還會無限自我增生下去的……哈哈哈。不要急，慢慢來，我自然會一點一點告訴你的。」博士非常體貼地安慰此刻「求知若渴」的我。

「你還記不記得，這些時間部族的作用，是要去冥想金尼奇‧阿豪的呼吸，所以，大角星人努力地在一個具有五個細胞部門的內部，建立出一個完整的行星系統，而這其中包括了兩個終端吸氣及呼氣（inhalation-exhalation）的細胞，也就是指兩個最內部（1,2）以及兩個最外部（9,10）的行星。另外有兩個轉換（transfer）細胞，指的是第三、第四、第七和第八行星（3,4,7,8），最後還有一個中繼站（midway）細胞，就是第五、第六行星（5,6）。

這個中繼站細胞是四個家族可以匯聚的地方，它位於很小的第五行星和有巨大系統的第六行星之間一個關鍵所在。而中繼站細胞也提供了探針成員在中繼站內部的『宇宙共振全息子』一個清晰的磁力聚焦點。」博士再更進一步地描述了太陽系行星系統和20個時間部族的關係。

我自動地拿出馬雅國王預言棋盤，還有人體全息圖出來，一邊聽一邊對照著，想像著這些部族進入這些行星的過程，深深覺得這些大角星人也太了不起啦。這些困難任務，可都要靠他們高度專注的冥想來完成呢！

「你想得一點都沒錯，等到『全息子傳導編碼』的銘印程序再建立完成以後，他們可就完全地精疲力盡了。不過，當他們注視著CSR中繼站水晶核心內部的『宇宙共振全息子』時，他們的確看到每件事物都已經開始有所進展了。但是，請注意，他們所看到的是每件『事物』，卻不是『生命力』本身喔……所以，他們立刻意識到，是不是要做點什麼才能夠讓

這個基因生成模板飽含著生命力呢？但後來，他們又轉念一想，或許應該要在整個行動中，設定些什麼來推動其星際生命的命運之流，才能夠將它們導向到另一個星際銀河感應孢子的創造結果，好讓銀河的第五和弦可以完美地發出聲音來⋯⋯」博士說到此，停頓了一會。

「結果呢？他們做了什麼？」我急切地問。

「雖然大角星人在ＡＡ中繼站非常專注且集中地工作著，但他們都不會忘記自己是銀河聯邦的一員，所以他們並不孤單！因此，就在他們為了擴增其內容的創造，而匯聚在『宇宙共振全息子』中一起思索時，送出一個尋求協助的信號。他們想，也唯有如此，他們的行星調伏行動，才有可能達到真正的圓滿⋯⋯」博士說到此，感覺像是告一個段落。

「您不會說⋯⋯今天先到這裡吧？！我親愛的博士！」我有點意猶未盡地問，而且這種吊胃口的方式會把人搞得太不舒服了。

「哈，兄弟，你說對了。就算不為你自己著想，好歹也為那些正在閱讀這本書的星際家人們著想吧。故事再說下去，他們的眼珠子都要混著腦漿掉在地上了。讓他們休息一下吧，你現在也可以去吃個午餐囉⋯⋯」

「我⋯⋯」我還是有點小小的不甘願。

突然間，聽見陽台外的台灣藍鵲嘎嘎叫了幾聲。我知道，博士又走了。

好吧，就帶著這個求救信號的懸念，去弄我的美味午餐了。但心想，明天，就是明天，一定要一大早就爬起來，坐等博士的來訪，也一定要讓他好好把這個尾給說清楚講明白，哈。

04

星際馬雅人的到來／二十個時間部族的復活

這些名為「馬雅」的星際馬雅人，的確就是幻象大師，因為他們是時間和幻象的原始導師，他們是為了安頓與調伏所有的行星，才一次又一次毫無畏懼地轉世為某種化身的存在體……

是的，我一大早就起床，迅速調好我的新鮮酪梨醬，準備來抹我的五穀饅頭。這是我混合台式的早餐吃法，其實挺美味的，再配上一顆煎蛋以及一杯好喝的手沖咖啡，的確就完美了。

今天，我可是極有企圖地等待博士造訪，不是談心，也不是聊天。今天我要來好好搞清楚，大角星人及心宿二星人在 AA 中繼站，如何運用了宇宙共振全息子的高等技術？當他們發現失衡的行星軌道後，到底該怎麼辦？我實在太好奇了，他們到底是向誰發出求救信號呢？那個拯救我們太陽系的力量，最後來了嗎？

我真心覺得今天的對談，絕對是齣重頭戲！

所以，我要好好地吃完早餐，好好地等博士出現。

窗外的雲，跟著逐漸變得更亮的天空，展現出不同的姿態，我已經吃飽喝足了一段時間，博士，還沒來……

「這麼早就在等我啦……」博士的聲音一派輕鬆地從我身後繞到我的面前。

「您終於來了啦，我以為您故意逗我玩呢……」我說。

「沒啊，因為這時間與你平日的作息差太多了。通常這時候你還清醒，估計是一整夜還沒睡吧？」博士倒是很清楚我的生活作息。

「我太想知道，接下來發生什麼事了，我感覺這一段很重要。」我說。

「我不得不說，兄弟，你的心電感應力已經進步不少，哈哈哈……是的，接下來這一段，大概是所有學過曆法的星際家人們都會很感興趣的部分了……」博士還是維持他的輕鬆態度。

「什麼意思？」我問。

「因為星際馬雅人要登場啦，哈哈哈。我不想賣關子了，這應該是所有星際家人都會很關心的吧？」博士單刀直入地說。

「哇，真假？原來……您的意思是說AA中繼站的他們，發出協助信號的對象，就是星際馬雅人？」我大叫地說。

「是的。所以，就讓我今天好好來為你介紹一下，星際馬雅人究竟何

許人也吧？」博士開心地說。

「這真是太棒啦……」我也跟著非常喜悅。

「我現在稱他們為星際馬雅人，其實他們本來的名字只有『馬雅』（Maya）兩個字，但為了要和後來地球上由星際馬雅化身所遺留下來的星際移民或蓋亞混血兒，也就是現今還存在著的馬雅人有所區隔，所以，從現在開始我都會稱這些來自馬雅星的生命體為『星際馬雅人』，這樣比較不會讓大家混淆，OK？」博士要說故事前，很貼心地先解釋了一下。

我用手指比了OK，博士便即刻開口說道：

「星際馬雅人，也被稱為『時間的導航者』。他們被設定在光錨的位置。他們就是他們自身冥想之中的存在體，也是比其他母體形式更早到達銀河四個象限的前哨者。他們之所以能這麼做，全是因為他們是最早精通『時間』的生命體。而在已掌握熟練的『時間』之中，他們超越空間，並且穿越第五次元到達了第七次元。他們乘行在純粹的光之上，抵達只會發出『單一』聲音的地方，而那個聲音就是『宇宙冥想』。」

哇，這個開場白也太酷了吧？果然是帥透了的星際馬雅人，我很滿意地想著，雖然其中有一大半的內容不太懂。但，沒關係，先放著。（我早已經學會該怎處理了啦……）

「他們得到的回報就是胡娜庫的知識以及銀河導航的力量。所以，門諾希斯和梅林，還有大角星的異質體，找到了星際馬雅人做為他們的指導者。當然，星際馬雅人也分享了很多的知識給他們，因為星際馬雅人是原始『宇宙共振全息子』的建造者，也是導航銀河星系與平行宇宙時間振波的陀螺儀。」

啊，我終於搞清楚啦，原來之前博士所提到的「原始宇宙共振全息子」，它的創建者就是星際馬雅人。這麼順著聽下來，似乎就越來越和時間法則所教導的概念相互扣合了，我靜靜地思索。

「其實，你必須知道，星際間，任何想要尋求時間分享或亟欲想知道命運演化的生命體，早晚都會遇到星際馬雅人的，因為他們掌握了共振法則的序列列表，以及透過世界系統上升下降而取得的脈衝塑形（Pulsar-shaping）編碼。所以，沒有一個星系的生命體，想去建立一個『事物』的真實歷史，而可以不需要他們的建議的。」博士繼續介紹。

「您的意思是說，我們透過自己的世界系統所認知到的『事物』，其實是透過星際馬雅人擅長掌握的技術而產生的幻象嗎？那星際馬雅人豈不是擁有無比強大的權力操控我們了嗎？」我突然驚覺這樣的可能性，反問道。

「哈哈哈，對所有星際馬雅人的生命體而言，權力從來不會是他們的目標，他們最了不起的地方也就是這裡，因為，他們連自己是誰都不知道，甚至也不知道自己是從哪裡來的？」博士回答。

這個玄之又玄的答案，真的讓我百思不解。之前，我還慢慢接受了星際間，也像地球一樣，充斥著各種善惡勢力的對峙與戰爭，外星生命一樣充滿著對權力迷戀的行徑，但如今，卻又告訴我，有一類存在的智慧體，是完全不追求權力的。渺小的我，面對這個浩瀚的宇宙，實在不敢妄下斷言，但這持續打破我思維邏輯的現象，真的已經不是考驗而已了。我覺得，這一切轉折，更像是要先進入到一種修行中的參悟狀態，才有可能理解一二，我只能放空地聽著博士繼續說：

「這些名為『馬雅』的星際馬雅人，的確就是幻象大師，因為他們是

時間和幻象的原始導師。他們是為了安頓與調伏所有的行星，才一次又一次毫無畏懼地轉世為某種化身的存在體。而正因為調伏行動就是和諧化，他們也可以說是『和諧作用』的大師。

「無始以來，他們在『五聯盟』的建造群中甦醒。通曉著『有為』和『無為』的祕密，他們將自己獻身在一種不死的幻象之中。當然，這是出於他們對幻象世界擁有足夠的掌握，而他們還曾經調伏並安頓了昆蟲的宇宙，同時賦予所有昆蟲世界的生態習性，並以心電感應的方式將他們束縛在一起。這個結果，等於給那些自認高人一等的人類上了一堂很重要的課。

「這一切，都源自於人類充滿優越感的幻象，而這個幻象卻不斷被凝縮在一個『永生不死』的信仰之中，其實，這樣的結果，反而更造成了人們對死亡的恐懼。但令人不可置信的是，這個死亡的恐懼以及對永生的許諾，卻被路西法解釋為一種『救贖的行動』。還好，星際馬雅人是非常瞭解路西法的，他們接受路西法就像無視於路西法一樣，因為他們認為，只要把自己提升到比路西法還要更高、更巨大時，就能夠一直保持單純。如此一來，也就能夠在面對一切狀況的時候，盡力就好了，根本不需要什麼回報，所以，星際馬雅人的優點，就是他們相信所有的存在，都沒有絕對的是非對錯，同時他們也明白，為了要領會這個沒有絕對是非對錯的概念，就必須先很清楚瞭解並遵循一些明確的遊戲規則。」

博士真的是一口氣，把星際馬雅人的來龍去脈介紹得非常完整。

真心話，星際馬雅人的出現，再度讓我跳脫出了之前對星際間所有存在生命體的觀點，我還沒有什麼能力可以在這麼短的時間內，重建起一個新的邏輯系統，所以，我發現此時此刻，我只能聽到什麼算什麼，至於昆蟲宇宙究竟是什麼？我已經無暇多問。或許那就是我們所認知的昆蟲世

界，又或許意指的是另一個平行宇宙，就像之前在K-9宇宙長老群的狗長老坎納斯·吉帶著大角星化身與孢子體去造訪的那些所在。

然而，此時此刻，我想我更關心的是，星際馬雅人具體的行動邏輯，於是我急迫地開口問：

「星際馬雅人必須理解的遊戲規則是什麼呢？」

「首先，你可能要先知道，在光錨也就是昴宿星團的內部，星際馬雅人有一個恆星基地，也叫做馬雅。他們會從這個恆星基地監看維拉卓帕的區域，只要那邊一有需求，他們就會隨時和銀河聯邦合作；事實上，也是星際馬雅人透過他們的力量將光錨保持在它的位置之上不變並且提供了時間編碼，也就是說，他們將一切跟脈衝乘行、型態轉換與魔法置換（Magical displacement）的技術，提供給所有在聯邦中的各個恆星系統。」

「哇……太厲害了啊，那他們之間的具體合作行動是什麼呢？」我問。

「直接形成各個星系的銀河移民化身！」博士非常強而有力地回答了我。

「什麼？！」我一下子愣住了。

「不只一次、兩次，其實他們已經被要求化身為某個星系的銀河移民，有六次了。甚至，他們被要求在一些恆星系統上，透過他們的出現來證明『時間』是個幻象有高達二十次之多，還有『永生』也不過就是個空洞的口號罷了。雖然星際馬雅人自己本身並沒有留下紀錄，但他們留下人類稱之為『時間』的共振定義編碼，所以，有一些人記錄了他們的軌跡，並且製作不同精確程度的教導與時間科學。然而，對於這些紀錄和整理，

星際馬雅人其實既不贊成也不反對的。」博士緩緩說著這個抽象又具體的星際馬雅行動。

「所以……您是說……這些化身行動，是大角星人在 AA 中繼站發出求助信號前，星際馬雅人早就已經在各個不同的恆星星系中所執行的任務嗎？」我試著更釐清一些。

「是的，這些行動，基本上是星際馬雅人根據在他們光錨的恆星基地上，對維拉卓帕區域的各種觀察來決定的。當然，這些觀察也一定包含了針對大角星探針以及他們在 AA 中繼衛星上與心宿二星人的一些任務約定的執行過程。而導航得還不錯的星際馬雅人，因為熟練對『時間』幻象的掌握，所以很能同理著這些行星建造者與行星調伏大師們。特別是，當他們還看到大角星人加入聯邦之後，一直非常努力地追蹤在金尼奇・阿豪星系陷阱中的路西法……」博士說。

「那後來，星際馬雅人是透過什麼方式來幫大角星人的啊……不，應該說我們太陽系吧？」我其實還是很關心我們太陽系的後續發展，於是開口追問。

「星際馬雅人的服務早已經得到金尼奇・阿豪的保證，而那些正『呼叫並等待著第五和弦』冥想中的生命存在體，沒多久就注意到他們的到來了。因為星際馬雅人把他們的頻率調整到 AA 中繼站的頻寬之上，如此一來，他們就能夠清楚知道大角星成員能做些什麼，並也能夠知道他們需要的是什麼？」

「好厲害的星際馬雅人哪，原來他們只要調整一下振動的頻寬帶，就可以與任何一個星際系統溝通了？」這一點，倒是完全吻合我對外星人的想像，哈。

「不僅僅如此，他們也正式準備好要形成另一個銀河移民的化身了，一切就等著基因生成模板所產生的四個家族，被放進『宇宙共振全息子』內部的適當位置後，他們就已經可以開始行動。其實，星際馬雅人犧牲自己的能力，早就在許多星系系統中被檢驗與證明了六次。現在神奇的第七次，正在向他們招手，於是，他們開始激活啟動在殖民恆星系統維拉卓帕V.24區間，也就是在金尼奇・阿豪與阿卡爾巴拉姆統治領域中的二十個時間部族的生命與化身了……」博士更進一步地解釋。

「二十個時間部族的生命與化身？」我其實有點聯想到什麼，但還不太敢確定，正躊躇著要不要確認一下。

「是的，一切就如你所想的，但這個部分，我待會兒再來好好跟你解釋一下，但現在，我們先來看看星際馬雅人是透過什麼方式來完成這個化身過程的，好不？」博士依然發揮他強大的心電感應力，暫時壓下了我的疑惑，延續前一個話題，他說：

「星際馬雅人，一等到這個求援的信號結束，他們先進的變頻藝術家們，就進入了共振的光束中，依據不同的家族和行星振盪出他們自己所屬的位置。這些變頻藝術家們，會在不同行星各自的月亮衛星太空站中，激活啟動它們的基因生成模板，而且，為了要激活啟動這些不同的模板，這些變頻藝術家們，會發出不同的共振音調，而這些音調則會攜帶著一個已經編好代碼的記憶印跡。事實上，其中的每一個代碼都是根據144000筆記憶印跡來編寫的。」

「根據記憶印跡來編碼的音調？這意味著什麼呢？」我很好奇。

「星際馬雅人早就留意到，要完成記憶印跡的編碼，需要依賴兩個變數：第一是記憶，第二就是自由意志。他們把『記憶』這個概念，稱之為

『將宇宙法則壓縮成普遍行為的能力』，而『自由意志』則純粹來自『個體單元自我吸收的行動』，這樣的認知則表示，當記憶的力量越被貶抑時，自由意志的能力也會跟著變得越微弱。」博士開始解釋記憶印跡的編碼。

我第一次知道，原來記憶和自由意志之間，竟然具有這樣的關聯性，於是很安靜地繼續聽博士做更多延伸的解釋：

「既然他們叫做『星際馬雅人』，他們就一定知道幻象的循環週期。**他們知道四是幻象週期的數字，就是整體性的停滯。而五則是切換停滯幻象的頻率而達到完美的五度，也就是獲得自由。**所以，整個銀河文明現象的偉大演出，依憑在四的停滯與五的解放兩者之間的鏈鎖作用上，這就是第五和弦的意義，也是他們星際馬雅人在銀河時間的偉大冒險中，所導引出來的G力光束。」

「四是一種停滯的幻象，而五是一種解放，好有感覺的一句話哪。」我有點自言自語地說。不過，我想任何學過13月亮曆法的家人們，一定都知道我的感覺是什麼，哈。

「哈，請繼續有感覺下去吧……他們是星際馬雅人，瞭解他們，就會清楚『時間』以及『時間的變頻作用』是什麼。即使在他們激活啟動了基因生成模板之後，也就是在某個星系形成了某個銀河移民的化身之後，他們依然具有強大的共振力量，所以知道他們的人，總還是會呼叫他們並依賴他們。因此，這些被稱之為『馬雅』的星際馬雅人，長久以來就一直被認為是一個『時間』的銀河導航者，一個失落世界的移民者，以及一個操作幻象的大師……」博士很巧妙地為星際馬雅人的介紹做了一個小小的結論。

我想，接下來，有關星際馬雅人要揭露的訊息一定龐大到難以想像。不過，沒關係，我已經做好一切準備了，我根本就像大角星探針一樣的心情，即便這個跨次元的冒險再艱難，還是會勇往直前的。

　　「哈，你也不需要把自己講得好像要上斷頭台似的嘛！我已經講得很有趣了，你不覺得嗎？」博士有點小小揶揄我「壯士斷腕」的心理反應。

　　「我不是那個意思啦。親愛的博士，我知道您已經想盡辦法把那麼抽象高維的信息，轉譯成這些故事講給我聽了。但真的，地球人類的大腦就是地球人類的大腦，所有演化與擴張的思維，還是得慢慢來的。您看，我不是聽得興味盎然嗎？雖然有很多信息還是不太理解……」我連忙解釋。

　　「我知道啦，開個小玩笑。你已經很不容易了，聽到這兒，你還願意把故事聽下去，我其實很感動了，但我們兩個其實正在進行一件很重要的事情哪……」博士語帶玄機地說。

　　「重要的事？什麼事……」我問。

　　「聊天談心啊……哈哈哈……這好重要哪……」博士此刻的藍猴式冷笑話已經奪冠了。

　　我呼了口氣，翻一個好大的白眼，覺得博士這幽默一點都不好笑哪，根本是在逗我嘛！

　　「兄弟，我就是要你放輕鬆一點。再提醒你一次，你不是尼歐，也不是尼克，更不是奇異博士，我們兩個就是喝喝咖啡，聊聊外星人的故事嘛！」博士溫和地說。

　　我莞爾一笑，知道博士正在提醒我一件很重要的事。我點點頭，不再

多說什麼。

「你現在去你的書架上，放馬雅資料的那個書櫃裡，抽出右邊數來的第三本書，書裡有一份散裝的資料，那是你去年八月二十日，自己整理好放進去的，那天的印記正好是磁性的黃種子，Kin 144，你現在去把它拿出來……」博士指示得非常清楚。

我走過去，才把那本書抽出來，就掉下來一張表。我連忙低頭一看：

銀河吸氣		太陽呼氣
部族	行星	部族
火的家族		**天空家族**
黃太陽	V.24.10 冥王星	藍風暴
紅龍	V.24.9 海王星	白鏡
白風	V.24.8 天王星	紅地球
藍夜	V.24.7 土星	黃戰士
黃種子	V.24.6 木星	藍鷹
血液家族		**真理家族**
紅蛇	V.24.5 馬爾代克星	白巫師
白世界橋	V.24.4 火星	紅天行者
藍手	V.24.3 地球	黃人
黃星星	V.24.2 金星	藍猴
紅月	V.24.1 水星	白狗

恆星：維拉卓帕 V.24，Kinich Ahau

我驚呼了一聲：「這是……」

「二十個時間部族所對應的行星列表啊，你剛剛不是想知道這個部分嗎？所以現在我們就來好好聊聊呀……」博士說得稀鬆平常。

其實，我自己對這份資料一點印象都沒有了。當初在系辦公室整理好，順手印出來，就塞入這本我在墨西哥人類博物館買的講述古馬雅文明的英文書裡。博士沒提醒我，我壓根不會去翻出這份資料，這也真是太神奇了。

我拿著這份表，傻愣愣地盯著，什麼話也沒說。

「你手上拿的是一張根據維拉卓帕V.24，金尼奇・阿豪的十個行星，有十組時間部族命名的表格。你把它整理成這樣其實挺好的，但你少記錄一樣，那就是他們這二十個部族，全都是藉由RANG（Radio-amplified neuro-gammatron，擴大輻射神經伽瑪子）的力量，也就是『共振生命原力』的力量，來激活啟動的。」博士說。

「是的，我完全忽略了這個部分。您就再跟我好好講講吧……」我其實有點窘，自己整理的資料，結果一點印象都沒有。

「這很正常的啦。但我要提醒你，其實所有被儲存的記憶印跡，到底什麼時候會被顯化出來，都是在一個關鍵時刻，透過RANG的力量激活啟動的，你就慢慢聽我道來吧，哈。」博士倒是很會安慰人。

「好！」我像個小學生回應。

「其實一開始，這些四次元的時間部族，每一個都有自己的『夢語境』，他們透過這些夢語境，各自編織屬於自己的歷史、自己的故事。但是到目前為止，地球上的人們應該還是搞不太清楚這些歷史和故事。基本上，每一個時間部族，會根據行星不同的電磁力、重力、化學元素以及大

氣的條件，來決定他們三次元的顯化形式。就像在這個區域中有許多行星，它們三次元的形式是活在地表下很深的地方，具備了像蜥蜴、爬蟲類或魚類的形式。首先，我要告訴你，這些時間部族的目的，其實都是為了要平衡行星彼此之間的力量以穩定行星的軌道。這也意味著，他們會在一些情況下去平衡行星軌道上那些不同月亮衛星的能量與重力場。譬如說，一旦有兩個行星，屬於他們的時間部族甦醒了，他們就會開始接納彼此，發展出他們所意欲經驗的三次元可能性，建立出一個基本的文明架構。他們會開始把他們的心電感應雷達，也就是某種無線電發射器，轉向到自己的月亮衛星去。而在他們各自的月亮衛星之上所儲存的宇宙生命原力RANG，就會設定出一個可以與其他行星部族產生適度交換的狀態，讓彼此達到平衡。

「一旦這個行星和另一個行星建立好聯繫，那麼在意圖上，會有意識地持續將軌道的路徑和諧化，一直等到這個處理程序完完全全結束之後，它們就會開始有意識的與金尼奇‧阿豪產生高度和諧，這個情況，正如大角星人和他們的主恆星烏爾亞克吐爾（Ur-Arctur）之間一樣。」

博士鉅細靡遺地將四次元時間部族的基礎作用解釋得非常詳盡，我想除了強調行星之間的軌道平衡之外，這裡出現兩個新的名詞，一個是月亮衛星，另一個是剛剛提到的RANG這個宇宙生命原力。我沒再多問，心想，博士等會兒一定還會繼續講解下去的。果不其然，我才一這麼想，博士便又繼續開口了，他說：

「不過，作為一個共振的星際感應孢子來展開綻放，金尼奇‧阿豪其實是有一個隱含動機的。在達到這個完成的過程中，銀河聯邦與現在透過AA中繼站管理運作的大角星探針，非常渴望能夠把那些被認為還在金尼奇‧阿豪的維拉卓帕V.24系統中，發揮某些作用的路西法力量給揭露

出來，或者將其轉化掉。大概也正是因為如此，調伏金尼奇・阿豪的目標，就變成一件更具有高度的事情。後來，他們將之稱為『偉大的第五力量和弦發聲行動』。」

「您的意思是說，我們太陽系本身除了作為一個銀河新生感官的星系系統來綻放演化之外，還有一個更崇高的目標，就是要將隱藏的路西法力量揭露出來？」我發現，我竟然聽懂了。

「是的，就是這樣。但對於一個設計或計畫來說，一切都要等到每件事情都真正完成了才算數的。因此，就算有了設計也並不能保證一定可以被完成，更何況這件事的執行，還必須依賴它的原始概念。所以，星際馬雅人決定，一旦他們根據RANG的力量啟動了時間部族的基因生成模板，化身成一些先鋒部隊的參與者之後，他們就要退回到他們在光錨中的星際基地馬雅觀測站中。當然回到那裡的主要原因，是因為那裡很接近他們的中心太陽昴宿六。不過，除此之外，他們依舊還是會派遣一些星際馬雅偵查員，到AA中繼站去跟大角星探針們一起工作……」博士繼續解釋。

我真心覺得，星際馬雅人的行動力，真是特別的利索。就是那種即知即行、說做就做，毫無半點猶豫的積極態度。

「不過，令人意想不到的是，就在RANG偉大的啟動儀式之後，星際馬雅人才離開沒有多久，這個計畫就出現了第一次的轉折。有一天，星際馬雅人，突然觀察到在V.24.6木星之上出現一個巨大的風暴，過沒有多久後，那裡最原始的星際馬雅人監察小隊似乎就被破壞了。按照地球人類的說法，這應該就算是某種所謂的軍事行動發生了，然後，隨之而來的卻是一段奇特的『沉默』狀態。更奇怪的是，這樣的情況也同樣發生在V.24.7的土星上。更讓人不可思議的是，就在某個時刻，某個行星竟然發生一起巨大的爆炸，噴射出如雨般的碎片，散布環繞在行星的重力軌道之上，整

個 V.24 區域又再度進入一個全新的『平靜』狀態中，但這次卻是一個相當不穩定的『平靜』狀態……」博士說話的聲調雖然平靜，但感覺起來摻雜著一種非比尋常的情緒在其中。

我不敢多話，靜靜地等待著保持沉默的博士，只聽他深吸一口氣，才又繼續說了下去：

「毫無疑問，路西法的力量這時候完全被揭露出來了。星際馬雅人猜想，應該是路西法已經把太陽系中那兩個最大的行星體，拿來當作是他在 V.24 系統中的基地了。這大概也是因為他們長久以來都一直持續關注所有跟路西法有關的各種發展，所以在 V.24.6 和 V.24.7 的事件之後，他們就推測出這樣的結論。」博士很謹慎地說。

「這……這位路西法先生究竟想要做什麼呢？」我開始懷疑，這個連銀河聯邦都傷透腦筋的路西法，真正的意圖究竟是什麼？

「星際馬雅人的推測是這樣啦……他們覺得路西法一心想要成為一個具有競爭力的星系建造者。所以，路西法試著透過各種的努力，他的首要目標就是先把 V.24 中最大的兩個行星給『偷走』。而目前，這兩個行星已經彼此相連了，所以他想運用這些行星的素材，重新創造一個新的恆星，成為太陽的二元雙生體！」博士回答這一題的聲音相當洪量。

「哇，這野心也太大了吧？但這樣好嗎？」我說。

「對星際馬雅人來說，他們覺得太陽擁有一個二元雙生體，既不好也不壞，但這一切之所以會出問題，就只是因為『時間點』的關係。由於這樣的事比預期的時間點還更早發生，所以，整個情況就顯得不適當並且缺少藝術感。更簡單地說，就是它根本無法製造出一首好的『音樂』。」

「所以您的意思是說，那個行星的爆炸，是因為路西法運作得太過於急躁所產生的影響，以致於星系整體的共振失衡了？」我問。

「可不是嗎？不過，故事總還是要繼續的。太陽系中那些被影響的時間部族可是非常需要幫助的，所以曾在大角星探針技術中受過訓練的心宿二星長老，就被派遣過來。這也說明了心宿二星人，後來為什麼會變成木星的『種子』與『老鷹』時間部族以及土星的『夜』與『戰士』時間部族的護衛了。」

「心宿二星人也這麼厲害啊？」我問。

「其實，並沒有⋯⋯心宿二星人在設計建造行星上很厲害，但是在調伏行星上就沒有什麼經驗了。他們的努力，缺少某種精緻的細節。而且他們也沒有建立好心電感應的共振與涵義，反而是很偏頗地被詮釋成受到路西法干預的另一種形式了。所以，他們在這兩個行星上的所有努力，後來被路西法為了鞏固自己的力量而給全數顛覆了。更讓人難以想像的是，V.24.6和V.24.7這兩個行星，除了早期從第十一和第十二個行星以及其他失落世界的記憶印跡中，吸收過多的材料而變得肥大之外，如今，又因為路西法在精神治理上的勝利與傲慢，而變得更加膨脹了。」博士開始細細敘說起太陽系的行星故事了。

這讓我想起第二次和博士談心時，他告訴我那些有關火星文明頹敗的故事，隱隱地，我覺得這些發展，或多或少都跟路西法的力量有關，於是我開始把焦點也放在路西法的發展上，聽著博士繼續說：

「從那兩個行星後來所擁有的力量優勢來看，或許路西法想要創造一個恆星來取代金尼奇・阿豪的第一個階段，如今看來算是已經達成，金尼奇・阿豪吸氣—呼氣的內部流動，全都被阻斷了，而V.24區域中三個

最外圍的行星軌道和五個內行星軌道也因此被阻隔開來。這也就是說，金尼奇‧阿豪軌道側翼的共振場完全中斷，再也無法獲得適當的通風，展開適當的銀河飛行了。」

「大角星人呢？他們看到這個情況了嗎？難道他們不出手幫忙一下嗎？」我問。

「尷尬的情況就在這裡，正因為心宿二星人在這兩個行星上的一切努力都被破壞殆盡，於是和大角星人產生了某種間隙。有些大角星人，甚至覺得這一定是心宿二星人想與路西法結盟，來接管金尼奇‧阿豪最大的兩個行星呢。所以，在 AA 中繼站內部，大角星和心宿二星的代表團之間，竟然發生了前所未聞的權力鬥爭。他們彼此的裂痕中，全都充斥著心宿二星人要與路西法結盟的恐懼。不過，事情還是有例外的啦，有一群少數的心宿二星人，選擇繼續留在 AA 中繼站工作，甚至直接把他們自己從第六和第七個行星，也就是木星和土星這兩個行星的連帶關係給完全切割掉。」博士很直接地回答了我。

「那接下來該怎麼辦呢？」我也跟著緊張了起來。

「明顯地，這個狀況的發展，讓銀河聯盟的探針力量分裂潰散了，獲勝的路西法又開始盤算著他的下一步。他考慮要不要從第八和第九的行星體下手，但這兩個行星，也就是大家所認識的天王星和海王星，它們的尺寸與力量似乎都太大了，相較起來，第五和第四的星體就小得多了，因此，他最後決定的策略是，先掌握住比較小的行星，然後再拿它們去平衡第六和第七行星體的軌道力量。所以，到目前為止，V.24.4、V.24.5、V.24.6、V.24.7 的軌道都已經受到路西法力量的控制，如此一來，他就能完全抑制金尼奇‧阿豪的恆星作用了。他想，接下來只要再憑藉自己的能力，先行搶占住一個位置，那麼到最後，他就一定能順理成章讓自己成為

一個星系建造者和星系導師了。」博士仔細地分析路西法的心態和謀竄的策略。

「這是什麼啊，也太心機了啊……」我實在忍不住大嘆了幾句。

「更可怕的還在後頭呢……為了鞏固大局的掌控，路西法積極進行了下一步分裂扭曲的詭計，而這個詭計就是與男性力量結盟，接著將整個女性的力量給覆蓋掉。因為他知道，只要透過這樣的鬥爭分裂，最後就一定可以讓金尼奇・阿豪整個系統的力量完全裂解。這麼一來，路西法就能夠毫無爭議地晉升為一個V.24的星系建造者。」博士繼續說。

我聽得起了滿身雞皮疙瘩，想起地球文明中，男性與女性力量的失衡，多半也是肇因於此。我不禁深深感到悲傷起來，特別是到了2021年的今天，地球上其實還是有很多地方，男性和女性之間依舊擺脫不了這個被扭曲的分裂關係。我想不用問，我都知道結局是什麼了。

「當然，維拉卓帕V.24的整體情況，因為這樣很快就惡化了，我想你應該也有深深的體認。不過，星際馬雅人非常瞭解挑戰的力量，天無絕人之路，他們總是堅持著最高規格的行動路線。他們相當確信大角星人的演化技術，一定可以克服這個區域目前被嚴重破壞的情況，只不過，為了征服路西法的力量，必須要讓大角星人很務實地認知到，他們如今被捲入的是一個擺盪劇烈的『時間之戰』中。是的，就是這樣，這一切都是源於路西法的關係，結果讓整個銀河聯邦，也非常倉促地參與了這一場『時間之戰』！」博士的最後一句話，竟把一個重量級的信息給拋出來了。

「時間之戰？」我自顧自地咀嚼這句話。

「是的，時間之戰！」博士回應了我。

「您現在說的是，我們的太陽系……我們的太陽嗎？」我其實有點不太想接受這個事實。

「是的，就是我們的太陽系，我們的太陽……」博士再一次以同樣的話回應了我。

但，我實在不知該說什麼，我們在地球呼吸的生命存在體，從一開始就誕生於這個被路西法想取代太陽的失衡當中。我們背負著集體無法褪脫的業力，如果真有「時間之戰」，那麼我們不就是在這場戰爭中所誕生而出的難民嗎？渺小的我們，究竟應該隨波逐流任命運擺布，還是可以做點什麼來幫助我們自己，重新回到那個更好的星系共振狀態中呢？

不知怎的，故事說到這個份上，我好像有太多的反身性了，發現自己越來越無法置身於事外。或者說，我已經無法把博士告訴我的訊息，當作一個浪漫的星際或跨次元的故事而已。我在想，或許，接下來我應該要更專注地去梳理這一切發生的脈絡，好好看一看這個「時間之戰」的後續發展為何。然後，真實地去瞭解各個大小事件的源起，或許也只有這樣，我才會有更多的認知去發揮我們身而為人的影響力。但，我沒有把握，一瞬間，我好像跌進身為渺小人類的蒼白與無力之中。

今天的故事，聽起來，
不怎麼美麗！

05

時間之戰一：馬爾代克星的殞落與梅林的預言

一個恒星系統的自然時間頻率，才是一個星際或行星演化週期的實際統治者。所以，一旦自然的時間頻率被阻礙了，那麼各種層出不窮的問題，就會無可避免地發生了……

昨天沒有睡好，一則是聽博士說了路西法力量對整個太陽造成失衡的影響，二則是當前地球上各個國家彼此之間形成了一種新的對立局勢，各地有形、無形甚至各種型態的戰事都在展開。再加上全球近兩年的蔓延疫情，將人類的生活推向了另一個完全無法預期的陌生狀態。我一直隱隱覺得，地球好像正在重複上演著火星的故事，所以，我最害怕聽到的就是軍事核武的擴散。偏巧，最近美澳核子潛艇合作的消息，鋪天蓋地傳來……唉，又讓我想起了時間之戰以及宇宙全息和碎形的概念，於是乎，整夜都在一個胡思亂想的狀態下度過。

連續兩天早起了，昨天是為了渴望知道故事的發展，但今天，卻是深

陷在那個「時間之戰」的迷霧中，走不出來。我暗想著，我們應該算是已經安然度過了一個非常的時間點，從2012年12月21日，26000年及5125年的兩個周期同步結束至今，有將近九年的時間，我們都還能以一種人類的三次元化身來呼吸、生活與聽故事，這表示我們已經度過了某種危險的週期。但這兩年，太陽黑子23年的周期正好又走在能量最低的中點，加上行星間的排列相位影響，地球上的天災人禍頻仍，也不知我們該如何才能更穩健地踏向下一個階段？

博士不可思議地在這個時間點出現在亞洲，出現在我的面前，讓我透過大角星人的故事，知道了這些星際本源的知識脈絡和存在架構，這一切緣會，絕不是「偶然」兩個字可以說明白的。一如正在閱讀文章的你，也斷然不是巧合而已。或許，我們都正在被一種神祕的宇宙力量召喚，或許，我們被召喚來，正是因為我們與這一場「時間之戰」也有著極密切的關係。總之，我相信，所有的發生必然有其深意。

「你有這樣刷新版的全面性認識，可真好哪！兄弟……你真的進步太多了……我真開心！」博士來了。

「您來了，謝謝博士的鼓勵。面對這麼浩瀚的宇宙存有，我們渺小的人類真的只能抱著謙卑學習的態度，特別是在聽您講完這麼多星系間的關聯以及它們的發展故事後，真的打破了我很多舊有的限制性思維。當然，還有更大的一個部分，需要更多的時間慢慢消化和理解。」我很開心博士給我思維上的肯定。

「哈哈哈……星際馬雅人是幻象大師，但不要忘了，幻象中還有幻象。有時候，大腦的理解也可能是一個階段的另一種暫時性的幻象，而真相，其實是存在於不斷剝開這些幻象的動態過程中，而不是任何一個停滯的『4』。」博士很輕鬆地回應了我，但我知道這背後還有更深一層的

教導。

「您的意思是說，即便您告訴我的這些星際故事，都很可能是我大腦中的一種暫時性的幻象嗎？」我突然有所領悟地有了這樣的想法。

「哈哈哈，你說呢？你不是一直都喜歡唸誦《心經》上最後的咒語？」博士說。

「揭諦揭諦，波羅揭諦，波羅僧揭諦，菩提娑婆訶？」我下意識地將它背誦了出來。

「是啊，你應該很清楚它的意思吧……」博士說。

「您是說，『去吧！去吧！去到彼岸！大家一起去到彼岸，成就菩提佛道！』的文意翻譯嗎？」我問。

「是啊！我們都正在去到彼岸的過程中……不是嗎？」博士似乎在跟我打著甚深的禪機。

「您的意思是？」我有點不知道博士意指為何？

「我們都正搭著這艘『時間飛船』，去到彼岸……」博士說。

不知怎地，博士一說了這句話，我整個人起了雞皮疙瘩，有一種泫然欲泣的感受。或許，是一種深深的觸動，半天說不上話。

「這就是星際馬雅人的厲害哪……我們現在所講述的所有故事和歷史，又有哪一個不是以這艘『時間飛船』為架構呢？」博士這句話說得鏗鏘有力。

「所以，您的意思是說，我們……其實正在搭乘著這些『故事』，要……去到彼岸？」我突然有種豁然開朗的感覺，一句話一句話和博士確認。

「所以，我的意思是說，我們還是要先好好把故事給說完哪……哈哈哈。」博士突然大笑說。

我真的被他的藍猴特質給完全打敗了，不論這個場面是多浪漫、多嚴肅、多深刻，他都能夠一秒打破。毫無懸念，哈。

「好的……博士您是不是要繼續把路西法引起的『時間之戰』給講清楚啊？」我突然又被拉回到昨晚一整夜的懸念。

「你想起來了啊。」博士又是一陣大笑。

「一直惦記著呢……」我答。

「我們好像是講到……路西法藉著搶占金尼奇‧阿豪完整星際孢子的能力，啟動了一個程序，促進未成熟的雙星系統建立。而由於路西法的提早催促，迫使銀河聯邦一定要有所行動，於是引起了整個銀河系進入後來被稱為『時間之戰』的戰爭中……」博士說道。

「是的，就是講到這兒。昨天您就突然不說了……」我小小地抗議。

「那是因為這一部分說下來可太龐大了，要等到大家腦袋清爽的狀態下，會聽得更進入狀況唄……」博士解釋。

「完了，昨夜沒睡好，我現在腦袋瓜子不太清爽呢……不過，我還是想聽……」我反射性地說。

「哈哈哈，既來之則安之……首先，我們要知道『時間之戰』，是起源於路西法的行動超前了被指定的時間。也就是說，路西法為了想早點讓維拉卓帕V.24變成一個雙星系統，於是壓縮、加速並扭曲了所指定的時間。而『時間之戰』，則是因為路西法強迫現在的木星和土星，吞噬掉星際時間。這一切作為，也都是為了讓他們可以提早變成一顆新星，成為一個金尼奇‧阿豪的雙體競爭者。細究起來，之所以被稱為『時間之戰』，**是因為RANG的共振生命原力，為了穩定時間部族，而強化木星和土星上的電子化學程序**，這才讓路西法有機會創造出一個人造的G力。但是，你想想，創造『人造的G力』不就等於創造了一個『人造的時間』嗎？所以，創造人造的時間，就像是擲骰子，去跟銀河的命運下賭注一般。」博士開始解釋。

「人造時間？」我直覺聯想到了我們學習曆法時，一直提及的12：60人造時間頻率。

「是的，這個人造時間並非立基在自然的維拉卓帕V.24的13：20時間比例上，而是刻意建立在一個叫做12：60的比例上的。所謂13：20的比例，指的是銀河次元的13級數，它連結了金尼奇‧阿豪星際脈衝的20個『吸氣—呼氣』的呼吸點，這也意味著由十個行星軌道掌控的每一個『吸氣—呼氣』的呼吸點，都能夠感應到13個次元的音調階梯或頻譜，而這個次元階梯或是音調頻譜，就是RANG隨著『時間』推移，發出它全部聲音力量的『音樂音階』。」博士說明。

「那人造時間又代表什麼呢？」我問。

「人造時間是12：60的時間比例，它是建立在維拉卓帕V.24原本有12個行星的思想基礎上，再結合60的頻率。這個數字頻率等於是第5和弦和12相乘的力量，所以12：60的時間頻率等於是擁有所有真理的智慧。

然而，它的作用，比較是在強調三次元現實的『堅固性』，以至於犧牲掉了四次元或其他次元的存在。也就是說，按照這個情況，被導向12：60光束中的輻射子生命形式就會趨向於忽略甚至忘卻四次元和更高次元的存在。事實上，維拉卓帕V.24區域，應該要被重新設計成維拉卓帕20才對，因為絕對恆星的量級，總是行星數量軌道的兩倍。但是，維拉卓帕V.24的異常，卻被卡在所有星際的檔案庫裡，所以只好到現在還這麼繼續使用著。」博士更進一步說明。

「所以，其實12：60的人造時間，原本也不是像我們現在所理解的那麼邪惡、那麼糟糕。那麼，它的原始目的，有一部分是為了穩固我們太陽系失衡的行星軌道，而設計出來的人造頻率囉？」我問。

這一點認知的打破，讓我開始有點混淆了。我想，這也是我們長期以來以二元對立的思維來看待天下事物的慣性，好像一件事情如果不好，就一定是壞的、惡的，但事實好像並不是這樣的。

「理論上，12：60的人造時間是正確的，但它畢竟不是來自於宇宙法則，因為宇宙法則是由在G力的多次元音調中，RANG通過星際孢子的自然發生率來控管的。置入12：60比例的實際作用，就是中斷了在維拉卓帕V.24行星系統內部的銀河時間比例。這樣一來，最後只會剩下一個虛弱的共振場，來取代通過13次元光譜或是調性階梯RANG的完美展開，所以12：60的比例，到最後不過就是一個徒有一切真理外觀的機械性虛構時間而已。」

「原來如此啊。」我似乎有點明白了。

「所以啦，一旦人造的G力或是12：60時間再從木星和土星的中心大本營發射出來，維拉卓帕V.24行星系統中其餘的行星，必然也會受制於它

的作用。不過這些作用，在有些情況下很明顯，有時候卻很細微。但不論是什麼狀況，它都屬於一種對自然的整體性摧毀。因為沒有適當的時間頻率，事物就會失去和諧共振，而**當事物失去了和諧共振，各種奇怪的突變就會開始發生**。甚至某些情況下，還可能會造成行星的爆炸，這完全是因為，一個恆星系統的自然時間頻率，才是一個星際或行星演化週期的實際統治者。所以，一旦自然的時間頻率被阻礙，那麼各種層出不窮的問題，就會無可避免地發生了。」

博士頓了頓，又繼續說下去：

「事實上，12：60時間頻率的周邊效應，讓RANG失效，也抑制了G力。因為沒有適當的RANG吸入和G力的新陳代謝，星系的演化程序會變得不清晰並產生突變。這就很像隨便演奏一首音樂，或者你彈奏一個很爛很便宜的樂器，讓歌曲跑調了，又或者用一個很糟糕的擴音系統播放出扭曲變形的音樂。」

「所以，現在的我們，也依然還受這個人造時間頻率的影響？」我問。

「是的，所以你的大腦，不，應該說人類的大腦，都被這樣機械性虛構的時間頻率給覆蓋住了。所以，你聽我講故事，常會告訴我你聽不懂，你的大腦無法理解，你的腦子裝不下這些資訊，這其實都是因為受到這個時間頻率的影響。特別是維拉卓帕V.24中的你們，是最近期，也是最發育不良的12：60時間頻率的接收者，這完全就是一種人造機械後的運作結果。也就是說，人類是一個失去和諧共振的現實存有。」博士說。

「這麼慘哪？」我突然覺得這樣的人生有點蒼白和無力，很挫折。

「不要沮喪啦，兄弟。不只是你這樣而已，甚至，也不只是蓋亞地球是如此，整個維拉卓帕V.24區域中所有的行星系統，都受到很嚴重的影

響。不過，你換個角度想，不就正因為這樣，所以大角星人、心宿二星人和星際馬雅人甚至更遠的跨次元高維智慧生命體，才會跑來這裡做了那麼多的事情嘛？不然，你哪會有這麼多的故事可以聽呀。我們藉此多瞭解這個宇宙運作的原始脈絡，透過各種提升振動頻率的練習，就一定能夠擴張我們的意識頻率，然後大家一個影響一個，漸漸地，形成一股集體的力量來突圍整個地球被覆蓋的機械性頻率。等到地球的意識頻率揚升，和自然的頻率產生共振，那麼其他行星也一定會跟著轉化的，這，大概就是我們第一個要去的『彼岸』吧！」博士安慰我。

「我懂了！」博士這一番話，就像是給我打雞血似的，瞬間對自己生而為人的未來充滿了希望。

「很好，那麼，接下來，我們就來定義更多有關RANG性質的細節以及它與G力的互動性吧！」博士很快又繞回主題，而且很明顯地，接下來要講的又是燒腦的宇宙科普了。

我趕緊把筆記本和筆準備好，完全不想漏掉任何一點珍貴的資訊。

「在胡娜庫的中心內部，銀河的根源或中心，RANG是動力離散的主要力量，它負責銀河行動的初始化，而RANG的力量通過其所有的維度，創造出銀河序列擴張時一些必要的『不和諧音程』。

「這意味著，RANG在哪裡，那裡就需要『和諧』化的行動，反之，哪裡有『和諧』化作用的運作，那裡就必然存在著RANG；所謂的『和諧』（Harmony），指的就是在RANG的脈衝之間，其音程區間經過意識調節後的結果。而『共振』則是意指，所有給定的一組離散頻率與和諧振波締結的音程區間的總和。此外，當『和諧』隨著時間而漸漸被創造成一種意識形式的時候，它就被稱之為PAX。」

博士講的這段內容真是太深奧了啊，我聽得是又驚又喜。特別是他以宇宙脈衝來詮釋「和諧」和「共振」的概念，完全不同於我們在音樂學或物理學上的認知，只是這個時候各種華麗的宇宙科學術語又開始不斷出現了。我心裡默念了幾次，RANG是「輻射擴大神經伽瑪子」，但PAX……實在太難懂！我忍不住地複述：

「PAX？！這……」

「其實，人類的音樂概念是被PAX所涵蓋的，只不過它是一個充滿音調可能性的多次元範疇。PAX在它的表達形式與模式上，比人間的音樂具有更多的彈性與普遍性。換句話說，如果你真正瞭解了『宇宙和平』是什麼意思，那麼你就會真正瞭解PAX是什麼了。」博士說。

「我覺得這個解釋還是……有點太超乎理解了啊！」我嚷嚷著，手也已經抄得有點忙不過來了，我承認我的機械性人造時間的大腦，很難充分理解這個部分。

「這些概念全都與銀河意識有關，你要聚焦的地方是在RANG脈衝之間，所形成的『和諧』化過程，還有隨著『時間』漸漸形成的意識形式……」博士提醒我。

但，我依然茫然地搖搖頭，顯得有點焦慮。

「這一切的解釋都是在幫助你可以掌握『時間之戰』的意義，就像星際馬雅人的長老勒穆馬雅（Le-Mu Maya）所下的結論：『**沒有RANG，就沒有PAX，也就沒有時間。**』所以，你只要先大致理解這個部分就好……」博士安慰著焦慮的我。

「您的意思就是說，我們所認知的『時間』，其實都是源自於RANG

不同脈衝間所形成的和諧音程而創造出來的意識形式？」我勉強替自己的理解下了個結論。

「這是很好的理解。所以說，時間頻率一改變，意識形式也就會跟著改變。而當12：60頻率光束在維拉卓帕V.24行星系統中第一次被測試後，你知道，區域中所有的行星幾乎都被吞沒了。

「因此，過去曾經發生在畢宿五和阿爾法半人馬座上的事件陰影，後來，又陰魂不散地跑回來糾纏著如今正焦急看守維拉卓帕V.24上一切發生的大角星人。此外，加上路西法那個自吹自擂的聯盟，還有心宿二星人也是亂七八糟的，大角星人完全不知道該怎麼去釐清這個情況。這個情況導致除了還剩下一小撮人繼續留在AA中繼站之外，其他的大角星人幾乎都直接進入他們的繭式飛船（cocoons）中飛走了。之後，他們便改以長期被動監看的方式，繼續監督著維拉卓帕V.24中剩下的其他行星。」博士說明。

「那這麼一來，AA中繼站的監護力量不就變得有點虛弱了？」我揣測道。

「話雖如此，但不要忘了，善於操作幻象技術的星際馬雅長老與大師們，也還在持續高度的監看著。當然，他們也遵守不多做干預的聯邦法則；然而，真正的關鍵點是，他們必須全心全意聚焦在中繼站的細胞體上，以便能夠掌握好第五和第六軌道的行星。因為第六行星木星的『種子』和『老鷹』部族，已經被路西法完全侵蝕了，而在第五行星的『蛇』與『巫師』部族，顯然還在努力地堅守著他們原本的演化路線。」博士說。

「那……駐守在第五行星的兩個時間部族最後的堅持成功了嗎？」我問。

「這⋯⋯說來話長了⋯⋯現在的這個第五行星被地球們稱作馬爾代克星（Maldek）。它是 Ma-El-Do-Ku 這個字的變體，意思就是『聲音和弦的原始母親』。這主要是因為，作為一個維拉卓帕 V.24 星系區域的第五軌道保管者，馬爾代克星完成了第一個銀河和弦的五度和聲。這個五度是宇宙法則更高變奏所發出來的音調，而在這個五度和聲的內部，金尼奇・阿豪非常渴望能回歸於失落和弦西摩克斯（Xymox），也就是那遺失的第十一與第十二行星的和弦之中。」

「博士等等⋯⋯西摩克斯⋯⋯這是之前講到以心宿二星人長老西摩克斯命名的和弦之聲嗎？」我聽不太清楚，急忙攔阻博士繼續講下去。

「是的！西摩克斯，英文 Xymox 是這麼拼的，X-y-m-o-x，它就是一個和弦發出來的聲音，我等會兒再好好跟你解釋。這是另一個精彩的故事，我現在先回答你剛剛的問題⋯⋯」博士回答我。

我一邊抄寫這五個字母，一邊想著剛剛的問題⋯⋯對啊！這第五行星後來怎麼樣了？

「雖然『蛇』與『巫師』部族很努力，但事實卻不如預期，在某個心電感應的紀錄上，有個寫著『馬爾代克星的領主與女士們的田園詩』的標題，其內文裡有一段關於恐怖的性交中斷的描述，它不斷干擾糾纏著金尼奇・阿豪對星系的冥想，直到事情真正發生的這一天⋯⋯」博士頓了頓。

「發生了什麼事？那個紀錄上寫了些什麼呢？」我急迫地追問。

「這個心電感應的紀錄描述，只有小小的一個片段是這樣寫的：『在偌大的湖邊，蜥蜴國王和蜥蜴皇后正在馬爾代克星明亮的月光下跳舞。蜥蜴小孩們歡笑著，他們成雙入對地跳著舞，蜥蜴國王與皇后做著愛。驀地，自遠方，從一顆偉大的夜星處出現了一道光束⋯⋯』」博士講到這兒

就突然停下來了，空氣瀰漫著詭異的沉默。

「然後呢？」我小小聲問。

「沒有然後了……」博士輕輕咳了兩聲，然後繼續說道：「之後就再也沒有紀錄了。因為就在蜥蜴國王和皇后要到達高潮的時刻，一道12：60時間之戰的光束，從鄰近的木星發射過來，它的威力實在太令人震驚，就在那一瞬間，馬爾代克星和它的月亮就都不見了；它的RANG立刻被刪除，PAX的力量也消失了，一切都粉碎成碎片，只剩下蜥蜴孩子們愛的力量，得以把這些碎片繼續維繫在他們的軌道之上，地球上的科學家們，則把這個軌道稱之為『小行星帶』（asteroid belt）。」

這下，才真正進入到一種「死亡式沉默」了，我聽完後完全不知該說些什麼？周遭的空氣也相當沉重地凝結著，這個意外比聽到火星文明的戰爭與衰敗還令人震撼。不過，聽博士這麼一提，我才發現，原來馬爾代克星人的三次元生物體原型是蜥蜴人哪，不知道這跟我們在地球上發現的遠古種族蜥蜴人有沒有什麼關聯呢？

「其實哪……這個結局，那個旁支的大角星人梅林老早就預言過了。」博士打破沉默，嘆了口氣說。

「梅林？在南河三星上從樹生長出來的魔法師梅林嗎？」我問。

「哈哈……不僅僅是這樣吧？地球人給他的封號和傳說可是不勝枚舉呢，特別是對生活在被限縮次元的時間波裡的地球人類來說，梅林可能只是個神話，一個傳說，甚至還有人懷疑他是不是真的存在過？大部分的人們也都會問，如果他曾經存在過，那麼現在又在哪裡呢？不過，大凡曾經在地球上說故事的人，應該永遠都不會失去對梅林的興趣，甚至還可能深深為之著迷。有趣的是，那些被稱為歷史學家的人，偶爾還會拿那些用墨

水潦潦草草題了字的古代羊皮紙碎片，試圖將他定位在那些已遭毀損的森林一角……但你可曾想過，這股力量究竟是源自於何時何地呢？即便是在一個機械的時代裡，梅林這個名字，甚至那個最常被冠上的字眼兒『巫師』，都仍然被當作是一種擁有神奇能力的指標性符號。」博士一提到梅林，竟一口氣就說了一大串。

「也是，我們對巫師都太好奇了，總覺得他可以用他的精神力量通天遁地的。不過，我想博士您現在所說的這位大角星人梅林，除了浪漫的神話色彩外，應該在我們這個實驗區域裡扮演著相當重要的角色吧？」我直接問了博士。

「梅林，他的原始根源屬於大角星，也算是獲勝的一方。但這個夢語境魔法慶典活動的思想音調與力量，被地球製造炸彈武器的人，還有發明各種致死新玩具的人，給弄得上上下下的，到最後變成了一個連做夢都想不到的跨次元音階。然而，他不僅僅是梅林而已，那些凡是瞭解樹的人都會知道他，你卻也無從得知，究竟有多少棵樹需要去瞭解？這就是為什麼他是梅林，他既是一也是多，他從一棵展現天上起源地圖的天堂之樹，來到了地球人們的面前，而那棵樹的根與枝幹，還一直連結著非時間性永恆的母體矩陣呢！

「每每講起梅林，我也總是會覺得四周充滿了夢幻的魔法……真的，就算不知道這些故事背後真正的含意，但總是會覺得，好像只要梅林在，這世界就充滿了各種的可能性。

「打從在金色的南河三星球那兒開始，梅林的靈性團隊就已經接受調伏的訓練，他學習了許多魔法與打造夢語境的技術，而他的魔法擁有許多形式，吸取了許多不同對事物的領會以及通過銀河生命體多重形式而得到的經驗。在各種『夢語境』的打造中，最具深度的，大概就是『巫師的神

諭』了，在它形成的主要週期中，梅林會不斷地採取適合其不同階段的各種形式來因應需求的。」博士繼續以一種充滿魔幻色彩的方式解說。

「巫師的神諭？您的意思是說，『夢語境』其實也分成很多不同的層次，而最高級數的夢語境就是『巫師的神諭』？」我問。

「是的，透過『巫師的神諭』，所有的次元維度，都可能會縫合在一起，而一般所認為的死亡，也可能會透過天真無邪的『聖杯』（chalice）而復活。在一個週期轉變方向的單一時刻內的所有一切，會一再生還，這就是梅林最大的享受。他同時也認為，對於那些四處尋找或亟欲想要透過旅行而穿越到時間更高次元維度的人們，都應該有所領會並且被賦予這一切。所以，他等呀等，終於等到地球人類的世界系統斷裂了，他終於有機會可以就其所知的範圍，來分享一些記憶和預言給人們了。」

博士才一說完。我的客廳突然閃現幾道相當刺眼的光線，這可把我給嚇了一跳。突然間，似乎在遙遠的虛空中，飄盪著隱隱約約的音樂，我豎起耳朵來聽。哈，這可絕了，那旋律竟然像極了的電影《哈利波特》的主題曲，而且是音樂盒的鋼撥片音色。瞬間，我眼前所有家具和擺設的線條都開始浮動了起來，彼此之間的界線變得模糊，看上去就像是隔著熱氣氤氳的感覺，既是動態的又是靜態的，我不知又發生了什麼事。接下來，我工作室裡一棵巨大的綠色盆栽突然對我開口說：

「你好……」這明顯是個慈祥老者的聲音。

「您……好……您是？」我傻傻對著盆栽回話，覺得這一切比和博士的對談還不真實。

「哈，我是魔法師梅林，是你猜都猜不到的一個神祕人物……」這時候，我看著樹葉快速地擺動，答話的聲音突然變成了尖銳的高頻，很像七

矮人的說話質感。

我深吸一口氣，定下神來，還好有過前幾次的特殊經驗，這回，我已經不再緊張，清了清喉嚨回說：「親愛的魔法師梅林，您的出現，是要親自來告訴我，您的預言和記憶嗎？」

「哈哈哈，你真是太聰明了啊……」我除了又聽見另一種複合聲音質感的回答外，還看到大型盆栽偌大的樹葉，前後擺動得就真像是在哈哈大笑一般。

我不知該如何回應，只能對著盆栽傻笑，頻頻點頭，如果有錄影的話，我的樣子一定看起來非常愚蠢……

「打從在金色的南河三星上時，我就一直把我的探針保留在我的視線範圍內，我在我的水晶球裡追蹤它，在我的水晶塔頂上，距離卡美洛會說話的小樹林整整有208個向上的台階，那同樣是我的藏身所在，那裡的每個入口都是進入『時間』的無限長廊之一。在這個叫路西法存在體的身上，我保持著和銀河聯邦一樣全力以赴的熱情和關注。難以抗拒地，透過第五次元的心智交流，我完全沉迷且臣服於巫師中的巫師，那個被我們稱之為星際馬雅的時間幻象導航者。」

這和博士聊天時的狀況完全不同，聽這位魔法師說話，每說到哪裡，我的視覺似乎也會跟著他的描述上上下下，彷彿親臨了現場卻又無法真實觸及，這實在是一個太奇妙的體驗。

我無法多做回應，就是不由自主地沉浸在他的話語所帶來的各種變化莫測的華麗場景。但這樣的刺激有點強烈，我整個人感到有點暈眩，很想吐。

「你還好吧？！」博士喊了我。

「嗯嗯嗯……」我還在恍惚中，但很高興聽到的是博士的聲音，而不再是魔法師梅林的怪腔怪調。

「看來，梅林的法力太高強啦……你去喝杯水，休息一下吧。」博士半幽默地說。

「估計還是昨晚沒睡好的原因吧，果然身體和心靈彼此還是一個精密的連動裝置，哈。」我也自嘲地說，然後緩緩起身去倒了杯水。喝下後，順了順氣，感覺人好多了，恢復正常。

我呼了口氣，說道：「看來，今天的故事還是由您慢慢講給我聽吧……」

「那是自然的，梅林這次的戲法變得太花俏了，哈哈哈。」博士溫柔地回應我。

博士說完這話，我用眼睛餘光瞄了瞄工作室那盆大大的盆栽，只看到樹葉隱隱掃了兩下，感覺有點不服氣。不過，我想這也可能是我的錯覺。

「好吧，我把故事接著說下去吧，因為接下來要告訴你的部分，應該是你很感興趣的……」博士說。

「怎麼說？」我有點好奇。

「梅林在與星際馬雅人商量之後，決定了時間部族的名稱。一開始的名字都是一種『力量之聲』（sounds of power），而現在你所看到的這些時間部族的名字，實際上都是透過『力量之聲』的投射或作用而來的。譬如說，『龍』、『蛇』、『天行者』或『巫師』等等，每一個名字都是從二十

種『力量之聲』的其中之一而來的，而這些『力量之聲』也同樣可以用『圖騰』將其刻畫出來。所以，每一個圖騰也都可以說是這些『力量之聲』的其中一個在凝結時刻的視覺形式。」

「原來，這些圖騰的由來與真實涵義是這樣的啊……」我頓時有種了悟的感覺。

「所以，當星際馬雅人指定兩個時間部族給維拉卓帕V.24十個行星的其中一個時，事實上就是指定了兩個部族的『力量之聲』給他們。只要還能保持這份純真，就算植物體主體分解了，『力量之聲』還是會持續存在的。因此，如果你想瞭解馬爾代克星爆炸後這股力量的持續性，去理解這一點就很重要，因為這個得以持續下去的祕密，就在於失落和弦展現其延續狀態的魔法聲音：西摩克斯。這其實也意味，那些粉碎的馬爾代克星殘骸，還一次又一次地持續發出這個西摩克斯的聲音，直到金尼奇・阿豪的失落和弦能夠在第三次元和第五次元之間發出聲音為止。」博士解釋。

「西摩克斯，Xymox，這五個英文字母，感覺起來真的有點難發音耶……」這一瞬間，我看著剛剛抄下的五個字母，深刻覺得「聲音」對整個宇宙的運作真的是太重要了啊！

「西摩克斯，如今已經可以被視為失落和弦的保管者，你也可以把它看成是馬爾代克星的小孩。透過星際馬雅人，馬爾代克星被指定由『蛇』與『巫師』這兩個部族來守護，而這兩個時間部族的力量之聲，是從生命體的頂輪和海底輪所產生出來的。其中『蛇』，意味著將RANG的生命原力從頂輪用一股熱血和激情傳送到海底輪的原始力量之聲；而『巫師』，則是指在非時間性的一陣狂喜中，從海底輪到頂輪，回返真理的原始力量之聲。」博士繼續說。

「哇，原來馬爾代克星和這兩個時間部族是這樣的關係啊？」我驚嘆道。

「不只馬爾代克星，共有四個行星，都是用這樣以頂輪和海底輪的方式來交會運轉的。第一行星：人們叫它水星，第五行星：馬爾代克星，第六行星：也就是木星，還有第十行星：冥王星。但這第五行星，是一個掌握其他行星的關鍵主星，因為它發出的是超頻（overtone）的泛音力量。」

我連忙將這些珍貴資訊抄進筆記本裡，水星、馬爾代克星、木星和冥王星……結果什麼都還來不及問，博士又繼續說下去了，他說：

「除此之外，關於樹的一切，你可能也必須知道一下。『樹』是如此廣闊地遍佈在地球上的植物界之中，而它，其實是宇宙模版（Cosmic Template）的植物體形式。這個植物體的宇宙模版具備了樹根（海底輪）與樹冠（頂輪），我們之前提過的四個家族以及所有的生命都是源自於這個模板，而樹冠（頂輪）鏡像著樹根（海底輪），就如較高的六個次元鏡像著較低的六個次元一樣，第七次元則是連結著兩端的樹幹。」

「難道這也就是所謂生命之樹的基礎嗎？」我很好奇地問。

「梅林從門諾希斯內心所噴發出來的靈性力量，誕生出原始之樹，而原始之樹周圍的『龍』率先展開了自己。在這條龍身上，梅林滋養了自己，而只要有任何需求的時候，他也會滋養著這條龍。這就是為什麼根據神諭的夢語境，首先是龍轉彎，然後是巫師返回。由於沒有什麼事情會離開，也就沒有什麼會真正失去，這一點就是巫師魔法知識的根本來源。」博士說。

我似乎開始漸漸理解了二十個時間部族，是如何盤繞著這棵生命之樹的宇宙模版，形成一種動態循環的生命現象。我想，博士應該會繼續深入

談下去。

「有一點，你要記得，其實每一個行星體，也都是源自於宇宙之樹的模版。譬如說，北方銀河磁極，就是樹冠頂輪，而南方恆星或行星的磁極，則是樹根海底輪，在他們之間有一個運轉的神祕中軸，是繞著銀河系的故事在旋轉。人類的地球也是這樣的結構，馬爾代克星也是。因此，按照這樣的方式，所有在馬爾代克星曾經發生的事，可以透過磁極軸的神祕旋轉被所有人回想起來。當然人類的身體，五角星形和輻射子，也是根據這個宇宙之樹的模版架構而成的。所以人體就像行星一樣，人們身體的神祕中軸，也同樣圍繞著馬爾代克星古老詛咒的所有記憶旋轉。」博士仔細地談起了行星的基本結構。

「您的意思是說，我們，生活在地球的人類，透過人體中柱的旋轉機制，也能夠回憶起馬爾代克星那個令人錯愕的爆炸意外……」我推理著。

「是啊，想知道馬爾代克星人的憤怒，究竟是如何發生的？你可以透過這個機制去問一問『蛇』，因為『蛇』知道一切。如果說，『龍』是從宇宙之樹的樹幹周圍展開了自身，那麼『蛇』就會從樹冠的頂輪降下，以見證巫師的魔法神諭。紅色就像『龍』，而『蛇』就像它的小孩，蛇的元素是血液，而龍的元素是火。血液，是宇宙生命原力RANG的燃料，人類可以在自己植物體的身體中，全身分佈的血管中找得到。」

我第一次用這樣的觀點來理解我們人體，其中的奧妙彷彿只可意會而不能言傳哪！

「馬爾代克星上覺醒的兩隻蜥蜴的生命體，就是人們在假創世紀故事中虛構出來的亞當和夏娃。夏娃是『蛇』的後裔，亞當則是由『巫師』所產生的。因此『蛇』的原始部族就是女性，而巫師，指的就是男性，所

以，是女性把樹冠頂輪的知識給帶下來，男性則延展樹根海底輪的知識，而從他們具有深度快感的結合出現情慾的故事傳說，其實就是西摩克斯。事實上，這個西摩克斯就像是在慢慢堆砌的浪潮中，逐步激起了狂喜的共振以及如交響樂般的藝術。」博士詩意般地形容著。

這二十個時間部族的關係，其實我還沒真正搞懂，但我試著先把在曆法學習中的二十個太陽圖騰的順序暫時拋開，讓每一個部族可以獨立存在，否則那些序列關係可能會一直干擾我的理解。誰知道才一這麼想，博士便以四個家族序列為範例，繼續講了下去，他說：

「因為蛇的部族是血液家族的首領，而巫師則是真理家族的根部，所以在馬爾代克星上形成的快感力量是非常強大的。其實，這個叫做西摩克斯的快感傳說，就是真正失落的知識，而關於領略快感的這股力量，則是以『西摩克斯之歌的史詩唱誦與抒情詩歌』記錄在電磁列表中。於是，它引起了『眾神們路西法式的嫉妒』，因為這些快感的領略，正是之前這些失落世界『眾神們』的記憶印跡，而光這一點，就是在他們接管木星『種子』和『老鷹』部族之後，想把12：60光束首次的測試，帶上馬爾代克星的主要原因。」博士開始抽絲剝繭地說出這些高維次元訊息彼此之間的深刻影響。

我倒是對「眾神們路西法式的嫉妒」這句話很感興趣。想想，一般人如果控制不了嫉妒的情緒，都可能犯下很多的錯誤。所以，真不知這些高維的外星生命體一旦嫉妒起來，又會釀成什麼宇宙級別的大禍呢？

「木星上那些特別會嫉妒的生命體，才真的是一下子都瘋了。因為在所有的行星中，木星具有最大的尺寸和力量，他們最需要做的就是一直保持自己的強大力量，而不是受到蠱惑去羨慕那些馬爾代克星人。如此，他們想要找出更大的和弦與交響樂式狂喜的和聲來超越馬爾代克星人就並非

難事。但事與願違，實際的情況並非如此，馬爾代克星人被心宿二星人的干預行動驅使，分裂成一個尋求統治女性的男性戰鬥部隊。於是，路西法想將12：60的光束射線射向馬爾代克星，打算先讓這兩個時間部族變得昏沉，同時慫恿男性的『巫師』部族來掌權，然後再奴役『蛇』部族。他下一步的盤算是，因為木星的『老鷹』部族也代表頂輪，所以他讓『老鷹』去奪取『蛇』的力量，而『種子』，因為屬於海底輪，所以派它去征服『巫師』部族。」博士說出了這令人膽顫心寒的謀劃真相。

「結果……成功了嗎？」我也巍巍顫顫地問。

「沒有，因為缺少了被稱之為藝術以及時間與發生科學的高精微層級共振的知識，這一切謀劃都不會發生。12：60超低頻率光束（extra-low-frequency）投射到馬爾代克星，幾乎瞬間就創造了一個與行星體共振場域完全不和諧的音程。於是，如同蘋果從高處掉下，一碰到地就粉碎的狀況一樣，馬爾代克星就這麼爆炸了。」博士冷靜地說。

「哇！？原來那意外的爆炸是這麼來的……」我一時驚呼了出來。

「是呀，就是這麼來的。唉……當時木星人震驚於它們親手造成的這場宇宙大災難，有一半的人害怕自己的力量，但有另一半的人卻在歡呼，於是，他們進入一個喜怒無常且焦慮不安的大週期裡……」博士長長嘆了一口氣說。

「那馬爾代克星和失落的蛇與巫師部族呢？」我問。

「馬爾代克星就是失落的伊甸園。人們所知道的伊甸園故事，其實是在合理化木星人的罪惡感，而智慧之樹，就是十三次元的宇宙樣板，在蘋果園初嚐禁果的夏娃，則是透過『蛇』從生命之樹的樹冠爬下來所提供的知識，它就叫做西摩克斯，而『耶和華』（Jehovah）則是在路西法影響下

帶著『種子』和『老鷹』部族的先祖記憶印跡（ancient engram）。所以，亞當夏娃被趕出花園，指的就是馬爾代克星在被摧毀的瞬間，那些失落部族四散的狀態，而拿著『火焰之劍』，站在花園入口守護的天使，則是指銀河記憶的管理人。所以，如今如果有誰膽敢打破三次元世界12：60時間光束的奴役與限制，也許就能夠輕易從天使的手中拿走『火焰之劍』，斬斷那個跨次元無知的失憶死結了……」博士語重心長地說完這段話。

「唔……原來神話才是歷史的真相啊。」聽完後，我又開始在喃喃自語了，哈。

「多換幾個角度和切入點，去詮釋你所生存的這個世界，一直是探觸宇宙真相過程中的不二法門……」博士含著笑意這麼說。

我也跟著笑了笑，但卻突然想到，剛剛梅林的預言和記憶，好像還沒來得及說出口，他就被我請走了，於是我開口問：

「不好意思啊，博士，剛剛梅林的預言還沒說呢？您知道他預言了什麼嗎？」

「哈，對啊。那要不要再請他過來跟你說？」博士也猛然想起。

「不……不用了，如果您知道，就由您來告訴我吧，我今天精神不濟，承受不起太強烈的刺激，宇宙魔法師太強大了……哈哈哈。」剛剛的不適，其實有點讓我餘悸猶存，我連忙拒絕再一次的召喚。

「好吧，那就由我來告訴你吧。馬爾代克星一直是梅林統治管理的領域，他是『一即是多』的先祖，也是他將『時間分享』的知識傳送給地球上三次元世界的生命存在體的。他其實最想提醒大家的是：『時間之戰』直到現在才剛剛到達顛峰，而『世間』只有無知的陰影，卻沒有邪惡的存

在，他的神諭和預言是這樣說的：

『當樹根被樹冠綑綁，
路西法將在周圍展現唯光
周圍只有唯光，
所有的星星都上了天堂
唯光升起，其餘的光皆黯淡
揭穿路西法，時間的通道得以歸返
大角星人與心宿二星人將不再被輕蔑阻擋。』

這就是一位非時間性永恆的生命存在體，『梅林』所擁有的神諭和預言，他將這個預言，留給地球人們從那些稱為家鄉的田野和岩石上去發現。特別是，當那些圓圈記號出現在麥田的陣列上時，岩石就會提醒人們想起來，必須要做點什麼才能夠抓住『時間』而不再受制於『時間』。」博士再一次詩意地說完這個故事。

果然還是魔法師梅林的場子，從開始到結束，我都像是在一種微醺的狀態下走完這趟旅程的。我不再多問什麼，光是這首預言詩，就足夠我參詳好一陣子。

博士還是依照慣例不聲不響地走了。

今天的資訊量爆炸到我連整理都不知該如何下手。

我是真的有點精神不濟。如今，窗外天還大亮，但我已經睏的不行了。我想，先爬上床睡個回籠，什麼事，就等睡醒再說吧。

06

時間之戰二：被追蹤的路西法

路西法作為一個六次元的實體，其實是我們自己命運之無序運作的未來投射。所以，當它離開「時間」並穿越空間的驅動，進入到維拉卓帕的扇形區域時，路西法自然就會把注意力聚焦在維拉卓帕V.24的第六個行星體之上……

自從聽完了馬爾代克星爆炸的來龍去脈後，我的心情明顯感到異常的低落，身體也好像怎麼睡都睡不飽似的。

這一天早上，人醒了，但就是不想起床。儘管昨天博士同我說了許多有關魔法師梅林的故事，也的確幫我梳理了許多關於二十個圖騰印記的與四次元時間部族的關聯，但不知怎的，一想到，那被突如其來的爆炸給中斷所有運作的馬爾代克星生命體，我就會立刻感受到一種心悸和驚懼的不安。

我想起 2019 年在墨西哥特奧蒂瓦坎（Teotihuacan）的太陽金字塔匯聚時，紅皇后為大家帶來 OMA 新人種回歸的教導，她要我們勇敢去憶起那些所有宇宙記憶的創傷。很明顯地，聽了博士所講述的星際故事後，這一切悲劇，似乎都源自於那個連銀河聯邦都束手無策的路西法力量。

　　我翻了個身，懶懶地用枕頭枕在大臂上斜靠著頭，思忖著。究竟這無人可擋的「路西法」，它來到我們太陽系或者說維拉卓帕 V.24 這個區域，除了想要與金尼奇・阿豪一起成為一個雙星系統的恆星建造者之外，到底還有沒有其他的意圖呢？如果只是想成為這個恆星系統的老大之一，那麼，當系統中的行星意外爆炸了，他應該也會心疼或者馬上想辦法一起補救才是啊？否則，要是全數的行星都毀了，這個老大當起來又有什麼意思呢？我真心納悶著。

　　「其實，這是所有跑來相助的銀河生命都非常關注的問題。不過，即便到現在，也還沒有一個人找到真正的答案……」博士突然在我的床頭出現，我一聽見，整個人便彈跳了起來，樣子有點窘迫。

　　「博士，您來了啊，我還沒正式起床呢？牙沒刷、臉沒洗，這……」我尷尬地說。

　　「那就趕緊起來刷牙洗臉吧，烤個貝果來當早餐吧。昨天我看到你學生送了你幾個特製的貝果，看起來好像很好吃，哈哈哈……我在工作室等你。」博士倒是很自在地叮嚀說。

　　我連忙起身，匆匆把一切都打理好，順著博士的叮嚀，烤了個貝果，再沖杯咖啡當早餐，迅速地端到工作室的桌上。

　　「您今天會不會來得也太突然了些？」我邊放下早餐邊說。

「我是來早了些。不過我看你在床上，翻來覆去大概也快一個小時，所以想想，與其讓你一個人瞎煩惱，倒不如把你挖起床，聊一聊那些你想知道的事情。雖然，我也沒有最後的答案，但比你這個人類大腦能夠想得到，總還是多那麼一點點吧……」博士說。

「您真是太暖心了啊，那我就邊吃邊聽您講吧……」我其實也很自然地邊吃邊說。

「其實，AA中繼站裡的偵查隊大角星同類組態，長久以來都代表著銀河聯邦，持續探查著有關恆星系統維拉卓帕V.24的事件。在他們的報告中，曾經給了路西法一個代碼編號：666。你知道這是為什麼呢？」博士突然問了我。

我差點沒被一大口貝果噎住，嗚咽了幾聲，才開口：

「您今天很愛嚇我ㄟ……我一口食物都還沒吞下去，您就問我這個問題，666？！這個象徵魔鬼的數字？您請說吧，我完全沒有想法，因為我現在的腦袋，根本是一片空白……」我小小抗議了一下。

「我說出來這個原因，或許會讓你覺得很震驚喔。所以你先喝一口咖啡，把貝果吞下去後我再說。」博士略帶著笑意說。

我覺得案情不單純，趕緊喝一大口咖啡，把食物完全吞下去後才開口說：「好吧，我準備好了，您說吧…」

「好的，作為銀河探針長時間不斷成長後，大角星人咀嚼消化了他們的經驗，最後確定一件事，那就是，在現實中的路西法，其實根本就是他們自己意識的投影。換句話說，路西法其實是所有銀河生命體意識的投影……」博士一個字一個字非常清楚地說這一段話。

我咳了幾聲，的確有點驚訝到，半天也不知道該回應什麼？只聽到博士繼續解釋說：

「重點是，這樣的意識是從較低次元轉移到較高次元的純粹光波，所以，路西法可以說是源自於六次元運作的光波實體化，這個次元或許有些人會稱之為『純粹光波』（pure light）的次元，這也就是為什麼路西法的名字會蘊含著『光的持有者』的意思。」

這樣的結論實在太讓人錯亂了，我急切地問道：

「您的意思是說，這個讓大家百思不解的六次元路西法，其實是我們自己意識投射到更高次元而出現的存有嗎？」

「或許可以這樣說，作為一個六次元的實體，路西法其實是我們自己命運之無序運作的未來投射。所以，在離開『時間』、穿越空間驅動後進入維拉卓帕扇形區域時，路西法自然就會把注意力聚焦在維拉卓帕 V.24 的第六個行星體之上。由於第十一個和第十二個行星在系統一開始形成時，就已經被剔除，所以，現在的維拉卓帕 V.24，實際上必然會變成一個『第六星際感應孢子』。」博士進一步地解釋。

「我們自己命運之無序運作的未來投射？這句話是多麼沉重的『輕描淡寫』哪……」我瞬間跌進舉目一片漆黑的深淵。這答案似乎意味，當我們的生命運作一旦失序，那麼「路西法」的力量就會在六次元不遠處靜候著我們投入。換句話說，我們永遠無法與六次元的路西法切割……

「兄弟，不要那麼沮喪，你都已經能夠思考到這個程度，那也是值得慶賀的事啦。這樣的結論，其實也帶給我們另一種打破二元對立的思考邏輯，不是嗎？」博士安慰地說。

我點點頭。是的，原來那個宇宙超級強大且令人摸不著頭緒的最大敵人，終究還是我們自己意識所投射出去的跨次元存有。所以，敵人從來都不是別人，或者更深刻地說，這個宇宙中從來都沒有別人的存在。

「一切的『他者』，或許都是我們心智運作下，不同詮釋的投影。但是，當我們的心智運作，仍停留在某一個層級的時候，對於更高等級的次元運作，依舊是無法透澈洞悉與領悟的。所以，即便此時此刻，你已經非常清楚那個高次元的『他』，就是未來無序運作的『你』，但此刻的你，依然無法超脫地把他當成你自己，這就是意識頻率運作頻寬的制約。更何況，那個『他』是在你的意識運作失序混亂時，才會形成的未來投射，你就更不可能以現在『清醒的頭腦』來解讀那個『他』。」博士顯然明白我受到的巨大衝擊，因此，繞了好幾個彎來疏通我的情緒能量。

「我懂。這也就說，您接下來所說的故事中，那個『路西法』對某一個意識頻寬的存在體來說，依舊是一個具體的『他者』……」我說。

「是的，所以你就可想而知，當時的大角星人，最多也只能去猜想路西法的意圖究竟是什麼？」博士顯然很滿意他和我的跨～跨～跨次元溝通。

「那他們是怎麼猜想的呢？」我想我應該已經可以掌握這樣「玄妙」的對話模式了。

「他們猜想路西法的意圖，是為了自己才要培養維拉卓帕V.24的。他們認為路西法意欲粉飾這個意圖，才先從第六行星下手，這麼一來，它就能變成一個雙星，然後擁有一個雙生的第六感應孢子，讓能量注入第六次元來滿足它的目的。第六次元，第六個行星，第六個星際感應孢子，因此，他們就稱它為『666』。」博士說完後，笑了笑。

「哈，這樣的猜想，還真是夠穿鑿附會了呀？！」我也跟著笑了出來。

「但是，用這樣的方式去歸類路西法，對他們很有幫助。他們向胡娜庫的CSR主中心回報這些資訊，那裡有銀河聯邦維繫著中央總部，他們對大角星人這樣的偵測工作可是相當讚賞的喔。」博士用力地補充說道。

「我想這些銀河聯邦的存在體，一定也因此相當清楚這個路西法投影的狀況了……」我說。

「還真是這樣的。銀河聯邦本身也是這樣的存在現象。這意味著，即便是大角星人，也沒有一個人認為自己能清楚知道眼前的每一件事。換句話說，只有當我們進化了，知識才會被創造出來。我們的主生命體銀河母親一直在進化，這就是快感的本質，但儲存在星際資料庫的，並不是真正的知識，而是某種『祖先流傳下來的遠古傳說』。這樣的遠古傳說，是夢想行動的儲藏積存，而知識則是從探索各種『狀況』建立起來的。然而，這些『狀況』要透過無盡的冒險才能夠發生。不如這麼說吧，這一切真相，都是大角星異質體在探針的各種不確定中所發現的。」博士說。

「我覺得今天聽您對這些故事的邏輯講解，就像站在一個不停轉動、伸縮與擴張的超正方體（tesseract）*之上，整個意識認知好像隨時都會在一不注意的情況下，就黏附在某一個固定的邊界上跟著轉動，混亂了原本清晰的心智。我必須隨時隨地提醒自己，這是一個動態的全像性觀照，隨時要以超越線性的時間概念來理解你所說的一切。」我顯然已經被一股神祕的力量，拉進一個動態辯證的狀態中了。

「哈哈，你果然還是個教書的。的確，我們今天的對談，一直是在不

---

* 超正方體（tesseract），又稱超立方體或正八胞體，為四次元空間裡的幾何產物，我們也可以通過四次元物體在三次元世界中的立體圖形投影來研究四次元世界。

同的認知層級上交互跳躍。一下子你是他、他是你，一下子又會變成你是你、他是他，要能把這個狀況搞清楚，還真需要一點真功夫哪！」博士突然大笑了出來。

「我也覺得神了呢……但真是有一種神奇的力量，一直打破我腦袋的思維模式，我自己沒有太大的把握，但又覺得這樣的理解過程相當新鮮，所以才提出來跟您說。不過，我在學校教書，也不用教到這麼難的境界好嗎，哈哈哈。」我也回敬了博士一番。

「我知道你懂，這樣就夠了啦。一如大角星人已經發現路西法和『他們自己』很多事了，所以接下來，他們就可以進行到下一個行星調伏的具體行動階段。雖然從建立 AA 中繼站的漫長旅程中一路走來，他們經歷許多轉折，但再也沒有比現在更清晰的時刻了。他們知道，眼前最重要的事情，就是好好處理路西法。」博士很快又把焦點拉回路西法和大角星人的故事裡。

「他們會要怎麼處理路西法呢？」我倒是感覺自己的節奏改變了，於是徐徐地開口問。

「既然已經理解了路西法的存在本質，他們的計畫就絕不是、也不會再想去毀掉路西法。反之，他們決定要去向他學習，並將他融入生活裡。畢竟，第六次元的實體，是很稀有的現象。如果這個實體代表著眼前對未來的不確定性，那麼為了自己的進化，他們必須學習如何與他交流才是。所以，不論需要經過多少世代和行星系統，他們對自己的許諾就是要與路西法交流。」博士說。

「這真是一個內化的巨大轉變啊！」我說。

「但是如果將視角再拉回到『現況』，在馬爾代克星的災難之後再來

檢視維拉卓帕V.24時，他們看到路西法憑著自己通曉第六次元的詭計，將兩個行星帶到了他的統轄之下，這兩顆行星也就是地球人類所稱的木星和土星。喔，對了，大角星人提到路西法時，是用『他』來指稱，這是因為路西法的影響造成了人們對陽性力量的偏愛。事實上，在第六次元的維度中，並沒有性別的差異。除此之外，他們還看見路西法透過更進一步的詭計，建立了12：60的光束，讓『人造的時間』開始出現，而且在這道光束所造成的時間之戰中，已經有一個行星毀滅了。於是，他們相當關心這位路西法先生的下一步，又將會是什麼呢？」

「按照剛剛的邏輯，他們應該無法知道吧？！」我問。

「是的，他們面對路西法，根本無法預設任何的可能性。所以，他們只能派遣大量異質體的繭式飛船環繞在天王星周圍，因為，自從馬爾代克星解體後，他們在第八行星軌道的天王星以及地球特拉蓋亞（Terra-Gaia）所掌管的第三行星軌道之間的區間範圍之中，看到了一個完美五和弦的可能性。而身為一個愛的藝術家以及快感藝術的親密愛人，大角星人認為維拉卓帕V.24區域的唯一希望，就是趕緊建立起一個連結第三和第八行星的時間通道。」博士說明著大角人能夠執行的具體補救。

「第三和第八行星的時間通道？」這個連結，讓我想起了馬雅國王預言棋盤上地球和天王星的28天迴路。我直覺這背後一定有什麼重要的連結，才正想問，便聽見博士說：

「在這個時間通道的內部，大角星人儲存了他們自己的遠古傳說，就像失落世界如今在『西摩克斯之歌的史詩吟誦與抒情詩歌』總結的那樣。在適當的時刻，這個通道會被打開，將那個遠古傳說以及發出第五和弦聲音的可能性釋放出來，但就只有在對的時間點上，在那遙遠的時代，在那個地球人類所稱之的『不久的將來』，這一切才會發生。」

「博士，他們為什麼要這麼做呢？」我有點好奇這樣的處理，對整個太陽系究竟有什麼影響。

「這個行動意味著，大角星人發展出一個對策，要去拯救那些還存活著的內部行星，也就是從第四個到第一個行星。但是，由於第四行星目前已經對位到第七行星土星了，而土星現在又是路西法的要塞，所以他們決定聚焦在人們稱之為火星的第四行星。大角星人心想，如果他們可以拯救這個行星，應該就有可能夠阻擋路西法時間光束的攻擊。要是路西法真想對火星圖謀不軌，他們也可以在第三和第八行星之間，形成一個堅固的楔形來抵抗。只不過這樣的情形，是誰也不希望看到的，因為如果真的發生了，那麼這條『時間通道』就會因此被緊緊鎖住。」博士以更進一步地說明，來回答我的提問。

我真心覺得這樣的防禦，是具有強烈科幻感的詭異對決，就像是現在的自己，正在想辦法對抗未來可能失序的自己一般。但彷彿路西法力量就是這樣詭譎的存在現象，一種意識上持續著動態垂直的交錯與滾動式的相互介入狀態。

「其實現在對大角星人而言，他們一講起路西法，所指涉的意思就會是，在路西法的虛假語境中，對第三次元或第四次元的擷取。這是因為他們觀察到六次元的路西法實體，其實就是透過第三和第四次元的投影輸入來存活的。而路西法對這些餵養他投影的人，會以力量的幻象回報他們。所以，不僅僅是『夜』、『戰士』、『種子』以及『老鷹』時間部族中的許多成員，都自動屈服於這樣的模式之下，其中還有很多當初和大角星人在AA中繼站結盟的心宿二星人，後來也變成這樣了。」

「我真心感覺這是一種以幻象餵養幻象的巨大騙局哪……」我嘟嚷著。

「大角星人對這個情形其實是有所體悟的，只是，一如之前所提到的，當生命體的心智運作層級尚未揚升到更高的層級時，有太多的『未知』根本無從知曉，所以也只能從眼前能觀察、腦中能猜想的『現況』來應對。那時的火星是在『天行者』和『世界橋』時間部族的監護之下，所以一直以來，他們依然保持著四次元的形式。於是大角星人在他們之中匯整一個提案，設計出一個三次元的殖民計畫，同樣地，他們也將這樣的計畫，運用在已被摧毀的馬爾代克星的四次元形式上。」博士很具體地解釋了大角星人所設計具體地解釋的防禦計畫。

　　「喔？三次元的殖民計畫，這聽起來還挺熟悉的感覺呢⋯⋯那他們是怎麼執行的呢？」我搭著博士的話回問道。

　　「幾經討論，那些還留在AA中繼站繼續工作的探針成員們，最後決定先讓心宿二星人來冒這個險。大角星人要他們在『天行者』中成為化身，並且把化身帶到火星的南半球去，另外還有一些其他的心宿二星人或是大角星自己的一小群人，就在火星的北半球，化身到『世界橋』裡。」博士說。

　　「喔，我想起來了，您在一開始跟我說的火星故事裡曾經提過，大角星人監管著火星的北半球，而心宿二星人監管著火星的南半球，原來就是這樣來的啊！」我突然明白了火星故事中提到的那些四次元監護者，原來就是AA中繼站探針派遣的特務員哪。

　　「哈，你的記憶力還可以嘛！」博士格格笑說。

　　「是因為故事太震撼的緣故啦，哈。那接下來呢？」我好奇地問道。

　　「這種基因形成的實驗和殖民計畫需要一點時間，所以，一旦計畫啟動，大角星人也就讓它順其自然地發展了。只是，當那些繼續留在繭式飛

船中的大角星人，還在慢慢繞前三個行星，也就是水星、金星和地球轉圈的時候，有許多其他的大角星人覺得，跑去天王星和海王星這兩個外部行星中高唱幾首狂想曲，似乎是更有趣的活動。結果，當火星出狀況的時候，他們因裝備不足而無法處理，等到其他人想到要趕回來的時候，一切都為時已晚了。」

「喔，原來事情是這樣啊，您之前說他們都睡著了，害我以為是真的呢。哈哈哈，真是誤會大了……」我覺得自己還是很純真的，哈。

「那是形容詞好嗎？你也太好笑了……」博士突然噗哧而笑。

「好啦，那請您現在再把情況說得更清楚一點吧。」我央著博士講明白，也替自己一開始的憨傻表現找個台階下。

「結果就是，得到火星南半球天行者支援的心宿二星人，已經被來自土星的心宿二星人滲透了。透過來自第七行星的心宿二星人的影響，天行者在火星南半球創造了一個華麗的文明，就如同畢宿五亞特蘭提斯人的舊時回憶。但是，它也跟畢宿五的亞特蘭提斯人碰到的情況一樣，火星的亞特蘭提斯人必須做出同樣致命性的妥協，那就是讓一群持續信奉防禦安全哲學的菁英們的權力和奢華，來取代自由意志和宇宙記憶。這種情況之於大角星人，完全就像是那些遠古大角星人『十聯盟』長老群的可怕回憶一般。」博士說得相當仔細。

「那火星的北半球呢？」我問。

「在火星北半球的領域中，由『世界橋』所建立的一個帝國，你還有印象嗎？它叫做『埃律西昂』。相較於火星南半球的墮落奢華，『埃律西昂』可是簡樸高尚多了。但在這裡，所有的一切也不是那麼盡如人意。因為，追求永生的不死主義已經悄悄湧入，隨之而來的，卻是對死亡的一種

奇怪的崇拜。你可以回想一下亞克塔拉一族安娜塔拉的冒險旅程，她經歷過的那個死亡國度，也就是實際上構成銀河主要的北方跨次元界域，你記得嗎？在那裡，每一個存在體的真相儲存宮還被保留著，但在火星這兒，死亡卻被認為是一些叫做『真相持有人』手中的財產，而他們就是『埃律西昂』的最高統治者。所以哪，這一切發生都在告訴中繼站的探針成員，在監看的過程中，如果沒有更多的警戒，就一定會發生這麼離譜的事……」博士回答著。我點點頭，想起了第二天博士曾說過的火星故事。

「所以，火星這個情況的結局，就一如你之前所知的，亞特蘭提斯人和埃律西昂人之間發生了可怕的戰爭攻擊。更諷刺的是，他們因為過於專注在防禦安全上，沒有任何一邊的人民留意到行星氣候惡化的轉變，以致無人為後來發生的狀況做出任何準備。到最後，一場又一場核子戰爭，加速氣候的乾燥，損害行星電磁場，釀成了磁場稀薄的現象。

「於是，就在很短的時間內，這個行星，便不再適合讓曾經自傲於三次元的火星人民居住了。在那裡，你只能看到商隊和帝國的勝利軍遣送著軍隊和大篷車，還有那空蕩蕩的風怒吼著，吹起一陣陣寒冷的紅沙暴，火星上四處飛揚著有害的紅沙，覆蓋在破碎的紀念碑上。空氣中，充滿帶有輻射能的毒性物質，再也沒有人能吸到新鮮空氣。

「在這個行星悲慘地崩毀以前，作為『埃律西昂』穩定運作基礎的大角星人，回憶起了探針，他們的根源，還有他們的宿命。他們豎起一方巨大的紀念碑，稱其為烏爾亞克吐爾（Ur-Arctur）之臉，這個紀念碑既巨大又像個謎，看在某些人的眼裡，他們也憶起猴子國王坦圖摩希斯的臉。直到今天，地球上的人們抬頭時，還能在火星北半球遍佈沙塵的悉度尼亞（Cydonia）廢墟中看見它，而它正等待著宇宙的記憶能夠全數回到時間的部族之中……」博士每每一講到火星文明的終結，總是帶著灰色的惆悵感。

我沒有多說什麼，在這樣的氣氛下，沉默是最好的表達。我想大角星人對火星上所發生的事情，一定也有諸多感慨。如果，這一切都是所謂「路西法投影」造成的結果，那麼，究竟還有多少行星是毀在這個路西法所迷惑的投影之中呢？不知怎的，我隱隱覺得，大角星人帶著探針的任務來到這裡，為了金尼奇・阿豪以及聯邦的榮耀，或者為了想早點回返大角星的家，他們是絕對不會再允許自己看著任何一個行星，重複著火星的命運。

我等了一會兒，博士似乎沒有再多說什麼，估計已經離開了。我靜靜望著那株闊葉的綠色盆栽，四處安靜地讓我幾乎能聽見風的聲音。原以為今天和博士聊完後，低潮的情緒可以好轉，沒想到，這火星的故事第二度聽下來，還是讓人心情沉悶。我想，或許，這就是路西法的威力吧⋯⋯

最近台灣疫情稍緩，我打算出門走走。或許，花幾天環島旅行也是不錯的，不知道博士會不會也跟著我一起去兜風，看看吧！

紅天行者的我，永遠不會停留在一個地方太久的⋯⋯

07

門諾希斯之子

因為門諾希斯的行動，河鼓二星上那些聰明的存在體以及跨行星文明的長老群們，都認定了他們自己就是門諾希斯的小孩，也就是「促進銀河整體無死亡性的六個宇宙記憶護盾的護衛」……

死亡，對生存在太陽系行星地球的我們，真的是一個必須要學習如何以更超越的觀點來面對的重要課題，我們都太習慣以三次元的物質或肉體崩解來看待死亡這件事了。博士這些日子所分享的故事中，總時不時會談起這個部分。或許，這真的是我們人類最無法克服的罩門，我只覺得博士似乎一直企圖以更複合式、更寓言式以及更跨次元的綜合性描述，來幫助我們擴大認知結構，以達成某種更接近宇宙真相的心智訓練。

今天這個早晨，我竟然在一種充滿著死亡的氛圍中甦醒。

我發現，身為人類的我，不管怎麼想，竟然都無法輕易超脫肉體裂解

才代表死亡的概念。然後，我更發現，我滿腦子最煩惱的部分，其實是肉體死亡前可能會經歷的那些病痛與失去尊嚴的種種拖累。原來，我怕這個部分其實比怕死更多一些。原來，這可能才是我一直無法和安娜塔拉進入死亡界域直視死亡真相經驗的主因。

「死亡其實是一種對比於存在的概念，而對照這個概念，還有另一個概念就是『無死亡性』……」博士突然又冷不防出現在我的身後說話。

「博士，您最近真的也愛太神出鬼沒了啦……」我有點驚魂未甫地回應博士。

「是你最近沉浸在故事的反思中，太投入啦。我已經在你身邊窸窸窣窣地活動好一陣子了，哈。」博士說。

「您剛才為什麼要那麼說？」我問。

「因為，與其思考死亡，倒不如來思考『無死亡性』的概念，這樣可能更有趣一些……」博士說。

「您的意思是？」我不解。

「你還記得門諾希斯嗎？那個『無死亡性』的神諭，最高階的異質體，也代表著畢宿五星屠龍俠的自我犧牲精神。」博士問著。

「我當然記得呀！他曾在畢宿五星的亞特蘭蒂西亞行星上，像個英雄般悲壯地死了，然後又以五次元的水晶體形式，注入大角星同類元異質體中，召集了藍色銀河魔法護盾的圓桌會議，讓『打造夢語境』成為大角星探針的下一個任務。就如您所說的，門諾希斯是大角星生命體中最優秀的成員，之前您對他的介紹，可不少哪！」我說。

「真是太好了，你都記住了啊。不過你知道，有時候他的名字會被引用在一連串奇怪的故事和報告中。大部分的人類會覺得他很遙遠，而從某方面來說，他離大家的確也是蠻遠的……這其中最大的原因，是他有時故意不讓人們知道他的知識和設計，一直要等到大角星探針進入其『意識之聲』，也就是必須進入人類意識的關鍵時刻，他的故事才會越來越清晰……」

「這真是求之不得啊，雖然您之前已經介紹了不少他的豐功偉業，但他對我來說，的確還是個謎樣的存在哪……」我興趣盎然地回應博士。

「其實哪，就在門諾希斯過去的玩伴和同輩，也就是大角星異質體們在進行他們的冒險時，門諾希斯也同時平行地進行自己的冒險，而這是母體矩陣長老替『銀河聯盟護盾』建構佈局時就有的某種預知。這正是異質體生命體的優勢所在，它是一種『無死亡性』的運行，如同以某種『跨次元間存活』的狀態運轉著。」博士一開口就直接切入了「無死亡性」的主題。

「您的意思是，他們在不同的冒險中平行存在著。」我說。

「就在門諾希斯突然跳進死亡的界域之後，他便回憶起了宇宙的真相，並且更加清楚這種卸除三次元皮囊的實際情況。他也逐漸瞭解，要是一直對死亡的真實本質完全無知，必定會在實際生活中產生負面的影響。他發現，就算是這樣，還是有許多『世界系統』會因為這種無知而白白犧牲。」博士說。

「這大概就是三次元世界系統的業力綑綁吧！」我回應。

「你還記得嗎？之前說過，門諾希斯是以五次元的形式存在著，所以他能夠輕易用他五次元的形式去經歷死亡界域，而且，無可避免地，他在

那裡遇到了路西法的光波。特別在經過一番努力之後，他最後也得到了六次元的存在主體，當然如果我們可以這樣稱呼它的話，而從這個六次元中，門諾希斯又瞥見了第七次元。有趣的是，就那麼一眼，他幾乎看見了所有一切存有的反射，那真的很難用言語來形容，但這就是他的冒險經歷，他從無死亡性的永在中甦醒，進入到更深的光的國度之中」。

「七次元？！比路西法的存在更高一個層級嗎？！哇……」我有點驚訝，這讓我不得不又開始崇拜這位謎樣的人物了。

「門諾希斯延續了在畢宿五主星（Aldebaran）上的任務，代表大角星人的他，以五次元的形式在星系導師和恆星建造者的委員會中，被母體矩陣的長老群派遣至河鼓二星（Altair）。在那裡，有一個不超過六個行星的簡單系統，每個行星都大小適中，同時，這些行星也都存在著四次元乙太體的生命體，只是在這裡，似乎沒有人找到為什麼三次元形式在此無法生根的原因？」

「喔？您的意思是說，那裡只存在著四次元的生命乙太體。這是不是表示，並不是每一個星系系統的行星上，都一定要有三次元形式的生命體囉？」我好奇地問。

「一般說來，這是不一定的。只是這裡之所以沒有，是出於一個特別的原因，這是後來門諾希斯發現的。不過，你要知道，門諾希斯前往河鼓二星的主要目的，是去學習恆星建造者與星系導師的技術以及遠古傳說的知識傳承，而不是去成為他們其中的一分子。因為，門諾希斯只是希望在擁有了這些知識之後，可以扮演一個更好的指導者，指導大角星探針如何成為一個更適任的行星調伏師。而河鼓二星的星系導師，一個被稱為阿爾太─奧泰爾（Altai-Altair）的存在體，兼具富有遠見及性格穩定的聲名，就像你們形容一隻雖飛在最高氣流中卻仍能維持穩定的老鷹。也因為如

此，門諾希斯便拜在這位星系導師阿爾太—奧泰爾的門下，成為他的學徒。」博士繼續描述。

「喔，拜師學藝啦？」我笑了笑。

「可不是嗎？責任重大呢……在阿爾太—奧泰爾為了穩定行星而持續冥想時，門諾希斯則為了增加行星軌道的共振而學習著咒語的誦唱，而也就僅僅藉著這些誦唱的練習，他的心電感應力量就增加了。同樣的，他對宇宙歷史的瞭解以及恆星的目的也變得更加透澈，透過這些誦唱，門諾希斯學會計算那些『無死亡性』的宇宙記憶護盾。這也就表示，等到他懂得如何詮釋這些數字之後，就能夠透過他的聲音以及最深的專注冥想，開始形塑並進入這些護盾的狀態中。同時，他也能夠運用這樣的方式，將河鼓二星的四次元體從懶散怠惰中給一一叫醒。」博士說明了門諾希斯拜師後的各種學習過程。

「『無死亡性』的宇宙記憶護盾？這是什麼……」我有點不太清楚這個護盾的內在意涵與用途。

「『無死亡性』的宇宙記憶護盾，在數量上有六個，從第一到第六次元，每一個都對應了單一次元。第七次元沒有護盾，因為它是一個RANG潛在的單一思想聲波，這個音調傳唱眩惑了整個銀河系，而六個『無死亡性』護盾中的每一個，也都包含了整體次元中的宇宙記憶符碼。所以，只要能適當地掌握並理解它們，那麼每一個護盾就會發射出獨特的射線或光束，到護盾各自所屬的次元裡……」博士詳細地解說。

「那這些『無死亡性』的宇宙記憶護盾，和您之前所講過的大角星人的護盾，是一樣的東西嗎？」我有點不解地問。

「門諾希斯一形塑好這些護盾，它們就是五次元的了，所以與大角星

的四次元全息子（Holon）護盾是不同的。門諾希斯後來還發現一些奇妙的事情，他發現這六個記憶護盾的每一個背面都像是一面鏡子，但又不是一般的鏡子，而是一面無法反射護盾另外一邊的鏡子。門諾希斯透過這個發現，揭露了更高層級的次元，也就是從第八次元到第十三次元，這些次元則是反射這個宇宙星系的**宇宙鏡像次元**。」博士很清晰地分析。

「哇，反射整個宇宙星系的宇宙鏡像次元。嗯……我們在學習曆法上所理解的銀河調性就是這樣來的嗎？」我好像體悟到什麼似的反問。

「哈，是的。透過這個鏡像宇宙的六個次元力量，門諾希斯知道了宇宙有六個次元維度是固定的，而第七次元，因為沒有護盾，因此沒有鏡像，它就是神祕中的神祕，是超越造物之上無起源的聲波。總結來說，我們這個可觀測的銀河共有十三個次元，前七個是實體次元，而後六個則是鏡像的次元。」博士很有耐心地回應我。

「門諾希斯在理解這些宇宙次元的關係之後，開始進行了哪些具體行動呢？」我問。

「門諾希斯，這位『無死亡性』的大角星異質體存在體，以這些透過自我思想所創造出來的宇宙記憶護盾，代表著阿爾太—奧泰爾，去找出造成河鼓二星行星系統中，四次元生命體一些模糊不清以及無法紮根的原因。後來，他發現這個系統運行最大的缺陷，就是在建立這些行星的時候，沒有注入宇宙記憶。你必須知道，沒有宇宙記憶的話，四次元就沒有什麼理由要讓三次元去紮根，或去發展其生命體為更高層級的目的。」博士更進一步地說明。

雖然我對這個邏輯還是不太理解，但我想，宇宙記憶的注入對一個星系系統的發展，必然具有很重大的影響。

「碰到這種缺少了宇宙記憶的狀況，門諾希斯要怎麼辦呢？」我問。

「他的解決方案既清晰又簡單，他親自前往這六個行星的長老委員會，分別在這六個行星面前，展現出他們各自的宇宙記憶護盾，並讓每個護盾各別對應到不同的行星位置上。而這些行星一旦擁有了這些護盾的天賦能量，就會開始在河鼓二星上喚醒各自的目的，展開必要的慶祝儀式。

「接著，他再讓每一個行星透過護盾發展出適當的四次元根基形式。等經過一個大週期之後，就會開始進入發展階段，產生出一個美妙的跨行星文明，而這個文明發展的主要指導原則，就是要讓宇宙記憶護盾形成這六個次元保管者的典範。他希望這樣的運作，除了出現在河鼓二星上外，還能更進一步推展到整個銀河象限的整體之中。你也許無法想像，光是有了這樣高貴的許諾，就能夠讓整個維拉卓帕扇形區域進入一個全新的穩定層級中。」博士把門諾希斯安置護盾的執行步驟介紹得相當詳盡。

「但……我不明白，所謂的穩定層級又代表著什麼呢？您能夠說得更具體一點嗎？」我問。

我的確非常疑惑，總覺得這個超級強者門諾希斯的運行邏輯，都好像是他說了就算的感覺。什麼大週期？什麼橫跨行星的文明？這全都是某種虛幻籠統的表述，所以我好希望博士能夠說得更接地氣一點。

「我知道你的不懂，哈。好吧，這麼說吧，一個週期指的是那個恆星系統中一段規律運動的開始和結束。那不同於太陽系的行星運動，所以很難換算成你所能理解的線性時間度量。我希望你的焦點，可以放在這六個宇宙記憶護盾被置入後，對整個河鼓二星行星系統所促發的改變，以及接下來它對維拉卓帕扇形區域整體所產生的巨大影響。因為，等到再過完下一個大週期之後，這些行星就可以得到他們的四次元雙生了。如此一來，

你應該就比較能瞭解，對照我們之前說過的行星調伏過程，河鼓二星系統，就會有三個行星配對，再加上一個恆星河鼓二星的主體，那麼整個系統就會達到『四次元星際感應孢子』的成長期了。若以整個系統來看，按照這個方式發展下去，就會變成是第六次元和第一次元的配對，第二和第五次元，還有第三和第四次元的配對。不過說老實話，這些護盾之所以要這麼在跨次元間配對，主要還是為了要得到人類稱之為『物種未來性』的擴張結果。」博士不厭其煩地說明。

「這一段對我來說，真的是太跳躍了啊。我不懂您說的人類稱之為『物種未來性』的擴張是什麼意思？是指我們的演化進程嗎？還是什麼？而這個『物種未來性』，指的是人類？還是地球上所有的生物或生命體？河鼓二星人也要擴張他們的物種嗎？這又是為了什麼呢？對不起，我親愛的博士啊，這些疑惑，都是自動從我的大腦中一個一個冒出來的呀，呵呵呵……」我有點無奈地苦笑，誠實地回應博士。

「你不如把河鼓二星當作門諾希斯實踐某種推論的示範區，這樣想，你或許就可以理解我為什麼這麼介紹了。你不要忘了門諾希斯在河鼓二星上，還是阿爾太—奧泰爾導師的學徒呢……哈哈哈。如果我說，他那時也正在摸索中呢……你信嗎？」博士這句話，顯然把我所有的疑惑都撇至一旁。

我於是不再多問，自動回歸到聽多少、算多少的原點上。大概最近被博士帶領到極為深刻的思維狀態中，一時又忘記，我們不過就是談談心、談談星而已，哈。

「是啊，我親愛的兄弟，你就是聽我講故事嘛，哈哈哈。我們都放輕鬆一點……」博士的語氣顯然刻意地輕鬆俏皮一點。

「我⋯⋯哈哈哈。對啊，我大概不小心又以為自己是尼克、尼歐還是奇異博士啦。好好好，請您繼續說下去吧⋯⋯」我說。

「其實不是說那些問題不重要，而是要提醒你，透過文字組構出來的表述，都只是一種溝通上或共振上的假借。有時候，它所傳達出來的深層信息，只能依靠你未來的心電感應去體驗與領悟⋯⋯」博士再一次提醒我該關注的重點，應該要對焦在那些藏在故事背後的頻率信息上，而不是名相。

「我明白了⋯⋯博士，等到河鼓二星上各個行星的配對都完成後，門諾希斯就離開了嗎？」我把話題直接切回故事的發展上。

「你也轉得太快了吧，哈哈哈。好樣的⋯⋯那我繼續把故事講下去啦。後來，門諾希斯的行動，讓河鼓二星上那些聰明的存在體以及跨行星文明的長老群們，都認定自己就是門諾希斯的小孩，也就是『促進銀河整體無死亡性的六個宇宙記憶護盾的護衛』。只不過，新的冒險總是令人不安。有一天，這些擔任長老的『孩子』來到門諾希斯面前，那時，門諾希斯還是以星系導師阿爾太—奧泰爾的『乙太雙生』身分停留在那裡。」博士繼續往下說。

「他們為什麼要來找門諾希斯呢？」我問。

「他們想要報答門諾西斯⋯⋯」博士回答。

「這⋯⋯是什麼意思呢？」

「門諾希斯已明智地為河鼓二星的存在體，將宇宙記憶的六個護盾帶入到實存的狀態，而這些生命體則是透過這些護盾喚醒了自己。這就意味著，他們的生命體已然生根了，所以他們很驕傲可以擁有這些屬於自己的護盾，同時間，銀河中所有的存在也都知道了這件事。因此，他們想要報

答門諾希斯。」博士說。「好可愛的河鼓二星人哪……」我笑著回應。

「是啊，不過門諾希斯卻不太清楚河鼓二星的長老究竟想做什麼？於是直接開口問他們想要怎麼做……」博士也跟著笑了笑說。

「結果他們怎麼說呢？」我問。

「他們相當誠懇地對門諾希斯說：『沒有您善良和體貼的作為，我們現在甚至不能用這樣的方式來稱呼您。根據宇宙的法則，好心總是有好報的，正所謂種瓜得瓜、種豆得豆。我們想，我們一定可以為您做點什麼事情作為交換，以得到能量的均衡，否則，您一直站在為我們付出的立場，總讓我們覺得虧欠您很多。我們過去曾經學到過一件事，那就是更大的和諧總是要隨著能量、業力還有功績的均衡來產生適度的遞移才對。我們想，如此有智慧的您，當然會瞭解並知道這些，所以請同意我們的請求，賜給我們一個足以配得上您對我們付出的冒險機會吧。』」博士將河鼓二星人對門諾希斯說的話，一五一十都說給我聽。

「好個知恩圖報的外星種族啊……哈哈哈。」我覺得這跟我們善之循環的邏輯是非常吻合的。

「那可不？這些長老孩子們，既睿智又得意地把話說完以後，恆星區域的每一處便都響起河鼓二星的隆隆大鼓聲，四處也飄散著來自真空區（empty space）的花香。突然間，大家都聽見一個帶著真相奧祕的信號，穿越過星際系統上升，並傳出一聲：『好吧！』。接著，門諾希斯似乎立刻就懂了，於是他回答說：『確實是有一些事情你們可以代表我去完成。現在，你們已經掌握了六個次元的護盾，這些護盾也掌握著鏡像宇宙的祕密。我想，你們現在要讓這些跨行星間的恆星領域變得更方便進入，讓這裡成為那些飽受死亡恐懼折磨的人們可以去補救學習的基地。同時，還有

許多人受路西法投影的污染，栽植了錯誤的視野觀點，比方說不死的永生主義或虛無主義等等，這些人在卸除他們植物體身體的時候，將會變得很迷惑，所以也請讓你們的系統，足以吸引這些生命體，讓他們來到這裡，這樣你們就可以對他們展示出護盾，盡力幫助他們回憶起來。』博士說道。

「聽起來很像……人去世後往生西方，提供給中陰靈體再學習的極樂世界哪！」我下意識地回應。

「哈，這麼理解好像也可以吧。不過河鼓二星人對這份任務似乎有點不太滿足，他們輕聲回應了門諾希斯一句：『就這樣啊？』，門諾希斯立刻就覺察到在河鼓二星人高貴的集體天賦能力中，還想得到更多關於時間旅行，以及前往其他世界系統探訪的事情。於是，門諾希斯又開口說：『好吧，我們大角星人，在孢子成長期都會建立一次冒險行動，這是由銀河聯邦促成的，我們稱其為『探針』。現在，這個探針已經把我們正在歷經冒險行動的大角星人從母星球帶向很遠很遠的地方，他們去到一個遙遠的系統，叫做維拉卓帕V.24 ——這是由一位名叫金尼奇・阿豪的恆星建立者所建立的區域。目前，路西法投影的瘟疫，正折磨著這個恆星的行星親屬們。他們其中一個行星已經爆炸，另外一個現在也荒廢了，四次元的時間部族現在很困惑，我們大角星人正前往管理，或許你們可以過去協助他們……』」博士回應了我之後，繼續敘說他們之間的對話。

「哇，原來是這樣啊……他們應該很高興多了這個任務吧？」這一刻我也突然更理解，大角星人是如何看待我們這個太陽系的。

「是呀，門諾希斯可以感覺得到，長老孩子群們其實非常想去維拉卓帕V.24，所以便繼續說明他的計畫。他告訴他們，在維拉卓帕V.24上有兩個護衛行星，第一個和第十個，也就是你所知道的水星和冥王星，它們

各自擁有兩個被指定的時間部族。他希望河鼓二星人好好學習脈衝乘行（pulsar-riding）的技術，如此一來，不但能有效地幫助他們更進一步地瞭解六個護盾，還能夠派遣使者到這兩個行星之上。門諾希斯希望河鼓二星人可以帶著他們『重生』與『無死亡性』的知識，幫助這兩個行星上的時間部族，讓他們有足夠的能力掌握好自己，以便對抗路西法主義逐漸蔓延的疾病。」博士更進一步地說明門諾希斯的具體計畫。

「這兩個行星的時間部族指的是？」我更進一步地確認著。

「他所說的時間部族，就是指『黃太陽』和『藍風暴』部族，或者稱之為『冥王星』部族。在這兩個部族之中，必須要宣揚『無死亡性』與『重生』的教導。此外，還有兩個屬於第一個行星的部族，也就是『水星』部族，他們分別是『紅月』和『白狗』，而在他們之中，同樣要宣揚『重生』及『宇宙流動』的教導。在協助四個時間部族的過程中，門諾希斯要求河鼓二星人先從維拉卓帕 V.24 的兩個磁極下手，以掌握它的宇宙共振全息子（Universal Resonant Holon）以及大角星與其他行星的工作。這麼一來，所有的教導工作才會變得更容易一點，門諾希斯最後還很感性地對河鼓二星人說：『**只要把這件事情做好，就算是對我的回報了！**』」博士說最後一句話的語調，也是極感性的。

「那河鼓二星人不高興翻了嗎？哈哈哈……」我也跟著很雀躍地說，但心底卻蕩漾著，原來，前來幫助我們太陽系的外星人竟然這麼多啊！

「那倒是！門諾希斯的那些孩子們，也就是河鼓二星的長老群們，對於門諾希斯的回應，感到格外地歡欣鼓舞。只聽見河鼓二星的隆隆鼓聲越發雄偉地響徹了雲霄，空氣中遍佈著飽滿豐富的芬芳氣息，整個河鼓二星的區域都充斥著令人眩惑與多重折射的光譜射線。」博士也很開心地繼續描述這些令人開心的慶祝場面。

「那門諾希斯後來呢？」我問。

「門諾希斯，以更高階的感應孢子清除掉這些龐雜的鼓動喧鬧後，便再度甦醒回到了自己，也就是回到，那個『無死亡性』的存在體狀態中。然而這次的甦醒，顯然更為簡單、清明以及純粹。他知道河鼓二星人走了，第五次元的純粹電磁流的嗡嗡聲也隨之離開，在他內在的掃視下，他知道，自己已經得到第六次元的『身體』了。門諾希斯感覺銀河脈衝在他的光體思想內，他可以感受得到，如今環繞著他的，是那些叫做匯流長老群（stream elders）存在體，雖然他們離門諾希斯的光體還是有點遠，但這樣的勝利對一個真實的異質體來說，還真是恰如其分哪！」博士顯然也很滿足地說。

我也跟著洋溢在這個聽起來完美的結局中。我沒料到，一開始對於死亡的探討，最後竟然得到如此昇華的感受。想到河鼓二星長老們帶著六個無死亡性護盾的知識來到我們太陽系，協助管理我們因為路西法陰影而失衡的狀態，心中就莫名產生一種感動與感恩。

我想，星際間，沒有一種存在生命可以置身於事外。一旦機會到了，我們都應該盡全力地去付出我們能付出的力量，去協助那些我們能夠協助的對象，去完成我們必須完成的任務。

我對於博士提出的鏡像次元，其實很好奇。這使我想起《馬雅元素》（*The Mayan Factor: Path Beyond Technology*）那本書中提到的一些概念。或許，將來有時間再把它拿出來好好品讀一番。我想，在聽完這些故事後閱讀那本書，一定別有滋味。

此刻，我給了自己多一點時間，靜靜呼吸，什麼都不多想，讓這些信息的能量自動流淌在我生命存有的每一個細胞裡……。

08

星際馬雅人的時間飛船設計／甦醒的特拉蓋亞

馬雅時間工程師，並沒有和中繼站艦艇上的成員們失去聯繫。他們透過精細的心電感應振波，同步監控著AA中繼站成員們在整個金尼奇‧阿豪系統中的活動與事件，他們還特別持續關注著蓋亞地球上所平行發生的各類事情……

昨天的故事，讓我自然而然從某種對死亡的恐懼中，找到了另一個直視它的出口，卻也激發了我更多對於四次元時間部族的探索渴求。特別是知道了河鼓二星人將帶著六個護盾以及無死亡性的知識，來傳授給太陽系掌管這些行星的時間部族以抵抗路西法的陰謀。我當然渴望想知道最後的結果會是什麼？

最近每日在不定時的茶或咖啡時間等待著博士的到來，真的已經變成我的生活重心了。

我不得不承認這種彷彿生活在平行時空的感覺，真的，很妙！

只是，博士所帶來的故事，包含著巨量的宇宙科學專業知識以及許多跨次元的操作技術，太多的概念幾乎都超越了我們人類目前物理科學的詮釋邏輯。這一連串下來，也的確把我整得有點七葷八素的，但有趣的是，這些超越大腦理解的資訊越是聽下來，各種意識上的困惑與煩惱反而變得越少。甚至，有時候，連懂或不懂，都不會成為一個「問題」了。

當然，我完全不知道為什麼會出現這樣的情況。相信把故事一直看到這裡的你，多少也會和我有一樣的感受，反正，我們都不是尼克、尼歐或奇異博士，所以沒有什麼了不得的緊急任務壓力。截至目前為止，我給自己的一句關鍵提醒就是：放輕鬆！

「放輕鬆就對了啦……哈哈哈。」博士顯然是很開心地出現了。

「博士，您很愛偷聽我的念頭ㄟ……」我半開玩笑地回應。

「哈哈哈…被你發現了。不過，今天故事要再一次深入探討的主角，你應該會非常感興趣。」博士很快地切入了重點。

「誰？」

「星際馬雅人，Maya！」博士乾脆俐落地回答。

「哇……終於又讓我等到了啊。」我大聲嚷嚷著。

「哈哈哈，對啊，自從大角星人請他們來到AA中繼站幫忙後，其實一直都還沒有針對他們的實際行動討論過，今天我們就來好好聊一聊……」博士一派輕鬆地說道。

「如果可以這樣，那就真是太棒了！」我不自覺地鼓起掌來。

「其實，星際馬雅人，是來自於宇宙之樹（YAX CHE）。他們的成長就好像樹枝上的許多樹葉一樣，他們帶著好奇的探針行動，填滿在每一個不同的次元之中，一圈又一圈繞著宇宙之樹旋轉，然後發出RANG的聲音頻率，並且唱出了PAX的意識形式。他們就是這麼全心全意地，穿越了無盡的時間之海。事實上，他們和梅林的思想以及『夢語境打造』（dreamspell-casting）的巫師力量，都有著非常親密的關係。透過門諾希斯，他們可以讓自己保持在光的心領神會之中，而他們則是將門諾希斯維持在閃現於所有跨次元空隙的巨大光束裡。簡單說來，星際馬雅人就是梅林耳中的絮語，對每一個正在學習打造夢語境技術的巫師們來說，也是如此。而這都只是因為他們在很久以前，作為一個輻射母體，亦即五聯盟的原始領域探路者時，所學到的強大力量。」博士以如詩般的語言再一次介紹著我們一直渴望想更瞭解的星際馬雅人。

「感覺上，星際馬雅人真是一種神奇如魔法般的存在體呀？」我聽完後，不自覺地讚嘆。

「是啊，除了星際馬雅人，還有誰可以毫不費勁地滑過RANG的片刻宇宙性中斷，和平行宙的祖夫雅迴路連繫在一起呢？你也許會問，人們要如何才能真正地瞭解呢？既然現在已經到了揭開真相的時刻，那麼你今天就慢慢聽我講來，這一切有關星際馬雅人的祕密吧……」博士的語氣，有一種終於要揭露真相的磅礴氣勢。

「真是太讓人期待了啊……」我像個純真的小孩，殷切地渴盼著。

「首先，在有關現形技術與RANG發聲幻象的實驗上，星際馬雅人透過很長時間的努力讓自己和第七次元，也就是之前所說的無鏡像宇宙，相

互地結盟起來。更進一步來說，這個次元是『單一聲波思想』的維生補給來源，而星際馬雅人的總部就存在於這個『單一的全共振聲波』的思想內部之中。如果，他們想要乘行這個『單一聲波思想』到四處去遊歷，就需要許多幻象技術的操作技巧，而在這些技術中最困難的就是『多重的跨次元化身』。不過，一旦他們具備了這個技術之後，就可以自由到達任何一個地方去，並在那裡具體現形。所以，星際馬雅人可說是在所有世界系統和所有次元接縫之間滑動的存在體。」

「您的意思說，星際馬雅人就像自備了一個哆啦A夢的任意門一樣，能夠讓自己的化身自由穿梭在不同的維度和世界系統中……」我真心覺得星際馬雅人的存在體實在是太神奇了。

「但是，這卻不是一個可以隨便被濫用的技巧喔。一旦濫用它，他們就會立刻失去存在體在第七次元的特權，也就是這個神奇魔法現形的力量。」博士笑嘻嘻地回應我。

「不過，我很想知道，他們操作這個技術的主要方法是什麼呢？」我很好奇地問。

「**時間**，就是讓他們現形的操作方法，星際馬雅人只要知道正確的『時間』，就知道如何打造一個正確的夢語境，穿梭到那裡去為需要的人們服務，這就是他們擅長的植物體根植技術。同時，他們也學習到如何將植物體的身體，延伸回RANG領域的技術，來建造他們自己宇宙振動的根基。」博士提出了跟時間相關的這個非常重要的概念。

「我好像越來越明白，這裡說的『時間』是怎麼一回事了……」我喃喃地說。

「早期，星際馬雅人已學會不需要生根在一個植物體，也就是所謂三

次元形式的身體之中，因此他們也不需要去成長或演化。只是，如果不生根，那麼就不能得到『生命』，一旦沒有生命，當然也就不會有成長這回事兒了，而這也就是為什麼星際馬雅人後來會說：『**取得一個生命吧！否則就沒有能力演化，也不會有新的領會，更無法有快感的擴展。**』因此，在受到RANG的共振滋養後，他們可是非常熟練『祖夫雅迴路』，這個從三次元化身到無死亡性永生，所有一切都持續在螺旋旋轉的的領域。對他們來說，獲得與卸除植物體身體的這件事，就只是一個很簡單的置換技術而已，用人類的話來形容就是只要：『**保持冷靜、不失勇氣，但也無須留下痕跡。**』」博士繼續解釋。

我私心覺得星際馬雅人的靈活度，真的是非常具有智慧的。

「星際馬雅人因為擁有了這樣的技術，大角星人異質體便讓他們成為榮譽大角星人，並央請他們精選出一個團隊，前往AA中繼站，與他們一起參加調伏金尼奇‧阿豪行星這一份相當具有重大意義的工作。

「話說當星際馬雅人從大角星人那兒收到這份邀請之後，便很快從內部的共振階層中，透過自我提名，挑選出一個適合大角星時間工程的菁英團隊。而這個做好準備投入任務執行的團隊，一直全力以赴堅持到最後，甚至還飛到時間位點（point）或顯化成為三次元的化身。他們先是運用了純真和魔法飛行的力量，在光錨中一個叫做昴宿六的時間位點處，讓自己從宇宙之樹的中軸分離出來，然後再通過次元降幕而下，發射一道光束到AA中繼站裡，在此同時，這些馬雅時間工程師以及共振場域調節員，便已經準備就緒開始值班了。」博士開始訴說著星際馬雅人進入AA中繼站的實際過程。

我當然很驚訝這一切是這樣開始的，於是開口問：

「AA中繼站的監管行動在星際馬雅人的加入後，有帶來了什麼顯著的成效嗎？」

「他們仔細觀察AA中繼站的宇宙共振全息子後，發現在金尼奇‧阿豪領域中的宇宙英雄傳說，似乎已經漸漸式微了。但自從有了12：60時間光束和時間之戰，這個英雄傳說好像又注定要再度自行重演。其實想想，一般災難後的結果，也通常都會是這樣的。其實，當星際馬雅人的時間工程師團隊到達時，大角星人也正慎重思考著一個問題，他們問星際馬雅人：『不知道路西法能不能預知他所掌管的領域會因為這個計策而被全數毀掉呢？如果真的毀了，聰明狡獪如他，又將會怎麼辦呢？』同時，他們還告訴星際馬雅人，如今『木星—土星的路西法人』已經完全將第四和第五行星掌握在手中，而且，地球和天王星之間的時間通道也被封鎖了。不過，從大角星人監管的可信度來看，由於那些來自河鼓二星的門諾希斯小孩已經把監督的探針移往第一和第十行星軌道，所以接下來，要河鼓二星人再去看守第九和第二行星的安全，好像也不算是什麼太困難的事，這似乎意味著，如今海王星的『龍』和『鏡子』時間部族與金星部族的『星星』和『猴子』時間部族，都已經透過河鼓二星人的介入而互相結盟了。」博士說。

「原來河鼓二星人的參與，對大角星人的監管行動來說，是這麼重要的力量啊……」我聽博士說完後，才恍然大悟河鼓二星人對門諾希斯的回報，有這麼具體的影響與作用。

「的確如此啊。不過，這股支持力量，似乎只上演了第三和第八行星這齣關鍵性劇碼的背景而已。因為，如果第五和弦想要透過金尼奇‧阿豪發出聲音，那麼在第四和第五行星上曾經發生過的事，就不能夠再發生在第三行星之上。但就現階段的情況看來，如果不去濫用路西法的自由意

志，那麼就很可能會徹底毀掉銀河聯邦，但到底該怎麼做才能兩全其美呢？在這一點上，大角星人特別傷腦筋⋯⋯」博士說完，頓了頓，又繼續開口：

「事實上，火星文明被摧毀之前，星際馬雅人就已經在第三行星的『手』與『人』時間部族以及第八行星的『風』與『地球』之間，進行過短暫的心電感應聯繫了。特拉蓋亞人（Terra-Gaians）和天王星人（Uranians）之間曾經發生過某種婚姻式的結合或約定，那時被稱為『記憶的驛馬車』。但是就在這個記憶的『婚姻』被圓滿之前，火星竟然崩塌，同時，時間通道也被完全關閉了，所以第三行星和第八行星的時間部族間所存在那種帶有感情的親密關係，似乎就只能透過神祕的遠古傳說繼續維繫下去。而在那裡，第八行星天王星被回憶為天堂（Heavens），而第三行星則被指向地球或蓋亞（Gaia）。」博士很顯然把故事的焦點全拉到第三和第八行星之上了。

「那星際馬雅人有沒有想到，要用什麼方式解決這個困境呢？」我問。

「他們的解決之道很簡單，就是直接去對抗路西法12：60的時間光束。他們打算建造一艘可以達到第三行星規模的『時間飛船』（Timeship），另一艘則是能達到第八行星規模的飛船，也就是以宇宙共振全息子為基礎，在每一個與時間飛船相匹配的對位點中，運用二十個時間部族的記憶印跡來執行編碼。」博士說。

「時間飛船？！」我愣了一下，大叫一聲。

「哈哈哈⋯⋯你的反應跟當時的大角星異質體一模一樣，他們聽完後也是叫得非常大聲，直覺這是一個很棒的想法，但卻沒有一個人知道什麼是時間飛船，更不知道要如何才能真的把它建造出來。」博士語速加快

地說。

「是啊，星際馬雅人口中說的時間飛船究竟是什麼？」我也跟著加快速度地問。

「以星際馬雅人的概念來說，一艘時間飛船，就是四次元的運輸工具，它透過所有的宇宙時間法則來編碼，而這些法則，則是依照宇宙共振全息子的雙極球體形式而來的。這個運輸工具很明顯地是在時間中游動，它的大貨艙即是時間釋放記憶印跡的一個宇宙組合系列。而144000個地球年，則是時間飛船的最小週期，在這段週期內，它會透過所指定的命運祖夫雅（zuvuya）迴路，在特殊的關鍵時刻釋放出它的記憶負載（engram load）。」博士非常詳盡地說明後，吸了一口氣，便又繼續說了下去：

「時間飛船建造好之後，就會被送到它的『命運時間位點』（point of destiny）。依照現在這個情況，它就是一組行星，會在它的位點逐步壓縮成三次元的形式。這在行星調伏的技術和科學中，是屬於演化工程的最高等級。這整個過程，並非干預，也不是不干預，而是一種『母體安撫調解程式』（matrix pacification program）。因為這個緣故，時間飛船的投影技術就被稱之為『宇宙安撫調解的母體力量之冥想』（meditation on the matrix power of universal pacification）。」

「好深奧啊！」我說。

「星際馬雅人後來教會了AA中繼站的成員，這個在宇宙共振全息子上的安撫調解網格投影技術，而這個冥想技術需要與144000個記憶編碼具備延續很久的心電感應共感。由於144代表著在自然對數螺旋，也就是費式數列0.1.1.2.3.5.8.13.21.34.55.89.144……中的第十三階層。還記得，那時神奇的星際馬雅人，才一跟大角星人說完，就開始示範一些奇特的十三次

元碎形的捷徑給大角星夥伴們看。而中繼站的大角星異質體，也展現出他們超凡的技術，非常快速地學會所有星際馬雅人與他們分享的內容。」博士說。

聽到這裡，我的心跳竟然不自覺地加速，迫不及待想要知道星際馬雅人的具體行動，於是直接開口問：「他們是怎麼示範運作的？」

「他們在宇宙共振全息子投影了二十個區塊的網格或編織樣式。在這二十個移動編織樣式的每一個區塊之內，置入適合該區塊的時間部族的記憶印跡，以維持這個投影的穩定，然後再將RANG引導進入時間飛船。如此一來，它就能夠以宇宙生命原力的再生力量作為其基本配備。

「接著，透過心理層面上的細胞分裂，『時間飛船』形成了自己的雙生體。這個雙生體的其中一個，準備投向天王星，另外一個則將朝著蓋亞而去。不過，這一切，應該要從大角星人讀到這份報告時開始算起，大約就是在104000個地球年的時間點上所發生的事情。」

聽完後，不只我的頭皮開始發麻，全身也起了雞皮疙瘩，只覺得原來這一切的端頭都是從這裡開始的。我沒再多問什麼，只是靜靜拿出筆記本，很安靜地把博士接著傳達的信息記錄下來。

「星際馬雅人透過心電感應的技術，擴增了時間飛船的體積以達到天王星的星體規模，同時，將它取名為卡美洛（Camelot）。接著，他們將這艘時間飛船高高放在天王星的上方。這其實是星際馬雅人的一次測試運行，整個過程儘管有些許困難，但這艘天王星的時間飛船，終究還是到達了它的目的地——被壓縮的第八行星。而就在他們打算要為自己慶賀一番前，一個可怕的跨次元撕扯力量，竟穿破了他們在AA中繼站上的監視螢幕。

「瞬間，只看到天王星搖搖晃晃、上下擺動，光譜匯流以及隨機記憶光束噴得到處都是。他們揣測，是一道來自第七行星土星的12：60射線，在天王星時間飛船尚未完全定位之前，讓它產生了振動。在第三次元中，時間飛船粉碎的力量將其表面的碎片狠狠從高處擲向了天王星的電磁場，於是打造出一些新的月亮衛星。而這些月亮衛星中，有很多都銘印著當時被粉碎過程中的記憶印跡，像米蘭達（Miranda）這顆衛星就是如此。而遠至海王星，那個第九行星來自時間部族的記憶印跡，也同樣在這種又奇怪又神祕的狀況下，受到很大的影響。」博士鉅細靡遺地說明這艘天王星測試時間飛船的詭異命運。

「天哪，這個意外的發生，是不是表示整個計畫就要完蛋了，大角星人該怎麼辦呢？他們是不是嚇壞了？」我也感到不可思議地問。

「是啊，儘管當時大角星人只是待在中繼站的一邊，但的確又驚又怕的。星際馬雅人隨即將他們安撫下來，告訴他們，這一切都只是個測試而已，什麼都不會失去的，AA中繼站也不會受到什麼影響。此外，星際馬雅人還說，其實天王星時間飛船所發生的這個情況，對整體計畫的程序進行是有好處的，因為他們正好可以從這些作用中去研究和學習。至於那艘將要發射到蓋亞去的時間飛船，星際馬雅時間工程師會在中繼站的CSR核心親自維護，這大約需要104000年地球週期中的四分之三的時間。然後，在最後四分之一的時間，也就是最後26000年的時候，再滑進地球的電磁場。雖然這是高危險的調遣行動，但這也是唯一能夠阻止路西法陰謀侵襲整個金尼奇‧阿豪系統（維拉卓帕V.24）的機會。」

「那天王星呢？它真的半點都沒受到影響嗎？」我問。

「關於天王星，星際馬雅人讓大角星人確信，它並沒有任何損失，仍然足以繼續維持一個作為學習基地的探針型態功能。特別是，對於後來那

些忘記詩意冥想技術的蓋亞人來說，它將會成為一種高級的治療中心。天王星上的這些靈性的存在體，將能夠提升到這樣的場域之中，同時，他們也仍然可以在這裡發現擁有烏托邦視野的水域以及宇宙重生的詩意。」博士優雅地回答了我。

「不過……」博士突然又插了一句。

「怎麼了？」我愣了一下。

「最後，星際馬雅工程團隊又特別給 AA 中繼站的成員們一個很重要的提醒，他們是這樣說的：『謹慎小心地好好看守著，不過，也別忘了播放……』」博士語帶玄機地冒出這麼一段話。

「播放？這是什麼奇怪的結論呀？！」我低聲嘟嚷著。

「其實 AA 中繼站的存在體成員，雖然大部分都是來自大角星的異質體和同質體，但其中還包含了大角星人在不同星系進行演化的變體。譬如，來自畢宿五星與河鼓二星跨次元的時間大盜，來自阿爾法半人馬座流亡的全息子群。當然，原始的心宿二星人也是另一個主要的成員，此外，屠龍俠與狗的戰士，同類元（Analogic）的巫師，脈衝乘行者以及祖夫雅迴路的截掠者等等，都是屬於圍繞著大角星人召喚探針的存在體。其中還有一群存在體，是星際馬雅人派遣來的，他們的存在可以讓光保持在高強度中並維繫著尚未斷裂的圓的循環，而他們是代表維拉卓帕 V.24.3，亦即地球，或特拉蓋亞（Terra-Gaia），或特拉瑪吉卡（Terra Magica），也就是保持長期警戒的存在體。」博士很清楚地將 AA 中繼站裡的所有存在體都整理了一圈。

「原來進入 AA 中繼站的星際馬雅時間工程團隊，主要就是保持我們地球長期警戒的存在體啊……」我說。

說實話，我一方面似乎理解了馬雅工程團隊的存在意義，但一方面卻也真的不懂，為什麼他們要提醒大角星人「謹慎小心地好好看守著，不過，也別忘了播放……」。

「其實，這句話是馬雅時間工程師，在天王星時間飛船卡美洛的不幸事件發生後，給予所有 AA 中繼站成員的，只不過這個建議是特別針對大角星人。這些大角星人親眼目睹了馬雅時間工程師在天王星上測試時間飛船的智慧，於是他們瞭解，透過天王星星體本身的尺寸大小，便擁有足夠的力量維持住自己去對抗 12：60 的光束。但是，時間飛船的記憶印跡就不是這樣了，它們是以某種『被掩埋』的形式，四處分散在寬廣的天王星之上。它們正等待著 AA 中繼站的星際馬雅成員將這艘時間飛船帶往第八行星接受治療，並和那些準備在維拉卓帕 V.24.3 上，化身為 20 個時間部族的存在體接合在一起。」博士這次並沒有直接回答我心中的疑惑，而是把焦點放在另一個重點之上，他說完後，嚥了嚥口水，便又繼續說道：

「天王星上的大角星探針（The Uranian Probers）存在體，AA 中繼站成員直接以英文 UPs 或是 Uppers 來稱呼他們，他們被證明是一群最能吃苦耐勞的大角星異質體。根據報告顯示，『風』和『地球』時間部族的全息子與他們之間，一直都保持著很好的溝通，所以這兩個天王星的時間部族也都很滿意。而他們在大部分的地表上，也就是像龍一樣的根基形式所在地，創造出一個巨大但簡單的文明。基本上，這個文明是建立在一個被稱之為『視覺符碼』（vision codes）的基礎之上。這些視覺符碼，可以說是一種複雜的多重感官夢境模板，源自於早期與維拉卓帕 V.24.3 上的『手』和『人』時間部族，在進行四次元接觸時的記憶基礎所打造出來的。」

「您的意思是說，監管天王星的四次元全息子時間部族，其實已經在天王星的地表上有很周全的發展了嗎？」我問。

「是的。正是這樣,所以只要能和天王星探針取得聯繫,那麼天王星人的文化基礎,就可以很直接地延伸到他們那些記憶印跡的行動之中。當然,這麼一來,天王星的文明就會立刻開展出一個新的目標,那就是重新建構失落的時間飛船——卡美洛。由於這艘失落的時間飛船,如今是以一種地球時間飛船的複製體蟄伏著,而這個偉大的平行處理,實際上是為了建立對危急的第三行星的支持,以及最終要重新開啟時間通道的進階方法。但是因為天王星的重建計畫進展得相當緩慢,所以馬雅工程師用一系列有趣好玩的夢語境來播放,這是為了與他們的姊妹行星特拉蓋亞所精挑細選出來的『未來』居民,保持某種密切的聯繫所進行的發展。」博士說到這兒,彷彿才算是解釋了那句話中「播放」的背後真諦。

「原來,馬雅時間工程團隊所說的播放,是這個意思啊!」我才終於恍然大悟地說。

「哈哈哈,你終於明白了啊……正因為這樣,在中繼站CSR艦艇上的所有成員都見證到了在金尼奇・阿豪恆星系統內有一個全新的發展。儘管天王星時間飛船已經解體,但因為馬雅時間工程師的到來,似乎對整個維拉卓帕V.24區域起了很大的穩定作用。後來在一次偉大魔法的展現中,一群馬雅時間工程師小組,真是說到做到,便直接進入宇宙共振全息子掌管了『地球飛船』。在那裡,他們必須在一塊獨立巨大的水晶結晶的固定形式中,維持某種跨次元的蟄伏狀態。因為他們必須在這個謎一般的水晶結晶塊裡,待上78000個地球年,然後,在一個被指定的時刻重新把自己孵化出來,而這個時刻,就是他們稱之為『104000地球年大週期』(大約是一個胡娜庫區間)最後四分之一的開始,也就是我之前所提過的最後26000年的階段。」博士說。

「星際馬雅人果然是個充滿魔法又言之有信的外星種族啊……」我讚

嘆地回應。

「事實證明，馬雅時間工程師，並沒有和中繼站艦艇上的成員們失去聯繫。他們透過精細的心電感應振波，同步監控著 AA 中繼站成員們在整個金尼奇‧阿豪系統中的活動與事件，他們還特別持續關注著蓋亞地球上所平行發生的各類事情，大約長達 78000 個地球年之久。」博士繼續補充道。

「所以，您的意思是說，長久以來，有一群星際馬雅人一直以四次元的形式蟄伏在 AA 中繼站的 CSR 中心，監看著我們地球並和 AA 中繼站的成員保持著密切的聯繫，但他們具體的計畫是什麼呢？」我問。

「剛剛我們不是提到了 104000 年週期，其實，對所有 AA 中繼站的大角星成員來說，是一個『漫長的等待』。在這段時間裡，身為探針的他們，必須在彼此之間，培養出更深厚的專注力以及創造性的心電感應冥想。不過，這對他們來說並不難，因為他們探針從一開始就已經學習很多這方面的技術，而他們在整個銀河系中的跨次元盟友也已經多有擴展，甚至還有更多的在等著被完成。所以，他們帶著沉思的興味，開始了任務的下一個階段，也就是蓋亞時間飛船以及如何使其順利進入維拉卓帕行星 V.24.3 的任務做準備。」博士說。

「他們會怎麼做呢？」我很好奇。

「這項任務的第一步，就是先在天王星和蓋亞之間維持一些平行的聯繫。幸運的是，天王星人是一個會為自己的命運做好準備並精心調整的種族，這些天王星上的夢行者最後都能讓兩個時間部族，很快掌握到了時間飛船粉粹的真實意義。而他們其中有一群存在體，叫做『靈性之人』或叫『風』的部族，已經掌握住被埋在卡美洛內部的那把『王者之劍』

（Excalibur）中關於粉碎過程的記憶印跡。還有另一群存在體，與『靈性之人』交流的『導航者』或叫做『地球』的部族，則建立了一個『平行任務』（Parallel Quest）。由於，他們非常清楚，平行著天王星的『王者之劍』在蓋亞上所投射出來的，就是對『火』的追求。」博士非常仔細地說明。

「喔……天王星的『王者之劍』，和地球的火。那……後來呢？」我迫不及待地想知道。

「後來，天王星探針的大角星代表團Uppers，在與『風』部族的夢行者溝通時，發生了一段小插曲。他們看到這些『靈性之人』們，非常強烈地渴望與在蓋亞上長久失落記憶的堂兄弟有所聯繫，於是，Uppers就運用他們自己四次元的『造夢顯化行動』，進入了天王星的全息子。所以，他們就在這個『漫長等待』的26000地球年期間，開啟了一場平行夢語境時間的塑造行動。」博士直接地回答了我。

「哇……這不就是一種直接的干涉了嗎？那他們是怎麼執行的啊？」我很好奇。

「透過在中繼站CSR宇宙共振全息子內部精細的馬雅振波，AA中繼站的成員能夠直接指導Uppers，偕同那些透過造夢而顯化為存在體的『靈性之人』，一起加入天王星CSR的核心，一旦這個核心被造夢行動顯化為一個存在體時，就可以把宇宙共振全息子轉移到這個核心，然後再將蓋亞時間飛船的複製體放進它的內部……」博士嚴謹地說。

「我有點不懂，他們為什麼要這麼做呢？」我問。

「那是因為一旦『風』部族的快樂夢行者將此顯化行動建立好之後，天王星『地球』時間部落的導航者，就會試圖在天王星的內部，找到『王

者之劍』的記憶印跡。而他們之中的有些人，是以天王星核心CSR內部的宇宙共振全息子的內容，來辨識出『王者之劍』的。如此一來，天王星『地球』時間部族的導航者，就可以把『王者之劍』和『蓋亞時間飛船的複製體』視為一體，也就是說，一旦從天王星核心的水晶之墓，釋放或拉出這艘時間飛船，就如同從漫長的休眠中釋放出『王者之劍』一般。」博士說。

「哇……我必須整理一下。您的意思就是說，Uppers利用將宇宙共振全息子轉移到天王星CSR的顯化行動，將地球蓋亞時間飛船的複製體放進去，接著透過這個宇宙共振全息子，天王星上的導航者就可以找到『王者之劍』的記憶印跡。而因為放進了蓋亞時間飛船的複製體，這個時間飛船的一動一靜，就等同於『王者之劍』的一動一靜了。那，這樣要幹嘛呢？最後會得到怎樣的結果呢？」我理完了思緒後，卻不知道這樣是要做什麼？於是問。

「最後，就是他們取得了他們想要尋找的『宇宙記憶印跡』啊，哈哈哈……你把自己給繞昏頭了。」博士笑了出來。

「喔，對喔。但是，我不明白的是，為什麼要把我們地球蓋亞的時間飛船複製體給拖進去呢？」弄了半天，我才搞清楚自己的問題在哪裡，哈。

「喔，是這個問題呀……我來解釋一下。其實，就在他們尋找記憶印跡行動獲得大成功的時候，天王星導航者和大角星探針的Uppers代表團都一起抵達了CSR的核心。在那兒，可是有一場令人屏息的美麗景觀正在歡迎著他們呢！他們瞬間就被帶入宇宙共振全息子結構的內部，那裡就像一個在無盡運動中的彩虹薄膜球體，同時，他們看見了蓋亞上的時間飛船雙生體，正透過閃閃發光的行動展現著自身，並以心電感應的方式，反射出

藍色的姊妹行星，也就是第三行星蓋亞的地表。儘管，他們之間的時間通道已經被第六和第七行星的路西法人給切斷，但是星際馬雅時間的魔法，在這裡還是獲勝了。」

「您的意思是說，透過星際馬雅時間工程團隊的貢獻，加上AA中繼站成員以及天王星上的大角星探針Uppers與時間部族夢行者的造夢行動，天王星和我們地球蓋亞，透過這個方式，某個層面彼此連結在一起了？」我問。

「的確是這樣的。通過共感的專注力，天王星的『地球』時間部族導航者，以及大角星探針Uppers都能夠『看』進第三行星的內部。而且，正因如此，為了紀念天王星『地球』時間部族的導航者，第三行星，才會變成一個叫做『地球』的行星。除此之外，藉由天王星『風』的部族，也就是夢行的靈性族人們的努力，還有透過大角星人自己在AA中繼站的心電感應力，他們也看到了蓋亞上已經形成的一個根源人種的早期形式，也就是之前和你提過的『五角星形放射體』。那是一種原始的、碳基的型態，總共帶有兩個動力的附加器（或稱為腿），兩個使用工具的附加器（或稱為手臂），以及一個感官處理器（或稱為頭）的五個部位型態。」博士說。

「哇……這指的就是我們人類嗎？原來我們地球的名稱竟然是為了要紀念『地球』時間部族而來的啊，這真是太不可思議了。」我覺得這些典故，真的太有趣了啊。

我想，真的，這又再一次說明了人類其實是外星人所設計出來的生命存在體。所以，我們真的不是從猴子演化來的啦！真的不要再亂認祖先了……

「在大角星探針 Uppers 平行的『造夢顯化行動』或『回憶行動』中，這些蓋亞的原始住民，也已經建立了一個對火的追求行動。這個火，實際上就是『位於通道盡頭的光』。事實上，這個長久失落的時間通道，是為了要讓他們與第八行星連結，以形成完美的五度。所以，天王星人只要一凝視這些在遙遠第三行星上的夢行者，就會滿溢一股巨大辛酸的催迫感。他們想，蓋亞的原始住民擁有一切，但就少了『宇宙的記憶』。所以，該如何幫助這些原始住民接收到宇宙記憶，並保持住他們的光呢？他們該如何更進一步達成這個巨大平行的『造夢顯化行動』？後來，這些問題就變成天王星人極為關注的事情了。」博士更進一步地說明。

「那……他們後來有發展出什麼具體的行動或方法嗎？」我好奇地問。

「大角星人透過自己情慾的歡快遊戲，或是說，在 AA 中繼站上平行的異質體對愛的追求行動，他們學會引導過剩的輻射子技術。於是，他們將這些輻射子回轉成 RANG，並藉由天王星核心中的『地球』時間部族導航者和 Uppers 來釋放。這也就是說，透過這些過剩的 RANG，Uppers 和『地球』時間部族導航者獲取到一個相當精彩的概念，那就是透過在天王星核心的宇宙共振全息子上的冥想專注，將可以促成磁極的轉移。而天王星磁極轉移的目的，則是為了與三次元的天王星行星體結盟，一旦運用了這個方式進行，它的磁軸就可以瞄準在第三行星的軌道和金尼奇‧阿豪的星系核心。

「如此一來，即便地球和天王星之間的時間通道是關閉的，這也可以在他們之間建立一道直接的電磁流。一旦這個電磁流被建立後，壓縮的記憶印跡輻射子，就可以各別傳送到蓋亞原始住民長老的夢語境時間之中了。這個在天王星和蓋亞之間所建立的進行式連結，可以簡化並確保蓋亞

時間飛船能在指定的時刻順利起飛。」博士相當清楚地解釋這個必須要透過各種努力，才能得到的結果。

「這真是一個好大的工程哪！他們究竟要花多久的時間才能完成呢？」我問。

「已經完成了啊，哈。就在一個心電感應合作和魔法置換的大秀中，這偉大的英勇事蹟就這麼發生了。於是，天王星的磁極轉移，它的銀河輸入磁極，偏離了金尼奇‧阿豪而直接指向胡娜庫，而它的銀河輸出磁極，則是直接對準第三行星以及金尼奇‧阿豪的CSR核心。」博士說話的聲音帶著很強的氣勢。

「哇……這是怎麼做到的啊？太不可思議了吧？」我說。

「是啊……如此一個行星的勇敢壯舉，除了讚嘆之外，根本無法用任何言語來形容。如今，在CSR中繼站宇宙共振全息子內部的第七次元馬雅工程團隊和AA中繼站成員之間，有一個心電感應連續體被構建完成。而在與第六次元中的門諾希斯以及在第五次元的梅林的交流中，這個複雜的心電感應聯動裝置，也已經和在天王星上的天王星部族與Uppers，以及蓋亞上的原始住民完成連線。這個精心運作下的連結媒介，就是現在大角星人可以透過這個心電感應連續體來導引分流的『輻射子生成中心RANG』。」博士這一番話，把之前所提到的幾個跨次元力量都解釋得更清楚了。

「那地球呢？我是說……我們蓋亞上的人類呢？」我還是本能關心著我們人類的命運發展，於是問。

「你從你現在自己的樣子與狀態，不就應該知道這個結果了嗎？哈哈哈……當然，蓋亞上的原始住民最後得到一定程度的宇宙記憶，他們利

用它來調整適應他們五角星形碳基的基因生成形式。而地球，特拉蓋亞，也就這麼甦醒了，同時，大家最擔心的路西法陰謀，似乎也被迴避過去。AA中繼站的成員們，確實已經重新創造了『時間』。雖然他們知道，還有許多事尚未發生，但他們的確已經在時間之戰中，掌握到一個重要的時機。」博士給出一個令我滿意的答案。

今天的故事太精采，精彩到我幾乎都忘了在筆記本上記下什麼重點。或許，那是一種極度深入的參與感，讓我一直與所有故事的頻率共振著，到了今天，才明白，原來在星座上象徵著叛逆的天王星，其實是一顆為了平衡太陽系軌道力量最英勇的行星，它的叛逆，為的是和我們地球能夠有所連結，為了彌補那個被路西法力量切斷的時間通道。

不知怎的，我今天特別感動與感恩。想到天王星，想到馬雅皇后 Bolon Ik 主導的快樂天堂，想到了馬雅國王預言棋盤上的所有神聖預言。

我竟然不自覺地雙手合十。我想，我最該感謝的是，荷西博士。

09

進入地球的時間飛船卡美洛／路西法最後的巴比倫

如果我們把天王星比擬為神話中的天堂，那麼蓋亞所代表的，就可說是地球人間。因此，當我們將這把「王者之劍」從地球核心抽拉出來的時候，那不就等於是把「天堂」直接帶到了地球「人間」之上了嗎⋯⋯

自從博士昨天揭露了天王星轉移磁極的故事真相後，我對我們這位地球的最佳盟友，真是滿懷感恩之心。感覺上，AA中繼站所有成員的「漫長等待」也因為這個結果，變得更有效率。最近，我覺得自己和大角星人的連結越來越密切，有時候，甚至會以一種「大角星人」的立場來看待這一切的變化。我不知道，這是不是就像博士期望我們的演化進程，又或者，這算不算是紅皇后史蒂芬妮曾經在波士尼亞提醒我們要成為一個「宇宙思考者」的轉化。總之，這樣的經驗對我而言真的是很新鮮。

我無法判斷它究竟好不好。感覺上，這種是非善惡的判斷，似乎在這

樣的情境下，顯得有點多餘。一切的轉變都是在一種動態的演化中，來了就是來了，接受它，面對它，可能比判斷與評價它來得更重要一點。

我想，太陽系因為大角星人與心宿二星人，還有星際馬雅人的介入而發生的轉變，也是明顯而巨大的，但，發生了就是發生了。同樣地，接納它永遠比評判它來得更重要一些。

「是啊，星際馬雅人介入幫忙所達到的勝利，深深打擊了木星和土星的路西法人。這可讓他們的世界系統在逐漸式微的狀態下，變成一個無法『再生』的灰暗時代。這一點，對木星和土星的路西法人可是很難接受的呢……」博士又驀地出現在我的身邊說話。不過，他今天的語氣倒是非常輕柔。

「博士，我今天還沒泡茶呢……」我轉個身面對著聲音的方向說。

「我迫不及待想跟你分享接下來的故事呢……」博士笑笑地回應著我。

「我也很想聽……那您現在就繼續說吧。」我說

「好呀。就在剛剛提到的這段路西法人的灰暗時期中，AA中繼站的大角星人得知，路西法本身和門諾希斯，曾經在第六次元的一次對決中達成一項約定。而沒有路西法回饋投影的木星—土星路西法人，很自然地陷入在困頓之中動彈不得。不過，這對大角星的探針來說，反而有很大的好處。」

「這有什麼好處呀？」我問。

「從土星到AA中繼站，背叛的心宿二星孢子又回到了大角星人的身邊，這就是好處之一啊……其實，一旦這些心宿二星人恢復過去在母船

的思維方式，他們就一定會對蓋亞的時間飛船感到驚訝的。鑒於過去在火星上曾經發生的悲劇，加上心宿二星人當時曾經負責過火星的南半球和磁極，所以，這次他們回歸後，便自願再度效勞，打算去監看蓋亞的南半球和磁極。」博士說。

「您的意思是說，我們地球南半球是由心宿二星人在監看嗎？」我問道。

「特拉蓋亞的南半球，其實是地球原住民的據點，所以心宿二星人的責任，就是從監看這些『夢行者』族人開始，這些原住民是澳大利亞人或叫做『南方的先知』（Southern seers）。由於心宿二星人最初的原型模組就是五個原始孢子，這和大角星人的七個孢子有別，所以蓋亞上澳大利亞人的監督任務，對心宿二星人的特性來說，倒是非常適合的。」博士回答。

「所以，其實我們和心宿二星人三次元顯化的身體會比較類似嗎？」我突然想到，其實外星人也不一定會有兩隻手、兩隻腳和一個主軀幹的啊。

「你這個問題有點歪樓啊……我正在講地球蓋亞原住民的前期發展史呢。」博士愣一下，頓了頓才回答我。

「沒有啦，只是突然想到而已。好啦，那透過心宿二星人的監督，我們地球的原住民是如何發展他們的生態呢？」我有點不好意思地回應。

「透過心宿二星人的監督，加上RANG生成輻射子的連續統一體，特拉蓋亞原住民就能夠透過他們的『宇宙夢語時間記憶流』，重溫失落世界中的許多東西。這其實就和天王星人的夢語探尋任務是一樣的。原住民探索著原始的星際馬雅領域，還有各種心宿二星人，甚至是阿爾發半人馬座的雙生球體。更有趣的是，這些原住民幾乎將他們所有的記憶之輪，透過

被銘刻在地球表面的知識圈、擊鼓以及咒語唱誦的方式，一一完全整合在他們對『火』的追求之上了。」博士詳細地說。

聽著博士介紹這一段，感覺很特別。之前聽別的行星的故事，總是有點距離，然而如今聽到卻是在我生活中，實際可以碰觸到的地理環境。這表示，我們也是這些神祕星際故事中的一個，沒有例外。我們就是銀河星際的一份子。

「他們為什麼要這麼做呢？」我很好奇。

「地球上的原住民是為了要強化自己被宇宙憶起的能力，才開始去瞭解所有以圓來繞行的回憶技術，以及植物體主體被地球束縛的原理。以這樣的方式，心宿二星人也透過他們的持續監督，和原住民共同吸收了許多的業力來均等化早期地球上的知識模板。」博士頓了頓，然後又繼續說下去：

「還有件事，是你應該要知道的，那就是在這段時間裡，心宿二星人把地球唯一的衛星月球，作為他們的監控基地。他們平時就停駐在月球的暗面位置上，保持著對原住民的監視警戒。除此之外，他們還強化了月球賦予藍色行星上的生命深度及其光輝的力量，心宿二星人透過單純對海洋潮汐的牽引以及打造地球植物體主體本身的夢語境，讓他們在月球上的探針變得更發達。所以，地球原住民很快地也學會了標示及跟隨著月球的位置，建立出橫跨地球表面那些月球漫遊的謎樣軌跡。」

「原來，地球人會開始以月亮作為曆法週期，是因為這個緣故啊……」我好像聽懂了些什麼。

「伴隨著心宿二星人的監看，其他平行宇宙的協助者也開始工作了。其中包括鯨魚長老巴蕾娜（Balena）、偉大的狗長老坎納斯・吉（Canus

G）以及猴子國王圖特摩希斯（Totmosis），特拉蓋亞地球如今有那麼多傑出的智慧體居住，全都是來協助地球的原住民的。特別是身為遠古存在體的猴子國王圖特摩希斯（Totmosis）和皇后希波妮莎（Hypnesia），他們早早就派遣猴子王國的軍團，建立了一個屬於地球原住民的原型模組。」博士繼續解釋。

「原來如此，難怪我們會以為猴子是我們的祖先哪，這下子誤會可大了……」我噗叱笑了出來。

「不單如此，海豚和鯨類動物也是最早乘行祖夫雅迴路而來的。他們就居住在藍色星球的海洋裡，海豚和鯨魚這類的雙元感官整合體，主要是為了來幫助地球在其本身的磁極上，建立起一個『天王星磁極傾斜之輻射電磁效應』的基礎。然後，等到原住民從他們的宇宙記憶中甦醒過來之後，『狗』的存在體就會開始出現，並在火與領會死亡的探尋任務之中，帶領著他們。你知道嗎，『狗』的存在體，教導了原住民一件很重要的事，那就是，如果人們需要藉由奪取別的物種生命來求生的話，就應該要懷著愛與忠誠，同時對植物體主體與無死亡性的本質，具有最真實的深刻體悟。」博士說。

「聽您這麼說，地球上有許多動物，其實都是來協助地球的演化行動的啊？」我問。

「就是這樣的啊……所以地球原住民運用這樣的方式，進入與其他物種的交流狀態，譬如說像是有角的動物：梅花鹿、麋鹿，還有乳齒象，而在他們各種的心電感應交流下，一種偉大的烏爾（Ur）語言，就在地球原住民與其他生物之間被創造出來了。事實上，這個烏爾語言，在實存的場域中，正是他們遙遠的堂兄弟天王星，非常普遍地運用的心電感應語言。」博士更進一步地說明。

「烏爾語言，我想起了『全息心智感知體』和『銀河易經』課程中所提過的烏爾盧恩符文，我記得它是Universal Recollection的縮寫，就是宇宙記憶的意思……」我說。

「哈，是啊。這些被電磁編碼輻射子的精密夢行時間匯流所傳送而來的烏爾語言，正是這些馬雅時間工程師們在其發射程式中的最後一部分工作。它的目標，則是為了要在金尼奇・阿豪的行星系統中，建立起一個重要的78000年的『PAX MAYA』」博士說道。

感覺博士完全沉浸在他艱深的說明之中，根本就不管我聽不聽得懂了。我開始有點茫然，只能無可奈何地自動拿起筆來，趕緊把這些複雜的信息給先記錄下來。

「我沒有不管你啦……哈哈哈。接下來，我就要好好跟你說明這些來龍去脈了，你先別急。根據星際馬雅人的說法，胡娜庫主要區間的四分之三週期，或者說104000個藍色行星年已經過去，天王星上靈性族人的夢行者和導航者，也都已經完成了他們神勇的工作，而特拉蓋亞人已然甦醒了，同時也學會遵循十三個月亮，負起被喚醒的任務，所以無論何時，只要一有需要，他們就會重新創造宇宙記憶。也就是說，這一切看起來，根本就像是路西法和門諾希斯相互大和解的史詩場面。但出乎意料的是，就在此時，竟然有一束怪異昏暗的光，連續出沒在金尼奇・阿豪系統的中間區域，也就是那兩個被路西法奪走的行星之上。而地球上，竟也有一大塊巨冰慢慢從北極地區傾洩而出，亞洲和北歐的北半球大陸板塊，看起來似乎正要準備接收時間飛船太空貨艙中的那二十個時間部族……」博士說完後，突然停頓下來，好半天不再說話。

我無法提問任何問題，只是靜靜等待著博士繼續開口……。

「AA中繼站的大角星異質體團隊，中斷了他們深沉的冥想，開始聚精會神在中繼站CSR內部的宇宙共振全息子四周。而天王星上，那些Uppers──靈性族人的夢行者以及地球時間部族的導航者，也都處於一個同步進行的儀式中，同時聚集在其平行宇宙共振全息子的CSR核心單元的四周。是的，就是在這裡，平行宇宙共振全息子的球體座標上，有一艘微型時間飛船，有序性地排列包圍著藍色行星，同時旋繞並發出脈衝激活啟動著生命。而就在這一場馬雅時間魔法偉大的展現之中，宇宙共振全息子釋放出了時間飛船，它就如一個快速加大的閃光透明泡泡，向外朝著所有方向飛快移動。接著……它……竟然在AA中繼站裡……炸開了……」博士說得好像他親眼目睹似的。

「什麼？！這是什麼意思啊？」我有點詫異這樣的結果，更不解。

「是的，就是炸開了。在一陣短暫的沉寂之後，馬雅時間工程師們瞬間解除了他們原先化身的獨立巨大水晶形式，然後，若無其事地走到大角星異質體之中對他們說話，完全就如他們在78000地球年之前那樣的情況……」博士的聲音顯然帶著點興奮。

「這……是表示，當初承諾看管地球核心時間飛船的馬雅時間工程師們，已經大功告成了嗎？」我有點不確定地問。

「你說呢？哈哈……AA中繼站上的大角星異質體們力持沉穩地，再度將注意力轉向宇宙共振全息子之上，而這個微型化的地球，仍然在它的中心內旋轉，但卻放射出新的輻射光束。這就表示……時間飛船已經成功進入地球了啊。」博士開心地說。

「喔，原來如此哪！」我像是心頭一塊大石落了地，也是長長地呼一口氣。

「地球時間飛船2013，馬雅時間工程師將這個計畫稱為：『個別星系週期中的二十個時間部族與十三個月亮』。那時，他們是這樣對大角星異質體說的：

『現在你們一定要在這個新的探測行動技術上加倍努力，因為這個任務離結束還有段距離。同時，我們將回到昂宿六（Alcyone）上第七次元的太空艙口，等待有關我們要在地球上形成化身的更進一步指令。等到事情真正發生的時候，你們自然就會知道。但是到那個時候，可千萬不要忽略掉這個事實的真相，你們大角星探針是很棒的，這個關於2013地球時間飛船的計畫，就是你們接下來的特殊任務，所以前去瞭解並搞清楚為什麼是這樣，在西元2013年的那個時間點，你們就將回到你們的母星上去了⋯⋯』」博士又憋起嗓子，以一種很特別的聲音，模擬著星際馬雅人的聲音說。

「啊？這會不會太突然了呀？」我聽完，愣了一下。

「我想更令人措手不及的是，星際馬雅人才說完這些神祕的信息後，就瞬間消失了，這可讓大角星異質體們傷透腦筋。他們想，現在除了繼續監控以外，接下來到底還能夠做些什麼呢？不過，從天王星的Uppers那裡，他們倒是得知天王星的靈性族人和導航者一個個可都興奮極了⋯⋯」博士興高采烈地說。

「為什麼呢？」我問。

「因為，對於擁有平行存在優勢的天王星人而言，這個行動並不是真的要將2013時間飛船直接發射到蓋亞，再把太空飛船貨艙的貨物卸載到蓋亞生物圈的地殼之上。它的運作主要是一種精準的複製行動，這也就意味著，『王者之劍』（Excalibur）可以透過這樣的方式，成功地重新組構，

並放置在地球核心的內部了。」博士回答我。

「『王者之劍』？放進地球核心內部？」我遲疑了一會兒。

「是呀，這把『王者之劍』，你可能還記得，它實際上就是由自身編織為母體矩陣的探針意圖本質，也就是由初始五聯盟（League of Five）的基本符碼所組成的母體矩陣。所以對天王星人來說，這一切的發生等於是，若能從地球的核心抽出這柄『王者之劍』，就表示這個遙遠的堂兄弟已經取得了宇宙的信息。」博士回應著我。

「喔……您是說，被放入地球核心內部的天王星時間飛船的複製體，就這樣，便開始甦醒了嗎？」我有些不太確認地問。。

「正解。因為心宿二星人的責任，是駐紮在月球的暗面，繼續導引地球原住民，這些原住民掌握著『手』和『人』兩個時間部族的原始銀河本質。而AA中繼站異質體成員的責任，則和大角星人一樣，負責護衛藍色行星的北半球。要知道，在這遍佈冰雪的地幔之下，二十個時間部族，大部分都已成為化身了。就在這個行動之下，這些時間部族創造了人們現在所知道的各類物種，就如同你們智人（Homo Sapiens）一樣。在這裡，AA中繼站的大角星人導引著他們的『造夢顯化行動』，也就是彩虹的夢境顯化。這就像是一個擁有四個家族的彩虹夢境顯化國度，其中有紅、白、藍以及黃。等到這個主要的『造夢顯化行動』完成之後，二十個時間部族就會齊聚一堂了……」博士越來越仔細地敘述二十個時間部族在地球上的發展。

「您可以再多說一說這個主要的『造夢顯化行動』嗎？」我請求博士。

「哈哈哈，這的確是個大重點哪……這個主要的『造夢顯化行動』，會耗掉胡娜庫區間最後一個26000個地球年一半的時間，也就是13000年，你

也可以將它稱為一個胡娜庫的八度。首先，由卡摩（Ka-Mo）的『龍』部族回歸，隨之而來的是通曉非時間『巫師』形式中的梅林。透過『龍』部族海王星人回歸，時間部族以『造夢顯化』的方式，讓自己成為『人』的部族，再以造夢的方式顯化出他們的『夢境顯化技術』來進入『手』的部族之中。然後，他們的『手』示範了金尼奇‧阿豪的通曉能力，把這些夢行的人們送上火星，再前往北方的死亡國度。接著，讓他們前去冥王星學習河鼓二星人（Altairean）的再生技術。最後，才又回到地球，由他們的『造夢顯化行動』帶領著他們以作夢的方式來塑造出『自由意志的符碼』。」博士一口氣說完。

「『自由意志的符碼』……」我喃喃自語著，對這幾個字特別有感。

只聽博士又繼續開口說：

「是的，就在第一個步驟完成後，他們會帶著珍貴的寶藏或死亡與自由意志，離開北方的國度。接著，時間部族會進入西方，重新獲取馬爾代克星『蛇』的遠古傳說資料，然後跟著『龍』的足跡回到他們在海王星中無窮盡的鏡像巢穴裡。然後，卡摩和『龍』軍團的時間部族，會再進入一個偉大的夢語境之中。在這裡，『人』部族將會從13000年的『造夢顯化行動』中被釋放出來，至此，冰河時期就此結束，所有四次元的時間部族就從這個重要的『造夢顯化行動』中，徹底甦醒過來了。而蠢蠢欲動的『猴子』國王圖特摩西斯（Totmosis），便在此刻召喚時間部族，讓他們進入追求快感的週期。因此，時間的二十個部族便正式進入『卡美洛』（Camelot）的7800年週期中，這就是『猴的創世紀』。基本上，這個創世紀是由梅林所通曉的遠古傳說所引導著的，而四次元『卡美洛』的7800年，則涵蓋了地球南半球的78000年。『巫師』從所有樹林和岩石的循環中，開啟了他們的遠古傳說，『種子』的靈性，則從地球的果實中開口說

話，所有的情人與情慾的光輝，被某種在多重次元母體中獲得全然狂喜的陰性力量給一一喚醒了。此外，陽性力量則以重大的獵捕與旅行的行動來回應，特別是在十三月亮的時間部族模板之下，他們探索所有能夠被探索的一切。」

「呀……這簡直就是二十個時間部族的跨次元發展簡史啊。」我有種被電流穿過全身的通透感，兀自嘟嚷。

「哈哈哈……對四次元的時間部族來說，的確是這樣。不過，恰恰相反的是，地球蓋亞的原住民仍然維持居住在『地表上』。由於時間部族的忐忑不安，試著想讓他們擴展成為能與天王星導航者，進行全然心領神會的聯繫狀態。因為如此一來，星系的知識以及全部的宇宙記憶符碼就可以都回歸到時間部族的身上。於是，在此之後，他們便追隨著『狗』的忠誠，透過做『夢』來顯化，將自己帶入『戰士』的狀態。而時間部族也想起了一個曾經被指派過的任務，那就是他們要代表聯邦去護衛金尼奇·阿豪的安全。但是，這也只有在完全擊敗了第六與第七行星的路西法力量時，才有可能做到。不管怎麼說，這就是在『卡美洛』隱遁之前，全部的時間部族召喚來的神勇意志力量。」博士很篤定地說。

「卡美洛時間飛船的隱遁？這……」我覺得這句話很關鍵，一聽到就讓人起雞皮疙瘩。

「是的，指的就是『卡美洛』的隱遁與消失。雖然路西法已經在一場無聲無息的競賽中，被門諾希斯捕獲了，但是路西法的投影仍然在發揮作用。門諾希斯壓制路西法的行動，似乎對深陷在路西法投影中的木星和土星，帶來極大的刺激，他們在行星蜂巢的內部，如同一群憤怒的蜜蜂，誓言要再度使用12：60的時間光束。也就是說，如今你身處的這顆藍色行星地球上的時間週期，這道時間光束的投射……」博士說。

「您是說……我們地球現在的12：60光束，是木星和土星第二度投射過來的？」我問。

「是的，更悲慘的是，這時正好是『卡美洛』即將要完成的時刻，也就是她正準備提供入口，好讓2013時間飛船進入魔法綠色中心城堡的時候。誰也沒想到，12：60時間光束發動了攻擊，對大角星人來說，這場攻擊最令人害怕的地方是，這道時間光束實在太精準了。就這樣，卡美洛瞬間就沒了，而且，這個意外發生的所在位置就叫做『巴比倫』（Babylon）。所以哪，這場時間之戰啊，要想結束，可還遠著呢……」博士講到這兒，突然深深嘆了一口氣。

我想我很能感受到博士力不從心與無能為力的遺憾。不過，剛剛他一提到「巴比倫」，倒使我眼睛一亮。學過星際馬雅進階「馬雅國王的預言棋盤」課程的星際家人們，一定都聽過巴比倫星球代表某種文明的墮落，也象徵人造時間所帶來的集體業力，我們都不知道它的真實位置在哪裡，也鮮少人知道究竟這個巴比倫是怎麼出現的？

「博士，您剛剛提到了『巴比倫』，可以再多說一點這個部分的故事嗎？」我提出了請求。

「這個嘛！那可能就要去問問梅林怎麼說了……」博士回答我。

「您是說……另一個高級大角星異質體的魔法師梅林？」我再度確認。

「是的，就是他，對於真實的卡美洛以及巴比倫的興起，他曾有很好的解釋。他曾說，在『卡美洛』，一切有關猴子追求愛及其快感的智慧，除了真誠以外，沒有其他準則，而『卡美洛』這個名字，指的就是在『龍』創世紀之後、『月亮』創世紀之前的那段神祕的7800個地球年期

間，二十個時間部族所展現的普遍理解能力或心智作用。」博士解釋。

「這不就是在『猴子創世紀』的 7800 年之間嗎？」我回應道。

「是啊，不過卡美洛在月亮創世紀這段期間裡，便已經擴張成地球的天堂國度了……所以我們還是要先從這一段故事開始講起。」博士解釋。

「這是什麼意思啊？」我問。

「你回想一下之前我講過的部分，天王星人不是已經成功把『王者之劍』的母體矩陣結構，安置在特拉蓋亞地球中心了嗎。所以，現在如果將天王星比擬為神話中的天堂，那麼蓋亞就可以說是地球人間。如此一來，我們就可以把天王星的『王者之劍』，視為是隱遁在人間地球內部的『天堂』。因此，當我們將這把「王者之劍」從地球核心抽拉出來的時候，不就等於是把『天堂』直接帶到地球『人間』之上了嗎？這是不是意味著，只要這麼做，我們便能立刻建立起地球上的天堂國度呢？」博士相當細膩地解釋這兩者之間的關係。

「哇，好聰明的跨次元行動哪……」我不禁讚嘆。

「更厲害的是，這樣的行動，可以讓第三軌道地球和第八軌道天王星之間的『五的區間』，發出失落和弦西摩克斯的完成信號，大角星探針隨著這樣的重要行動，也能夠一起達到金尼奇‧阿豪銀河第五力量和弦高潮振動的發聲狀態。你知道嗎，這可是一個前所未見的『銀河同步化』的歷程哪！」博士的聲音有點激動。

我跟著也激動了起來。心想，這麼厲害的同步化行動，不知道是何方神聖設計出來的呢，太令人崇拜了。

「一般人對梅林的認識，大概只有亞瑟王的故事還有那把劍。但那些故事，都只是對真相的模糊記憶而已。你知道嗎，亞瑟王其實就是大角星探針，而那把石中劍，則是母體矩陣的知識。甚至在 AA 中繼站建立之前，大角星人就已經知道『時間』的真實存在了。地球蓋亞上流傳的神話故事大致是這樣說的，有一個名叫亞瑟·潘德拉貢（Arthur Pendragon）的人，也就是亞瑟王，被自己的兒子莫德雷德（Mordred）打敗後，最後又被四個神祕的女人帶進海裡而消失不見。那柄被稱之為『王者之劍』的石中劍，則被丟入湖中，由湖中仙子取回並繼續保護著。」博士說。

「這個神話故事究竟想告訴我們什麼呢？」我不太清楚這些故事彼此之間的關聯，於是開口問。

「在『卡美洛』的原始故事中，這位莫德雷德，似乎意指的『更多的恐懼』或『死亡恐懼』，也就是木星和土星的路西法力量。莫德瑞德打敗亞瑟王的那場戰爭，可以被理解為摧毀天王星飛船卡美洛的那道 12：60 光束。至於被丟回到湖中的劍，就是重回天王星核心中的『王者之劍』之記憶印跡。最後，把亞瑟王帶上船放逐於大海的四個神祕女人，指的就是為了『再生』而將大角星探針置入 AA 中繼站的母體矩陣保管者……」博士一一為我詮釋這些神話故事中的相關寓意。

我突然覺得有些感動，覺得這些西方神話故事人物，突然都活生生跳了出來，以另一種四次元或是更高次元的形式展現著。

「這真是太有趣了啊。親愛的博士，您已經完全顛覆掉我對這些神話人物的狹隘想像了，這些故事人物彷彿不再是故事人物而已……」我笑著說。

「哈哈哈……當然神話也從來不是神話啊，這些神話人物的原型，的

確不只是故事人物而已。就譬如說，湖中仙子指的是天王星的『風』時間部族的靈性女子，她就如帕西法爾（Perceval）認知中的那種完美女人，她所居住的那座聖湖，就是轉移到地球核心的宇宙共振全息子。就在那裡，她的力量掌管著『王者之劍』，也就是掌管20個時間部族在『2013地球時間飛船』上的天王星鏡像形式。一旦等到特殊的時刻來臨，她就會將這把劍從水晶的劍鞘中拔出來。」博士又詩意又科學地解釋這位神話人物湖中仙子的四次元意涵。

我聽得都醉了。哈，完全是一種認知意識在坐雲霄飛車的感覺。我笑了笑，沒多說啥，因為真的有點頭暈了。博士繼續開口說：

「不過梅林這份多重形式的回憶，更清晰說來，就是把猴子創世紀的卡美洛連結在一起的遠古傳說。那段時期，不僅僅是巫師和戰士渴望著，猴子創世紀中的『仙女和亞馬遜女戰士』也都期待著月亮創世紀快快到來，這樣他們就能早點完成將『王者之劍』從『地球石室』拔取出來的偉大任務了。這麼一來，還可以重新開啟天王星和地球之間的時間通道，修復地球之上的天堂國度。唉……事實上，在那個時候，這些任務幾乎就要完成了，因為十三月亮的脈衝乘行魔法所產生出時間部族的小孩，完全就是一個彩虹國度，而且是能將行星調伏的技術推展到極致的一股力量。」博士徐徐道來。

我真的就像個小孩般，坐在凳子上聽大人講往昔的英雄事蹟，安安靜靜地。

「只不過，好景不常，這場冒險行動落了空，隨之而來的卻是巴比倫彩票和文字歷史紀錄中的暗黑情節。是的，人類的可考歷史擁有壯麗的場面，但這個在單一維度中不斷成長的三次元盛會，卻變得越來越稠密墮落。崩塌的君主專制與獨立個人之間的英雄式對抗四處興起，一而再、再

而三地，但最後都被巴比倫的時間惡魔及其無情的嫉妒通通消滅掉了。」博士突然一轉話鋒，帶來了這個令人不悅的變化。

「梅林，其實也是這些冒險行動與轉化的見證者。他曾經這麼回憶說：『喔！當這道12：60光束第一次衝撞的時候，對夢語境時間的巨大影響，幾乎與天王星時間飛船被摧毀的狀態一樣令人震驚。除此之外，對其他的作用倒沒有那麼明顯。還記得當12：60光束急速往時間飛船前進的時候，我正在布立吞（Brython）的小樹林裡與會說話的石頭跳舞呢！那時，所有的風都靜止了，一陣詭異的沉默穿過了地球，就像很早以前的一次大地震，天空的陰影看起來是那麼稠密深長……一直等到這段時間過去之後，有個狀況變得非常明顯，那就是，鳥群們、還有許多其他生物，都喪失了他們的心電感應語言。這個情況彷彿揭示著，一個巴比倫彩票的時代，就要正式來臨了……』」博士以一種極為深沉的梅林式口氣，訴說梅林的回憶。

這是第二度聽到巴比倫了，我忍不住心中的好奇，於是開口問道：

「博士，到底什麼是巴比倫呢？您剛剛一直沒說……」

「巴比倫，就是由『路西法木星—土星陰影』聯盟的『七戰隊』（The Group of Seven）投射出來的12：60時間光束的名稱。這12：60光束的目的，是要以人造時間進行人工栽植第三行星的電磁心智場域，所以，一旦巴比倫光束擊中了時間飛船的全息子網格，也就是人類科學家稱之的電離層，將會有大量『時間釋放』（time-release）的投影，散佈在第三行星的圓形外殼之上。」博士解釋地相當清楚，這讓我很意外。

「我終於搞懂了，原來巴比倫就是12：60光束的名稱哪……」我大聲嚷嚷著。

「你還必須知道，路西法投影聚集的作用，就是要讓四次元的全息子失去光彩，然後以三次元被稱之為『自我』的陰影取而代之。這個讓四次元全息子黯然失色的意圖，最後的結果就是將路西法的終極混合物，一種『死亡恐懼』，強力拖拉出來。你可以試想一下，在過去，如果每個植物體主體，可以從它的全息子中得到支援與連結，那麼有關死亡知識的珍貴寶藏，都只是暫時隱藏在視線底下，一時看不到而已。但是如果全息子完全被取代，那麼大家對於死亡的理解，就只剩下『自我』對它的恐懼了。所以，這個可怕的弱化記憶的過程，就產生出另一種對『疾病—死亡』的巨大恐懼……」博士更進一步地說明。

「原來……我們天生對『死亡恐懼』是源自這樣的情形啊。」我有點恍然大悟地自言自語道。

「所以，『死亡恐懼』即是否認跨次元現實的存在。『死亡恐懼』以很多不同的方式運作著，但它最基本且強而有力的作用，就是無知的不安全感與疏離感。在許多情況下，『死亡恐懼』的散播，使語言的力量取代了心電感應的領會，充滿陰影的自我，會以人類各種不同的語言傳播來鞏固自身，以至於現在，只要哪裡出現了這樣的普遍共識，那裡就會存在強烈的不信任與分裂……」博士繼續剖析。

「我想，這大概是路西法力量對我們造成的最大負面影響了吧？」我回應著。

「除此之外，路西法曾代表過男性力量，所以對『男性力量』有某種程度偏愛。因此，透過12：60時間光束的投影，這便轉化成一股強大的男性祭司膜拜的風氣。剛開始，最明顯的就是在特拉蓋亞範圍中被稱為『龍』的區域。在那裡，這道光束被刻意聚焦，而這些祭司膜拜的基礎，也全都建立在原始『木星—土星之七戰隊』的投影力量之上。

「但事實上，祭司膜拜的責任是想將12：60時間光束，轉化成普遍的社會行為標準，這樣一來，就可以加強這道人造時間光束的效果，讓時間飛船上人類意識貨艙的內容，一直保持在無知和困惑的狀態。甚至，在多重層面、不同方向上，讓每個人緊緊抓著對死亡的恐懼。除此之外，還能更進一步地滿足路西法野心，達到他從開始就想取代金尼奇・阿豪系統的目標。」博士非常透澈地解釋死亡恐懼所帶來的附加效應。

「所以，您剛剛說的巴比倫，可以說是12：60光束培植這個死亡恐懼的某種力量？」我歸納了一下我的思緒。

「不僅如此，為了鞏固『死亡恐懼』和對應12：60光束的世界系統創造，有一種叫做『巴比倫彩票』的東西，就這麼被發明了。巴比倫彩票的原則，就是要用『買賣時間』來取代『時間的共享』，你要不要試試看避開對死亡的恐懼，然後把握一次機會看看？也就是說，不管怎麼樣，如果你在充滿幻象的三次元歡樂形式之中，都不要去購買自己的時間……其實，大家想一想，既然不管怎麼樣人都會死，那麼很顯然地，彩票的設計就是一個最失敗的提議。若是從大角星人的標準上看來，彩票的想法還真就是徹頭徹尾瘋狂的事。當然，這就是業，在業力中，任何的行動都會以等同的行動得到回報，但想要購買或販售天底下每一件事情的這個想法，完全就是精神錯亂的行徑。而對一個高等的大角星異質體來說，根本就無法接受這種『購買快樂』的荒唐。」博士說來有點忿忿不平。

「哈，巴比倫彩票，好人間的說法喔，我覺得這好像就是我們簽大樂透彩卷的原型啊。不過，我如果中大獎，還是會很快樂的，哈哈哈。不過，這個快樂也算是買來的吧……」我半開玩笑，但也算很誠實地回應了博士。

「所以啊，如今這一切都已經變成了一個現實，因為人造時間已經即

時轉化成一個叫做『金錢』的系統了。這表示，有了錢，你可以買很多東西。如果你有很多錢，那麼就有更多的機會來讓你變成贏家，或者說，你可以拿錢占有地球上的某一塊土地，然後，還可以再用它徵稅，以換取更多金錢。」博士順著這個彩票的迷思說了下來。

「這……好像真的是目前這個社會的主流想法啊。」我心虛地回應博士。

「可不是嗎？人為了要有錢，第一步，你就必須先把自己的植物體主體，販售給一個讓你一直相信你自己人性弱點的奴主……但這真是必要的選擇嗎？」博士這番話，有如當頭棒喝。

「哎呀，可不是嗎。所以我們一直都在為自己內在的恐懼付出代價，而那些主人們，也一直在利用這些恐懼來壓榨我們……」我有如大夢初醒一般。

「整個巴比倫彩票背後的論述，其實是完全扭曲也違背自然的，它之所以會成功得勝的唯一解釋，就是當植物體主體和四次元全息子的連結被切斷之後，12：60時間光束可以完全削弱每個個體真正為自己好好打算的力量……」博士解釋了這些前因後果。

「所以，我們集體的迷思真正的原因，就是出於與四次元全息子的斷裂……」我回應道。

「正因如此，這個被『七戰隊』設定好的彩票模式，讓大家一致認為：**『我們的肉體注定會死的事實，真是一件非常糟糕的事啊！』**於是，每個人必須要付出某些代價來贖罪。而這個針對生命體的贖罪行動，變成代表金錢系統的身體勞力，所以哪，『金錢』即是人造時間最純粹的顯化形式。換句話說，人們都需要『時間』去賺錢，而金錢，就被所有的人認

為可以替大家買得到『時間』。但是，究竟什麼是『時間』呢？其實人們去買快樂或沉醉在莫大權力的狀態，都只是為了讓自己不用去面對並處理有關『死亡恐懼』的一切。所以，你看看……這一切的想法是多麼瘋狂哪！」博士這段話的重點，都畫在巴比倫彩票系統所造成的惡性循環之上，只聽他繼續說道：

「其實從一開始，大概超過5000個地球年之前，梅林便觀察到，巴比倫彩票早就已瘋狂散播到整個『龍』的流域之中了。他看見在彩票發行的背後，出現了金錢系統的祕密黨派及稅收者，還有懷著恐懼的資訊傳播者以及所有寄生在這個矛盾計畫底下的保險業務員。他們不斷捕食著『死亡恐懼』，為了可以賺到更多的錢，而這個逐漸壯大的金錢製造者與金錢魔術師的祕密黨派，最後總是會受到軍隊左右。你想想，軍隊不就是由大量男性群眾組織成的嗎？它其實也是一種同時強加著恐懼和死亡的狡詐形式。」

我真的還從來沒這麼想過，特別是關於軍隊的組織，我聽得啞口無言。

「梅林看到了大角星所化生的人類生命群體，繼另一個放任的宇宙記憶後，被金錢所奴役，便忍不住哭泣了。他看見時間的二十個部族，因為這樣而快速消失，十三個月亮的路徑也不見了……那個釋放『王者之劍』以及代表太陽發出第五力量和弦聲音的目的，也全都被遺忘了。十三次元失憶的空白，就彷如有毒的灰色濃霧，瀰漫在整個神聖莊嚴的時間飛船之上。而這個灰色失憶的濃霧最陰險的部分就是，它竟然使這些飽受折磨的人們相信，再也沒有別的辦法可以有所改變了……」博士的聲調似乎和梅林有著同樣的悲傷。

「那現在該怎麼辦呢？偉大的魔法師梅林，難道沒有其他的魔法可以

解救大家嗎？」我有點無助地叩問。

「12：60光束的催眠，看來是無法避免了。梅林已經預見有一天，甚至連行星地球的南半球，那些由心宿二星人所監看的原始住民，也將墮落到開始去捕食金錢惡魔或人造時間。同時，他也看見一場災難，大角星探針任務若是就此失敗，那麼整個時間飛船和所有宇宙源起的意識貨艙的內容，也將受到嚴重影響⋯⋯」博士幽幽地述說著梅林的無能為力。

身為一個地球的人類化身，我具有非常強的反身性，這無力所帶來的悲傷和焦慮，幾乎是整個襲捲了我。

「就這樣？！」我問。

「是的，就這樣！梅林看看，好像再也沒有什麼可做的了。於是就召喚了宇宙記憶感應的力量，將他所理解的一切，傳送給藍色地球行星上每一個小樹林的保管人。如此一來，大角星探針神奇魔法的記憶內容，起碼還能透過一些形式給保存下來。除此之外，他又發送一道有關於這個意圖的光束給AA中繼站，然後再度進入布立吞他最愛的小樹林中，透過它野生與古老的樹根系統，將梅林帶入地球核心『王者之劍』的所在之處。直到現在，任何一個聽說這個故事或知道真相的人，都可以在那裡找得到他。因為梅林說：『如果你是誠懇的，那麼，來吧！看看你是否可以找到那個將我釋放出來的祕密！』」博士最後這一句話，根本就像是梅林化身的聲音，低沉又迷人，神祕中卻帶著滿滿的愛以及滿懷的憂心。

我竟然就這樣，心神迷醉地蕩漾在博士最後這一句話中，久久無法自拔。此時，窗外的時間對我來說非常模糊，我已經無法意識此時究竟是早上還是下午了，半天沒有博士的聲音，我想今天的故事也差不多告一個段落。

累嗎？我問自己。

我的內在，卻突然有種一定要把故事給聽完的使命感在作祟。這一切，已經不是累不累的問題。

於是，我深深吸了一口氣，等待著博士下一次的造訪。

10

金星上的路西法／白蒼鷺之女的召喚現形

地球上還是有些人會誤用我的名字來暗指「叛逆的天使」或「宇宙竊賊」。不過，金星最後仍然選用了我的名字「路西法」來做為紀念，因為它的意思就是「啟蒙開悟的偉大晨星」……

最近，我出現了一種寫論文時「殺紅了眼」的狀態。

不知怎的，對每一次博士分享的故事，越來越有一種強烈的使命感，要將這些資料好好整理出來。人生難得碰上幾件讓人覺得極有價值的事，這就是一件！！

原本的談心，變成了談星，變成了某種「認祖歸宗」的尋根之路。哈，這發展真的是始料未及，博士就這麼自由自在來來去去，而這樣的狀態，我似乎也已經習慣了。上一次，幾乎是把高級大角星異質體的大魔法師「梅林」給請了出來，直接面對人類對死亡恐懼的強大業力，但這一

切，還是源自於那我們始終無法摸得清，更遑論掌握的路西法力量。

於是我幻想著，如果路西法也能像梅林一樣，自己出來現身說法一番，搞不好，我可以更快去理解一些心中累積頗多的疑惑。

「這又有什麼不可能呢？」

博士趁著我一邊泡茶烤麵包的時刻，又冒出這麼一句話。我，已經習慣了。

「哈，博士。您的意思是說，您今天要直接為路西法代言嗎？」我半開玩笑地回應博士。

「哈，那倒不是。不過，路西法的確⋯⋯⋯@X#%/?$!!⋯⋯」博士的聲音嘎然而止，取而代之的竟是一連串我怎麼都聽不清楚的雜訊。

我放下了剛泡好的茶，有些試探性地問：

「博士？博士？您在說什麼呢？」

「@X#%/?$!!⋯⋯⋯」發出的聲音，仍是一連串的雜訊。

「這是怎麼一回事呢？！」我有點搞不清楚狀況。同時，我可以感覺到博士就在身旁，但怎麼都聽不清楚他所發出的聲音。

我開始緊張了起來，不會這個時候出現了墨非定律吧。我才剛立下志願要做點什麼哪！我自問自答起來，但是這個狀況實在太不尋常了。

忽然間，我的烤箱叮一聲，麵包烤好了。但緊接著，工作室中所有的藍芽喇叭，竟然都一起發出了聲音。然後，一首優美的小提琴協奏曲，便

這麼環繞立體聲地流瀉在整個空間中，我倒是被這個情況給嚇了一跳。

忽地，音樂的音量變小，喇叭中發出咔滋咔滋的聲音，接著，有個空洞的聲音襯著這首貝多芬的小提琴協奏曲，幾乎是包裹著我給傳送了出來：

「我是路西法，這是我的故事。我的名字曾經遍及這整個故事和調查報告之中。我的名字強大有力，而且仍在喚醒著許多混雜複雜的感情，我很強大，那是因為我一如我的名字所示──路西法，一個持有光的存在體。你必須知道，我是古老的，古老到就像我生長的無始以來的母體矩陣一樣⋯⋯」

我驚呆了。這是⋯⋯

「您好，路西法先生⋯⋯我⋯⋯我⋯⋯」我幾乎是結結巴巴，傻傻對著虛空說話，連自我介紹都說不出來，整個人愣在那裡，因為這和與博士對談的感受完全不同，博士說話雖然也只有聲音，但我可以很清楚的定位到他，而這個發自於藍芽喇叭的路西法聲音，雖然有個喇叭在那裡，但卻讓人無法聚焦。

「哈哈哈，你不要害怕。我是來滿足你的求知渴望的⋯⋯」藍芽喇叭繼續大剌剌閃著這位路西法先生的聲音。

「您⋯⋯真的是路西法先生？」我怯怯地再問了一次。

「你問得真好⋯⋯是我，的確就是我，路西法。在萬事萬物的起始中，正是由我開始變成了『我』，而不再是『我們』。因為在『我』裡面，透過我就可以將演化的原力具體地變成光，而在原始RANG某種難以形容的時刻中，也就是在創造『和諧』的『不和諧』之中，我喚醒自己成

為一個生命體，所以，從一開始我就是光，而且在意識領會覺知之前，我早就已經在光的次元維度之中了。那個次元，也就是現在你們所理解的第六次元。」路西法這麼說。

我深深吸了一口大氣，有種不可思議的恍惚感。然後，還是有點不懂！

「您的意思是說，您的生命存在形式就是光？」我抱著一顆戰戰兢兢的心，小心翼翼地問。

說起來，實在太讓人不可置信了。心宿二星的安娜歌者，要大費周章逃離他們的生存階層，才能遇上路西法。此時此刻的我，仍維持著人類的肉身，卻能藉著藍芽喇叭和路西法對話，怎麼想，都覺得這真是太神奇啊！

「我幾乎就是光，也就是自我（ego）。我是一種可以在其分離狀態下繼續維繫力量的原始之力，也是第六次元光波和第三次元自我的混合體。正是這個狀態使我的移動產生矛盾對立，使我的行動很容易被誤解。因為在絕對（the Absolute）之中，既沒有好也沒有壞，而我行動的所有作用，完全就是一種創造性的，是為了要更進一步讓演化能夠朝向光而行的作用。」路西法對每一個問題都回答得很直接，不帶任何的情緒，和喜歡耍冷幽默的博士完全不同。

他的回答，我其實不懂。但不知怎的，我的大腦中卻有一種完全浸潤與被滲透的感受，完全沒有硬梆梆死命想要搞懂的企圖。同時，也沒有那種不懂先放著的自我安慰的思路，反正就是聽著，就是，處在一種「就是聽著」的當下狀態，這也真的好難形容啊！

「然而，曾有段時間，我並沒有為我的行動負責，所以釀成了很多的

麻煩。那時，無論我發現什麼宇宙的真相，我都認為它是我的，而不是普世的資產。就在這樣的思維下，我開始制定出為了求取利潤而販賣真相或部分真相的概念；而無論我創造了什麼，我也都認為這一切都是由我所發射而出的，所以我力圖完全控制著我所創造的東西，不再去理解『我』原是屬於宇宙的自然本質，而只相信『我』才是自己唯一的本質。正因為如此，我變得看不到『我』行動中的各種不和諧的作用，看不到運用這種方式所表現來的第六次元實體，根本就是一場宇宙性的巨大災難！」路西法繼續透過藍芽喇叭很哲學性地敘說。

我沒有回應，實在是因為不知道該回應什麼。只聽見他繼續說著：

「因為這個緣故，銀河聯邦化成一個生命體，為了不讓我再創造出更多造成宇宙性困擾的事情出來。這也就是為什麼維拉卓帕實驗扇形區會存在的原因，因為這裡是一個可以讓『自我本位的隨性行為作用』得到自由發揮的銀河區域，也就是所謂的『自由意志實驗區』。所以，最後我就被隔離在這個區域之中了。」

我這一聽，下巴差點沒掉下來。原來，自由意志實驗區，說的是這個意思啊。我一直將它與我們大腦的自由意志聯想在一起，還真是天差地遠。

「其實一開始，我還滿喜歡這個區域的。我一直認為，擁有宇宙生物學實驗以及各種戲劇性展現的能力，自己儼然就是個天才。我認為自己比其他的星系建造者和星際導師都來得優秀，因為他們也不過就是第五次元的存在實體而已。於是，我就這樣來到了維拉卓帕V.24，並且決定潛伏到這個行星系統之中，增強它的演化進程。」路西法很直接地說出他來到我們太陽系的原因。

開始漸漸適應了和這位「路西法」先生的對談之後，我深吸了口氣，開口問他，就像在問博士一般：「那您是怎麼做的呢？」

　　「在參與這個行星設計的過程後，當然，這其中牽涉到許多的宇宙生物學實驗，我開始覺得，如果我在最大的行星體中打造一個自己，就可以鼓動它的星系加速處理過程。透過這個方式，我還能夠將維拉卓帕V.24轉變成一個雙星系統。我相信，以我睿智的超凡技術，一定可以輕易地馴服星際導師金尼奇・阿豪，並開始運作屬於我自己的雙星系統。這麼一來，我就能和銀河扇形區域的寶石──天狼星相匹敵了。」路西法說。

　　「您的意思是說，您一開始只是想加速整體星系的演化進程而已？」我開口問。心想，原來並不是什麼可怕的陰謀啊！

　　「不然呢？我是一個深具優勢的六次元存在體。對第六次元存在體來說，第三次元的出現，根本就是一個小到不能再小的塵斑或無用的病毒。至少，這是在我有意識覺知之前對物質的觀點，而這個觀點卻在我遇到門諾希斯，也就是『宇宙記憶導師』之後，開始產生了變化。你要知道，在門諾希斯來到我的生命之前，我可真的沒有什麼像樣的對手。一般來說，當你沒有一個可以相匹敵的同輩或競爭者時，你就沒有什麼足以拿來比較的參考點。所以應該這麼說吧……這一切都是門諾希斯告訴了我，第六次元的實體原本就是屬於一種演化中的猛烈推進力量，而且完全是處在『時間』之外的。因此，即便是『母體矩陣五聯盟』，對我來說，也不過是一個微不足道的寄宿家庭……」路西法的回答，聽起來很真切，但也有一點驕傲。

　　我必須承認，我感覺有點混淆而且糊塗了。之前，我想像中的路西法力量，是一個深不可測、滿懷心機，讓整個銀河聯盟傷腦筋的巨大存有，但此時此刻，怎麼正在與我對話的這位路西法先生，感覺起來竟是如此坦

率毫無保留？我幾乎不知道該如何再開口說些什麼了。

「事實上，當門諾希斯找上我的時候，我和我的創造體，在維拉卓帕V.24上正開始覺得無聊。這些源自於宇宙生物學實驗的實體，就是你們人類稱之為『神』的存在體，像梵天（Brahma）、木星上的耶和華（Jehovah），以及土星上的泰坦之靈（Titan spirit）等。這些四次元的『神』，除了以他們自身的投影餵養我之外，其實什麼也沒做。但他們並不瞭解，這就像光碰到了一面鏡子而反射回去一樣，所以他們基本上就是我的反射投影而已。也就是說，無論他們傳遞給我什麼，我也不過就是照樣地反饋給他們罷了……」路西法雲淡風輕地繼續說。

我靜靜聽著這位「路西法」先生，以很特別的觀點說明我們人類慣以崇拜的那些「神」的世界。

「但我注意到，他們越是以自身的投影來餵養我，他們就越相信自己被反射回去的投影，是我對其正義和真理的肯定。然後這些四次元的眾『神』們，就越來越托大與自我膨脹。其實一開始，我並沒有看出來，這些『神』所投射出來的東西，其實是某種『自我中心』行為的投影。然而，就在遇到門諾希斯之後，我才開始看清楚了這些『神』，原來都只不過是他們自認為，我想要他們去成為什麼的某種自我投射。不過，這也只有我能得看出來，他們卻完全不能看清。對他們而言，我，就是至高無上，一個無法用言語來形容的神，一個他們只想要透過我，為他們自己的行為有所辯解的『絕對性存在』。」路西法幾乎是毫不留情揭露了這些眾「神」們的真面目。

聽到這一段相當形而上的論述，我感到不可置信，我們又何嘗不是這樣呢？一廂情願地認為，自己被託付了某種「責任」與「角色」，活出我們的一生。這段話，讓我更啞口無言。

「門諾希斯是在一個剛好的時刻，以心電感應的方式與我接觸，大約就是在馬爾代克星和火星事件之後吧……你們熟悉的那些已經變成『神』的存在體，因為某些看似正義的行為，讓他們相信自己可以代表我，進而變得比過去更自滿與膨脹。這可是我第一次經驗到如你們人類所說的那種令人厭惡與噁心的感覺，於是我對自己的星際行動再也無法感到滿意了……」路西法說這段話的時候，明顯地帶著一濃濃的悲愁。

我有點不知所措，怯怯地開口：

「您……怎麼了嗎？」

「『為什麼你是如此孤單？』那時，門諾希斯這麼問我。我愣了好一會兒，正當我想回答他時，他卻又繼續說：『我是你的一部分，我，也是光的整體，一個第六次元的存在。但不像你，我並不會濫用別人的意志力或自己的自由意志。我在一種具有解脫力量的自由之中，來到了你的面前。』」路西法以一種非常戲劇化的口吻來回答我。

「哇？！門諾希斯這麼跟您說嗎？那也太直接了吧……」我不得不佩服這個大角星異質體中最高級的變體，他，竟然敢這樣跟路西法說話啊！

「不用說，我被這番話給驚嚇到，內心也受點創傷。在我經歷過一切冒險，或說是災難之後，這位對手的聲音，竟是如此具有催化作用和震撼力。我在想，是的，我是曾經孤單過，不過現在，我必須承認已經有一個人出現，他此刻正在與我分享這整個寬廣的空間哪……這件事，就這麼打破了我曾經為自己打造的催眠語境……」路西法帶著一絲絲哀怨的語氣說。

「後來呢？」我竟然開始覺得路西法有點可憐呢！

「經過一些對談以及分享彼此的演化背景之後，這的確帶給我相當大的催化作用，我開始看見了我的投影。那些眾神們，如今對我必須與他們溝通的所有事情變得又聾又瞎的。我看到他們繼續用那些可憐、卑鄙以及嫉妒的方式完成他們的命運，直到所有人造的時間都用盡。但我發現，他們竟打算在這條人造時間用盡的路徑上，將所有的行星一個一個摧毀。所以現在，他們正在第三行星上，訓練他們的光束。」路西法說。

「第三行星？那不就是我們這個地球嗎？！」我愣了一下。

「是的，就是你現在身處的這個地球蓋亞，而且他們還把一個特殊的行星留給了我，讓它成為我的。這麼一來，我就把光束入口的時點，從第六行星移到了這個特殊的第二行星金星。就我所知，這個行星是被『星星』和『猴子』兩個時間部族守護著，而代表探針來協助這些部族的，則是門諾希斯的孩子們，也就是具有無死亡性的河鼓二星存在體。好笑的是，當『星星』和『猴子』時間部族的成員，一聽到我即將從木星轉移到金星時，他們很想為自己守護的行星做點什麼，來符合我獨一無二的演化經歷。只不過，和木星相比起來，金星實在很小，大約就和藍色的第三行星——特拉蓋亞，也就是你現在住的這個地球差不多大小而已。」路西法繼續說這段非常奇怪的經歷。

「結果他們做了什麼呢？」我好奇地問。

「在我到達金星的時候，他們召集行星設計的魔法力量，做了一件令人驚奇的事。他們先讓行星在軌道上停止旋轉，等了好一會兒之後，再使其繼續旋轉，但旋轉方向卻變成逆時針，這可是在維拉卓帕系統中唯一的個案哪，但你知道嗎？這個逆時針自旋的作用，竟然讓金星的一天，比金星的一年還要來得更長！你想想，這不就是個大笑話嗎？於是，金星人便因為這樣，一而再再而三地笑個不停……」路西法忿忿不平地說。

我忍俊不住地也笑了出來，怎麼覺得這個六次元強大的路西法，竟然就這麼輕易著了人家的道，被惡整一回。就好像叱吒風雲的黑社會老大，莫名其妙栽在自己不成才的小弟手上的感覺，有一種黑色喜劇的概念。我實在也憋不住笑意，笑透了才開口問：

　　「那後來呢？」

　　「後來……面對這個宇宙級的大笑話，我根本無法控制自己的笑聲，就如同我無法抑制我的眼淚一般。而透過每一次『情感』的釋放，我便製造出更多的輻射子（radion）和超維輻射子（hyperradion）。多虧行星逆時針的旋轉，那些金星的守護者們已卸除所有三次元的根基，如今，正準備開始對付我，正如我應得的那般。所以，他們前往特拉蓋亞上，去替我說明這些事件的前因後果，但地球上還是有些人會誤用我的名字來暗指『叛逆的天使』或『宇宙竊賊』。不過，金星最後仍用我的名字『路西法』作為紀念，因為它原本的意思是『啟蒙開悟的偉大晨星』。對地球的其他時間部族，我在金星的出現，是讓一股晨星與夜星的雙重力量，也就是某種『覺醒與死亡』並存的力量，完整地被回想起來……」路西法對自己這樣的結局，好像也就自然地接受了。

　　「那……您就一直待在金星上了嗎？」我吞吞吐吐地問。

　　「可不是嗎？有鑑於此，我對木星人在第三行星上 12：60 光束的用途感到憂慮。於是，我在金星上安排一個計畫，派遣不同的『光的傳信者』去到藍色行星，這些人就是你們所熟知的佛陀、耶穌、穆罕默德、羽蛇神等等，還有許多名字鮮為人知的人。透過這個計畫，我可以試著抵銷我自己的業力作用。我，路西法，一個光的持有者……@#X&%＊＊……」路西法說完最後一句話後，聲音竟然開始有點變形。剛剛的雜訊，似乎又明顯地出現了。我的大腦突然一陣暈眩，讓我得靠在桌上，才能稍稍穩定自己

的身體。

　　窗外的台灣藍鵲喳喳叫了起來，一隻、兩隻、三隻，無數隻一起叫著。我感覺到頭兩側的太陽穴，脈搏一起一伏強烈跳動著。我心中嘀嚷，這到底是什麼情況哪？我想到了博士，可是半天也沒有博士的動靜，博士去哪兒了呢？

　　身體的不適，讓我的內在多了幾分焦慮。聽不見博士的聲音，路西法先生也已無影無蹤，關鍵是，我似乎也回不到我日常現實的狀態。我開始越來越緊張了，這對我而言，完全是一個陌生的經驗，你看到的，不是你看到的，你聽到的也完全不是你聽到的，我該怎麼辦呢？

　　「怎麼了嗎？孩子……」突然一聲輕柔的女性聲音從虛空中冒了出來。

　　我彷彿回到十幾歲的孩童時期，但頭痛得讓我無法思考，只能以一種反射性的方式回應說：「我的頭好痛啊……」

　　「放輕鬆，這是正常的。你的三次元身體機制，一時半刻無法承載頻率太高的信息，你越保持放鬆，就能越快回到自己原本的振動狀態…」她說。

　　「我……我不知道自己在哪裡？」我依然像個孩子般地說。

　　「你在這裡，不是哪裡。就是這裡，孩子」她又回答我說。

　　「我聽不懂……頭還是好痛喔。」我說。

　　「來，跟著我深呼吸，慢慢吸氣。好，慢慢吐氣……非常好……我們再一次……」女子溫柔地說。

我跟著她的指示，一吸一吐，身體的不適果然緩解許多。

我一愣一愣不知所以地，看著明明很熟悉卻又感覺陌生的工作室四周，我真的不知發生了什麼事？剛剛那名女子還在嗎？博士呢？他去哪裡了呢？

「是我！我在的……」女子的聲音，又出現在虛空中，但這次，因為身體的不適緩解，我聽得出來她的聲音質感相當甜美，還蘊含著一種說不出來的溫柔和性感。

「請問，您是誰？我不曾聽過您……我……」我有點辭不達意地說。

「別急，孩子，你知道我的。我是白蒼鷺之女，名叫 Zav Bac。我在 9-Ik，太陽的白風（BOLON IK）那天出生，我一出生就立刻繼承了 Nah Chan 王國也就是蛇的宮殿──帕倫克（Palenque）的王位。前幾年，你和地球上的星際家人們才去過那裡的，對嗎？我出生那一天，先禮敬了天王星的靈性之人，然後建立特拉蓋亞和王者之劍之間所投射出的通道。這個時間位點，恰好是大角星開始來此監管前的 144 年，也正好是梅林自我隱退到王者之劍時的一個精準對位點。」她溫柔地說。

「為什麼您會來這裡？」我問

「你是說，這裡？你的面前嗎？」她反問了我。

「是的，我剛剛才跟路西法直接交談完，如今您又出現了，我真的有點錯亂了……關鍵是，這一切都應該是在博士告訴我的故事裡才對啊……」我深深地吸了一大口氣說。

「我一直都在你的裡面，而你也一直都在博士的故事裡啊……」她一

個字一個字說得更慢了。

「天哪，我聽不懂，一個字都聽不懂。博士呢？他在哪裡？」我開始更焦慮。

「他現在在你的外面，正在訴說著我的故事。他一直都陪在你的身邊不曾離開，而我現在，則是在你的裡面⋯⋯」這位白蒼鷺之女優雅地說。

我聽到博士還在身邊，心安了不少。但這究竟是什麼狀況，什麼外面裡面的，我真的搞不清楚。此時此刻，我明明聽見的是這位白蒼鷺之女的聲音哪！

「您說，您是？」我再度確認。

「白蒼鷺之女⋯⋯名叫Zav Bac，在太陽的白風（Bolon Ik）這一天出生在帕倫克，你曾去過的那個古老宮殿。」

「為什麼您會來這裡？」我又問。

「你是說，來到這個行星上嗎？」她二度反問我。

「是的，您⋯⋯我⋯⋯是的，您怎麼會來到帕倫克聖殿呢？」我有點語無倫次地回應。

「我和『大角星─星際馬雅特殊協助探針』的其他人一起，測試一條從特拉蓋亞核心的『王者之劍』所在之處，導向地表基地May-ab或叫墨西哥的『心智通道』。這個地表基地是在12：60時間光束2600年的時間頻率區段中點建立的，約莫是那位被稱為『佛陀』的金星人，也就是從『馬雅』之女誕生出來的化身，出現在『龍』區域中心的時候吧⋯⋯」她淡淡地說。

我這下子整個都糊塗了，這位白蒼鷺之女究竟是什麼來頭，之前完全沒有聽博士提過，怎麼一下子就直接出現在我的面前，和我對話？為什麼？我真的是滿腦子的問號，我又開始變得緊張了起來。

「哈哈哈，別緊張，記得放鬆，深呼吸……先讓我來好好說一說我的由來和目的吧……我來自遠古，我的原始根基形式來自遙遠天王星的靈性之人、導航者以及AA中繼站的Uppers之中。我因為善於水晶詠唱廣負盛名，大角星的神聖歌調線路（songlines）是透過我的詠唱，才被帶入宇宙共振全息子中心的王者之劍中。由於我是藉由烏爾亞克塔拉（Ur-Arc-Tara）的AA Upper人在無死亡性永生技術出現的，所以，我透過烏爾亞克塔拉，遇見星際馬雅人，並且在第七次元記憶符碼的變頻技術上有所專精。因此，我就以這樣的方式，感受並轉化了湖中仙子的記憶印跡護盾形式……」白蒼鷺之女溫柔地介紹自己的來歷。

「湖中仙子的記憶印跡？最後掌管亞瑟王那把劍的湖中女神？」我問。

「是的，就是她。當這些事發生後，我神奇的魔法飛行力量就完成了。雖然我還是天王星人的根基形式，但我現在也算是『心宿二星‧大角星之馬雅人』（Ant-Acturian Maya）。是我為特拉蓋亞設想出了讓星際馬雅人強勢進駐的計畫，，當然，這個計畫也是透過我冥想『門諾希斯』和『路西法』之間的對話所產生的。你要知道，『路西法』這道偉大的光束剛與金星綁在一起時，我就堅持一定得維持住門諾希斯和路西法之間的溝通橋樑。因此，現在路西法的光被第二行星綁住，而門諾希斯也同意讓自己的光駐守在第九行星，就是你們稱為海王星的行星。」白蒼鷺之女繼續述說她的故事以及執行工作。

我聽得一愣一愣的，感覺這位白蒼鷺小姐好像也是很強大的一個存在體，但還是不解地問：

「為什麼這兩位強大的光束存在體，要這樣安排自己呢？他們是以什麼形式來維持彼此之間的溝通呢？」

「這兩個第六次元的存在體是以一種對稱交織的方式，將他們的光束綁定在金尼奇・阿豪第二和第九軌道的基地上，用以代表銀河聯邦，讓維拉卓帕V.24得到更進一步的保護。門諾希斯和路西法在光束的對話中，建立了一個『雙聯六次元體』（binary sixth）。這個雙聯六次元體可說是獨一無二的共振頻率光束的形式，這可是前所未有呢！

「由於他們的本質，『雙聯六次元體』光束，是一種可以再形成前三個次元的水晶結構，而這個水晶的再生成結構中，有三個低維的次元匹配著三個高維的次元。於是，這六個次元雙聯水晶結構的配對，就成為路西法修正早期原子和宇宙生物學上某些『錯誤』的主要關鍵。按照這個方式，平撫路西法投影的第一個階段就算完成了。『雙聯六次元體』結構一旦在適當的位置上，那麼，發出完美五度的可能性就離現實更近了。」白蒼鷺小姐很詳盡地為我解釋。

「那這樣一來，透過這兩個強大的六次元存在體的合體，是不是就可以讓我們太陽恆星系統朝向穩定發展了呢？」我問道。

「這個『雙聯六次元體』的對稱交織，雖然屬於高維的次元，但也與12：60人造時間光束的頻率模板發生共振。不過，也正是如此，『雙聯六次元體』對探針來說，具有極大的幫助。但你知道這是為什麼？而他們又是怎麼做到的嗎？」這位白蒼鷺小姐竟然開始反問我問題了。

但，我，怎，麼，可，能，會，知，道？！

於是，我只能沉默等待著這位白蒼鷺小姐的解答。果然，沒有多久，她便逕自開口解釋：

「由於這個雙聯六次元體的本質，是藉由『七戰隊』從第六行星木星所投射出來的12：60光束，所以只會出現一段有限的持續時段。也就是說，一旦雙聯六次元體發出襲擊，那麼12：60光束就只能持續一個大約5200地球年的最大時間區段。等到這道人造光束的潛能耗盡以後，你所身處的這個第三行星就有可能會被摧毀，不再適合任何碳基延展的生命形式居住。但是對維拉卓帕V.24整個恆星系統來說，若是沒有第三行星特拉蓋亞的幫助，第五和弦就可能無法在指定的時間點發出聲音，更諷刺的是，最後一道12：60光束，到最後也同樣會將路西法的投影消耗殆盡。」白蒼鷺小姐很快地說明。

這讓我聽得有點膽戰心驚。但掐指算一算，從上一個5200年大週期結束的2012年12月21日到現在，已經過了將近9年時間，我們地球還存在，表示這個光束爆炸的危機應該算解除了。不過，仔細觀察下來，12：60光束對地球的負面影響，並沒有因此而減弱啊，四處天災戰事頻仍，核武的發展繼續，金錢系統的吞噬越大，我開始憂心忡忡了起來。難道，我們又持續進入另一道12：60的光束中了嗎？

思考到這裡，我其實更想知道的是，2012年之前那一道光束週期究竟是怎麼一回事，於是連忙開口問：

「您的意思是說，每一道12：60的光束週期，大約是5200個地球年嗎？這有什麼特別的意義嗎？」

「從第六次元的觀點來看，5200年的區間其實非常短暫，當然這是探針計畫的關鍵中樞。各別來講，5200年的時間區間會被認為是『神祕的五分之一』，因為它是時間飛船最後一個26000地球年的五分之一。而因為星際馬雅人的介入，這個時間區間又成為了另一個測試點，他們想看看『意識』是不是可以從『四』的靜止通向『五』的完美？

「透過門諾希斯和路西法的宇宙大對話，這個彼此交織的『雙聯六次元體』為了第七次元的時間區間，又在金星和海王星之間創造出一個空間。而這個第七次元時間區間，準確定位在馬爾代克星破碎的第五軌道與木星的第六軌道之間的中點，這個中點像個黑洞，透過它，第七次元的記憶符碼可以在橫跨12：60光束的5200年時間區間裡，盡可能均等地從一種型態轉換成另外一種型態。也就是說，只要按照這個方式行動，那麼人造時間光束就會被貫穿，就像從它的上面跨越過去。

「你想想看，5200地球年的時間區間，對第六次元的存在來說，不過是一小段絮語。但是，當這個絮語是發生在門諾希斯和路西法的水晶型態對話時，就會有足夠的力量去揭穿12：60光束虛假的輻射射線。而這個揭穿12：60時間光束真相的水晶結構彼此交織所造成的結果，就形成一層5200年的銀河記憶程式，將完全覆蓋在失落的2013時間飛船的人造時間世界上方。」白蒼鷺小姐直接且相當詳盡地回答了我的疑惑。

「您的意思是說，在12：60的人造時間光束上，又覆蓋了一層透過門諾希斯和路西法水晶型態對話而形成的具有5200年的銀河記憶程式？但這有什麼作用呢？」我確認著，並再度提出我的疑惑。

「藉由人造時間光束的水晶型態孢子，尚未被污染的第五時間次元記憶印跡結構以及第六次元的『能量』，能過濾掉所有有毒的時間飛船心智場。星際馬雅人設計建立了一道5200地球年的同步光束，讓它從12：60的時間光束中分離出來，在門諾希斯和路西法那些光的對話流上跳舞。而這道同步光束，對地球上『時間』被扭曲且只有三次元根基形式的人類來說，基本上是完全感覺不到的。

「不過，為了有益於地球上的人類，門諾希斯和路西法的水晶型態對話，不僅僅會將其展現在你們『覺醒生命體』當中的外在形式，也會展現

在各種藝術形式結構及其演化的路徑之上。當然，大角星人就是代表時間飛船來負責藝術形式的冥想，他們很久以前就曾相當關切地提到，第三行星就像是一個『藝術行星體』。因此，他們一直非常小心地提升維拉卓帕V.24.3的藝術孢子成長期。」白蒼鷺小姐更進一步地解釋。

但可能是因為我生在地球的反身性，對於這樣的說明，還是感到有些模糊。我的內在多少有點焦慮，渴望能以最快的方式理解她所說的一切。於是又問：

「但我還是不太明白，這樣做為什麼會對我們人類有益處呢？」

「因為一旦『雙聯六次元體』到位，並且在以5200地球年的同步光束在人造時間光束裡開始行動時，馬雅工程師群就會帶著我的協助，準備進入他們的化身程式之中。」白蒼鷺小姐說。

「進入化身？」我問。

「自『雙聯六次元』水晶體的符碼完成以後，我們就必須回憶起趨近於我們任務的基因生成形式，這就是星際馬雅人所提到的『重新召喚未來』。這意味著，如果沒有『重新召喚未來』來取得像『特拉蓋亞‧馬雅』一樣的根基形式，我們就得採用時間飛船上那些陷入黑暗失憶或受到污染的旅人們的基因生成記憶。但我們非常清楚，繼續這樣下去的話，只要一進入時間飛船的大氣層裡，就再也不能保持我們過去維持了四十或六十個世代左右的純粹性。」白蒼鷺小姐試著以我能夠明白的比喻解釋給我聽。

「關於這個部分，您能夠再多說一些嗎？」我渴望知道得更多一點，於是又問。

「我來先跟你講講，透過時間部族而引導出化身的部分吧……星際馬

雅人，喔不，應該是說我們，藉由金星人的引導，特別是『猴子』時間部族的引導，開始了強勢的進駐計畫行動。這一切都要透過我們的力量才能完成，但我們並非人類想像中，如銀河聯邦一樣的更高次元存有的外星人。相對來說，我們是地表圈生物（intraterrestrial），而身為一個地表圈生物，必須要從一個行星的CSR通向另一個CSR。所以，我們運用這個方式，從天王星、海王星以及金星的CSR，通向特拉蓋亞的CSR。而當我們一進入特拉蓋亞的CSR中，就立即潛伏在『王者之劍』裡面，你知道嗎？沒有比潛伏在『王者之劍』裡，去『重新召喚未來』更好的方法了。等我們拖曳出我們的形式，並發展出一種基因型態的時候，我們就會開鑿出導向『猴子區域』的領域範圍，也就是你們所知道的中美洲那個區域的心智管道。」白蒼鷺小姐很耐心地回應了我。

「您是說，星際馬雅人的化身，不，應該說你們，就這樣來到了地球的中美洲區域……」我好像串連起什麼了。

「是的，只是在四次元時間飛船的全息子（Holon）中，『猴子區域』是『龍區域』的挑戰或拓展（Antipode），這對12：60光束來說，可說是第一次的打擊。我們中美洲的叢林及高山高地，透過全新的根基形式來實驗和學習，那時我的第一次化身就是特拉蓋亞馬雅的白蒼鷺之女。後來，我們建立了一個文化據點，好讓馬雅時間工程師，可以完成5200年同步光束的共振頻率紀錄。」白蒼鷺小姐這樣解釋。

「哇，原來是這樣的情況啊。」我彷彿得到什麼大揭密似地開心回應。

「更重要的是，這些共振頻率紀錄，被稱之為20：13計時器（Chronograph），共有260個20年的卡盾（Katun）。其中，每20個卡盾是一個巴克盾（Baktun），所以，13個巴克盾就是20：13計時器完整程式的五分之一，也就是5200年。這個20：13計時器，是一張5200年

同步光束精準的四次元時間地圖。在終結12：60光束的時間點，也就是5200年周期完成前的26年，四次元同步光束的計時器，以極細微的方式來改變三次元路西法時間扭曲的路線。」白蒼鷺小姐說。

「您說的這個部分，感覺很像是卓爾金曆的原型呢……」我說。

「呵呵呵，建立這個『20卡盾：13巴克盾計時器』的附帶結果，創造出一個精細複雜的文化基礎，也就是你們人類稱為馬雅文化的文明，但這只是一個附帶結果而已。有鑑於銀河聯邦的不干預主義倫理規範，這個行動其實非常危險，但我們還是執行了這個任務。一旦以『20個卡盾：13個巴克盾計時器』計時形式放置四次元夢語境符碼，這些時間工程師才能得以循著來時的路離開地球中心。」她說。

白蒼鷺小姐清楚說明了地表馬雅文明的由來，但我想，當今大多數考古學家和人類學家一定不知道這個典故，甚至還會想拼命否定這個可能性。不過，這大概也是限縮在三次元思維的唯一選擇吧。

「您剛才說，您就是在這裡出生的嗎？喔不，應該說，您在地表三次元的化身是出生在中美洲這個區域？而您被稱為白蒼鷺之女（Zav Bac）？」

「在我登上Nah Chan王國的王位之時，即標記為20：13頻率記錄的開始，並以總計為13個65年的周期記錄。你可以算一下，13×65＝845個金星年，而之所以選擇六十五為週期的數量，因為這是金星年的數字，相當於104地球年的一個Hunab Ku胡娜庫碎形，用算式寫出來的話就是365×104＝584×65＝37960，都是等於37960天。最後，這65年周期中的第13個周期，以我的二元男性形式『巴加爾‧沃坦』（Pacal Votan，銀河調性的黃太陽）*在Nah Chan王國的化身結束。」

「巴加爾‧沃坦國王！？您是巴加爾‧沃坦，我……您……我……」我真的是半天都說不出話來，心跳的速度比什麼都快，感覺心臟都要從嘴裡跳出來了。

「孩子，你這反應是興奮還是害怕啊？來，深呼吸……」白蒼鷺小姐很輕柔地又叫了我孩子，雖然與人世間的事實不符，但對於歷經了幾千年的她，我想我真的還是個孩子。

「沒有，我只是萬萬沒有想到而已……」我稍稍平撫一下激動的情緒，回應她的話。

「仔細算算，從我即位的時間點之後，經過144個地球年的完美時期，而就在這個144年週期的終結點，有另外一個金星人來了，這個人就是你們所熟知的耶穌。他是路西法心愛之子的化身，來的目的主要是為了將時間飛船『最後2013年』的信號發送給人類。我所提到的『2013年』，指的就是大角星的監管範圍。

「因為它是發生在『最後2013年』之間，你有沒有發現，這個數字看起來就像是一種『20卡盾：13巴克盾的20：13計時器』。大角星探針在此時，加強在心電感應干預上的努力，攔截時間飛船後來被烏雲罩頂的路線。

「只是，路西法投影的影響力仍然太強勁，巴比倫彩票早已四處散播，穿越時間飛船偉大的『龍』、『太陽』、『戰士』、『地球』以及『蛇』區域，整個銀河磁極區域有一半都已經癱瘓，而這些人造時間的力量，也不可避免覆蓋了整個『老鷹』和『狗』的區域。這個情況發生之後，時間

---

* 巴加爾‧沃坦（Pacal Votan），墨西哥國王（西元603-683），西元1952年其墓室被考古隊發掘開來，爾後荷西博士以靈視方式接收巴加爾‧沃坦的教導及傳承，將13月亮曆法傳播予世人。

飛船的命運變得相當脆弱，就只能獨自靠著『雙聯六次元體』的力量，一點一點去抵抗人造時間光束的侵蝕。」白蒼鷺小姐又丟出了一個震撼彈。

我想，我已經沒有其他的心臟可以從嘴裡彈出來了，兀自嚷嚷說：「連耶穌也是路西法派來地球的使者啊？！」

「是啊。不過，就算耶穌來了，大角星的監管範圍還是無法建立起來。他們只能以一種隨機的方式進行，因為巴比倫的羅馬主教可以隨意操弄耶穌的形象。你知道，地球的西元（A.D.）指的是 Anno Domini，而非大角星監管範圍（Arcturus Dominion）的意思，至於 Anno Domini 則是『我們統治者的年』的意思，這純粹就是路西法力量的虛假『上帝』投影。在這種情況下，儘管路西法早已撤除實際的力量，但是『七戰隊』的領導者耶和華的投影，卻仍然繼續在地球這艘『時間飛船』上散播竊取時間、否認歡愉的思想，就像一團充滿嫉妒的黑雲。」白蒼鷺小姐相當殘酷地說出了某種人間墮落的事實。

「難道這就是我們人類的宿命嗎？」我突然有種很大的挫敗與沮喪。

「你不要太沮喪，這或許是宿命，但也是業力。不過，探針是不屈不撓的，地表圈生物的強勢進駐計畫，仍然進行中。我，白蒼鷺之女，太陽的白風，Nah Chan 王國的奠基者，你們也可稱我為白色靈性之女，帕倫克首席技術員巴加爾·沃坦心愛的母親。是的，就是我。我對每件事都保持警戒，我看著星際馬雅人來了又走，我回到『王者之劍』光譜門戶的內部。你知道，在那裡，我就像『湖中仙子』一樣，在梅林的身邊靜靜等候著。只是，不知道人們有誰知道，如何才能幫我解脫這個束縛，更不知道現在還有誰記得如何重新『召喚』這個未來……未來……未來……」白蒼鷺最後這一句話，像是一陣無盡延展的迴音般，輕輕柔柔地自我的耳際淡出……

我像是從大夢中初醒，一時半刻回不過神來，呆呆坐在原地。

「怎麼了？孩子……哈哈哈。」博士突然在我的身後輕輕叫了我一聲。

「博士？！是您嗎？」我這一驚，才算真正回到了某種比較熟悉的現實中。

「是啊，孩子……孩子……孩子……」博士藍猴的冷幽默又發作了，竟然是一種非常彆扭的溫柔語氣一直對著我喊。

「博士，您別鬧了啦，剛剛我差點都死掉了。您到底去哪裡了啊，半天都聽不到您的聲音。」我抗議地說。

「哈，你的白蒼鷺小姐不是說了嗎？我一直都在你的外面說這些故事啊……」博士顯然很清楚發生了什麼事。

「這太奇怪了……」我滿心狐疑地回應。

「哈哈哈……兄弟啊，自從你遇見了我之後，奇怪的事情有少過嗎？哈哈哈。」博士邊笑，聲音也邊飄走了，完全跟剛剛白蒼鷺小姐離開的情況一樣。

不過，這已經是我熟悉的狀態了。我知道，博士來了，又走了。

今天的故事，我真的不知道是誰說給我聽的，但說真的，這裡面藏蘊的資訊量龐雜到我根本難以消化。不過，想想，原來說半天話的溫柔姐姐，竟然是巴加爾‧沃坦國王……我不自覺地揚起了嘴角，這應該算是這些日子以來最戲劇性的一天了吧！

11

亞特蘭提斯公司的機器世界／跨次元的介入行動

人類越是為了錢，拿時間去交換而辛勤工作，那麼巴比倫主教就可以投入更多的金錢來創造更好的機器。一直等到西元2013年，這個計畫的第七個世紀就會被完成了，而特拉蓋亞就會成為一個機器世界⋯⋯

昨天的情況太特別，博士像個伴讀，沒聊幾句話，便消失得無影無蹤。一下子來了路西法本尊，一下子又來了巴加爾·沃坦國王的第一代化身白蒼鷺小姐，高頻切換太快速，搞得我頭暈目眩，險些呼吸不過來。

但願今天博士的出場能夠平順一點，別再有這些令人招架不住的戲劇性場面了。

「我以為你學戲劇的，會喜歡這種『戲劇化』情境呢？哈哈哈⋯⋯」調皮的博士今天的聲音，竟然從我的工作桌底下冒出來。

「博士，您今天幹嘛躲在那裡啊。」我彎下身來，對著工作桌下的虛空喊著。

「我怕你會打我啊……哈哈哈，先躲起來再說……」博士半開玩笑地回應我。

「如果打得到您，我真的很想揍您兩下。昨天的情況真的太嗆了啦……」我說。

「哈哈哈……其實，你知道，六次元的頻率能量，我也招架不住。路西法說來就來，我也是一點辦法都沒有啊……」博士倒是很直白地告訴我他的處境。

「難怪，我的整個身體，都快受不了了。可是白蒼鷺小姐又是怎麼說呢？」我說。

「白蒼鷺小姐的撫慰能力可比我強大多了，哈。況且，一如她說的，你在你的裡面，而我在你的外面，所以你沒法感受到我，但是我一直都沒有離開過你。兄弟，你知道我很關心你的啊……」博士也是照實說。

「這倒是很稀奇的說法啊？」我有些狐疑地回應。

「一切都是頻率的關係，你與六次元的路西法共振的頻率太高了，因此你的意識一直都在那個高維的頻率中，要慢慢降下頻來，才能和我的頻率接通產生共振……這純粹是頻寬帶的問題，以後你就會越來越習慣了……」博士說。

「呵呵，希望吧……不過博士，今天路西法應該不會又不請自來了吧。」我說。

「不會，我怕真的被你揍，不再隨便講那個太高次元的故事了。不過，今天我倒是可以跟你聊聊，這兩個高次元頻率交織後生出來的小孩……」博士呼了口氣，緩緩地說。

「好的，那可以請您不要再躲在工作桌下了好嗎？讓我覺得對您好不敬喔，哈……」我說。

「哈，好。這樣可以嗎？」博士倏地回應我，但竟然是貼著我的耳朵，半吹著氣跟我說話。

我叫了一聲，跳開工作桌，半笑半鬧地回應：「博士，您別再鬧了啦，哈哈哈……昨天的經歷，讓我到現在都還驚魂未定呢，您又來嚇我，快告訴我那個小孩是誰啦……」

「喔，對喔，差點忘了。好，他叫帕希法爾（Perceval），透過門諾希斯和路西法得到生命，而成為一個生命體，只是他存在的時間，大約在猴子創世紀的卡美洛之前就結束了。雖然梅林不太重視他，但因為在那時間裡出現了一位亞瑟王，後來他就像個神祕的運作，將他們全都結合在一起了，因為他們都知道大家在圓桌的相聚，就是天王星時間飛船原始卡美洛的重新出現。其實，你要知道，人類在不同神話故事裡所記錄下來的一切內容，有些都是事實呢。所以就在『王者之劍』被丟進湖裡的時候，帕西法爾發出12：60時間光束信號，切斷了時間飛船的全息子形式。」博士輕鬆啟動了故事的開端。

「感覺這位仁兄有種挺妙的超能力ㄟ……」我也一派輕鬆地回應。

「那倒是真的，不過，卡美洛的心智破碎這件事，可讓他悲痛不已，還好地球並沒事。只是，二十個時間部族的行星親屬，就此被剝奪了學習脈衝乘行技術以及其他四次元時間魔法的機會……」博士頓了頓。

「為什麼？」我立刻接著問。

「可能是他太傷心了吧，所以他發誓不想再釋放光束信號，最起碼是從四次元的形式上，他打算一直等到有機會重建卡美洛時再說。」博士回答我。

「那不就要等很久了嗎？」我問。

「對於帕西法爾來說，他化身為一個大角星高等異質體形式，為了遵守其誓願的純粹性，繼續保持在時間飛船的四次元全息子結構中，去執行他能做的。而為了好好導引失落的時間部族中其他異質體的記憶者，無論他們在這個行星上的哪裡，他幾乎都能夠找得到他們。於是，他孜孜不倦地在地球上漫遊，尋找著那些已經覺醒或記憶尚存的人們。事實上，那些對這個任務已覺醒或尚有記憶的人們，都已經在他的全息子裡占有一席之地。你知道嗎？這個任務（聖杯）的請求，其實就是母體矩陣的記憶，而在這母體矩陣或聖杯內部的，就是『王者之劍』。」博士像是宣告一個天大祕密似地說。

「哇，感覺這是個尋找失落天使的偉大任務……」我說。

「不只是這樣，接下來要跟你分享的信息，對一個身為亞洲人的你來說，一定會感到不可思議的。」博士又在賣關子了。

「您快說吧，別在賣關子了，急得都快尿褲子啦…」我感覺自己越來越把博士當平輩好朋友了，哈。

「哈哈哈，帕西法爾以剛剛提到的方式，導引古老的中國人發現了『王者之劍』符碼的記憶，並以《易經》（Book of Changes）的形式來散播傳佈。雖然這些符碼多少有些瑕疵，但它反映出來的信息超級海量，甚至

還包含『王者之劍』完美形式中的無死亡性。為了紀念帕西法爾的教導，人們也發現了如今演奏與製作技術已失落的65件編鐘系統，如果以『氣』（Qi or Gi）的方式來思考，你可以發現這個系統能發出具有RANG力量的和諧頻率。同樣地，在猶太人的族群中，也發現了卡巴拉（Kabbalah）或生命之樹等神祕符號，這些都恰好提醒我們時間飛船在不同次元根基的存在。」博士還真是揭露了一個通天的祕密。

原來，連中國的「易經」都是大角星人的顯化傑作啊！

「事實上，帕西法爾曾經導引的人們，無論身在何處，只要是他曾駐足之處，那些愛的異教徒，都提升了自我的光輝，足以對抗路西法的統治菁英們，比方說，蘇菲（Sufis）、卡特里教派（Cathars）、行吟詩人，還有浪漫主義作家，都心懷著帕西法爾的『愛之銘印』。帕西法爾來從來不偏心，無論是基督教或穆斯林，印度教或佛教的神祕主義者，都能夠透過他憶起真實的自己。雖然帕西法爾不需要被知道，更不需要被記住，但他讓這些人透過他而記起了自己，使用他們自己希望擁有的任何名字。來自帕西法爾內心之愛的純粹性，讓『合一的河流』開始流動了。無論是愛人、詩人或藝術家，連建築師或科學家們，他都讓他們完全沉醉在這條『我心之歌』的河流裡了。」博士非常詩意地說。

我發現，博士只要提到愛，談話的氛圍就會變得浪漫了起來。

「此外，透過帕西法爾內心的純粹性，大角星探針能夠在這個他們稱之為大角星監管的時代，維持一些影響力。對於牧羊人之星的異質體與同質體而言，帕西法爾就是一個鑰匙門戶，不只能讓他們通向不同的實驗與知曉模式，甚至傳遞到那些願意接受的三次元化身裡。藉著心電感應的訊號，天王星人也會透過帕西法爾憶起天堂聖境，而讓天王星的記憶繼續存活下來。這些天堂聖境的名字，你之前一定都聽過，像是：香巴拉

（Shambhala）、烏托邦（Utopia）以及新耶路撒冷（New Jerusalem）。」博士繼續如數家珍地介紹帕西法爾的豐功偉業。

「感覺起來，這位仁兄就好像天王星和地球行星軌道上各種地理區域、文化與人種的部署者喔，或者更像是一個能量補給者⋯⋯」我說。

「他也是許多宇宙事件的見證者呢⋯⋯舉例來說，有些被宇宙記憶的力量所影響的時間部族，特別是在亞洲的中心區域，非常渴望天王星聖境的建設。在那裡，除了神祕的事之外，沒有什麼可以持久的，12：60時間光束晦暗的力量已盛行，即便是蒙古人想將巴比倫彩票文明連根拔起的實驗，也宣告失敗了，因為這道光束已經橫跨北半球，或者說跨越了時間飛船大角星保護區的廣大範圍。」博士說話的聲音明顯地又嚴肅了起來。

「您是說，即便有時間部族的統轄力量，但地球的各個區域依舊躲不開12：60光束頻率的肆虐與污染？」我說。

「是的，特別是亞洲的中心區域。繼蒙古人失敗，耶穌也未能扭轉巴比倫浪潮後，路西法派了他充滿激情的心愛之子穆罕默德，前往巴比倫時間光束最中心地帶。而穆罕默德則帶著他淨化與純化的信息而來，這也就是路西法之所以被認為是晨星，而月亮創世紀被當作是伊斯蘭神聖記號新月形的記憶⋯⋯但這一切的演變發生中，最令人憂心的，其實是更早期的耶和華投影，它的影響力可能更大！」

「路西法還有派其他心愛之子來嗎？」我問。

「當然啦，還有同是路西法心愛之子的放射體羽蛇神，他的情況如佛陀和穆罕默德一樣，凡是透過他們出現的路西法力量，都會以開悟之星，也就是『晨星』的記憶被確認。不過，羽蛇神同時也帶來了『昏星』的路西法記憶，所以，他沒有和耶穌一樣，被忌妒的主教所害，相反地，他滲

透了整個古馬雅的領域，因此遠離了巴比倫。」博士為我解釋得很清楚。

「帕西法爾見證了這些之後呢？他是不是就算是大功告成了呢？」我追問。

「後來，帕西法爾發現，無論大角星探針怎麼努力喚醒這些失落的旅人們，在這些事情的發展過程中，還是只能起很小的作用。他發現的真相是，原來這些聖者都是金星路西法所統治的心愛之子放射體，因此他們不過是被派去提醒時間部族任務的信使而已，加上巴比倫的效應實在是太強大，這些聖者帶去的信息都被掩埋在宗教信仰之中，而這些宗教信仰後來都變成一個個被死亡恐懼奴役的沉悶制度，並意圖讓失落的時間旅人與他們的全息子斷離。」博士有些無奈地說。

「我想我能體會您所說的，過去我曾在一些宗教性的道場裡，感受過很多類似的情況……」我回應道。

「帕西法爾在大角星監管的十三個世紀結束之前，見證到一些他從未想像過的事情，經過仔細思索，才知道這些情況是因為12：60光束的功能，被星際馬雅人設定的那些一般人感覺不到的20：13光束給催化了。事實上，他所見證到的，全是來自馬雅計時器的場景，但它卻是透過12：60人造時間光束播放出來的。」博士提出了一個我想都想不到的說法。

我咀嚼了一番，還是有所不解，於是開口問：「您能夠把這個情況說得更清楚些嗎？」

「大概是在第十二個巴克盾期間，也就是被視為隱藏種子的巴克盾11的時候，對應地球時間大約在西元1260年左右，也就是磁性白風的卡盾期間，仔細推算一下，應該是西元1244年到1263年間，行星地球上發生了一件事，一個古老的語境（spell）突然開始運作，其中包含了亞特蘭提

斯人的語境以及馬爾代克星的進行路線，他們稱之為『史詩的吟唱與西摩克斯的抒情高歌』。除此之外，還有火星埃律西昂（Elysium）與亞特蘭提斯（Atlantis）的失落世界，全被聚集在一股銀河的氣旋之中。突然間，一陣可怕的風暴掃過四次元的時間飛船，而這邪惡的風在三次元的現實生活中，化作天王星人的清理行動，為地球帶來了蔓延的瘟疫，也就是黑死病。接著是成吉思汗（Genghis Khan）和忽必烈（Kublai Khan）的出現，他們的行宮（Xanadu）中，卻出現了西摩克斯的記憶。」

「蒙古人？！西摩克斯？！」我輕呼一聲，腦裡突然聯想到了呼麥的泛音唱誦。

「怎麼了嗎？」博士問。

「喔，沒什麼，我突然想到蒙古人一種特殊唱誦的方式。不好意思，請您繼續說下去……」我趕緊回應博士，對自己這樣唐突的打斷深感抱歉。

「呵呵……好的，那我繼續說下去囉。剛剛講的，都只是表象上的事情，但其實在這個聚集失落世界業力的磁性『風』部族的內部，是一個叫做『亞特蘭提斯』的委員會。而『亞特蘭提斯委員會』的中心，則有一個『七戰隊』，你知道嗎？這個『七戰隊』透過三次元時間框架中的『一週七天』，來控制大家的記憶。後來，經過巴比倫主教的制定，讓『一週七天』成了『時間就是金錢』的基礎……」博士又提出一個一週七天的說法，真讓人始料未及。

我暫時把這個亞特蘭提斯委員會的詮釋放在大腦中，因為這和我原先認知的神聖數字「七」，有點衝突，呵呵。所以，便靜靜地先聽博士繼續說下去：

「亞特蘭提斯委員會的風潮，在一個關鍵時刻颳了進來，目的是為了鞏固巴比倫人的成就。他們募集了一些最有力量的巴比倫人全息子，偕同特拉蓋亞上的巴比倫人，共同組織一個『亞特蘭提斯公司』。」

「亞特蘭提斯公司？！這……亞……」我有些結巴地問，這跟我們上一個地球文明亞特蘭提斯有什麼關聯嗎？為什麼會出現這樣的名字呢？我必須承認，大腦一直被這些雷同，甚至一模一樣的名字，打了好幾個結。

「對，就是這個名字，不要懷疑。在時間飛船內部，亞特蘭提斯公司就像一種影子寄生蟲，像一個在不同次元內持續擴散癌細胞的幽靈代理人。而這個亞特蘭提斯公司幽靈般的存在，則要透過12：60光束累積影響所創造出來的跨次元渦旋，才會讓一切變得可能。同時，西元1260年，在20：13同步光束增強下，就在磁性白風卡盾的關鍵接合點時，這個渦旋把路西法的幽靈團隊都吸了進去。事實上，這些被扭曲的銀河記憶印跡，早就在路西法的木星與土星上運作很久了。」博士繼續描述這個奇怪的公司，我聽得是膽戰心驚。

「感覺這情況變得頗糟糕的啊……」我有點憂心地說。

「一方面，這看起來似乎是件很糟糕的事。不過另一方面，AA中繼站卻向帕西法爾保證，這些幽靈團隊因為被12：60渦旋吸入，反而把銀河系其他區域都清理乾淨了。接下來銀河聯邦要處理的，就是12：60渦旋在維拉卓帕V.24.3，也就是特拉蓋亞上所播放出來的畫面。因此，在未來的七個世紀間，這個小小的行星將會見證到那些銀河生命未被滿足部分的大量化身……」博士冷靜清晰地回應我。

「這又是什麼意思呢？」我還不是太明白博士說的情況。

「就是說，在接下來的七百年間，地球上會出現大量其他外星的物種

呀⋯⋯」博士說。

「他們是來化解我們可能會遭遇的災難嗎？」我問。

「也可以這麼說吧。不過，當帕西法爾偷聽了亞特蘭提斯委員會的董事會議之後，簡直嚇傻了。原來，巴比倫力量的菁英，早就在梵諦岡占據高位，並將其作為主要的發展渠道。而亞特蘭提斯公司也為它的『七世紀計畫』佈好了局，他們涵蓋的範圍之大，從貨幣利率的發展，到以天主教教會為首對這個行星的征服行動，以及各式各樣黑手黨分子的維安行為，這背後都有許多強大祕密社會力量在支持著，以維持這些路西法人對特拉蓋亞的控制。這個惡魔計畫的最終目的，就是去銷售人造時間，然後透過時間的買賣，把特拉蓋亞變成一個亞特蘭提斯人稱之為『機器世界』的主題公園。」博士更進一步揭露亞特蘭提斯委員會的可怕陰謀。

我聽了簡直是毛骨悚然，完全不可置信，張著嘴喃喃說：「這計畫也太邪惡了吧⋯⋯」

「唉⋯⋯可不是嗎？從西元1313年起，這個計畫便開始發生作用了，其中最令人作噁的，就是它假借虛無為名，因為它根本就是個幽靈寄生蟲，而路西法這個『上帝』或人們認知中的『神』，早在很久以前就消失了。然而，在耶和華的渴望下，他們卻藉由這個『上帝』之名去亂搞出來各種騙局，導致這些失落的時間旅人更迷惑與混亂。不過，這大量的困惑則完全滿足了亞特蘭提斯公司的目的，就是使人們沉醉在金錢的幻象之中，並進一步利用他們引導出錯誤扭曲的幽靈記憶印跡，最後竊取他們三次元的身體。就這樣，在激烈的黨派分歧中，這個行星主題公園『機器世界』的地基，便於西元1613年奠定下來了。現在看來，這個主題公園應該已經開始營運好長一段時間了吧⋯⋯」博士說完後，深深地嘆一口大氣，頓了頓。

「那……這個邪惡的機器世界，究竟會以什麼形式繼續發展下去呢？」我很納悶。

「在機器世界裡，所有的人類，都被籠罩在罪惡感和死亡恐懼之中，同時也受『一週七天』與『一個小時六十分鐘』的框架束縛。而為了釋放『七戰隊』自創的時間束縛，三次元世界的人們要用時間來交換金錢，而這些束縛的目的，就是要創造機器世界。

「換句話說，人類越是為了錢，拿時間去交換而辛勤工作，那麼巴比倫主教就可以投入更多的金錢來創造更好的機器。等到西元2013年，這個計畫的第七個世紀就會被完成，特拉蓋亞將成為一個機器世界，一個『上帝宇宙』的完美機器形式的複製品。然後，所有人類都會拿自己所得到的金錢，來購買他們自己的機器。而有了這個機器之後，大家就會體驗到，透過使用自己機器力量的幻象，來回往返於『被時間奴役』的地方。現在已經來到2021年，我想，你應該深有所感吧？」博士說著說著，便反問了我。

「感覺，我們現在人手一機的情況，好像的確就像你所說的那樣……」我一時之間也別無它想，反射性地回應了博士。然後，我突然想到了近年來全球盛行虛擬貨幣的各種挖礦計畫，不正是每個人都要購買自己的主機嗎？我突然毛骨悚然了起來。

「事實上，機器世界一旦勝利了，它就會透過巴比倫彩票完全接管這個行星。而這件事要是發生了，探針的目的、銀河聯邦及星際馬雅時間工程師的努力就都徒然白費了。你想想，究竟還要多久的時間，才可能再一次出現這種跨次元外星智慧相互聚合於此的情況呢？1992年大角星人透過化身於地球上的我，發出了第一次提醒的信息，但這個藍色行星因乘載其他行星的集體業力太過於沉重，加上巴比倫的力量和12：60的光束頻率

結合得太深，所以，讓時間飛船的起飛航道有些許的偏移。但我不能眼睜睜看著這個錯誤，繼續朝著墮落的方向發展下去，於是，我決定在2011年先行離開了地球，進入AA中繼站的修正委員會報告我的觀察紀錄，尋求更大的力量，來協助修正2013地球時間飛船的飛行航道，確保這個行星不會重演馬爾代克星或火星的命運⋯⋯後來我才知道，原來天狼星人早就收到AA中繼站的召喚，前來協助行星的演化意識傳動了。雖然整體修正的過程沒有想像中順利，但最後，畢竟還是讓我有這個機會，可以重新來到這個得以倖存的行星上，與你相遇⋯⋯」博士語帶感性地說出這一段屬於他自己的故事。

我，竟然聽著聽著就掉淚了，悸動的心情久久無法平復。我不知道2011年博士的驟然離世，竟是帶著這麼重要的任務。我更不明白究竟是什麼樣的因緣，可以讓我在這裡與博士相遇，突然覺得這股感動，更是一種感激。於是，我感覺到我們彼此都沉浸在一種難以言喻的靜默中，無聲地交流著。

不知過了多久，博士才打破沉默，開口說：「讓我把帕西法爾的故事說完吧⋯⋯」

我擤了擤鼻涕，帶著濃濃的鼻音回答他說：「好的，您請說吧⋯⋯」

博士頓了頓，吸一口氣，又繼續往下說：

「那時，在時間飛船全息子嚴重失焦的結構下，帕西法爾還保有的一點點優勢，就是能透過冥想仔細推敲這所有的情況。唯一讓他感到欣慰的是，他在被非時間性記憶中的狂想史詩音樂家們敲響的和弦裡，在原始雙生大角星探針之愛的人們彼此相認的會晤中，緩步走進詩人與神祕主義者的閃爍光輝裡了⋯⋯」博士這一段的說話速度，顯得特別地慢，彷彿接下

來又要揭露出什麼令人吃驚的消息一般，只聽他繼續說著：

「西元1913年，帕西法爾正在觀察機器世界中的第一次主要轉移時，地球上發生了稱為『第一次世界大戰』的大事。於是，他送出了情慾的輻射子到時間飛船上，並將自己隱退到『王者之劍』的所在。在那裡，他與梅林以及湖中仙子在一起，而就在大角星監管的最後一個世紀的這段期間內，帕西法爾打算悄悄蟄伏著，等待未來那些知道愛之真實信息的人，再次把他釋放出來……」博士說完後，隨即呼了口氣，不再言語。

我也跟著沉默起來。這兩天，我好像知道太多有關我們行星地球另一個次元的事情了，當然還包括了荷西博士的跨次元故事。我的內心有些沉重，有些無奈，想起博士29年前因為肩負保護地球的宇宙任務，而揭露了這些故事的信息，直到他緊急離開。然後到了今天，表面看來，這個地球行星體算是保住了，但12：60光束的影響與巴比倫彩票的邪惡計畫，卻依舊猖狂地覆蓋著整個地球。天災人禍頻仍，戰禍四起，貪婪的財團結合了國家機器，變得更加囂張。

我不知道，帕西法爾所說的愛之真實信息，會在哪裡重新甦醒？它會不會永遠地沉睡在「王者之劍」的所在，直到星球徹底殞落之時……

「你可別太悲觀了啊……」博士突然又開口，把我嚇一大跳。

「您不是離開了嗎？我以為……」我驚訝地問。

「還沒呢！我剛剛陷入沉思，在想你正思考的問題呢。你看，我們現在可是多麼同步與共時啊，這就是心電感應的魅力，哈。」博士顯然是要打破剛剛的沉悶氛圍，但這次他的藍猴冷幽默實在不怎麼高明，反而造成讓我不知該如何回應的尷尬。只聽他繼續開口說：

「其實在AA中繼站那裡，高階的大角星同類元（Analogics）異質體一直不斷地在為這些報告建檔，當然也包含我後來上傳的報告。憂鬱的帕希法爾之所以會自我隱退到『王者之劍』的所在，也是他們當時給他的建議。事實上，在『王者之劍』的隱匿之所，湖中仙子倒是提供了比他所需的還更多的力量。」

「我以為今天你的故事說完了呢，怎麼感覺起來還有後續……」我好像從夢中醒來的感覺，剛剛的沉悶憂鬱似乎也一掃而空。

「這些故事都是說來就來、說走就走的，但我們不能一起陷溺在帕希法爾的孤獨悲傷中走不出來吧。所以，我想就再多說一點吧……」博士很直接地回應了我。

「好像也是這樣喔……」我淡淡地笑了笑。

「說真的，帕希法爾的任務還真是頗困難的。他為了要維持協調失落的時間旅人他們情緒或第二次元的感官體，選擇在西元1913那個關鍵時刻的接合點做為他隱退的時間點。你想想，在一個夢語境世紀以及完整的26000年時間飛船的故事情節即將要被完成的重大時刻，出現了一個地球世紀與亞特蘭提斯公司建立出完整的『機器世界』主題公園，對一直在地球上進行創建工作的大角星探針來說，是多麼渴望可以在這些計畫完成後好好地放鬆一下啊……」

我不知如何回應博士，只覺得這些大角星探針的工作，還真是不省心哪！

「你也許會想，來到地球的大角星人在探針工作上已經做了這麼多投資、走了那麼遠的路，是不是應該可以想一些聰明的計策，來扭轉一些對他們比較有利的結果。其實，他們當然可以這樣做，譬如說，在美國華府

白宮前的草坪上，上演一齣如一般低俗科幻驚悚小說裡所寫的外星人降臨的戲碼，然後給予正確的行動指示。但這樣做，又會留給人們什麼呢？大角星人普遍認為，如果直接做些讓這個行星瞬間變好的事，豈不是剝奪了人類演化中所有的責任？」博士說。

「真的好矛盾喔，這些大角星人明明就有超能力能讓地球馬上變好，為什麼還要繞那麼一大圈，冒著可能地球會變成下一個爆炸星球的危險呢？」

我有些不解。

「哈哈，你看到你的學生在排練場練習表演或在舞台上實習的時候，明明看到了他們可能會失敗或者有跌倒的可能性，你會直接跟他們說該怎麼演或者怎麼做嗎？」博士突然問我這一題。

「不會，因為不讓他們自己跌一跌跤，我說再多他們也聽不懂，根本不會鳥我……除非他們碰觸到可能危及生命安全的劇場禁忌時……」我反射性地回答。

「就是這樣囉……你自己不都把標準答案給說出來了嗎？」博士回應我的聲音突然變得很高亢。

我還真是一下子就被堵住了，可不是嗎？如果行星地球正處於演化與接受調伏的過程中，所有衍生的情境，都應該是要讓每一個存在體去親身參與和學習體驗才是啊。

「喔……我懂了。」我真的是當場釋懷了。

「不過啊，對大角星人來說，賭注還是很高的。因為金尼奇‧阿豪需

要讓第五和弦發出聲音，而且就算亞特蘭提斯公司創造出機器世界那些瘋狂的科技，但那麼多銀河全息子曾經一度聚集在地球這個行星之上，所以，有些意料不到的事情，就一定會發生。但你可以猜想得到，後來究竟又有哪些事發生呢？」博士有點像在自言自語地說。

「對啊，後來究竟又有哪些事發生呢？」我故意重複博士的最後一句話，用很天真無辜的語氣，因為我哪裡可能知道後來發生什麼事嘛！

「根據大角星同類元異質體之後的探測，發現有些事已經發生了，而有些事還是某種跨次元的介入行動。事實上，跨次元的介入行動，也是現在正在發生的情況，它還會持續地發生下去，直到這個機器世界的主題公園被轉化成行星的銀河公園為止。喔，對了，如此這般，你有沒有想起來史蒂芬妮（Stephanie），去年給你們的那張九年『打開九個時間次元喚醒地球心智場域（Noosphere）』的圖表？你現在再回想看看，上面關於每一年的關鍵指示……」

我一下子又被震驚住了。是啊，那張圖表，標示著從藝術時區逐步演化到宇宙花園社區的建立完成，最後橋接天堂與地球，促使心智場域顯化。難道，這全是憑藉眾多「外星智慧」的全息子來幫忙，才可能達成的目標嗎？我突然感到熱血了起來，忙不迭地開口問：

「您可以告訴我什麼是跨次元介入行動？它又是如何發生的嗎？」

「首先，不要低估地球的雙生行星—天王星的精微引導。喔，是的。天王星比地球行星大四倍，但地球的電磁場卻比天王星的大了四倍。從威廉‧赫雪爾爵士（Sir William Herschel）於西元1781年發現天王星開始，一直到作家赫胥黎（Aldous Huxley）在西元1963年離世後跑到天王星去，天王星早已發揮了它跨次元的力量。特別是，隨著他們平行時間飛船卡美

洛（Cmaelot）在地球完成重建，他們跨次元的影響力就會越大，其實天王星非常期待他們的卡美洛和地球的『王者之劍』（Excalibur）一起被平行釋放出來的時刻。

「此外，再也沒有比從人類稱為原子核分裂以及從稀有礦物質U-235（uranium，鈾）中發現各種放射性同位素的創造，更能把天王星的力量帶進人類生活的事了。當然，機器世界的科學家們幾乎不知道，他們在促使原子核分裂的時候，也正在篡改整個第一次元的宇宙意識。不過，或許他們也沒有任何線索可以得知，他們正在微觀的層級中，一再地創造馬爾代克星的毀滅。所以在西元1945年，超頻的黃種子年，天王星的跨次元介入行動，便認真地開始了。

「這同時意味著，因為原子核的分裂，人類在不知不覺中改變了行星大氣層和地質概況的演化方向，在這樣的情形下，人類也引起跨次元介入行動的業力出現，所以，原子存在的第一次元網絡，送出了它的紅色警戒，這代表著被濫用的鈾開始發生作用，天王星的基本單元也從地球核心『王者之劍』的所在，以心電感應的方式被釋放了出來。換句話說，一旦這個情況發生，AA中繼站就會釋放出一些大角星成員四次元的監督繭式飛船（cocoons），執行跨次元介入的行動，這就是地球人類所稱的飛碟（UFOs）。」博士解釋得相當仔細，幾乎是一口氣說完。

「您的意思是說，我們地球其實一直都在接收天王星發射過來的跨次元介入行動，而AA中繼站的成員則是隨著機器世界科學家們濫用放射性物質後，才開始以跨次元的方式介入了我們的生活？」我問著，但腦海裡卻同時跳出了Telektonon的預言棋盤。

「是的。到了西元1953年，宇宙的黃種子年，地球機器世界的主教對地球大角星探針越來越有敵意，雖然大角星探針已經很清楚表達了他們的

立場，但是機器世界的主教還是使用了嫉妒的力量來攻擊他們。於是大角星人就運用他們稱之為『大謊言』的方式，來隱藏他們存在的真相以及他們的交流互動。

「最令大角星人無奈的是，機器世界的主教不聲不響地，一腳踏進了時間之戰中，他們聲稱是『為了國家防禦與安全的空間探索與研究』，但卻嘗試讓人類的生活與全息子完全斷開連結，墮入到一種舒適性麻木的狀態。他們運用『金錢』和『死亡恐懼』這兩個閾下潛在的雙軛力量操縱人類，使人類沉溺在物質的舒適性上。地球大角星探針的存在，被放逐成科學小說中啥玩意兒都不是的娛樂性角色，在那樣的文章裡，根本沒有一個『理性』的角色可以相信。呲……」博士又是一連串地解釋，說完後，還以韓國歐巴式的 style 呲了一聲，然後深深吸了一口氣，又大大地呼了口氣，同時清一清他的嗓子。

這一大段故事，我聽得真是太過癮了，迫不及待地很想知道在 1953 年之後，地球會不會有更多跨次元的力量介入。於是又開口問：「天哪，我簡直就是在聽博士您講解地球外星人的活動近代史哪。那……接下來呢？」

「1953 年之後，因為在機器世界空間的探測器，已經比過去更深入地滲透到金尼奇・阿豪領域的外圍，去尋找大角星人或跨次元力量存在的證明，所以 AA 中繼站的大角星成員一直在持續監看著，即便只是傳送一些臨時的信號，他們也不會漏掉。但是令人驚訝的是，地球大角星人卻萬萬沒想到，機器世界的主教竟會想去掩蓋他們探測器所發現的事實到一種不可思議的地步，只看到他們逐步建立起一個既複雜又折磨人的『暴力宇宙』的一次元視野。真的，別懷疑，就是這樣，目前大多數的人類心智都停留在這樣荒謬的思維中。不過還算慶幸的是，大角星探針仍然在地球上

繼續小心翼翼地保持警戒與活動著。

「接下來，地表生物圈的星際馬雅人也開始發揮了影響。

「由於馬雅時間工程師在第三次元光束的計時器紀錄中，標明了距其5200年的預期時程，還差26年才會結束。星際馬雅工程團隊的一些成員，瞭解這個細微的改變，便打算在12：60時間光束終結時，轉換成執行任務的化身。而這件事發生在西元1987年，我想，這一年你應該不會忘記，就是我在地球上發動『和諧匯聚』*的那一年，事實上，那也是雙聯六次元體（binary sixth）光束被一顆超新星†重新激活啟動的時候。

「超新星，你仔細回想一下，它實際上就是一個星際導師和一個獲得更高次元啟蒙的完整恆星系統。因為1987超新星，隨著倒數的時間，只剩下26年要走，那惡名昭彰的12：60光束也即將隱遁，所以這顆超新星在當時正被吸收到一個重新激活啟動的雙聯六次元體的光束之中。

「而在西元1987年，伴隨著12：60人造時間光束的釋放，門諾希斯與路西法對話的『光的六次元記憶印跡』，便開始大量湧進了時間飛船的全息子之中。這就是跨次元介入行動第二個階段的開始。」博士講完這一段後，又頓了頓。

「第二階段？哇……感覺就是一種外星勢力密集介入的非常時期哪。」我的心情有點複雜。

「是的。在這個密集階段中，有一些關鍵個體中的宇宙記憶開始真正

---

* 「和諧匯聚」又稱「諧波匯聚」（Harmonic Convergence）是新時代占星學中的術語，代表發生於1987年8月16日至17日的行星對齊，荷西博士被認為是和諧匯聚運動的主要發起人之一。

† 超新星（Supernova）是某些恆星在演化接近末期時經歷的一種劇烈爆炸。

地重新甦醒。同時，亞特蘭提斯公司也開始進入了死亡前的陣痛期。作為領導機器世界製造商男性首領的『七戰隊』，在戰爭中進行各種的嘗試，甚至不惜任何代價地代表不朽的機器世界持續嘗試去操縱各種金錢機制。

「然而，機器世界的主教透過公開以及祕密的警察探測器，迫使大角星人處於一種強烈快感探索的戒備狀態，強化了他們對沉迷於物質金錢奴隸的掌握。但是你要記得，大角星探針的存在體是孢子，它們能夠以孢子的型態，隨時來為人類服務。對孢子來說，這不過就是再一次的高飛翱翔罷了，而孢子的特性就是透過增強快感來予以繁殖的。

「雖然人類是屬於碳基五角星形放射體，但人類的設計則是具備了感應器官。你知道嗎？這些感應器官，實際上就是感應孢子，這些能透過吸收消化而甦醒的感應孢子，也是人類進入跨次元馬戲團的門票，特別是這道由『雙聯六次元體』釋放記憶印跡的洪流，正在為人類添增了這個跨次元的馬戲團。我們可以換個角度來說，這個跨次元馬戲團就其實是我們的感應中樞。在那裡，人類物種的每個獨立個體，都會以心電感應相互連結的。記住，對孢子來說，這一切不過就是再一次的高飛翱翔罷了！

「此外，還有一點要特別注意。在進入宇宙心電感應完全釋放的情況發生前，那些亞特蘭提斯公司即將死亡的幽靈，會嘗試去塞滿更多的墓地，並用更多的死亡、更多電磁場的混亂，以及更新更好的機器來淹沒身為人類的你們。但是，他們這些垂死的掙扎和越來越強的跨次元介入行動作用相比起來，就顯得虛弱無力了。你要知道，如果想要增強跨次元介入行動的力量，關鍵點就是要去強化人們的『心電感應能力』。」博士連續這幾大串的介紹下來，感覺到他有點累，聲音都有點啞了呢！

「您要不要休息一下啊，別急著說完，我已經聽得相當滿足了。雖然您可能不需要喝水，但我還是泡杯茶讓您聞一聞香吧，哈哈哈……」我故

意插科打諢一下，好讓博士可以喘口氣。

「兄弟，你真貼心。不過只要你的大腦還裝得下，我怎麼說都可以的，你就放心吧，我不累。我比較怕你會累，哈哈哈⋯⋯你去泡個你愛喝的茶也不錯。」博士很快地回應了我。

不知怎的，這一陣子訓練下來，我好像也不會覺得累，可能大腦已經被操到進階了吧。面對這種跨次元的訊息，除了昨天路西法力量的直接植入讓我的身體承堪不了之外，博士的腦洞訓練，對我來說，好像已經不算是太難的事啦。於是，我起身走去廚房吧檯，一邊泡文山包種茶一邊對博士說：

「我一點也不累呢⋯⋯就請您繼續說下去吧。這一節在地球發生的外星人故事，我聽起來特別有感呢⋯⋯哈。」

「那真是太好啦⋯⋯剛剛提到的那些事，逐步為地球上的大角星探針帶來了進入介入行動的第三個階段，那就是夢語境（Dreamspell）神諭以及四次元時間脈衝符碼的釋放。也許你還不知道，『夢語境』其實是對克服一切困難堅持不懈的一個跨次元『獎勵』，是大角星探針代表銀河聯邦贈與地球的。而『夢語境』的目的，就是要讓地球上的人們覺醒，清楚自己其實是身為『二十個時間部族』成員之一，並負起時間部族的原始任務。如此一來，就能夠進一步增強人們的心電感應能力。」博士接著說。

「喔，您的意思是說，夢語境，卓爾金曆上的二十個太陽圖騰，其實為了是要我們連結四次元的二十個時間部族，讓我們回想起我們每一個人的宇宙任務？」我有些恍然大悟地回應。

「是的，是的，就是這樣。咦？！這句話好像是你的拉妹，RafeeKa 帶儀式時最愛說的話，哈哈哈⋯⋯其實，西元 1992 年所釋放出來的夢語境

神諭表示，就在猴子創世紀結束與月亮創世紀即將要開始時，也就是12：60時間光束侵襲行星地球的時候，地球時間飛船的行星親屬就已經得到他們想要接收的東西了。所以，無論是誰，只要播放了這個『夢語境』，就會成為跨次元強勢進駐計畫的一員。任何人只要播放了這個夢語境，就會回到時間飛船的13：20頻率中並參與時間轉換的行動，也就是這個會持續一年之久的三個跨次元介入行動的匯流。」

「時間轉換行動？！這個行動又代表著什麼呢？」突然冒出的這個新名詞已經不會再困擾我了，我直接問，哈。

「時間轉換行動始於西元1992年，宇宙的藍風暴年，它就是一個跨次元的渦旋運動，一個精準的神祕推動，主要為了平衡著亞特蘭提斯公司所帶來的磁性白風卡盾的跨次元渦旋。正因為這樣，亞特蘭提斯公司最終的隱退即將就要發生，而『七戰隊』的幽靈也會自此漸漸淡出。你可以想像一下，他們的力量會如氣球被戳破時空氣衝出來那樣地，啾～～很快地消失了。」

「可是……現在都來到2021年了，我怎麼還是覺得亞特蘭提斯公司的陰影，仍然陰魂不散地四處亂竄啊？這又是怎麼一回事呢？」我有點遲疑地問。

「唉……我剛剛不是說了一些我的故事嗎？這就是星際業力無法掌握的變化哪，我只能告訴你，在2013年的時候，大角星異質體並沒有立即回到他們的母體，截至目前為止還一直都在，所以他們一直都在提醒著大家，請多多留意他們的信號，因為他們始終非常樂意效勞，為行星地球與人類意識演化的需求盡一份心力……」博士說完這段話後，便真的離開了。

留下我一個人，什麼也沒多想，只安安靜靜品啜著我剛剛泡的那一壺文山包種茶。

12

大角星棋盤的奇蹟

只要取代掉那些被稱為國家主義的巴比倫騙局所培養出來的，三次元膚淺的自我物質主義，那麼你就可以對自治力的提升，還有合作價值與心電感應，或者說四次元群體心智的重新建立有所展望⋯⋯

清晨，天微亮。住在山上的好處就是，立體5.1聲道的蟲鳴鳥叫，加上農家養的公雞啼叫，都會輕易在一大早把你從沉沉的香甜夢境中給狠狠地挖起來。而這對天生夜貓子的天蠍來說，絕對是個新鮮事兒。

不過，起床，就起床了唄。（再多的抱怨也沒用，也睡不回去了，哭！）

前兩天的故事，有點像在坐雲霄飛車一樣，又上又下的。不過，拗口的宇宙科學新名詞、海量的跨次元信息以及大量不同的外星存在體出沒，對現在的我而言，完全都不是什麼大挑戰了。我大概已經可以完全做到當

初博士告訴我的態度，面對這些故事或信息，就是聽得懂多少算多少的隨心自在了。因為，我發現，把大腦暫時放下，進入到某種不特別去比對過去經驗值的運作狀態，反而可以讓大腦的認知系統自動去蒐羅一些可能已經遺忘的潛意識連結。簡單說，就是讓那些大腦接收到的信息自己去消化，自行組構出一種超越線性的滲染架構和邏輯，最終使心智進入到一種不用「懂」的「覺悟」狀態。而這樣的體驗，大概是我最近和博士聊天，最大的收穫了吧。

「我怎麼覺得你的狀態，比較像在參禪哪。」博士聲音傳來，就像坐在我的面前。

「哈，博士，您也這麼早起啊……」我笑著回應他。

「我這次可是用盡了洪荒之力，盡可能把大角星的故事講得既容易又好理解了喔。原本，我看你吸收得那麼快，對自己的翻譯功夫沾沾自喜了一下，這可比30年前進步了呢。結果聽到你剛剛的那一番內心獨白，讓我又開始懷疑人生了……」博士半開玩笑地說。

「唉呀，親愛的博士啊，人的大腦是肉做的，你知道這好幾卡車的新名詞，加上名詞背後承載巨量的宇宙信息和頻率能量，真的不是凡人可以承載的啦。您的努力，我相信大家都看見了，而我的努力，相信您也都看見了。您想想這段日子，我們在一起有哭有笑，有歡喜也有悲傷，實在是太充實了呀。如果不是用我發明的這種『阿Q參悟法』，我可能早就精神分裂了吧，哈哈哈……你又幹嘛在那裡懷疑人生啦。」我小小抗議地回應。

「其實說真的，能跟著我的美麗故事走到這裡，真的是要給你一個大大的擁抱、滿滿的鼓勵與讚嘆的啦。但是，你不得不承認，自己喜歡這些

故事吧？」博士的話給了我滿滿的溫暖與支持。

「喜歡，太喜歡了……」我立刻回答。

「那今天我們來玩個外星遊戲吧，不說太多『傷腦筋』的宇宙科普了……」博士一派輕鬆地說。

「喔？那倒稀奇啦，哈哈哈。還有外星遊戲可以玩哪……」我嚷嚷著。

「當然有囉，可好玩了呢……」博士又在吊我的胃口。

「好啦，您就快告訴我吧。」我央著博士快說。

「這是大角星同類元孢子帶來的遊戲棋盤，他們稱之為大角星棋盤，簡單地說，就是以他們星系族類的名字命名的。」博士說完，頓了頓，換個位置，變成坐在我同一側的身旁發出聲音，才又繼續開口：

「大角星棋盤其實是星際馬雅人的一種策略，主是為了要廢除掉亞特蘭提斯公司，進而重新建立一個銀河聯邦而設計的遊戲。更簡單地說，大角星棋盤就是星際馬雅人驅除亞特蘭提斯銀河幽靈的方法。他們要將亞特蘭提斯的機器世界，從『4』這個單調循環的三次元停滯狀態，轉換到『超頻5』的跨次元力量。星際馬雅人對這樣的設計感到非常興奮，因為這就是他們長久以來的興趣。當然，在任何的棋盤遊戲中，都有必須遵守的規則，所以有一些遊戲相關的說明，你必須要先知道……」

「好的，您請說吧，我已經準備好啦……」我喜孜孜等著博士開箱呢。

「在大角星棋盤裡，要以Kin之書來取代亞特蘭提斯公司的巴比倫彩票。因此，應該以最快的速度用任何有效的方法，讓所有存在的人類，都能夠根據Kin之書將自己註記下來。這意味著，這個棋盤將產生出所有行

星Kin的260個心電感應編組，其重點就是要使每一個人Kin的積分值都是有效的。」博士真的就像一個遊戲說明講解員一樣，循序地解說遊戲規則。

「親愛的博士，這個大角星棋盤裡的Kin之書，怎麼聽起來像是260個銀河常數的卓爾金曆呢？還有，您說要將自己註記下來，您的意思是說，要盡快讓更多的人，甚至是每一個人都知道自己的星系印記嗎？這不就是我們透過曆法推廣而正在努力的事嗎？」我順著博士的解說問道。

「是的，是的，你們正在進行中，而且做得很好，值得鼓勵。卓爾金曆正是Kin之書啊，它就是這個大角星棋盤的部份形式顯化……」博士很欣慰地表示。

「但是，要如何才能取代亞特蘭提斯公司的巴比倫彩票呢？」我又接著問。

「呵呵呵，你先不要打斷我為你這位高貴的遊戲玩家解說遊戲規則啦，等一下再回答你這個問題，你先繼續聽我把遊戲說明講下去。關於剛剛提到的這個Kin積分值，都是四次元的時間單元，而它們是時間共享的結果，而不是時間的販賣，如果想要瞭解Kin積分值是如何運行，以及想知道它們是從哪裡來的，那麼人們就必須先練習想像的能力，大家必須想像有了『金錢』的前後，以及有了巴比倫連結與彩票的前後狀態。」博士相當輕鬆地阻止了我的提問，繼續說明這個遊戲規則。

「等等，我要舉手發問，『想像有了金錢的前後』是什麼意思啊？」我還是不得不打斷博士的解說。

「唉呀，就是去想像你有錢了以後會變成什麼樣子，沒錢的時候又是什麼樣子啊……就是很直觀的意思啊，哈哈哈。」博士一邊解釋卻自己

先笑了出來。

「喔，就這樣喔⋯⋯」我嘟嚷著。

「哈，就這樣啊。喔，對了，另外你還必須知道一件事。原本，在月亮創世紀一開始，也就是地球被12：60時間光束襲擊之前，更具體地說，就是在人類有了金錢與巴比倫彩票，以及與『七天一週』的力量聯繫之前，『Kin』是透過『心電感應構成的世界心智』來運作的。而『心電感應構成的世界心智』指的就是『王者之劍』（Excalibur），你也可以稱它為Kin的積分值銀行。」博士繼續很投入地說明。

「哈，這根本就是大富翁遊戲嘛，連積分值銀行都出現了⋯⋯」我喃喃自語。博士頓了頓，沒理會我，又繼續開口說了下去：

「這個Kin的積分值銀行，目的是去協助時間部族和他們的生物圈，讓彼此能夠以生物電子的共生狀態生存著。而這個生物電子的共生狀態，則是為了讓行星Kin可以透過地球核心CSR的水晶產生器，也就是『王者之劍』來予以協調。換句話說，透過生物電子的協調，行星Kin就可以創造出人們所認為的感官探索，或者更精準地說，它是一個名叫『彩虹國度』的地表風水感應中樞的行星文化。」

「彩虹國度？它的地表風水感應中樞，是一個具有什麼特性的機制呢？」我順著博士的介紹脈絡提出疑問。

「這個在彩虹國度的地表風水感應中樞，應該要具備生物圈儀式的自由以及表達的平等性，它也必須以三次元的形式根植在一個花園文化之中，同時應該要發展出一個奠立在自然元素上最小限度的物質性技術，這項技術被稱為『電子—太陽—水晶化』（elctro-solar-crystallization）技術。

「而藉由脈衝乘行與時間旅行的四次元技術培養，金尼奇・阿豪的整個領域都會被正確地設定好。此外，衛星月亮其本身也將以現在還無法定義的方式被激活啟動。等到這個地表風水感應中樞5200年的展開一結束之後，就可以讓金尼奇・阿豪第五力量的和弦發出聲音了，這就是屬於『彩虹國度的勝利』。」博士很滿意他第一階段的解釋，說完這段話以後，還特意咳了咳幾聲。

「您可不可以更詳細地解說一下這個Kin的積分值？」我開始好奇這套遊戲語境中對Kin積分值的具體詮釋。

「一般說來，Kin積分值必須是已經均等化的心電感應註記。它被理解成每一個在260個編組中的Kin，都會被定名指向到一個出生儀式、一個追求快感存在與愛的儀式，還有一個死亡的儀式。所以，為了要看到所有的kin，都能夠接收到相等的儀式和相等的積分值，這些部族和家族，就必須和其他的家族合作。以這樣的方式，這個大型的跨物種合作網路，亦即『心電感應構成的世界心智』就要去完成整個時間飛船的命運，也就是『王者之劍』的可見顯化完成。這麼一來，時間飛船被巴比倫俘虜的大戲碼，就會因此而終結了。然而，與巴比倫連結之前與之後，其實並沒有多大的差別。時間飛船『王者之劍』的可見顯化，仍然可以繼續完成，但是大家必須都要遵循大角星棋盤的遊戲規則，而這個規則的基礎，則是奠基在馬雅時間工程師所建立出來的某種共振頻率的嚴密觀察下。」博士說。

我沒有再多開口提問什麼，心想這不就是五大神諭的基礎由來嗎？還正想要自行推敲的時候，就聽到博士對我下了一個指示，他說：

「現在請練習你的想像力，試著去理解可考歷史中，巴比倫幻象的破碎帶給你的暗示，還有，再請你去想像一下，宇宙心電感應能力的到來。接著，要請你試著去見證那些歸列在所有國家主義與私人財富旗幟下的合

法精神結構，以及一切他們所支持的制度，銀行、學校、稅務以及各種政府，其中包含了軍事防禦系統等等，一瞬間就消融不見的狀態。請你試著去想想看，當你消解掉這些所有精神上的虛構之後，還留下了什麼？看一看你所留下的，是不是一個沒有負擔與阻礙的物種呢？」

我跟著博士的指示照做，有些地方可以想像，有些地方稍微困難，但我都盡力去貼合這一連串的想像練習。我相信，博士是要我親身去體會消解掉那些透過精神虛構的存在幻象後，是不是能回歸到一個最單純無偽的生命樣態。

「只要取代掉那些被稱為國家主義的巴比倫騙局所培養出來的，三次元膚淺的自我物質主義，那麼，你就可以對自治力的提升，還有合作價值與心電感應，或者說四次元群體心智的重新建立有所展望，而這個四次元物種心智的自治總體，將為你解放掉貧窮、隱密、羞恥以及自卑的感受。

「而在『心電感應構成的世界心智』內部，也將出現宇宙共生的心靈，一個與地表環境共處的合一存在體，它將會輪流引發出宇宙生命的心靈感知，接著，這個心靈感知就會建立好所有互動的基礎，來激活啟動行為和行動的跨次元模式。這個時候，你再去想一想，人類的機器，究竟會為大家帶來什麼樣的實質意義呢？」博士一邊解釋的同時，也一邊引導著我去思考許多很實際的問題。

我繼續保持沉默，讓大腦能順著博士所引導的意識之流運轉，等待他帶來下一個導引或說明。

「由於人類在月亮創世紀所提供的機會中，擁有相同的位置，但是算一算，那時候，人類卻只剩下21年可以進行校正、轉換以及均等化，所以大角星同類元很希望校正每一個地球人類的視角觀點，轉換每個人的行

事方式，並均等化每個人的財富，於是，他們讓每個人都有一個積分值的儲備，並且乘行在一個『雙聯六次元體』（binary Sixth）的同步光束中，這個行動將幫助『彩虹國度』的成員，可以理解並跟隨馬雅工程師的最後限期。」博士開始更細膩地解釋大角星同類元設計出這樣一個遊戲棋盤後，希望可以在限定時間之內幫助人類自我改善的部分。

我繼續保持沉默聆聽。

「到了西元1997年，超頻的黃種子，那是他們當時設定的最後期限。從西元1945年認真開始跨次元介入行動算起，正好是一個『太陽—銀河52年』週期。星際馬雅人將這個五年共振頻率框架稱之為『地球解毒與轉換程式』，而大角星人則視其為建立大角星監管的第一期。」

「大角星監管第一期？這是什麼意思呢？」我還是忍不住地提出了問題。

「就是大角星人協助地球演化與四次元監管的第一個階段。」博士簡短地回答我，然後又繼續說了下去：

「更重要的是，當你參與『時間轉移』的時候，你就打破了12：60光束的作用。藉由播放這個夢語境神諭，你會放棄人造時間的作用，並且把機器世界所剩下的東西全部留下來不再帶走。而當你離開機器世界的時候，你就會自動重新加入彩虹國度，簡單說，一旦你開始這一步，你就已經在玩著大角星棋盤了，這不過就是把一個人生遊戲變成一齣奇蹟劇的方式罷了。」博士說完後，淡淡地笑了笑。

「哇，這倒是非常聰明的方法啊，我們竟然就在不知不覺中，或者說，在玩一場棋盤遊戲的過程中，參與了自己的轉化，並跨越12：60光束帶給我們的負面影響，走進您所謂的『彩虹國度』！」我覺得這真是一

個不會令人反感或覺得說教而排斥的好方法了。

「是啊。為了協助『彩虹國度』，銀河聯邦把時間飛船分成三個受保護的領地，一個是北方大角星保護領地，其中包含四個磁性時間部族和四個基本時間部族的地球家族，第二個是南方心宿二星保護領地，包含四個通道和四個信號時間部族的地球家族；第三個是赤道區域的天王星保護領地，包含四個核心時間部族的地球家族。」博士仔細地畫分了地球上時間部族的對應區域。

無疑地，這讓我直接聯想到了學習曆法時的「地球全息圖」。

「在大角星棋盤中，你具備一個三管齊下強勢進入的全球策略。根據宇宙共振全息子（URH）的程式，大角星人是從北方銀河磁極推進，心宿二星人是從南方太陽磁極推動，而天王星人則是從赤道核心放射出來。記住，這是一個心電感應的程序，並不意味著你的植物體主體需要在真實的地理區域上，跑到你所屬的保護領地去參與。只要你定位好你自己的地球家族之後，就可以進入你的心電感應保護領地了，在你的保護領地內部與其他彩虹國度成員的合作之中，你承擔了一個有關校正、轉換以及均化的地球任務委派。」博士具體將遊戲法則描述出來。

「哇，我覺得這是一種用意念來推進的遊戲盤哪……好酷！」我說。

「但是，現在你必須要瞭解，當時間轉移發生的時候，『七戰隊』的力量會迅速減弱，而大角星人當初不得已的『大謊言』就會被揭發出來，換句話說，當這個『大謊言』被揭露時，地球上有很多的人們，也就是那些失落的時間旅人們，會在一開始的時候，從某種幻滅和憤怒的情緒中跳出來反抗。除此之外，機器世界的財富不均，早已提供了許多的好處給在北方大角星統治領域的人們，你可以把他們理解為當代文明社會的人們，

而南方心宿二星星人統治領域的人們，也就是地球的原始住民卻得到了莫大的損失，類似這樣貧富不均而來的麻煩，也會開始蜂擁而至。

「為了要讓這樣的情形變得和諧，人們必須把金錢轉換回時間，並且從機器世界的限制綑綁中，將行星Kin給釋放出來。人們必須撫慰擾亂的情緒並均等化所有的財富，人們必須消滅控制著機器世界的潛在惡魔，也就是死亡恐懼。只是，單從純粹的三次元觀點來看，這彷彿是一個不可能的任務，這也就是為什麼每一個人都必須準備好好來玩一玩這個大角星棋盤遊戲的原因。」博士更進一步地剖析了這個棋盤的真實內涵。

我覺得，這真是一個令人感動的精心設計，然後我想起了美國時間法則、紅皇后Stephanie、Jacob、Katamama、Ana、Annibal、亞洲時間法則、Rafeeka、祖芳、蘭藍、陽子、禹桐、翊珊、倍貝、Neelambar (Leo)、Tanli、鄧子、Lian、珮蓁、采兒、大蘇蘇，還有許多許多參與三一二八的小夥伴們以及全世界的星際家人們，我們都正在世界的各個角落裡，努力玩著這個充滿奇蹟的「大角星棋盤」，我們都在戮力進行著這麼一個看似不可能的地球任務。

我的心中充滿感恩！

「我們的心中也充滿感恩哪……兄弟，現在要讓你知道一個祕密，那就是我們已經在四次元的層級，與你們一起玩著大角星棋盤好一陣子了。你知道嗎？在大角星棋盤中，真正的目標總是要讓對手『贏』，這是因為大角星人知道其實根本就沒有『輸』或『贏』這回事，所謂的『贏』，針對一般日常做的事情來講，就是要使你的對手同意一些事情的相反面而已，所以，讓對手『贏』，是一個高層級的策略。但是，這也只有當人們真正地從死亡恐懼中解放出來的時候，才能夠做到。我現在想問問你，你知不知道問題究竟出在哪裡？」博士突然劈頭一問。

我當下傻了一會兒，還是什麼也答不出來。

「好吧，讓我們再看一下這個問題，究竟該如何才能將存在的金錢財富轉換回時間，然後再讓時間回歸到行星Kin，成為Kin的積分值呢？我要提醒你，因為Kin積分值是以心電感應均等化的註記來建立的，所以只要好好地玩大角星棋盤，就可以快速將金錢轉換回時間了。實際上，這也意味著目前那些湊合、揮霍或有害的雇傭奴工的束縛，都將被轉換成一個實際的行動，這個行動包含了修復行星、消除工業污染，以及為了重現時間飛船的行星Kin而創造出更大的安適與快感。」博士相當清晰地剖析。

我的大腦此時同時有兩個聲音，一個是不可思議，覺得這麼巨大沉重的宇宙任務，怎麼可能在遊戲中完成呢？而另一個聲音卻是一種對博士的信賴，一種深深相信，雖然我不知道真正的原理或機制是什麼，但我相信，只要依照博士提出的這個大角星同類元設計出來的棋盤走下去，最終，一定可以達到我們追求和諧圓滿的目的。

「其實這個轉換程式能夠成功的關鍵點，就是運用行星的『散財宴』（Potlatch）。也就是說，這個『散財宴』是唯一的方式，讓擁有巨大財富的自我（ego），透過把財富贈送出去，獲得雙贏的局面。要實踐行星的『散財宴』，首先我們需要那些自我跟行星一樣大的人，而要讓這些金錢力量持有者感到心甘情願的自我認同，就是讓他負責更多驚人的行星散財宴的組織規劃。一旦以這種方式運作，財富就可以很快被均等化了。如此一來，老舊『工作職業』的概念，被『有意義的地球責任』取代，而人類社會，也會開始出現類似原始意圖的彩虹國度了。終有有一天，金錢和整個巴比倫彩票會自然地消融不見，而原本的位置都會變成Kin積分值的世界，一種均化的心電感應註記。」博士的聲音突然變得祥和溫暖。

「但是，像這樣的『散財宴』計畫，一般人要怎麼具體執行呢？」我

有些不解。

「而彩虹國度成員中每一位金錢與力量持有者的識別，都是根據地球家族來區分的。譬如說，極性家族Kin將認同極性家族力量的持有者，依此類推，這是大角星棋盤的第一個階段。當一個力量持有者『贏』了對手，並且掌握著一個『行星散財宴』的時候，就等於是發生了一次象棋遊戲上『將軍』的徹底勝利。就在散財宴的不斷交棒中，這些競爭會在五個地球家族之間持續進行著。最終，行星散財宴的贏家會被表揚，成為時間飛船上的榮譽大角星人、心宿二星人或天王星人。

「大角星棋盤的第二階段，則是要建立一個Kin積分值系統。這是一個為期五年的程式，其中牽涉到的每件事，從社會的重新導向、對『電子 - 太陽 - 水晶』技術的認識、重新將物品和人群分佈在適當之處，最後再到地球的責任。」博士清楚地解釋了行星散財宴的第二階段目標。

「這又是一個什麼樣的系統呢？」我問。

「在Kin積分值系統中，每一個Kin會被分配到一個Kin 49積分值，其中是以28+21的分解方式，作為它的等價基本數值。28是每一個隱含四重奏調性總和的數字，而21則是每一個命運和隱含推動Kin的符碼總和數字。這些49 Kin積分值會以一個13個月亮曆為基礎，最終形成為總和為637，也就是49X13的年度Kin積分值。

「而在Kin積分值637中，也能以364+273的來分解其數值，其中364，可以用28X13來分解，並將它轉譯成『盛宴與居所』的每日單位，若以21X13來分解273，則是轉譯成月亮追求快感的21個單位。在Kin積分值的系統中，唯有通過快感的追求，才能夠增加積分值，這也是對其他Kin的追求與延伸本來面目的顯現。

「在大角星棋盤的遊戲中，若是遇到綠色日或銀河自由日，則可以被發展成為一個行星的節慶日或提升快感的比賽。這個用意是要看看，哪一個部族已經提高了他們額外的Kin積分值，作為他們最高以及最好的賭注。呵呵，你想想，又有誰知道會有什麼奇妙的事情，或者一些能透過感官體驗到的盛況，就這麼出現在我們的面前呢？而又有誰會知道，接下來應該要用什麼方式才能修復時間飛船，並從水晶的保管中把『王者之劍』釋放出來呢？

「我想，這一切最後還是要由地球上的人們來決定，大角星人所示現出來給人們的，不過就是提供一些線索來提醒大家。至於，真正要用什麼方法或從哪些線索去發現什麼樣的事情，還是要留給人們用想像力自行設計。因為大角星人異質體，只不過是個孢子而已，但是地球上的你們哪，你們是時間旅行的人類，你們是五角星形輻射子，是一切創造的真實喜悅……」博士說完後，沉默了好長一段時間。

博士這一段說明，相當感性。特別是最後那一段話，我也不知道自己今天怎麼了，隨便怎麼說，我聽了都很想掉淚，內在老是振盪著一種難以言說的激動與感動。原本，博士是要帶我玩一個棋盤遊戲，結果卻換來這麼多感動的淚水。也許，這是一種逐漸醒悟的過程吧，我們都在感動中得到幸福，也在幸福中持續感動……

最後，還是要像小孩撒嬌式地感謝一下荷西博士的陪伴，真心誠意的！！

13

最後的輻射聲波──西摩克斯之歌

你要瞭解，物質的相反力量就是光譜，而如今重新被發現的時間旅人，設計出了一種技術去轉化，因為他們需要先去清理他們的平行地球。所以，在瞭解自己的光譜本質之後，他們馬上就變成了彩虹國度的成員……

昨天在滿滿的感動中，晃悠了一天。

今天的太陽特別好，搭配山上的綠意，帶來滿盈的盎然生機。

今天的早餐很費工，我煎了雞胸、水煮蛋、一片起司，又切了洋蔥，烤兩片吐司，熱杯豆漿，最後手沖一杯巴拿馬天賜莊園Pacamara種的日曬咖啡，完全有一種溢出來的幸福感，哈。

博士，還沒出現。

我練了一會兒琴。前陣子用巴哈來療癒手傷，有點成效，跛了的手指，細微的力量漸漸甦醒。當然，蕭邦還是最愛，〈雨滴前奏曲〉從唯美的浪漫旋律，一轉象徵雨滴的反覆急奏，從慢到快、從弱到強，真像極了生命中遭遇變化的情緒反射，這也是一種修煉功夫。

　　「真好聽的旋律，文明社會人們中深度的情感抒發，非常細膩，層次飽滿，藏蘊了非常清晰的昴宿星信息，星際馬雅人哪……」博士在我的身後，突然發出這樣的讚嘆。

　　我停止彈奏，回過頭來，開心地回應博士：「您來啦，這好像是我第一次彈琴給您聽哪……」

　　「是啊，你受傷的右手手腕和手指之間的深層對話要持續進行哪，我知道這個情況已經困擾你好幾年了，不要輕言放棄喔……音樂是一種靈魂的展現，它可以依存在任何一個介面。任何一種形式，就像『時間』，所以音樂是時間的藝術。想想，你要如何超越那個被形式壓縮的4，而進入到自由解放的5……」博士相當感性地關心我受傷的手，引申了那一句音樂名句，然後，以星際馬雅的智慧提醒著我，我竟又感動地想掉淚了。

　　「搭著你音樂的順風車，今天我們乾脆就來聊聊恆星太陽的第五力量和弦吧！如何？」博士溫柔地徵詢我的意見。

　　「太好了呀……可以聽到太陽第五和弦的和聲與旋律嗎？那首美麗的太陽之歌……」我開心地回應。

　　「那首美麗的太陽之歌，一直在失落部族西摩克斯（Xymox）之子的四次元詠唱裡乘行著。他們對存在於平行原子世界中失落了和弦的人們唱著，他們是未來之歌，但卻是來自四次元平行宇宙的未來，他們也是一些地球人類曾經瞥見過的既視經驗（déjà vu）。這也就是說，這些既視經驗

就是西摩克斯之歌，他們僅僅為了地球行星而再現出某種現實的可能性，但就算是這樣，讓人們聽見這首美麗的西摩克斯之歌仍是他們很重要的任務之一……」博士以一種極具詩意的方式介紹了今天要登場的主角，失落部族西摩克斯之子。

「西摩克斯，這是之前您曾講過，當時 AA 中繼站成員以心宿二星人的長老西摩克斯來命名的五度和弦之聲嗎？我記得您還曾經提過，馬爾代克星爆炸後，那些粉碎的馬爾代克星殘骸，依舊一次又一次持續發出這個 Xymox 的聲音，等待著金尼奇・阿豪的失落和弦能夠在第三次元和第五次元之間發出聲音為止。所以……後來它也被視為是失落和弦的保管者，或者也被視為馬爾代克星的小孩，是這樣的嗎？」我似乎想起了之前博士在故事中曾提到的解釋。

「是的，是的，你的記憶力還真不錯哪……馬爾代克星的爆炸，使得這個和弦一直無法在人類現存的恆星系統中發出正確的聲音，因此才會把它稱為失落的部族，而他們一直存在的四次元平行宇宙，當然也是屬於失落的馬爾代克星。在那裡，他們曾經將他們的快感中心提升到一個群體狂喜的史詩等級，而這個來自於狂喜高峰的共振，則送出顫聲以及極端興奮的漣漪，通達了整個恆星系統，甚至還超越了它。而因為他們的這份快感完全調諧了系統中各個行星的頻率，所以他們對鄰近的行星，特別是平行木星上的那些善妒眾神，也相當敏感……」博士今天說的故事，明顯又再度跨進了平行宇宙的思路中。

說實話，這個以四次元的語境來描述更抽象跨次元存在的平行宇宙，對大部分的地球人類大腦來說，還真是個大折磨。不過，本人經過這些日子以來的燒腦「鍛練」，現在已經完全免疫了，哈哈哈。反正博士所說的另一個平行宇宙，就表示以我們現有意識的振動頻率是無法感知的，但只

要超越了現存這個意識的振動頻率，也就是讓我們的意識提升到更高的次元之後，那麼就能輕易進入另一個與我們意識振動頻率不同的平行宇宙之中。

好了，關於平行宇宙，本人用人類大腦去理解的解釋就是這樣了。

「哈哈哈……怎麼感覺你特別的憤慨啊。你這樣的思考很棒啊，謝謝你把這個概念，翻譯得這麼好……哈哈哈。」博士大概被我激動的反應給逗樂了，笑得特別大聲。

「您的星際故事裡，常常拿一個虛的來解釋另一個更虛的，真的，對我們這種簡單的地球人類大腦，真的是太折磨了啊……所以，我真的不得不這樣來幫助我自己解套。」我有些委屈地回應博士。

「我沒有說你不對，兄弟，我這是讚嘆哪……哈哈哈。」博士繼續大聲地笑道。

「好吧，您就再別笑了啦，繼續把故事說下去吧，說說那些西摩克斯之子究竟是怎麼一回事呢？」說實話，我是真的滿好奇這個部分的。

「木星上那些善妒的眾神們，從一開始就對馬爾代克星上的西摩克斯之子很好奇，所以透過心電感應的太空飛船一直在研究他們。後來木星眾神們設計了一道光束，與西摩克斯之子所屬行星的興奮誘發峰值大約相差一半的頻率，然後在適當的時刻，應該說，就是他們在他們的快感遊戲中正發出多感官振動的最高和弦頻率時，這道光束直接就發射過來了，結果就在這麼一瞬間，所有的一切都粉碎了。西摩克斯之子自己，還有他們所屬行星的快感圓頂結構中心，還有每一件他們曾經完成和通曉的事情，全都不見了。馬爾代克星，就這麼爆炸了……」博士這次更清楚地以四次元平行存在的觀點，來解釋馬爾代克星的爆炸事件。

雖然，馬爾代克星爆炸的故事，已經聽了好幾次，但每提到一次，我的心總還是會隨著那一瞬間的爆炸場面，整個揪在一起，難以呼吸。好半天，我還是說不出話來，只聽著博士繼續地說了下去。

　　「儘管馬爾代克星不在了，但是它的記憶依然以一種環狀碎片帶維持著，也就是我們看到的『小行星帶』。這正是失落和弦西摩克斯之子的力量，他們把這些碎片繼續保留在他們目前的位置上，而由於共振峰值是透過西摩克斯之子在最高的性高潮和無意識的狀態下所發出的，所以當他們四次元的帶電體在這些共振碎片之中被重新組合的時候，他們就召喚了他們的意志力，也就是失落部落的西摩克斯之子。」

　　「他們是怎麼讓這些行星碎片以一種環帶維持著呢？」我有些好奇地問。

　　「他們決定要讓這個和弦繼續保持著第一次元的共振，也就是原子和分子意識的層級，於是就在整個恆星系統中，將西摩克斯的和弦繼續保持著第一次元狀態，直到它再度被記起為止。而等到它再度被記起時，西摩克斯之子長久以來，這股將失落和弦維持在原子層級的強度引力，就可以釋放出一種甚至連物質都可以轉化的力量。」

　　「哇，這很神奇耶。我從來沒有想過這個小行星帶，竟然在我們太陽系中扮演著這麼重要的角色啊？」我驚呼。

　　「是啊，他們不僅僅照看著自己原屬的行星馬爾代克星，也同時照顧著鄰近的火星呢！因為在太陽的恆星系統裡，木星被拱門的維護者、忌妒的耶和華以及木星憤怒生命體所引導，便發射了光束摧毀了平行火星。雖然平行火星的行星體，在耶和華的下一道光束，也就是第二道 12：60 光束的襲擊後，還可以維持完整的狀態，但本質上它已經是個死亡的行星，

再也無法支持它三次元的生命。這時候，有些西摩克斯之子長老們的精神體，為了所有種類的銀河智性孢子，依舊很努力地把火星維持得好像某種旅館似的。也因為這樣，西摩克斯之子才會遇見平行的大角星人。因此，火星就被他們親切地稱為『火星旅館：一個感恩死者的好地方』。」博士說。

「原來他們和大角星人是這樣相遇的啊……」我噗嗤笑了出來，覺得老鷹合唱團的加州旅館也應該在那裡傳唱才對。

「是呀……嗯，到了最後，就像你在人類世界看到的一樣，他們將平行系統中第三行星，你所在的藍色行星，變成一個把路西法和耶和華分離開來的實驗區。這時，『時間飛船』被遣往平行的地球，並在指定的時間，正式迎接平行的二十個時間部族到來……」博士以非常緩慢的語速說完這一段話，顯然是非常重要的訊息。

於是，我收起了半開玩笑的態度，認真提出我的問題：「您說，我們地球又變成了另一個實驗區，這是什麼意思呢？」

「因為在人類居住的平行地球上，13000年的龍創世紀，簡述了導致馬爾代克星摧毀的失落世界記憶，接下來的7800年猴子創世紀，則恢復了失落的平行天王星時間飛船卡美洛（Camelot）記憶，以及導致火星文明摧毀的事件。最後，在隨之而來的月亮創世紀，我們將克服所有失落世界的摧毀，並創造偉大行星快感圓頂中心。

「特別值得一提的是，月亮創世紀的生命目標，是要透過地球時間飛船創造出一個屬於地表風水的感應中樞，也就是一座偉大的行星快感圓頂結構中心。而人類的空間套裝或植物體主體，帶著之前失落世界記憶病毒的實體，所以必須使用它集體的感官身體，成為行星本身電子心電感應場

的電子心電感應電池。本質上，這就是西摩克斯之子，在失落行星馬爾代克星上所要完成的事情。自從路西法被約束在平行的金星上，被賦予了特殊的區域及特權之後，似乎失落的西摩克斯和弦，即將要得獲得不可思議的釋放了……」博士似乎帶某種樂觀的期待在敘說這段故事的發展。

我當然也跟博士也有同樣的期待，我其實萬萬沒有想到，原來我們地球之於整個太陽恆星系統，竟然具有這麼多重要的存在價值與實際影響。

「是的，正是因為這樣，即便路西法已經和耶和華分開了，但木星的力量卻在最後一次被喚醒的時候，聚集了平行土星的能量和智性。它帶著更精密與死亡記憶的準確性，發出一道叫做耶和華的平行12：60時間光束，再一次進行攻擊。對木星而言，這是『亞特蘭提斯四世』的開始，你要知道亞特蘭提斯第一世的存在體已經進入了平行的畢宿五，第二世則是進入馬爾代克星，第三世進入的是火星。有一段流傳的信息是這樣寫的：

「四個亞特蘭提斯完成了致死的語境，
為了讓這一切都成為耶和華的世界，並讓剩餘的都死去！」

「這意味著，一旦光束發生在平行的地球巴比倫世界上，木星的眾神便能很快的把自己傳送到藍色行星上。首先，梵天會要求進入平行的印度，耶和華那個憤怒的存在體則會出現在平行的西奈半島（Sinai）去要求他的利益。到最後，這個被奴隸的行星上，每一個人都會為了換取金錢，而把時間交給耶和華。」博士是越說越嚴肅了起來。

我保持緘默，聚精會神地聽著博士所說的每一句話。

「因為在人類平行的世界系統中，也有化身的大角星人，而且在他們背後，還是偉大浩瀚銀河聯邦的星際馬雅人。在平行的地球上，這些外星人都盡其所能去為地球保持光的活力，目的就是為了要看看，是否不需要

再一直維繫著宿命的約定，而能重新建立一條足以導向『天堂』的跨次元時間通道，也就是通往平行的行星天王星……」博士有些語重心長了。

「感覺起來，這並不是一件容易的差事啊！」我說。

「正是如此啊。因為在人類的行星地球上，第一次元的原子結構被分裂了，並將所釋放出的強大能量用以重建通道，而新耶和華（neo-Jehovaites）就同時在失落的平行旅人身上加強了他們的遺忘控制，這就是發生在西摩克斯之子身上的事。

「隨著平行的原子碎裂，西摩克斯之子開始從他們的誓言中被釋放出來，以便保持失落和弦在原子結構中的共振，並將整個恆星系統的第一次元都維繫在一起。是的，他們做到了，他們祕密的原子史開始被轉譯成聲音，一種電子聲音，一種在行星上最有活力的聲音。這就是他們的誓言，透過這個電子聲音，就可以帶來西摩克斯失落和弦的共振。於是，他們開始重新去回想了時間失落部族的記憶，而他們成功了……」

「真不容易啊，但也真心佩服這些西摩克斯之子…」我說。

「我是從1987年開始，第一次在地球上傳佈大角星信息。那時平行地球的時間飛船剛啟航，距離26000年大週期結束的時間點，只剩下26年而已。當時，有一個電子頻寬波段叫做約書亞（Joshau），雖然這個頻寬波段的聰明領導者，已經被嫉妒的存在體暗殺了，但是約書亞的影響力仍然不斷在增強。曾經有個預言提及，在他被暗殺後的五年之內，會有其他叫做約書亞的波段出現在整個平行的行星之上。所以，在領導者死亡五週年紀念日的那天，這個行星上所有叫做約書亞的頻寬波段，將會舉辦一個同步的紀念音樂會。到那時，各地所有年齡的孩子們，將都會來參加這個紀念音樂會……」博士講到這兒，語氣又變得比較舒緩一些了。

「這是個什麼樣的音樂會啊？」我問。

「音樂會以偌大的聲勢開始，很明顯地並沒有人知道何時會結束。到了第十三天，聚集的群眾多到一定程度後，就算亞特蘭提斯四世派出所有領取工資的奴工也無法制止，於是整個文明便陷入了停頓之中。已經走下坡的亞特蘭提斯四世主教和權威人士，發現他們並沒有能力去阻止聚集群眾持續增加，開始焦慮起來，心想到底這個情況應該要由誰來負責呢？於是他們自問，這是真正的約書亞嗎？為什麼現在有那麼多的約書亞持續出現，而且一個比一個都還要真實……」博士在描述了約書亞的時候，顯然是相當恭敬的態度。

我實在還是沒搞懂，這位在摩西死後才出現的聖者，也就是代表耶和華救主的約書亞，為什麼會出現在這個故事中？但我也只能安安靜靜耐心等待著博士繼續把故事說下去。

「後來，到了第十三天的黃昏，音樂會上發生一些美妙的事。來自四處的約書亞和他們歡樂且喜好享樂的信徒們，開始一起發出了西摩克斯失落和弦的聲音，由於這個和弦是以刺激興奮的滾動振波持續發展著，所以它完全無法停止。一整夜，這個和弦被建立起來了，就一路不斷搖晃滾動著。所有地方的人們都懷著狂喜的快樂靠在彼此身邊，最後，這個失落的西摩克斯之子，便得到了完全的釋放。

「當黎明再度籠罩平行地球的時候，它已經變成一個全新的行星了。光譜之光和彩虹散發出令人屏息且縈繞心頭的聲音，這個聲音從岩石、塵土，還有死寂的機器，傳到每一個地方。於是，失落的和弦最後也被釋放了，你眼見之處，都散發著新的光以及新的聲音。是的，每個地方，它就是一個新的行星。」博士一口氣把這個天外飛來一筆的故事給說完了。

不知怎的，我的耳際彷彿隱約響起了一個很奇特的和弦聲音，眼裡看到的也都是全新的光，言語完全無法形容它。我癡癡望著博士所在的虛空方向，像個孩子一樣等待著博士把故事繼續說下去。

「從那天起，每件事都改變了。平行地球進入四次元平行的13：20時間頻率裡，就在平行地球上，宇宙記憶歸返了，死亡恐懼消失了。耶和華的力量也像湖上的迷霧一般，揮發了……」博士又回到剛開始的詩意中，只聽他頓了頓，深深地吸一口氣，然後才又平靜地說：

「最後，在終於了解到物質的相反力量即是光譜後，如今重新被發現的時間旅人設計出一種清理平行地球的技術。所以，瞭解自己光譜的本質之後，他們馬上就變成了彩虹國度的成員，他們將快感的頻率調整成為他們行星的頻率，並且打開了跨次元的時間通道。接著，又透過Kin積分值的心電感應註記，建構行星快感圓頂結構中心，培養出一個花園文化，進一步地發展輻射聲波的技術，也就是一個『太陽－電子－水晶頻率均等化』的高端技術。

「他們就是運用這樣的方式，釋放出他們的時間飛船。就在極佳的，連作夢都想不到的十三年冒險之後，他們就這麼同步化了他們的感官樣板以及表達模式，並在最後一次爆炸的時候變形成了一體，建立出他們的平行星際導師金尼奇・阿豪第五和弦的發聲形式。」博士說。

不知怎的，隨著博士所講的每一句話，我的大腦幾乎都會閃現出一種未來宇宙花園的景象，著實有一種似曾相識的熟悉感。而在那裡，四處充滿了幸福圓滿的芬芳氣味，令人陶醉……我依舊沒有再多說什麼，就只是這樣靜靜地，和博士彼此交流著一種什麼都不必多說的跨次元心電感應。

後來，我聽見博士輕輕咳了一聲，才帶著一股相當平和的氣息，緩緩地開口，他說：

「今天分享的這些故事，都是來自於和地球人類平行的宇宙故事，它們都是藉著西摩克斯失落和弦芬芳的回憶，從星際資料庫中揀選出來一段似曾相識的既視感受。也許，這些回憶是要告訴你一些你已經忘了但卻一直都知道的事情……」

我的嘴角微微揚起，感覺起來所有的節奏也都變得舒緩，這是這些日子以來，從來沒有過的感受。博士半天沒有聲音，我想，應該又是離開了吧。我莞爾一笑，真的早就習慣他這般來無影去無蹤的存在方式了。

我望著桌上博士那張照片，輕輕對他說：

「明天見！」

14

既是結束又是開始的尾聲：
無須憐憫的宇宙之愛

在取代物質主義被取代後，你們擁有的就是「光譜主義」，因為原子物質的對立面就是光譜之光。光譜之光的來源，則是來自於「太陽—電子—水晶」的頻率均等化後，其過剩輻射子的放電結果……

今天等了博士一整天，博士沒來。

在這段幾乎天天相處的日子裡，這樣的情況，的確有點反常。

我的腦子裡大概轉了一百個以上的可能性，但怎麼都想不透，博士怎麼會不出現呢！

我只好把博士1992年出版的那本原文著作的列印資料給翻出來，傻傻地盯著看。卻沒想到一陣強風竟把整本資料給吹散了，還有一張紙旋得

可高了，我抓了好幾次都沒有抓著。只看它突然像根羽毛似的，輕輕緩緩飄向了我，直接落在我位置前的桌面上。我低頭一看，標題的那幾個大字，卻讓我心頭一驚，心想，不會吧？！

我趕緊把這張紙端端地拿在手上，仔細地一行又一行讀著：

「既是結束又是開始的尾聲：無須憐憫的宇宙之愛。

或許有些人會懷疑，這些故事究竟是真實的，還是虛構的？其實真實和虛構不過是三次元心智上的區別而已。在更高的跨次元心智中，真實和虛構之間的區別是不存在的，而所有的平行宇宙中都有同等的真實。不論是誰讀到了這些文字，你們其實就是自己的一盞明燈與記憶，你們根據自己所記得的而有所選擇，並且憑藉著你們自己的光，清晰看見你們所選擇的事情。時時刻刻，你們的性格創造出你們的樣子，宇宙之愛不是憐憫，所以，請用另一個眼光來看待你們自己吧！」

我吞了吞口水，覺得這份資料來得也太具有暗示性了吧。心想，會不會又是博士在開我的玩笑，故意挑出這張紙來告訴我些什麼？於是抬起頭來，對著虛空高喊：「博士，博士，您來了嗎？我看到您故意挑出來的這份資料了。好的，我讀完第一段，您可以出來了喔……」

我覺得我在跟博士玩小時候最常玩的捉迷藏。

但，等了半天，還是什麼動靜都沒有，我有些失望。又低頭看了看手中的這份資料，發現，其中那一句話還真是鏗鏘有力啊：「宇宙之愛不是憐憫，所以，請用另一個眼光來看待你們自己吧！」

於是，我不自覺又繼續往下看：

「Kin之書是一部自由意志的銀河史詩。在任何時刻中，無限的平行宇

宙都是整全備便的。在那一瞬間，整個歷史都可以被放進浩瀚的銀河之海裡，就好像魚兒跳出水面一般，讓一個最美好、最清新的選擇浮現。少了死亡的恐懼，歷史便不再沉重。無死亡性是促使探針前行的冒險，當你看穿死亡的恐懼，你就可以看見我們，並知道我們一直在你們身旁。

「我們是大角星人，我們來自你們所說的『時間盡頭』，我們一直在尋找自己故事的開端。藉由我們的記憶庫，不管你們選擇進入任何一個時間點，那就是我們的開始。就在一個全新開始的時候，你們所憶起的事物便成為一個暗示，暗示我們即將回到我們的母星去了。但對我們而言，這個宇宙並沒有什麼真正的結束尾聲。這些故事被稱為持續調查的敘述和報告，而這些調查會隨著你們的參與，一同讓探針中持續進行著，這就是在尾聲後緊接著序曲的原因。這是屬於你們的時刻，幫助我們創造並回想起『我們的開始』。

「到了西元2013年，也就是『大角星監管的2013年』（銀河的同步化）將會成為宇宙祖夫雅兩個磁極之一，它的另一個磁極則是『五聯盟』的母體矩陣。這裡並沒有真正的開始和結束，因為祖夫雅的內部就如八字形（∞）的無限環帶，象徵一切皆有可能。當探針來到西元2013年後，就像磁帶一樣，一側的祖夫雅便開始反轉，而13：20這一側會隨著回放，直到抵達母體矩陣的磁極為止。接下來，誰知道祖夫雅磁帶會朝哪個方向播放呢？

「在一個RANG的脈衝裡，你有20個和諧頻率與13個不和諧頻率音程。當記憶需要被重新建構時，這些和諧頻率會優先於不和諧頻率，而祖夫雅磁帶的轉動方向也會朝向2013年前進。但是，當記憶需要根據一個新的鏡像宇宙來加以銘印的時候，那麼不和諧頻率將優先於和諧頻率，而祖夫雅磁帶的轉動方向，就會朝向13：20。但是你要知道，不管在任何時

候，你都可以同時聽見這兩面的頻率。

「為了重建宇宙記憶，你的道路將會直接被導引至西元2013年，但要獲得正確的前進能量，你必須聽見磁帶的另一面，並且同時感受返回13：20的旅程。從西元1992年開始，特拉蓋亞（Terra-Gaya）的電子行星記憶庫（Psi）心電感應場域，將會從12：60轉換到13：20的時間頻率。在伴隨著13個月亮路徑，經過八個銀河—太陽年的路線到達西元2000年後，地球時間飛船的20個部族，將會使你們的行星與天王星保持一致頻率。而『天王星磁極轉移』所重新制定的景觀會變得非常美好，你將會看到『王者之劍』釋出，以及卡美洛的回歸。

「在這八年期間，透過你的感應孢子，你將感覺帶電的二次元能量輻射子的運作。不過，12：60的電力運作，也將耗盡地球的電子心電感應場，並同時要求你們付錢來得到額外的線路。然而等到你們能夠正確地理解電時，那麼也就不再需要什麼更多的線路了，取而代之的是，在相互的心電感應諧波中，將會以電力的方式來啟動感應孢子。

「在取代物質主義被取代後，你們擁有的就是『光譜主義』（Spectralism），因為原子物質的對立面就是光譜之光。光譜之光的來源，則是來自於『太陽—電子—水晶』的頻率均等化後，其過剩輻射子的放電結果。隨著時間飛船被重新建立時，你所知道的世界，也將增加它的光譜放電。此時，彩虹國度脈衝乘行者將會出現，他們將知道增加物質光譜放電的方法，而這將為你們的新生活帶來非常大的好處，因為13月亮行星服務也將取代那些必須每週工作五天的職業。

「所有這些先進的夢語境技術，即專業化（specialization）、被稱為『Kin積分值』的心電感應均化註記（telepathic equalization registrations），還有你們行星快感圓頂結構中心（planetary pleasure dome）的輻射聲波

（radiosonic）構造，也就是『行星馬尼圖』（planetary Manitou），這全都取決於脈衝乘行（pulsar riding）的技術。因此，一旦你們知道了這些，我們就會留給你們脈衝的宇宙頻率符碼。如此一來，你們就能夠精準建構出你們光譜的行星快感圓頂結構中心。至於指揮『行星全息子』與『王者之劍』的調諧工作，則是巫師神諭的主要目的，我們也會另外將與這些文字相關的書籍留給你們。等到把夢語境、脈衝符碼以及巫師的神諭都裝備起來後，再看看你們可以施展什麼樣的神奇魔法。

「除此之外，我們再也無法多做些什麼了。請好好去回想你們的宇宙本源吧，我們會隨著你們的需求而變得更加清晰……」

光譜的藍猴親手完稿於，
白巫師波，水晶的紅蛇日。
宇宙之月的第16天。
水晶的白巫師年1992年7月12日

從我心深處獻上對你的感激
為了和平而來的銀河聯邦
Klatu Barada Nikto.
The Galactic Federation Comes in Peace.

不知不覺中，我便看完了手中這一份資料，半天說不出一個字來，但眼淚卻很不爭氣地自眼角流了下來。特別是當我看到「光譜的藍猴親手完稿於……」那幾個字，我似乎清楚知道，博士今天不會來了。明天，可能也不會來了，而後天……

我想，他的大角星故事已經說完了。但怎麼這麼快……就說完了

呢？我緩緩站起身來，走到廚房的吧檯，抓了一把我前一陣子最愛喝，他也很愛喝的「台灣紅烏龍」茶，用滾燙的開水沖上一壺，再選了兩個日本貼花的磁杯，小心翼翼地端到工作桌前，輕輕地放在荷西博士那張戴著花環的照片旁邊，柔聲地對他說了一句：

「博士，謝謝您與我談心……」

太陽的紅天行者張之愷親手完稿
於白世界橋波符韻律的藍猴日
自我存在之月第 24 天
電力的黃種子年

NS.1.34.4.24 2021 年 11 月 10 日
地球台灣台北

附錄：詞彙表

⊙ **AH K'AL BALAAM**（阿卡爾巴拉姆）
總體性唯一通曉者，金尼奇‧阿豪的雙生冥想夥伴。

⊙ **ALCYONE**（昴宿六星）
昴宿星系的主恆星（光錨），維拉卓帕扇形區的中央太陽。為雷夫帝純的寶座，維拉卓帕扇形區的監看者。

⊙ **ALDEBARAN**（畢宿五星）
銀河聯邦成員，大角星探針第一次冒險場域，屠龍俠的故鄉。

⊙ **ALPHA CENTAURI**（阿爾法半人馬座）
雙星系統，大角星異質體第一次接觸路西法種族、殲滅其植物主體根基之處。

⊙ **ALTAI-ALTAIR**（阿爾太—奧泰爾）
河鼓二星的星系導師，傳授門諾希斯心法，使其成為星系導師與恆星創建者。

⊙ **ALTAIR**（河鼓二星）
恆星系統，門諾希斯修復失去記憶之行星的所在。讓那些充滿死亡恐懼的將死之人得到復原之處。

⊙ **ANALOGICS, META-ARCTURIAN ANALOGICS**（同類元，元大角星同類元）
先進的大角星異質體，以最高的同類法則運作，也被稱之為「超維烏爾亞克坦尼亞人」（Hyper Ur-Arc-Tanians）。

⊙ **ANTARES**（心宿二星）
大角星的姊妹星，較早期的五個感官孢子型態，專精於行星設計的技術。

⊙ **ARC-TARA, ANA-TARA**（亞克—塔拉，安娜塔拉）
「死亡之后」。為了理解死亡的體驗，而被路西法眩惑的原始心宿二星人孢子。她與路西法的不幸遭遇，是造成金尼奇‧阿豪兩個失落行星的主因。後來則是在AA中繼站上，成為心宿二星行星調伏技術協力小組的主要成員。

⊙ ARCTURIAN CHESS（大角星棋盤）

大角星探針的遊戲版——永遠都讓「對手」獲勝的遊戲。根據夢語境中的地球家族招募行動，號召2013地球時間飛船的行星親屬（Kin）收回行星的主導權。

⊙ ARCTURUS, ARCTURUS PROBE（大角星，大角星探針）

牧羊人之星的第七力量，大角星探針的母基地和來源，聯合銀邦心電感應的先鋒，作為撫慰與調伏行星之用。早期被畫分為外部大角星人（Ur-Arc-Tania，烏爾亞克坦尼亞）以及主大角星人兩部分。

⊙ ARCTURUS-ANTARES（AA）MIDWAY STATION（大角星—心宿二星中繼站，簡稱AA中繼站）

銀河聯邦用以監測維拉卓帕扇形區最遙遠部分的CSR衛星，特別是維拉卓帕V.24及金尼奇・阿豪的區域，也被稱之為「母船」（mothership）。

⊙ ARTURUS DOMINION（大角星監管，簡稱AD）

探針的起源，大角星開拓行星系統的初始名稱。最初的目的是為了將地球時間飛船最後的2013年定名。

⊙ ATLANTESIA, ATLANTIS, ATLANTIS CORPORATION（亞特蘭蒂西亞，亞特蘭提斯，亞特蘭提斯公司）

一種朝向無知腐敗的宇宙趨勢，其特徵為財富、失憶以及恐懼。在特拉蓋亞上，路西法投影和巴比倫彩票的最後策略，即藉著偷走時間和奴役特拉蓋亞人類的宇宙記憶，來瓦解金尼奇・阿豪的力量。

⊙ BABYLON（巴比倫）

人造12：60時間光束的名字，在地球時間飛船5,200年的時候，也就是猴子創世紀結束以及月亮創世紀開始時投射在特拉蓋亞上，也是導致此段歷史的夢語境。

⊙ BINARY SIXTH（雙聯六次元體）

白蒼鷺之女透過冥想在海王星（門諾希斯駐守之地）和金星（路西法被束縛之地）之間創造出來的第六次元光束。目的是維持住天王星和特拉蓋亞（地球）之間的場域，直到時間通道被打開。馬雅13：20光束與計時器的基本根據。

⊙ BISEXUAL PENTACLED RADIOZOA（雙性五角星形輻射體）

碳基植物體主體形式，在維拉卓帕V.24的行星系統中，意圖掌握二十個時間部族

的宇宙記憶。在特拉蓋亞上被稱作人類或智人（Homo Sapiens）。

⊙ CAMELOT（卡美洛）
天王星時間飛船的名字，於時間之戰中被損毀。從此任何完美而優雅的神祕失落世界，都以此為名。相當於2013地球時間飛船的7,800年猴子創世紀。

⊙ CANUS G.（坎納斯・吉）
K-9宇宙的狗長老，引領探針進入母體矩陣，為狗界移民至維拉卓帕V.24.3（特拉蓋亞）的領導。

⊙ CENTRAL STELLAR RADION（中央星系輻射子，簡稱CSR）
輻射核心和所有智能程式，皆由此放射。有時被定義成胡娜庫，CSR實際上是在四個層面運作的中央全息智能單元，包括：銀河、星系、星際及行星。為輻射子與超維輻射子的放射源。

⊙ CHILDREN OF MEMNOSIS（門諾希斯之子）
被門諾希斯喚醒的河鼓二星人，被用來治癒死亡恐懼的六個宇宙記憶護盾之持有者，維拉卓帕V.24.1（水星）、V.24.2（金星）、V.24.9（海王星），以及V.24.10（冥王星）的保護者。

⊙ CHRONOGRAPH（計時器）
將5,200個地球年馬雅13：20光束，置放於木星和土星的路西法「眾神」所投射出來的5,200個地球年12：60光束之上的完整「紀錄」。

⊙ DEATHFEAR（死亡恐懼）
失去現實世界具有跨次元本質的記憶，用於將宇宙記憶持有者囚禁在三次元唯物主義的牢籠裡。既是戰爭、金錢、工資奴役制度以及保險黑手黨的起因，也是終極的謊言。

⊙ DÉJÀ VU（既視感，似曾相識）
心電感應門戶的體驗。通往平行宇宙的鑰匙。可以透過激活G力核心來獲得。

⊙ DIMENSION, DIMENSIONS（次元，多重次元）
根據密度、合作、發光強度的級數來組織建構的十三個意識階層之一。第一次元是原子—分子，第二次元是電，第三次元是精神形式，這三個次元共同構成現實的物理階層。第四次元是電輻射子或乙太物理全息子階層；第五次元是純粹輻射

子；第六次元純粹光體；而第七次元則是純粹聲音或RANG。從第八到第十三等更高次元，則是第一到第六次元的鏡像次元。

⊙ DRAGONSLAYERS（屠龍俠）
畢宿五亞特蘭蒂西亞星上，首批克服無知的亞特蘭提斯英雄，意指每個可以克服無知的人。

⊙ DREAMPELL, DREAMSPELL ORACLE（夢語境，夢語境神諭）
創造兩個或多個統一心智的力量。將一個次元或平行宇宙的影響一併帶到另一個次元的魔法力量。將十三個次元的模板與效應結合在一起的科學。脈衝乘行、時間旅行以及時間魔法的科學基礎。可用於特拉蓋亞（Terra-Gaia）的三次元空間，是脫離三次元的時間扭曲，積極運用四次元全息子的套裝工具箱。

⊙ ELDERS OF THE LEAGUE OF TEN（十聯盟長老）
初始大角星人的原生亞特蘭提斯種族。防禦暨安全初始十誡的創始者。被異質體時間分享者擊敗後，促使大角星探針的產生。

⊙ ENGRAMS（記憶印跡）
水晶形式，高維輻射子生成的第五次元符碼結構。宇宙生命初始的144,000個符碼形式，透過祖夫雅迴路於不同的CSR之間進行相互的溝通。探針的「工具」。

⊙ EXCALIBUR（王者之劍）
嵌刻在女性母體矩陣中的男性知識記憶印跡。知識之劍。以心電感應力所創造出的天王星時間飛船複製體的名字，被放置於地球CSR中，等待2013時間飛船的甦醒而被釋放出來。

⊙ FIFTH-FORCE CHORD OF KINICH AHAU（金尼奇・阿豪的第五力量和弦）
達到完美五度後所產生的聲音。來自四週期停滯得到的自由之聲，解脫之聲，又稱「失落的和弦」，也是等待金尼奇・阿豪於西元2013年更新的初始RANG。

⊙ GALACTIC FEDRATION（銀河聯邦）
有意識被喚醒的宇宙智能程式，源自於心電感應演化之星系孢子的協定。立基在母體矩陣的法則之下，遵循宇宙超越、聯邦導引、分類以及監督的目標。但是，其任務是不能積極干預銀河的自由意志，除非是某種業力法則（宇宙因果律）的實現形式。恆星系統成員包含：大角星、心宿二星、天狼星、昴宿星（光錨），

南河三星，畢宿五星、織女星、軒轅十四（獅子座α）星、北落師門星以及河鼓二（牛郎）星等。

⊙ GALACTIC TIME ATOM（銀河時間原子）

在維度上超越一切秩序的來源或基礎，已知為將銀河畫分為不同次元象限的一系列的非恆定交叉點。為四面體套疊而成原始立方體，可以從中構建所有銀河生命體的形式和秩序，譬如：四個銀河季節，四個銀河家族。

⊙ GALAXY, THE MOTHER（銀河，銀河母親）

宇宙生命體的基礎理解單元，目的是透過無以數計的興奮刺激中心，即「恆星」，延伸並擴張其快感。總共有十三個次元。

⊙ G-FORCE CORE（G力核心）

在任何時刻中意識覺醒的時間點，與無限可能性跨次元鏈鎖相扣合，也代表著「當下此時」。

⊙ G-FORCE, FIFTH FORCE（G力，第五力量）

為「時間」的輻射子力量，從CSR中具有智性地輻射出來的時間光束。

⊙ GOD（銀河序列動態）

全知的，超越理解的存在，宇宙萬物永遠近在咫尺的啟動者。

⊙ HETEROCLITE, HETEROLITIC（異質體）

生存的個體符合其自身的法則，朝向不規則性的宇宙趨勢，具有宇宙之愛的力量。

⊙ HOLON（全息子）

帶電的輻射子或第二主體，也被稱之為「光體」或「夢體」。與水晶主體結合一起，它創造出無死亡性（deathless-ness）的主體。全息子心電感應的激活啟動，可以產生時間分享、時間旅行以及脈衝乘行等活動。

⊙ HOMOCLITE, HOMOCLITIC（同質體）

生存的個體符合大眾的普遍法則，朝向同一性的宇宙趨勢，具有宇宙藝術的力量。

⊙ HUNAB KU（胡娜庫）

銀河的中心，所有智能和秩序自我存在的連結，最高的中央權力中心，所有次元知識的協調力量，「行動和測量的給予者」，宇宙母親的內心。

⊙ HYPER RADION（超維輻射子）

協同創造與激活第五次元能量，生命體所有次元結構與秩序的基礎，包含輻射子，行星設計與調伏的形式化力量。

⊙ KIN CREDITS（Kin 積分值）

均等化的心電感應註記。實際計畫是淘汰竊取時間的金錢系統，並以時間分享（心電感應力）的積分值系統來取代之。將金錢回歸於時間，平均給予所有的人。

⊙ KIN（金）

立基於滑動諧波的銀河測量單元，同時具有彈性、可依據比例增加或減少。所有行為的基礎。金的法則同時也是，一切事物皆具同等位置和權力的法則。業力均等化的結果。

⊙ KINICH AHAU（金尼奇‧阿豪）

遠距光束諧波保管者，也被稱為太陽神（Helios）或維拉卓帕 V.24。星系導師與恆星系統，為路西法被追蹤以及大角星探針所達到振頻高峰的所在。

⊙ LADY OF THE LAKE（湖中仙子）

原始女性能量之記憶護盾的名字，後來的化身為白蒼鷺之女，目前隱遁在地球蓋亞 CSR 的王者之劍之中。

⊙ LAYF-TET-TZUN（雷夫帝純）

昂宿六星的星系導師，維拉卓帕扇形區冥想力量的初始保管者。

⊙ LUCIFER（路西法）

「光的持有者」，銀河生命體進入六次元光體的原始脈動，光波演化的吸引子，為進入六次元形式、超越時間的自由意志，以及超越銀河秩序調性之未成熟的實體化存在。其造成的危害，讓銀河聯邦逐漸開始成形。被限制於金尼奇‧阿豪系統的行星金星的特定範圍之內，其輻射放射出的投影，化身為預言家與靈性導師如：佛陀、耶穌、穆罕默德及羽蛇神。

⊙ LUCIFEREAN PROJECTIONS（路西法投影）

第四次元實體，或是如耶和華（Jehovah）與梵天（Brahma）的「神」，一開始被限定在金尼奇‧阿豪系統的第六與第七個行星（木星和土星）之上。這些眾神的能力，則是以獨立於路西法存在之外的多重形式幻影而存在。

⊙ MALDEK（馬爾代克星）

從恆星金尼奇‧阿豪而來的第五行星名，維拉卓帕V.24.5，在時間之戰中被摧毀。馬爾代克星是金尼奇‧阿豪發出第五力量和弦的關鍵力量，現在被特拉蓋亞的三次元科學家稱為「小行星帶」（asteroid belt）。

⊙ MATRIX LEAGUE OF FIVE（母體矩陣五聯盟）

銀河智能的原始序列，以所有形式正進行演化的生命充電。所有宇宙中最原始的「方位」或家。由所有意識生命體的指令，指導系列宮位的來去，亦即四個家族加上第五力量。

⊙ MAYA（馬雅或星際馬雅）

自我存在的銀河導航者及幻象的導師，來自生命體第七次元等級的運作。他們維繫在光錨中的一個基地，扮演類似行星設計者與調伏者的角色。

⊙ MEDITATION（冥想）

透過精神上的自我調節與清晰洞見來修補心智並征服死亡恐懼的方法，能夠放下執念專注當下的能力。持續精神上清明的狀態，足以產生現象實相上的不同形式。創造的原始自我存在力量，打造一個夢語境的力量，為實相的潛在地基。

⊙ MEGNETIC-GRAVITATIONAL INDEX（磁力─重力索引，簡稱MGI）

軌道諧波的基礎，由行星的尺寸大小、引力的牽拉以及電磁場密度決定。

⊙ MEMNOSIS（門諾希斯）

憶起的狀態，無死亡性的神諭。早期大角星探針的英雄，化身在畢宿五星上的屠龍俠中自我犧牲。在河鼓二星上，得到六次元生命體，成為調伏路西法的助力。目前與龍族卡摩的瑪長老駐留在海王星上。

⊙ MERLYN（梅林）

原始巫師。第五次元門諾希斯的主要放射體，最早從南河三星的巫師小樹林中發跡，以各種形態展現。維拉卓帕V.24的主要導引者，特別是馬爾代克星和特拉蓋亞。目前暫隱遁於特拉蓋亞CSR王者之劍的區域之中。

⊙ MIND（心智）

銀河序列和生命體次元維度的媒介，來自所有意識以及生命或無生命之可能性的不可分割性之基礎。

⊙ ORION（獵戶座）

銀河中心的姊妹星團，心宿二星人訓練行星設計與調伏程式的基地。

⊙ PAX

針對RANG的回應中，隨時間推移而產生出有意識與足以領會的和諧創造。透過馬雅（Maya）發散或播放的跨次元聲音，象徵著宇宙和平的頻率。

⊙ PERCVAL（帕西法爾）

原始男性能量之記憶護盾的名字，歷史夢語境的第四次元導護守衛，目前隱遁在地球蓋亞CSR的王者之劍之中。

⊙ PLANET（行星）

根據軌道諧波規劃的星系單元，其目的是為了擴增一個指定恆星或星系孢子內部的快感和智能的力量。

⊙ PARALLEL UNIVERSE（平行宇宙）

在任何特定當下時刻，能夠使G力核心能夠產生作用的無數的領域之一。代表所有可能出現的現實，其中包含所有平行共存之物種或宇宙生命形式的現實。對任何一個其他的平行宇宙而言，這個宇宙也是平行的，它的虛幻性如同其本身一樣真實。

⊙ PRIMAL ART OF GREAT UNIFICATION（大統一的原始藝術）

與輻射磁場互相整合的心電感應力量，主要是賦予行星一個統一的四次元運轉意識，也代表星系孢子成長期的行星演化基礎。

⊙ PULSAR, PULSAR-RIDING（脈衝，脈衝乘行）

藉由時間分享之經驗，為心電感應帶來的不同性質和種類體驗的組織方式，譬如：記憶、夢境、既視感等等。脈衝乘行則是持續乘行任何一種心電感應體驗到達其「根源」的能力。

⊙ RADIOGENESIS，RADIOGENETIC DIFFUSION（輻射生成，輻射生成散射）

第五次元生命體的能力，為達到自我再生，透過光波或輻射能量產生自身的放射光束。

⊙ RADION, RADIAL PLASMA（輻射子，輻射等離子）

由CSR放出的跨次元智能與能量匯流。時間的基礎，生命體的四次元序列，也

被稱為「第五力量」或「G力」，透過快感高潮激活。

⊙ RANG（Radio-amplified neuro-gammatron，擴大輻射神經伽瑪子）
生成和諧反饋的原始不和諧脈衝，跨次元的背景噪音或聲響，所有現象實相的來源。宇宙生命的生成基礎，只能透過純粹心智的應用來感知。

⊙ SHIELD（護盾）
探針用以銘刻「記憶印跡—符碼」之「記憶引導」設備，藉由回憶初始的本源來提供保護。

⊙ SHINING ANCHOR（THE PLEIADES，光錨，昴宿星）
維拉卓帕扇形區的中央恆星系統，馬雅星的運轉基地，由昴宿六星的星系導師雷夫帝純管理，調節 26,000 地球年的銀河季節，也就是胡娜庫銀河區間 104,000 地球年的四分之一。

⊙ SIRIUS（天狼星）
已臻演化的雙星系統，銀河聯邦維拉卓帕任務的領導者之一。

⊙ SPORE（孢子）
一般指大角星和心宿二星其自我再生的生命形式型態，其特徵為具有多元感官中心，也被認為代表無數的孢子。一開始屬於二元或雙生。任何一個已演化的行星或恆星系統。

⊙ STAR, STELLAR SPORE（恆星，星系孢子）
基本快感單元或是銀河母親的感應器官，目的是為了將星系生命規劃成一個感應孢子或星系孢子的形式，而一顆恆星或恆星群和它們的，行星群則是以配對方式分組聚合的。

⊙ STARMAKERS, STARMASTERS（星系建造者，星系導師）
源自母體矩陣演化而來的原始第五次元生命體，為了要監督恆星，即星系生命體序列的組成與維繫。

⊙ TELEPATHY（心電感應力）
將三次元物種統一為行星藝術形式的四次元智能力量，亦被稱為「大統一的原始藝術」（Primal Art of Great Unification）。

⊙ **TERRA-GAIA（特拉蓋亞）**

地球，維拉卓帕V.24.3，維拉卓帕V.24.8（天王星）的姊妹行星。在路西法投影和銀河聯邦之間，時間之戰的最後「戰場」。

⊙ **THREE BODIES（三個主體）**

正在演化中的生命形式單元，成為一個個體或群體，其內在本質乃是跨次元的，共有三個部分：植物主體或物理層面三次元根基形式；四次元帶電主體或是全息子；還有五次元水晶主體或純粹心智形式。大統一原始藝術的目標即是將三個主體一起帶入意識聯盟。

⊙ **TIME TUNNEL（時間通道）**

在維拉卓帕V.24.3（特拉蓋亞）和維拉卓帕V.24.8（天王星）之間的心電感應通道，其目的在於與金尼奇·阿豪維繫完美的第五和弦。而在搶奪馬爾代克星和火星的那場時間之戰後這條通道就被鎖住了，所以再度重啟時間通道依然是大角星探針的目標之一。

⊙ **TIME WARS（時間之戰）**

使用詭計剝奪三次元人們時間，以宣稱路西法取得金尼奇·阿豪的激進行動，開始於維拉卓帕系統中的第六和第七個行星（木星和土星）。路西法的眾多投影則負責設計12：60的人造時間光束。

⊙ **TIME-SHARING（時間分享）**

兩個或更多全息子間有意識的心電感應結合，透過高潮或任何強化的感官快感形式提昇。所有更高次元冒險的基礎。

⊙ **TIMESHIP（時間飛船）**

為大部分先進的探針形式，用來調伏行星。其立基於宇宙共振全息子之設計的四次元時間結構，足以壓縮一個行星。而天王星的卡美洛時間飛船和特拉蓋亞的2013地球時間飛船，是兩個最為人所知的範例。

⊙ **TREE, YAX CHE（宇宙之樹）**

神聖梅林的植物體形式。十三次元智慧的模板，上層高端的六個次元（頂輪）鏡像著下層低端的六個次元（根輪），樹幹存在體則視為第七次元。神秘的宇宙之樹生於馬雅星。

⊙ TWENTY TRIBES OF TIME（二十個時間部族）

針對維拉卓帕 V.24 恆星系統演化的第四次元宇宙記憶持有者。一開始每一個行星都被分配兩個時間部族。直至胡娜庫區間完成的 26,000 地球年時，所有二十個時間部族會為了 2013 地球時間飛船，再度匯聚在特拉蓋亞。

⊙ UNIVERSAL RESONANT HOLON（宇宙共振全息子，簡稱 URH）

四次元的陀螺儀，全息概括銀河生命體任一連貫之形式或單元的基本雙極結構。時間飛船設計的基礎。

⊙ UNIVERSAL TRANSCENSION（宇宙超越）

宇宙生命的目標：全體一起有意識地開悟，此乃同一個時間，針對全體而言，不會有任何一個生命形式會被遺留下來。

⊙ UNIVERSALS（宇宙）

原始六次元的造物主，每一個皆是來自對母體矩陣負責的初始湧現。

⊙ UPPERS（The Uranian Probers，天王星上的大角星探針成員）

志願成為天王星探針（UPs，也是 Uppers）的大角星探針成員，協助修補王者之劍和卡美洛的天王星人記憶。

⊙ URANUS（天王星）

維拉卓帕 V.24.8，特拉蓋亞維拉卓帕 V.24.3 的姊妹行星，「風」時間部族靈性之人與「地球」時間部族導航者的故鄉。Ur-A-Nus，初始意義是「原始的天堂」，先祖靈性的逗留之處，卡美洛。王者之劍的先祖與時間通道的終點站，以心電感應的方式重新組構，置放於特拉蓋亞 CSR 中失落的時間飛船，並在指定時間，協助 2013 地球時間飛船的失憶成員。

⊙ UR-ARC-TANIA（烏爾亞克坦尼亞）

恆星大角星兩個最外側第十一個和第十二個行星名稱（分為大烏爾亞克坦尼亞和小烏爾亞克坦尼亞）。大角星異質體的故鄉，大角星探針的先祖。

⊙ VELATROPA 24（維拉卓帕 V.24）

太陽神或太陽，也被稱之為金尼奇・阿豪，包含十個軌道側翼。

⊙ VELATROPA（維拉卓帕扇形區）

意指「方向燈的所在」。一個銀河母體實驗區，存在於路西法被銀河聯邦隔離的

北方象限內部，為大角星探針行動的主要場域。

⊙ WAVESPELL（波符）
十三個單元（Kin）形式，概括十三個次元的銀河宇宙學，其內的波間則是由脈衝和脈衝乘行所結構而成的，為時間旅行或其他時間魔法形式的主要技術基礎。

⊙ WHITE HERON LADY（白蒼鷺之女）
馬雅朝代中 Nah Chan（帕倫克王國）的「天王星—馬雅」起始者，馬雅計時器的創造者。

⊙ WIZARD（巫師，智者）
由門諾西斯輻射體發散而成的初始第五次元存在體，意圖導引一個非雙生而是單一型態生命體的演化進程。梅林或任何一個無限的四次元放射，必定支援夢語境符碼與 Kin 法則。

⊙ XYMOX（西摩克斯）
心宿二星人長老名，辨認出馬爾代克星失落和弦的型態和樣式。西摩克斯是一個「失落」和弦，代表歷史需要被二十個時間部族修補。在平行地球上，是透過約書亞來發出它的聲音。

⊙ ZUVUYA（祖夫雅迴路）
輻射子移動的路徑，脈衝乘行所使用的迴路，象徵宇宙記憶。

The Other 23

心電感應大角星
星際馬雅時間飛船計畫

作者／張之愷
美術設計／廖祖芳
責任編輯／王譯民
內頁排版／李秀菊
校對／黃妉俐、王譯民
序文翻譯／黃珮蓁

新星球出版 New Planet Books

業務發行／王綬晨、邱紹溢
行銷企劃／陳詩婷
特約總編輯／黃妉俐
發行人／蘇拾平
出版／新星球出版
　　　105台北市松山區復興北路333號11樓之4
電話／（02）27182001
傳真／（02）27181258
發行／大雁文化事業股份有限公司
　　　105台北市松山區復興北路333號11樓之4
24小時傳真服務／（02）27181258
讀者服務信箱／Email:andbooks@andbooks.com.tw
劃撥帳號／19983379
戶名／大雁文化事業股份有限公司

國家圖書館出版品預行編目(CIP)資料

心電感應大角星：星際馬雅時間飛船計畫／張
之愷著・初版・臺北市：新星球出版：大雁出
版基地發行，2022.05
一冊；17×22公分・（The other；KE0023）
ISBN 978-986-06202-3-8
CST: 超心理學　2.CST: 通靈術　3.CST: 靈修
175.9　　　　　　　　　　　　　　111002580

初版一刷／2022年5月　定價：1320元
初版二刷／2022年7月
ISBN：978-986-06202-3-8